国家重点档案专项资金资助项目

抗日战争档案汇编

# 鲁南抗日根据地档案汇编

# 1

山东省档案馆 编

清華大學出版社

图书在版编目（CIP）数据
鲁南抗日根据地档案汇编 / 山东省档案馆编 . -- 北京 : 清华大学出版社 , 2025. 2.
（抗日战争档案汇编）. -- ISBN 978-7-302-67709-3
Ⅰ. K265. 063
中国国家版本馆 CIP 数据核字第 2025RE4286 号

责任编辑：刘　晶
封面设计：禾风雅艺
责任校对：王荣静
责任印制：丛怀宇

出版发行：清华大学出版社
网　　址：https://www.tup.com.cn，https://www.wqxuetang.com
地　　址：北京清华大学学研大厦A座　　邮　　编：100084
社 总 机：010-83470000　　邮　　购：010-62786544
投稿与读者服务：010-62776969，c-service@tup.tsinghua.edu.cn
质量反馈：010-62772015，zhiliang@tup.tsinghua.edu.cn
印 装 者：天津艺嘉印刷科技有限公司
经　　销：全国新华书店
开　　本：210mm×285mm　　印　　张：39.25
版　　次：2025年2月第1版　　印　　次：2025年2月第1次印刷
定　　价：800.00元（全二册）

产品编号：100907-01

# 抗日战争档案汇编编纂出版工作组织机构

## 编纂出版工作领导小组

组　长　陆国强

副组长　王绍忠　付　华　魏洪涛　刘鲤生

## 编纂委员会

主　任　陆国强

副主任　王绍忠

顾　问　杨冬权　李明华

成　员（按姓氏笔画为序排列）

于学蕴　于晓南　于晶霞　马忠魁　马俊凡　马振犊　王　放
王文铸　王建军　卢琼华　田洪文　田富祥　史晨鸣　代年云
白明标　白晓军　吉洪武　刘　钊　刘玉峰　刘灿河　刘忠平
刘新华　汤俊峰　孙　敏　苏东亮　杜　梅　李宁波　李宗春
吴卫东　何素君　张　军　张明决　陈念芜　陈艳霞　卓兆水
岳文莉　郑惠姿　赵有宁　查全洁　施亚雄　祝　云　徐春阳
郭树峰　唐仁勇　唐润明　黄凤平　黄远良　黄菊艳　梅　佳
龚建海　常建宏　韩　林　程潜龙　焦东华　童　鹿　蔡纪万
谭荣鹏　黎富文

## 编纂出版工作领导小组办公室

主　任　常建宏

副主任　孙秋浦　石　勇

成　员（按姓氏笔画为序排列）

李　宁　沈　岚　贾　坤

# 《鲁南抗日根据地档案汇编》编委会

# 总　序

为深入贯彻落实习近平总书记“让历史说话，用史实发言，深入开展中国人民抗日战争研究”的重要指示精神，国家档案局根据《全国档案事业发展“十三五”规划纲要》和《“十三五”时期国家重点档案保护与开发工作总体规划》的有关安排，决定全面系统地整理全国各级综合档案馆馆藏抗战档案，编纂出版《抗日战争档案汇编》（以下简称《汇编》）。

中国人民抗日战争是近代以来中国反抗外敌入侵第一次取得完全胜利的民族解放战争，开辟了中华民族伟大复兴的光明前景。这一伟大胜利，也是中国人民为世界反法西斯战争胜利、维护世界和平作出的重大贡献。加强中国人民抗日战争研究，具有重要的历史意义和现实意义。

全国各级档案馆保存的抗战档案，数量众多，内容丰富，全面记录了中国人民抗日战争的艰辛历程，是研究抗战历史的珍贵史料。一直以来，全国各级档案馆十分重视抗战档案的开发利用，陆续出版公布了一大批抗战档案，对揭露日本帝国主义侵华罪行，讴歌中华儿女勠力同心、不屈不挠抗击侵略的伟大壮举，弘扬伟大的抗战精神，引导正确的历史认知，发挥了积极作用。特别是国家档案局组织有关方面共同努力和积极推动，“南京大屠杀档案”被联合国教科文组织评选为“世界记忆遗产”，列入《世界记忆名录》，捍卫了历史真相，在国际上产生了广泛而深远的影响。

全国各级档案馆馆藏抗战档案开发利用工作虽然取得了一定的成果，但是，在档案信息资源开发的系统性和深入性方面仍显不足。正如习近平总书记所指出的：“同中国人民抗日战争的历史地位和历史意义相比，同这场战争对中华民族和世界的影响相比，我们的抗战研究还远远不够，要继续进行深入系统的研究。”“抗战研究要深入，就要更多通过档案、资料、事实、当事人证词等各种人证、物证来说话。要加强资料收集和整理这一基础性工作，全面整理我国各地抗战档案、照片、资料、实物等……”

国家档案局组织编纂《汇编》，对全国各级档案馆馆藏抗战档案进行深入系统地开发，是档案部门贯彻落实习近平总书记重要指示精神，推动深入开展中国人民抗日战争研究的一项重要举措。本书的编纂力图准确把握中国人民抗日战争的历史进程、主流和本质，用详实的档案全面反映一九三一年九一八事变后十四年抗战的全过程，反映中国共产党在抗日战争中的中流砥柱作用以及中国人民抗日战争在世界反法西斯战争中的重要地位，反映国共两党“兄弟阋于墙，外御其侮”进行合作抗战、共同捍卫民族尊严的历史，反映各民族、各阶层及海外华侨共同参与抗战的壮举，展现中国人民抗日战争的伟大意义，以历史档案揭露日本侵华暴行，揭示日本军国主义反人类、反和平的实质。

编纂《汇编》是一项浩繁而艰巨的系统工程。为保证这项工作的有序推进，国家档案局制订了总体规划和详细的实施方案，明确了指导思想、工作步骤和编纂要求。为保证编纂成果的科学性、准确性和严肃性，国家档案局组织专家对选题进行全面论证，对编纂成果进行严格审核。

各级档案馆高度重视并积极参与到《汇编》工作之中，通过全面清理馆藏抗战档案，将政治、军事、外交、经济、文化、宣传、教育等多个领域涉及抗战的内容列入选材范围。入选档案包括公文、电报、传单、文告、日记、照片、图表等多种类型。在编纂过程中，坚持实事求是的原则和科学严谨的态度，对所收录的每一件档案都仔细鉴定、甄别与考证，维护档案文献的真实性，彰显档案文献的权威性。同时，以《汇编》编纂工作为契机，以项目谋发展，用实干育人才，带动国家重点档案保护与开发，夯实档案馆基础业务，提高档案人员的业务水平，促进档案馆各项事业的发展。

守护历史，传承文明，是档案部门的重要责任。我们相信，编纂出版《汇编》，对于记录抗战历史，弘扬抗战精神，发挥档案留史存鉴、资政育人的作用，更好地服务于新时代中国特色社会主义文化建设，都具有极其重要的意义。

抗日战争档案汇编编纂委员会

# 编辑说明

抗日战争时期，山东抗日根据地是全国唯一以省为主体的抗日根据地，其中鲁南抗日根据地主要包括山东省南部和江苏省北部的部分地区，南起陇海铁路，北至兖（州）临（沂）公路，东临沂河、沭河，西濒南阳、独山、昭阳、微山四湖，地形复杂，战略位置十分重要。一九四〇年春，日军对山东抗日根据地不断地进行“扫荡”，中共中央第一区党委（大鲁南区党委）的辖地被割裂为蒙山南北两大片。根据形势的需要，第一区党委缩管三、四地委，同年五月，即演变为鲁南区党委（一九四四年十月以前称山东分局第一区党委，十一月以后称中共鲁南区党委）。鲁南区党委是鲁南区党政军民的最高领导机关，负责贯彻党的路线、方针和政策，领导鲁南地区人民革命斗争。

山东省档案馆组织整理、甄选馆藏鲁南抗日根据地相关档案，编纂出版《鲁南抗日根据地档案汇编》，主要收录了鲁南抗日根据地党政军组织于一九四二年至一九四五年间形成的档案文件，内容包括政治、军事、经济、文化等方面。选用档案均据本馆馆藏原件全文影印，未做删节，如有缺页，为档案自身不全。全书共二册，按照“组织机构—时间”体例编排，“组织机构”按照“党—政—军”相关机构顺序排列。各机构所选档案按时间顺序排列，一般有年无月的，排在该年末；有年、月无日的，排在该月末。

档案中原标题完整或基本符合要求的使用原标题；对原标题有明显缺陷的进行了修改或重拟；无标题的加拟了标题；汇编类文件有目录与内文不同的，遵照内文标题。标题中机构名称使用机构全称或规范简称，历史地名沿用当时地名。档案所载时间不完整或不准确的，作了补充或订正。

本书使用规范的简化字。对标题中人名、历史地名、机构名称中出现的繁体字、错别字、不规范异体字、异形字等，予以径改。

在排版过程中注重保持档案原貌，只对部分档案进行了适当缩放。为保护个人隐私，对涉及个人负面信息的个别姓名作了虚化处理。

由于时间紧，档案公布量大，编者水平有限，在编辑过程中可能存在疏漏之处，欢迎斧正。

编　者

2024年2月

# 目 录



## 第一册

### 中共鲁南区党委

## 第二册

### 中共鲁南区党委



### 鲁南区行政公署

# 中共鲁南区党委

怎样培养提拔地方干部——鲁南丰山区的实例（1942年）

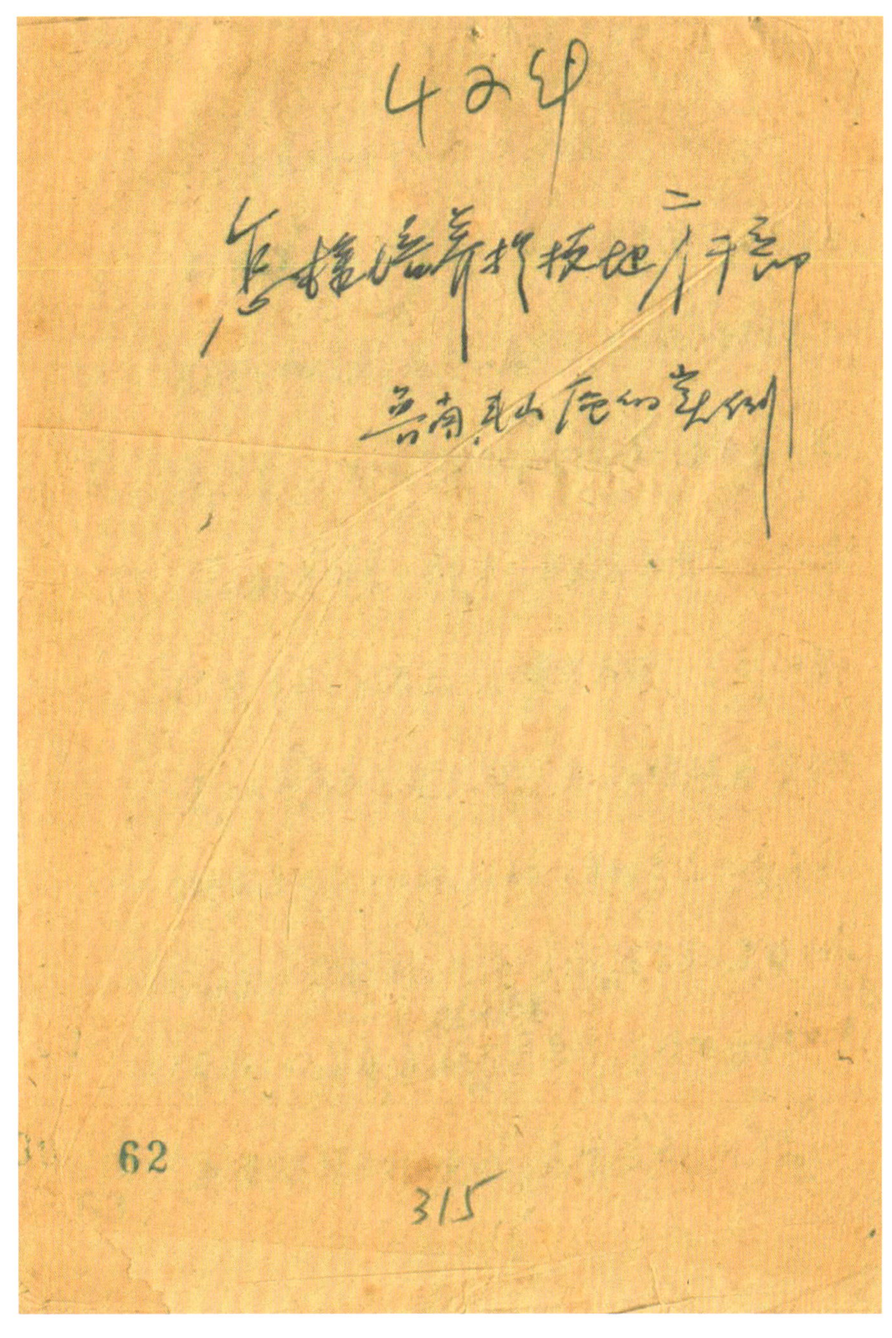

42年

怎样培养提拔地方干部

鲁南丰山区的实例

62

315

# 如何培养地方干部

——这是根据丰山区一些经验写成的——

郯东有五个基本区，加上去年由费南划过来的两个区（丰山、立东），一共是七个基本区。这七个区的主要干部除一二人是地方干部外（一位区长、一个副区长），其余全部都是外来干部。丰山、立东原属费南，自敌寇修筑丰城公路后，因领导不便，始划归郯东。丰山区在前年还是个游击区，敌伪顽匪相当猖獗。前年冬在加强对敌斗争的号召下，费南派了两个干部到丰山区开展工作。经过去年一年的工作，有很大的开展，其特点是建设周围最多，而对地方干部的培养提拔实不能漠视。（先提拔十几个）能将

63

316

们培养地方干部的一些经验简述于下：

一、培养哪些人？

我们培养干部除了注意其成份之外，还要注意他与群众的关係及与社会的联系如何？过去有些人只注意成份，不问他和社会的联系怎样？有些又为了急于求功，则不从本质上去了解人，只看他一时的积极表现而轻易提拔，结果工作突出，脱离群众，使若干群众不敢接近。我们知道在群众运动刚刚发动的地区，有些人是比较积极的，可是这些人和群众的联系却不一定密切，往往是浮在上面，热一阵，冷一阵的干一下就完了。而真正的基本群众常常是

64 寡言少语，表面看不怎么积极，然而这些人和

群众的都很密切。办起事来也很踏实。他们不仅和群众的连系很密切，而且他本人又是积极进步的参加者，为群众所爱戴。

2. 要选择能出主意，有发展前途的人。干部是要替群众出主意，想办法的，是群众的学生，又是群众的先生。忠实可靠固然是一个条件，但不是唯一的条件，所以除择忠实可靠之外，还要多少有些能力的人替群众出主意，否则就不能成为群众的向导，摸不着立场，跟着别人转圈子。同时还要注意他们的年令，如山庄区武委会技选了一个年近六十岁的干部，进取心很差，只知道要保养注意享受问题，在群众中威信很低。

65 318

3. 在群众运动中动员起来地区去培养新干部。我们要了解一个人，从来应当不是看他的谈话和记他一时的表现，而是在他的实际斗争中去了解。在和平环境中许多坚持的干部，不久受经不起锻炼，斗争时也不行，一遇事他就会向困难屈服、投降。而在斗争中许多坚持的干部就经得起考验。平时如此，战时也如此，顺境怎样，逆境也怎样。

二 如何培养？

1. 如何找对象？首先要从群众运动中去自找，其次分区县委会再讨论，看看哪些人有发展前途？可以作什么工作？并且要考虑到

31 他的家庭状况？能否出来？有没有人把持？

66 然后决定培养的方式，看哪一个人教育他工作

合适，就个别进行教育。

选择的对象不要多几个；因为在群众一适合刚

刚发动的地区，广大群众尚未真正动员起来。

我们所发现的积极分子，也是少数基本还

有部份么。这些人是经不起考验的，常常会

在斗争中站不来。所以我们多选几个是为的要加

慎重，对象选出之后，也要个别的重要的对

象进行教育，不要集中力量，一般看待。

2 找出对象之后，中心问题就是教育了，这是一

个长期教育的过程，不是一下子就培养出来的。

因此我们就要 A 进行实际教育 利用

67 每一个斗争联系到本区地主富农对广大农

320

在政治上经济上的剥削中也要进行教育，

以启发其阶级觉悟。

B 除加强政治教育外，还要在工作上提高，

他，经常分配一些工作给他们，隔几天我们应

检查一下，看他们怎样做工作，中要之的提

高他。

C 当我们进行教育到一定程度的时候，就应当在

他们思想上加以酝酿，使他由不自觉的到自觉的参加生产，

以致完全脱离生产，这是一个长期酝酿的过程，也是培

养干部的一个中心环节。

D 当我们的工作进行到一定阶段的时候，

他的觉悟程度与工作经验逐渐提高的时机，

就我们应趁热打铁，以帮助他们充分的发挥，

利用他的空余时间，在附近三五里内做些工作。

3.21

68 不过工作要具体，计划要明确，中心要简练，

检查要及时，并且还要在群众中培养其威信，经常予以帮助，使他感觉胜任愉快。这里应该注意：工作要大不要多，更不要太散漫了。

B、当到他思想上面酝酿一个时期，工作开始感到顺利时候，就可以利用他的空闲（冬春天）让他到较远的庄子，帮助我们，作为我们的助手。这样逐渐由辅助地位慢慢过渡到独立自主的领导地位，一般干部的工作。似此日子久了，跟着觉悟程度与工作能力进一步的高涨，再加上我们的教育，从政治上说明工作的重要，使他自觉的从农村中特别忙的时间外，尽量争取他更多的时间参加工作，一步步提高

322

69

生产，在这个时期要注意以下几个问题

a、也能脱离生产几天或几天，几天也好，几个

月亦好，绝不要勉强。b、不要给他们以

错觉不适当地更换，干部时还可以把他们

加以短期训练，不断的从思想政治上提高

他，时间不要太长了，三五天亦可。课程主要

结合现实工作，从思想上政治上总结过

去，以达到更一步。c、提高他们要抽出他

时间经取得回学习制，如结业后仍可让

他早上在家吃饭，下午回公家继续学习。

e、在脱离生产期间，结束后脱离前回

公家继续一部。d、不要过早提出脱离生

产参加工作问题。e、在脱离生产工作时

70 期，开始主要的是给他们办法主意，替他

解决的引子。给他们工作中某些原则的时候，我们可以仅提出几个原则，放手让他们工作，我们只说，让他们多做，以培养其独立工作的能力，遇有困难，我们再帮他解决。

6. 遇有什么错误，要耐心的予以说服教育，不要过于苛责。

7. 半脱离生产的干部，再经过一个时期的锻炼与更进一步的教育，使他感觉半脱离生产既不能照顾家庭，又不能致力工作，在这个时候我们可乘机提出工作的重要性，说明其家务工作都要影响到不能专心工作。一般在生产，[illegible]，已经到了脱离生产的时候，我们就提出[illegible]，他就会很自然的由半脱离生产到完全的脱离生产，

这是新干部能否坚持的关键，如果能抓紧[illegible]相机提出，并即时解决其困难。

71

-324

~~李适成因不自知觉到自觉的脱离生产~~

~~经过这个过程之后，我们应当查他工作有什么问题了~~

参加工作的全部过程。可以给他一个

名义使他安心工作了。不过这时还要注

意。以应当的照顾他的家庭使他安心工作

[illegible]的顾虑。农忙时可以给他一定任务很

他同一面工作一面照顾家务，绝不能拿他和

外来干部一样看待。C. 经过一个较长时期的

锻炼，针对着他的缺点错误倾向，可以把

他们集中起来加以训练，逐渐的把他们实践的

知识提到理论阶段。

几点经验

1. 我们历来在抗战前后不断发动

325 [illegible]地方[illegible]组织的农民斗争

72 或[illegible]斗争与长期斗争经验。范纵

不庸的颓丧精神，狭隘的认识能力，这是他们革命的一
面，亦是促成他们坚决抗战的几个因素。由于他们的
狭隘，讲朋友、爱面子，因而形成个人认识特别重感情、
称兄道弟、认人不认事、人和人的关系，人与人的不正确的错误
思想。再加上农民的阶级狭隘观点，认为别无其他
种种成见，形成小宗派。因此认为个人参加工作，
不是为群众服务，而是为别人帮忙的错误观点。

过去在这一带被敌人的武装了，编之后，进
之着量之，并不是反对的。我们如何去教育，操
他们认真地清楚地说明他们错误观点；并把他们的认识的统
引导到巩固的阶级的政治方向上去，决不是进
行一二次教育就可以了的，要经过不断的抓紧时机
进行政治教育，在思想上加以的启发，使他
326 们逐渐由不自觉的阶段过渡到自觉的阶段。
73 和工是

掌握了这些规律。所以他们能动员大批干部参加工作。

2.从斗争中培养新的干部。培养地方干部是一个长期的思想改造过程，决不是开个训练班所能胜任的。因此培养新干部最好是从各种被压迫的斗争过程中来考验他们的政治坚定程度，阶级觉悟，工作能力与联系群众如何。有的从反贫反恶霸斗争中很积极，可是在减租减息中却表现政治犹豫；有的在革命高潮时期非常活跃，而在低潮来的时候，却表现消沉。所以我们只有从长期艰苦斗争中来锻炼一个人的坚定程度如何？与忠诚的程度。那在这次运动出来的干部为什么也即比较可靠呢？就是因为他们都是从

(13)

减租减息、反贪污、增资、反恶霸等斗争中发动了

来的。

5. 的健全农会与领导。使农会真正成为培养地方干部的

源泉。农救会是农民的一个群众组织，是锻炼他

们的最好的[illegible]他们不仅是

而且是要作政治斗争，

经济斗争，协助政权自卫团等开展工作。它又是团结

农民的一个群众组织，与群众关系很密切。农会的

每一个会员差不多都是农村中忠实可靠的积极份

子。农会的干部又是群众最热烈信仰的人，群众的领袖。

农会是我们培养干部最好的学校。本山区发动起来的干部，

328
75
小学教员外，几乎全部是农救会中培养出来的。这

人都很积极，有办法，他们不特在[illegible]

4

工作有很大贡献，就是在全省整个工作的记

会推动工作有很大的作用。

4. 以地方干部发动地方干部。地方干部是

5 群众联系的干部，特别是刚开辟的地区，群

众对我们有很多的疑虑，而地方干部都是他

们方圆左近的人，群众熟悉他们，所以拿

地方干部发动地方干部是最好的一种方式，如

由一个文教助理员一个人发动出几个教员积极，

全利用这种关系。

5. 要充分发扬民主，与自我批评的精神。

使他们敢于大胆提出意见，以发挥其积极

性。因为这些人的经验能力都差，工作以往免错

329 76

误，我们发现的错误，要即时与以教育，但不要过

分打击，影响其情绪，所以经我们提出后，他

15

还不承认错误，也不要过早地估计，让他自己多反省，逐渐的提高他。对工作中有成绩的也要多加赞扬，但不要过大的使他自高自大。

6. 对刚脱离生产的干部要时刻使他警惕，预防新贵的出生。在农村中一般老百姓对脱离生产的干部很敬重，以为这是公家人了，有了官了，所以就没有找他呢！有什么的大家常敬请他吃吃茶，再加上小资产阶级思想的影响，很容易形成新贵，所以这是要时刻使他警惕的。

77

330

中共沂河地委关于一、二、三月份我党工作总结与今后任务的决议（1943年5月31日）

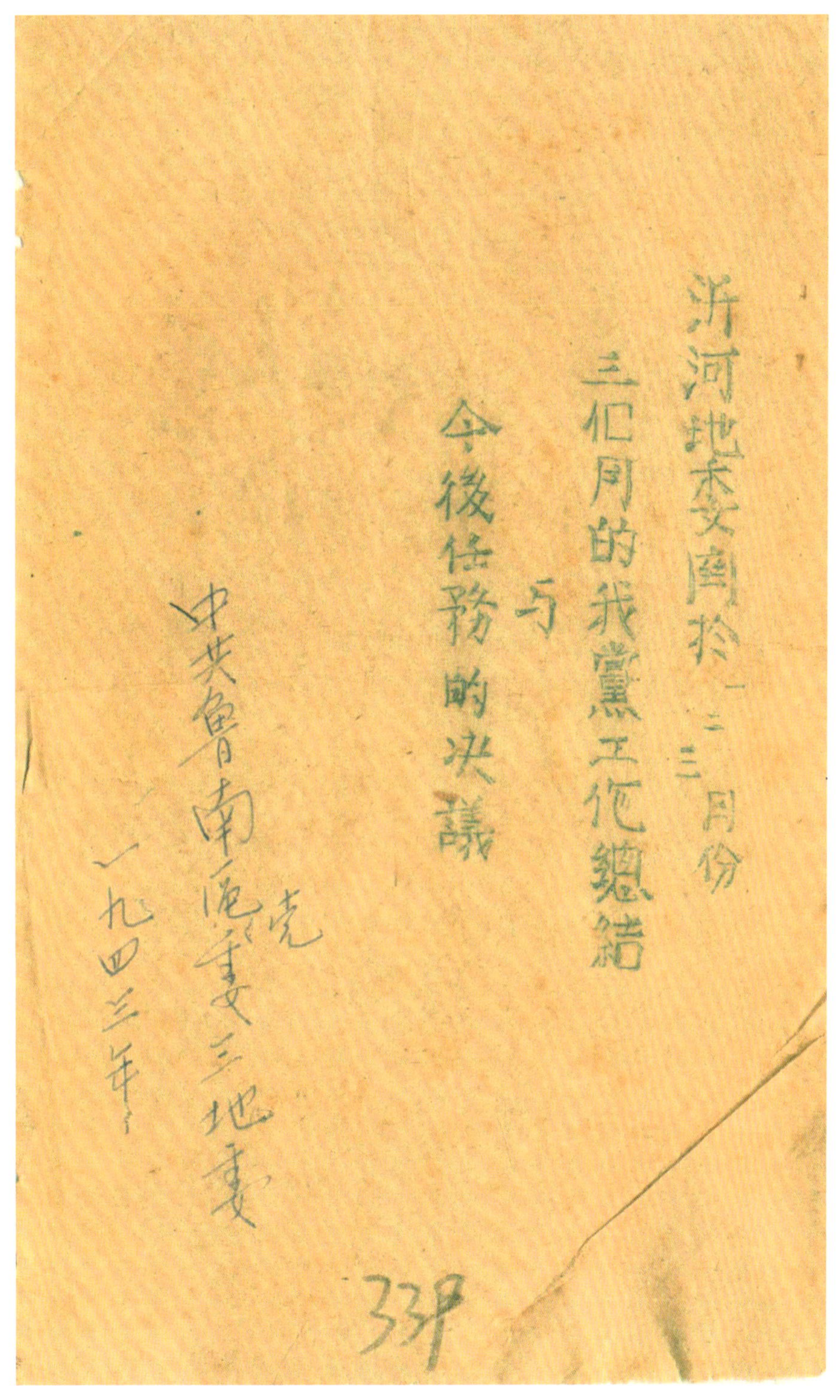

沂河地委關於一二三月份

三個月的我黨工作總結

与

今後任務的決議

中共魯南區黨委三地委

一九四三年

338

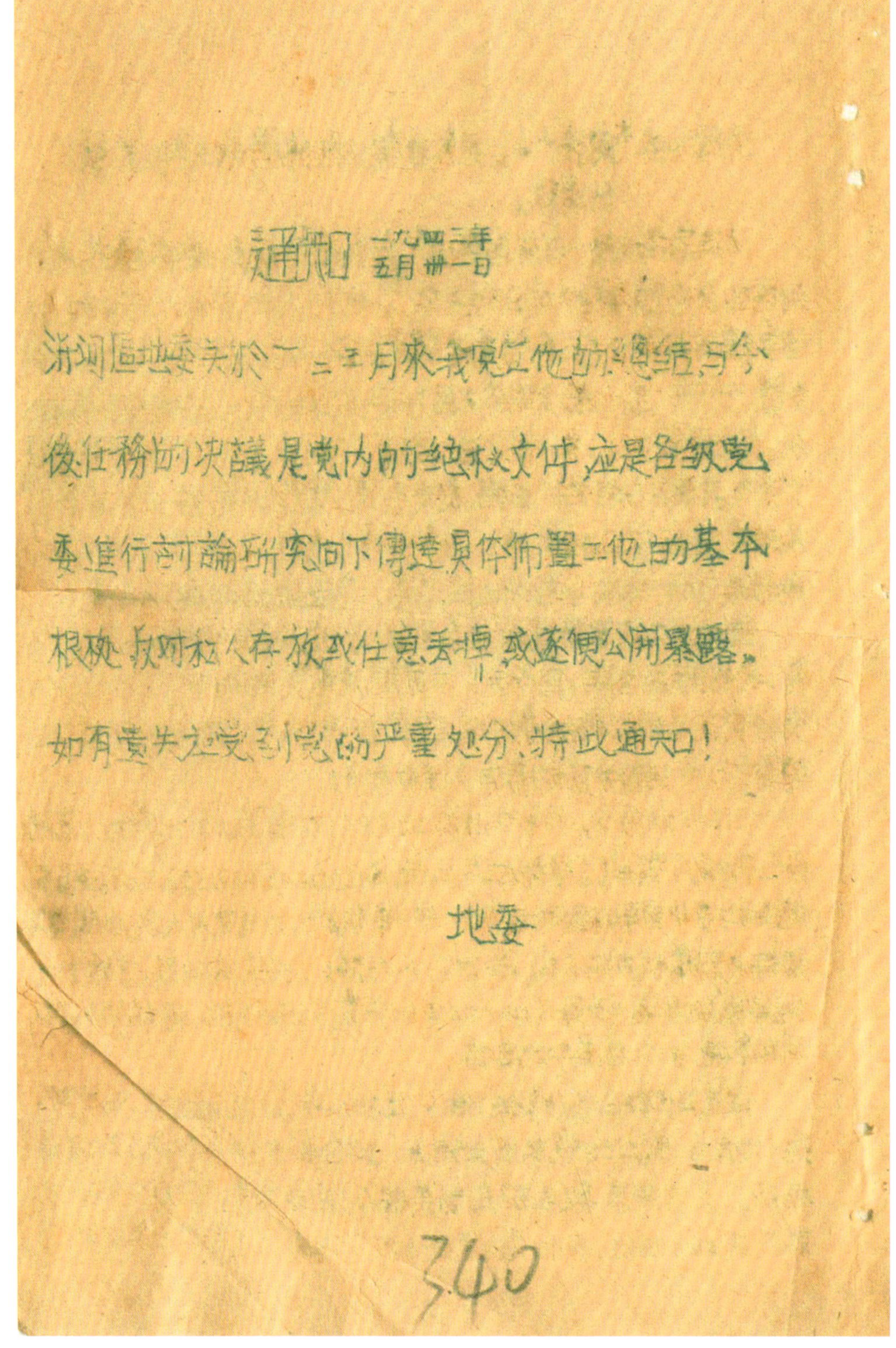

通知　一九四二年五月卅一日

沂河区地委关於一二三月来我党工作的总结与今後任务的决議是党内的绝秘文件，应是各级党委進行討論研究向下傳達具体佈置工作的基本根據。反对私人存放或任意丢掉，或随便公开暴露。如有遗失定受到党的严重处分，特此通知！

地委

340

## 沂河地委"關於一〃二月來我党工作的總結与今後任務的決議"

沂河區偽化後，分局區委決定建立敵區地委，更明確指出沂河區為灰色隱蔽的抗日游击區，在去年十二月地委正式成立時，由區委張願帆等同志親臨直接領導會議，并決定了兩個完全正確的任務——第一，反对党内土匪意識的斗爭，第二，團結群众依靠群众，實行联防自衛，在地委與党一致的[illegible]全体党員堅決执行下，今天再次證明它的正確，從此提高了党員的党性，而且提高了沂河區人民的覺悟和依靠我堅持斗爭的信心，并且推動了今後全面工作的發展方向，提高了党的地位，奠定了今後堅持抗戰的基礎。

這三個月來的堅持抗戰，從客觀形勢上逐漸有了新的不同的改變，我們雖还未能，但今天已不可能成為[illegible]的局勢，可是已能初步研究了各個不同的斗爭对象，確定了执行了各種不同的斗爭政策，也轉变了以往相當劣勢的局面，其主要原因：

一、由於执行党的隱蔽政策的正確，在隱蔽斗爭中，爭取了堅持存在恢復与整理了革命秩序在敵偽區的摧殘破坏和複雜交錯的斗爭中重新樹立起党的領導机構，而且党在人民中間起着團結与动員抗日的工作，正由於执行隱蔽政策其結果，才給了沂河區党的与党領導下的一切革命事業堅持抗戰，繼續爭取勝利的基礎和今後奋斗的道路，

但还有少數同志（郯縣）僅々限於小块地區的經营，也可說幾十個庄子，就在幻想着或主觀主义的企圖拒絕其它势力的活动，据說某支隊過來，就在該庄动員群众，拒送給养，群众还說×支隊是抗日的隊伍，我們偏硬說人家是頑固，這不僅完全不可能限

341

止人家，而且也害怕自己发展及违犯统战政策的幼稚行动

另外，在斗争任务上，仍不肯认真耐心的开展政治攻势，只满足现状的要求及企图以军事斗争，阻止敌人蚕食的侵袭，这种保守狭隘观念不转变就稳定不住现状，放置敌人的活动，而对于自己这种思想的存在正是执行隐蔽政策的有害行为。

二、在这三个月中最有利影响沂河县工作开展的是郯城战役胜利、小堡子战斗胜利、小仲村战斗胜利……铁佛寺反汉奸孙绳武的胜利、卧山胜利、磨山区反伪化反匪斗争的胜利，这些胜利也直接影响着沂河县敌伪匪顽全面的防我及我们的情绪，兴奋了广大群众，提高了与我一起坚持斗争的信念，并更好的抓紧了时机，做了些上层统战的政治工作。

为一对敌伪军伪政权开展了政治攻势，但敌军工作还很差，在郯城战役胜利下卧山敌更被迫增防马头，给予开展伪军伪政权工作上一大有利条件，从一年的争取教育过程中走向了组织化、管理化的道路，初步的推动他们开展应付敌人，帮助抗战，但对其要求上还不过高、过急，只是为欺骗敌人，孤立敌人，一切为着隐蔽自己，开展各种不刺激敌人的工作。

这个工作仅是×地区是如此的，因我们还有部份同志对抓紧时机开展政治攻势的认识不够，不肯去作，所以好多据点工作还未建立，甚至对执行敌伪政策也怀疑动摇的。

1.对敌伪工作组织领导的不健全……[illegible]

342

……轉接一頁

×拔点工作是党委布置的，×主任是抱着不知輕而易舉的把握強×部打了，結果拔也未能打下，倒消滅了偽軍中潛伏的党員，這是最痛心的事情

2.××戰斗中击斃了偽軍大隊長，這樣給我争取教育或分化瓦解其下层的較好時机，我們的全連確忽視起来不願去做，只顧到解偽大隊長身上的小財物，甚至一双鞋全扒下，还把死体留起来企圖換子彈，這不僅是政治上的狹隘，也是違犯政策的，

第三，土匪蔓延的地區是伯沂河尾極廣大的面積，據現在的調查統計共九十六個部份，三千以上的人数，除少数几个着匪首的老手以下是從偽化後新生長起来的，他不僅給了一般人民的灾禍，也給我们堅持抗战任務上一大些困難，匪化意識不僅形成群众性的發展，而且也侵襲到党内来，更有的已是走向墮落的道路，

浙何隱的党是怎樣進行的反匪斗争呢？是怎樣忠实執行党的兩大决議呢？

1.開展了党内反匪意識的斗争，匪化意識的主要根源是忽視了或是誤解了斗争的意義，忽視了抗战立場，模糊了階級立場，甚至是失掉了独立自主，明確奋斗的方針，這是党内严重右傾机会主义的表現，這个反匪化意識斗争的武器，首先從党内領導成份上做起的，是從整頓支部的這支部工作做起的，是從一个支部一个小组一个党員根據具体事实進行教育，進行批評，也採用了必要的清洗，到今天一般的是停止了匪化意識的發展，但还未能從思想上徹底根絕，它仍有个别党員个别支部存在着或多或少的匪化意識……

343

所以反匪化意识斗争仍是党内的斗争武器斗争的任务

2.实行联防自卫，从土匪活动区的边沿村庄，首先根据了群众自发的要求，不明显的鼓动群众、推动群众通过和利用旧有合法的自卫，指导其斗争方式方法，并帮助群众推选自然领导人，这当然要注意到质量的好坏，还必要的暗中给以武器，选择武器使用武器，但是必需的不能被敌伪发觉，还必要时经过敌伪的检查，当然也是破旧的土炮大刀长矛之类的，藉以骗取敌人，且也采用了直接支持群众的办法，在这们不明不暗支持群众力量中，一方面从土匪下层里实行调查离心的办法，另外利用伪军力量实行驱逐的办法，这样既隐蔽自己，又避免与土匪直接的正面斗争，还扩大了土匪伪的矛盾，最后团结了群众，发展了我们的力量

3.对匪斗争中运用以毒攻毒，以大攻小，以佳攻敌，这些政策运用这们政策是多面性的，是以外围军干部的适当的档级上，一方面团结多数抗日或不反我的土匪，另外利用矛盾推动其放枪解散其较小股，因此对匪工作是要宽宏大量不和他计较小事小利，使他自动自愿靠近我或不反我，还要小心谨慎不要草率而轻举的得罪他，逐渐推动说服他抗日，多研究对象，多利用他的内部的矛盾，多找空扩大其矛盾，达到他互相火拼互相削弱

第三，对敌军采取保持在共同对敌的方针，现存在的确很少与我们所能交错活动在一起的还有××支队，其主要的领导人对我的态度始终不正确的，或仍有防共反共的企图，也确心有余而力不足之感，对下层是自私自利的军阀专横，所以造成下层对其领导上的不满情绪，也正是孤立自己、分裂自己的危形事实，我们正是利用其下上层脱离上下矛盾疏通下层，建立与下层关我

344

友好关系上的主要因素。

总之沂河区形势的複雜紧張是比其它地區……因為是敌占区，虽然近一年来我党我軍及抗战民……不怕困难深入下层，初步改变着对敌对伪对友的关系，但今天我们的基本力量还不大强，工作基础还不能看见稳固，因此我们今後仍是应当稳蔽抗日，将过去的工作方针，老老实实的埋头苦干，不誇張自己，不消极等待别人，继续以往坚韧顽强的奋斗精神，这是沂河区的党和抗战人民長期的責任。

三年来沂河区的党在分区地委的正确领导下及全体同志……努力坚持下，这三年来在坚持沂河区……战争業上还获得些什么成绩呢？

第一、我们真正做到了实现了党一元化的领导，表现在对一个中心工作上，党政军团在一致，集中全力一齐下手見成效，这是推动其它工作高度发挥领导力量，争取斗争胜利上最基本的條件。而工作作風亦比前实际深入，坚持苦樸素的作风，一村作一村，不但是领导者，也是工作实际者，是党政工作者，也是群众工作者，互相协力工作，互相商讨配合，不但领导方式灵活了，就是工作方式也灵活了。不但能经常重视党的决议的执行，而且也灵活照顾各种关係的运用。这是实现党一元化的成就，也是能够开拓与推动其它工作上的成就。

第二、沂河区的党已经和群众建立下血肉相联的关係，共患難共胜利开始成为一家人。群众从畏敌惧我，但在我隐蔽斗争中给群众謀的利益多，所以群众能親信我依靠我，特别表现在敌伪及我和群众的关係上显示着和过去不同——我们不接受群众礼物不起早,不帮助剥削,并领导群众支持群众对敌斗争的灵活巧妙的斗争和办法,获了些比较圆满的胜利,这些成绩的获得主要原因

1.在群众性的匪化发展中我们首先开展了党内反匪化意识斗争的胜利,这不仅是党在建设上的成就,也是领导群众实行联防自卫的先决条件,也是群众性反匪化意识斗争的前提。在进行联防自卫和保卫春耕工作中,不但有了成绩(如××区两年前的荒地也恢复了耕种)而且扩大了影响,比如在我运用外围武力量,去帮助群众春耕保护耕牛时,汉奸部分(好的坏的)也会自觉的不抢耕牛不反对春耕,还说自己[illegible]做不然将来人家会不给吃了,使他们认识了群众种不上自己就吃不上的危险。又如伪军伪政权也同情或帮助这一工作,这些方式方法的运用和适当的解决群众要求,是群众相信我依靠我的基本根据,也是我团结群众发展群众运动的最大成绩。

2.在对敌斗争教育或组织管理伪军伪政权工作中部分的解救了群众痛苦(如伪军人员随便下乡要求群众招待敲诈群众财物,现已大大减少甚至不敢),但镇压扶战特务敲诈群众破坏[illegible]最大的,也是群众最仇恨的是特务份子,我们也同样运用了外围武力量[illegible]掌握了特务与伪军的矛盾[illegible]这是对敌斗争中的最大成绩,也是解决群众痛苦和群众相信我依靠我的主要原因。

3.地委为动员[illegible]的号召,首先更加强了党的[illegible]团结,更增强了[illegible]人民[illegible]群众的观念,这些动员已成为群众所体会所拥护的政策方针[illegible]武装代缴参加主力[illegible]不

但方式上隱蔽，成績也还不坏。

沂河區的党虽是基础还不強，正由于經过了強烈的斗爭鍛練才奠定了独立自主明确奋斗的方針和今後坚持斗爭的信念，并由于执行了分局區委的指示才获得了今天的成績，但我们在工作中不是没有缺点錯誤的，而且是相当严重的，主要表現：

第一，党的組織不健全，干部分散性大，党委的核心領导发揮不高，作用不強，党的組織宣傳工作做的更差，支部工作当然不好，尤其是忽視如××區党員××支部陷于自流，党委都不注意負責恢復整理和總結，如××區根本没作党的宣傳工作，因而形成一切工作成績上的空虛現象。

第二，坚持斗爭开展工作不積極，遇見事件到来表現軟弱無力，依靠部隊，不大胆工作，做不通了就不去做，甚至工作保守，不能積極向外发展，或依靠群众，不易[illegible]伸入工作，所以××之边區工作一直到現在仍陷溺在一小塊地區內，形成活動範圍越小越不易隱蔽，斗爭的困难也就越多，給予全面工作的損失也就更大。

第三，党在領导上最大的缺点就是缺乏理論的學習，所以对政策的掌握和研究不够，高作起工作来枝節的事务主義了，正因这样××对政权領导上包办代替，自以為是，对統战工作，对敌对偽、匪各种斗爭缺乏政策，这不僅造成工作上的損失也

（忽視政策宣傳政策）

547

是比较大的错误。

第四，对敌工作仍是工作中最弱的一环，因我们所处的环境是敌伪优势的环境，敌伪工作做的不好会能阻碍一切工作的进展。敌伪工作所以弱首先对敌伪工作观念的不强，一般的不够积极主动，未很好有计划的做，就是已做出成绩的地区能从政治上来高生产根的还不多，还有的地区连一般的敌伪工作关系没建立起来，特别是对反特务斗争，××地区还未认真的去做，还未从工作中发现特务份子的活动，并这不是说没有特务活动，而是没有从政治上从工作中去发现。××地区反特务斗争虽是有了成绩，但争取教育的还不够，虽说有的是争取了，但进一步的掌握教育也最差，更须寻找出更多更大的材料和线索，所以对敌斗争工作仍是很弱的一环，远远的没能形成我长期斗争的基础。

这些缺点错误造成今天工作中不少的损失和困难，这些缺点错误的根源首先是主观领导上的不强及党员成份上和质量的还有差别，如果在政治上在领导上更加提高党员的觉性，更加普遍执行指示政策，更坚决些，小心谨慎，埋头苦干，不要犯急躁病，则今后的工作成绩也许比现在更多一些，现有客观困难也可能改变的更大一些。

过去曾经做了些工作成绩，也犯了不少的缺点和错误，只要虚心检讨，认真纠正，正确的认识客观困难，克服困难，随时随地注意政策执行政策，是不易一下走上优势的地位，但也终会多给抗战事业上的一些贡献。

根据现实的客观形势，今年的夏收前后还可能到来的几件大事：

第一，敌人为了确保伪组织，正在推行新国民运动中稳定和训练伪军，洗刷不稳份子，尤其沂河边敌人对大数伪军伪人员一向是不信任的，采用换防调编或者同时利用稳定与进行洗刷，都是可能的，这样会造成

348

蜕变们到区域内可能从伪化变匪化

青沙帐已起夏收到来敌人要行清剿扫荡或者必然加强特务活动，建设交通（架电线，修公路）增设据点实行抢粮企图普遍封锁我党政军及所有群众食粮的供给。

第二、李部如果在山区站稳了脚，他们政治活动或后续部队全部入鲁后，又可能到来的现象。

1.友顽的活动会更嚣张，态度可能走向伪匪化以致会一部份人士的正统观念可能增长或倾向别人离远我们，这样会给我开展对伪对匪及统战工作中的一些不利

2.如果敌人集中力量扫荡或进攻山区，如果我先地区进行必要的战役——仍伪化不会恢复的胜利，那敌人对我敌后区可能仍采用麻痹的态度或者征服友顽的嚣张，镇压伪军的动摇，打击土匪的扰乱，同时对友顽对土匪给以必要的打击和争取，这样又给予利用敌伪匪顽的矛盾继续隐蔽开展工作的时机

3.如果匪顽遭到敌人的过重打击，或巨大的政治压力，或回头看李部来后给他的支援不大时，那又会悲观失望，增长投降老特的空气，如×××所部正是如此，才投敌干的伪自卫团，据传×××部也正在和敌谈判，有干和平救国军的可能

4.夏收时期是目前沂河区矛盾复杂斗争的时期，是敌人扫匪伪化，打顽投降企图对我的紧张时期，也是我们与群众积极一起保卫夏收的

349

斗争关键

这些错综复杂的斗争是可能到来的，为了掌握斗争时机，为着执行分区区委坚持沂河区抗战总任务，还须提出以下几个具体任务

第一、加紧动员群众，领导群众，支持群众对敌对伪对匪的斗争，扩大联防自卫组织，保卫夏收，组织抗粮群众性的斗争力量。

今天群众们一声的要求是夏收的问题，是如何活下去的问题，也是最切身利益的问题，我们坚持斗争是切身群众利益结合着的，失掉了群众性的斗争时机会造成一切斗争的失败和孤立。

为了保卫夏收实际上的保护群众就必须掌握和运用革命两面政策，[illegible]使用和发挥各阶层和各群众的力量，就必须坚决耐心有计划的保卫夏收的具体工作，绝不是张扬的旗帜，一时兴奋群众刺激敌人，累得自己又完不成任务的空洞口号。

夏收工作首先从军事上要组织[illegible]部署，因此沂支主力要和县区武装配合一致，[illegible]每一个地区，每一个对象，要研究好准备好斗争的策略和办法，但要避开正面的直接的武装冲突，主要的支持群众，[illegible]群众力量，如果群众要吃亏了，我们就要迅速果决帮助群众打击或消灭之，[illegible]群众的斗争情绪，如果是敌人（指鬼子）来抢粮，只要在可能程度上，[illegible]来打击之。

第二、伪军伪政权既已经过组织和管理的手续，今后应加强政治教育，提高其抗战胜利的信念，并须指导他隐蔽和欺骗应付敌人的办法，这对抗战工作上有特殊意义，要可以适当的派政治好的干部去直接帮助他指导他，成为我对敌进行一切斗争的据点。另外更应一般的加紧对伪军伪政权的组织化管理化工作，开辟和建立新地区的伪军伪政权工作，这对坚持沂河区抗战发展力量开拓[illegible]活动区，第一，为重工

350

作。因为敌人已采用军事政治经济文化特务一切总力战，以达其完全控制掌握奴化浙河区封锁驱逐消灭我之企图。

为此我们必须在各阶层人士中及封建会门里进行深入的政治动员，通过和使用试用各种关系、各种干部，广泛的开展政治攻势，建立具体的伪军伪政权工作。

但在现有的工作程度上要着重于利用伪军与特务的矛盾开展反特务斗争，利用地方伪军与外来伪军的矛盾进行瓦解分化工作，使伪军孤立站不下脚，利用伪军与警察间的矛盾，对警察的一方面进行孤立瓦解，另方面准备必要的打击和消灭。

对敌斗争的一切要求为麻痹欺骗与孤立敌人，达到我们的隐蔽与坚持与发展自己，为蓄积力量与消灭敌人，达到我们最后胜利的目的。

第三、反对敌人的围剿封锁政策，扩大我们的活动范围，创造新的游击区。

这是领导上所不够重视的工作，虽然××地区已有向外开展和伸展的趋势，但也不大不经常，缺乏决心和勇气，所以造成原计划没有实现，原各联区所发展开辟的任务亦未能完成，这是工作上脉搏最可惜的时机。

为了扩大和创造新的游击区，还必须准备以下几项具体条件：

一、必须认真彻底详细展开对敌伪匪及社会各种政治活动各阶层组织各阶层人士的调查研究工作，彻底了解各方面的具体情况、相互关系，才能确定对策，深入活动，进行工作。

二、必须选择有社会活动经验的干部，并且以群众化的方式和面目大胆伸入进行疏通工作，改善和扩大各种关系，团结各阶层人士，吸收与团结抗战分子，建立灰色隐蔽的工作关系，借此帮助建立组织

第三 深入下層团结基本群众建立和廣展党的工作

第四，健全党的組織充实工作，整理和改造支部工作是建設党的基本工作。[illegible]區的党從全面僞化後，要經过艰苦的考驗和鍛鍊，並經过一般的恢復和整理，但在今天的支部工作仍沒完全的做好，更未進一步的整理支部和改造支部，巩固的程度也还不够。

為了健全党的組織，充實党的生活和支部工作的内容，縣委分區委必須根据分局改造支部工作的要求，要有計劃的深入支部，研究支部的領導成份和質量，適当改造干部，灵活轉变組織形式，注意方法方式，注意客观環境，慎重的審查清洗投机份子和動搖妥協份子，從領導群众鬥爭中來改造它巩固它。

在領導群众領導斗爭進行整理改造支部工作中还要注意選擇政治坚定有能力的工农党員，多加以耐心的個別教育，提拔他做支部工作，或適當安排到新地區作發展党的工作，但要多照顧他的個人問題及工作上的一切幫助和办法。

從遭受敵人破坏垮台的支部，必須仔仔細細的進行調查研究，继續深入恢復整理工作，那怕是已全部垮台的沒有一個够党員條件了，也要尽可能找到一個或是好人，從他口裡尋覓被破坏垮台的根源來，做出總結及經驗教訓，也是教育其它支部其它地區的好材料。

为了坚决的做好這些工作，必須著重干部的整風學習，加強一般的党員教育，提高質量，增強党性，徹底反省，使党員從政治上思想上組織上成為完全巩固的党，也就必須把党的宣傳教育工作充实和健全起來，和党的組織工作任務結合起來，共同完成它。

第五，加強政府財粮工作的領導，执行財粮政策

党委对財粮工作的領導和政策的研究与执行曾見著重了，但一

35-2

些段的是不够负责的，因此造成今天党政军财粮供给上的割据现象和严重的困难。

为了坚持沂河区抗战，对敌展开经济斗争，各党委必须重视提高研究和执行鲁南专署及沂河区财粮委员会的决议和指示，必须根据敌人经济统治现况决定我之财粮对策，进行我之财粮工作。

为了正确执行财粮政策，克服财粮供给上的困难，必须注意以下几个问题：

1. 密切联系群众，深入研究各阶层生活状况负担情形，确实了解其困难，多研究各种不同环境不同情形下进行财粮工作之方式方法，从领导上对经济斗争中贯彻对付敌伪政权之各种欺骗政策（如连环保、担地、起公粮、实行藏粮等）对策。

2. 多帮助政府对财粮干部的教育，从政治上政策上提高，多重视他的工作，多照顾他的工作困难，提高他的工作情绪和信心，如果是党员干部的话，不要忽视他的政治待遇，加紧他的政治教育组织生活，推动他工作积极起模范作用，使他正确认识到财粮工作是政权建设中、是革命斗争中的第一重要工作，也是领导群众对敌斗争的实际工作。

最后这是地委成立以来第一次总结工作会议，正由区委书记同志亲自参加领导，根据各县委主要负责同志的报告，及经过地委会议之检讨，才郑重着手总结了以往三个月来的工作，并决定了今后的任务。地委同志完全同意这一决定，并由各级党委向下传达讨论研究这一决定，保证胜利的完成实际的工作成绩来回答分局区党委对沂河区全党的要求。如果对这个总结认为有偏差或不同意之点，可经过党的组织系统向上反映，作为今后工作中的参考和根据。

353

## 中共鲁南区党委关于加强整支工作的指示（1943年8月30日）

附：中共中央山东分局关于鲁南整支工作的批评和意见（1943年7月19日）

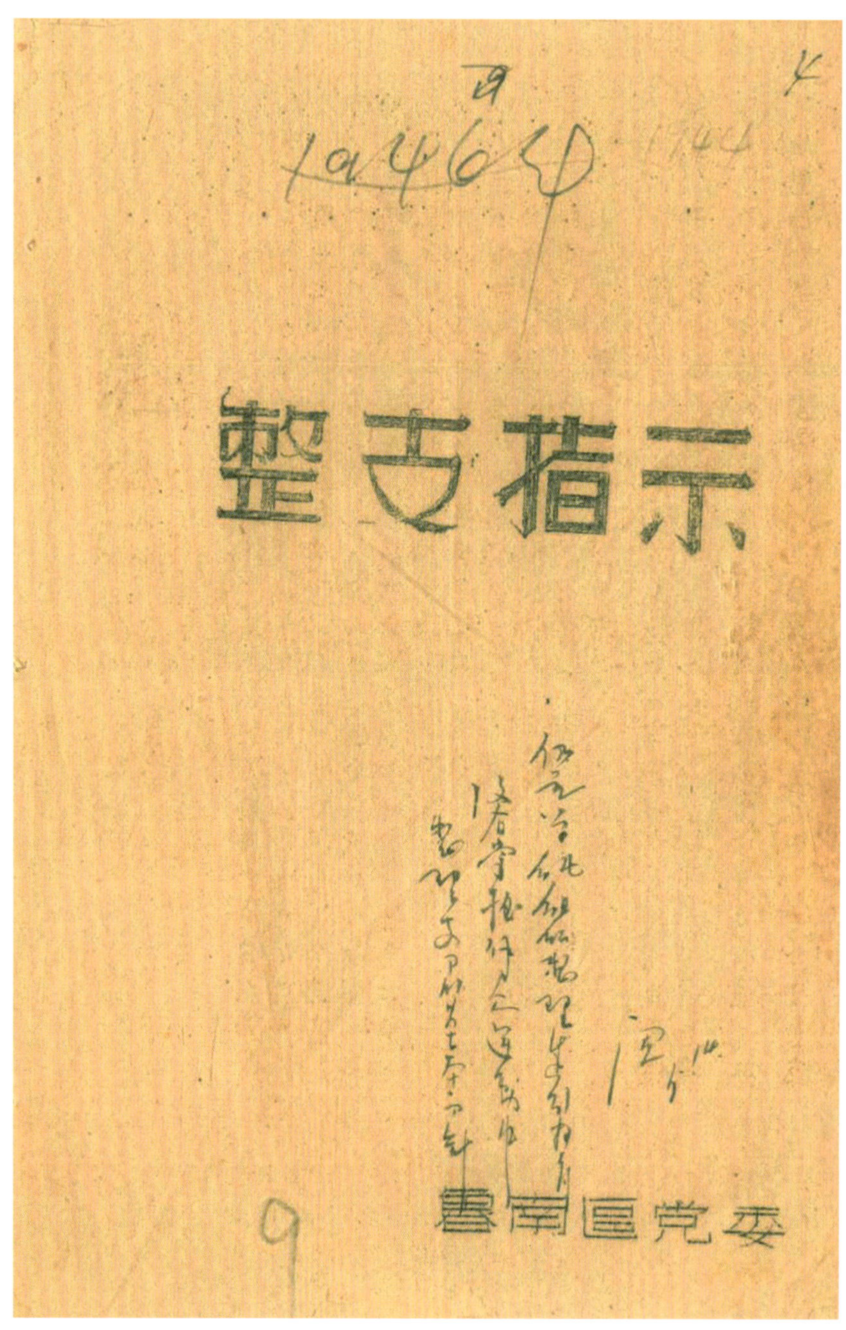
整支指示

鲁南区党委

# ★区委关于加强整支工作的指示

分局来电对于整支工作的批评恰合实际，兹摘文附上希传阅。

分局的这些批评和意见，如忽视整支工作，致单纯没有配备干部入间配合整支，没有发现问题联系实际和深刻研讨改造工作，反而整支干部当一般行政干部使用，一切通过支部来成一切要整支的党务干部负责保证，干部的面目也模糊不清，在群众眼中认为他们是政府的征粮和土地保粮的特派员，是一路单派来的调查员或指导员，这些批评区委认真的分头总结了各县的整支工作（尤其边联和黄南）之后，深切的感到他的正确性和指导作用，同样，我们也总结了边联×××，×××二个支部整支工作有成绩的经验，不过他们是孤军奋斗的，党委忽视对他们的领导，致单纯没有配备干部，他们才更具体深切的领会到给工作的损害，证明分局批评的正确，因此，区委决定：

（一）整支方针仍旧是中心突破为主，一般整理辅之，根据这个方针区委择定边联和黄南二县为区委组织部直接参加整理的中心县，以边联×××等九个支部与黄南×××等×个支部为一九四三年四月——一九四四年四月底一年整理对象吸取经验推动影响各县区之一般整理支，最后达到鲁南基本区以及我地方武装能经常活动到的游击区内之各支部普遍的初步整理完毕，完成分局一同十五日改造支部决定上三個最低标準的要求。

(二)確实接受分局的批評，各地果党，政，军，民务須抽选最强的干部参加整支，区委对於这兩個中心点的干部配備是：

一.边联——邱，戴，孟，郭，宋，解，諸同志全部時间抱回参加整支工作，(宋離以后的時间親自参加整支工作)这是第一组由邱××同志負責。

二.费南——杜×，馬××，张×，王××，馬×，牛××是全部时间抱回参加整支工作，孟×，李××以三分之二时间抱回参加整支，这为第二组由杜×同志负責。

在组织领導上这兩個都归县委和区委组织部共同领導，与分区建立发生指導关系，各组负責同志并参加当地分区的党委會为委員之一。

(三)组织的整理在中心点的支部中目前应特别注意：一.建立各支部的支委會和工作制度，明確分工，集体领導，掌握党政军民全面工作，立即纠正某些支部有支書無支委，独立小组，支書村长包辦独行，支委包办一切，以及对於上級指示決议的光听不传达，传达了工作了不總結，不回报的坏现象。二.普遍的審查支部的党員干部，事先深刻的作动員教育的准備工作，纠正过去害怕党的坏影响，整理过去的組织问题，清洗．提党，发展党，编组，向支部宣布组织原則和手续。

三.支部党员干部的成份的改造也是重要工作之一，“在这裡不但[illegible]異己份子是重要事情，对於中农份子也是一個大问题”如×××支部支委成份75%是中农，×××和×××二個支部党员成份的41%也是中农，当然这些人有的是经过斗争的老党员，有的是从贫农地位发展起来的，」「但中农在党的支部领导机关中居然占了如此重要地位也够吓人了。」

「这个问题的解决在党内自然是一个阶级教育加强的问题，但同时必须从组织上调整，党的支部中心得保证贫农和雇农党员占多数，一些有才干的中农党员或调到农会或村政权工作。」（参看彭真同志党的工作第十期和第三十九期）

四发扬党内民主——在我们这样动荡游击环境中，可能做到有下列几点：

1.定期改选小组长——X月一次。

2.支委会定期向小组会回报工作。

3.小组组长和同志按期提出鉴定和工作检讨意见，并可随时提出改换部支书或支委要求上级考虑批准，

五培养提拔地方工农干部——每经过整理的支部要提拔四——六个地方工农干部，即村级的党政军民各个组织的中心干部各一，非脱离生产的组织干事一二人，准备一年内分区级的外来干部抽调出或多出来工作新地区的开辟工作，（城市敌伪兵线工作，游击区武工队等）充实部门工作，这是培养干部的一大建设，是工作深入的转变关键，也是整支工作的一个伟大艰巨的任务，这个任务完成的好坏是整支工作的测验标尺。

区委党校准备专为分区级地方干部开办几期，协助完成这一任务，各地委也可适当的开办短期党训班。

六整支同志要具体的掌握打与拉的统战政策

，注意用适合的干部教育方策，並以身作则的培养支委斗争的经验，说服教育的精神。〔教育〕

七发展新党员——要求每一个党员发展一个，使之实际了解党员条件，成份，入党手续，仪式，候补期等知识，这是第一个缺点。

第二，党员数量太少（边联×××等三个支部党员数量比他现有的群众组织数目，仅只9.1%。有组织的群众同其全村人口比还不到30%）同时在征收的党难免上些带以忽不正规的清洗后只剩下几条骨头或光杆光是老资格，这样下去不吸收新成份是会产生衰老腐化的，另天在党支推动下全面工作可能活跃起来，发展党员是有条件的，是十分可能的。

（四）支部教育——：

一、从这次巡视初步的检查总结中看到，我们的支部干部和党员甚至某些分区委员对于发展党员的全套认识知（党员条件，成份，入党仪式手续，纪律，……）入党后如何过组织生活，团结群众，以及支委的各自工作范围等都马马虎虎，或者完全不了解，所以我们今后应配合组织整理工作把这些为党工作的材料知识讲他们明确了解而行动起来。

二、在实际工作和民主民生的斗争中要即时教育干部如何分析中间进步，中间，顽固落后的各种人物，阶级力量对比和我们的策略，如何领导推动群众，青年，妇女各个系统的工作，建立与党的正确关系。

~~三、要打什么是共产党，怎样做一个共产党员以及为什么要入党[illegible]~~

130

（接第二版下面）

为加强一个贫农村支部党员的阶级教育。首先积极的将以前所接触农民课本在三个月内讲完，讲时要选系本地区本庄具体例子，讲完一课即让党员选系本庄本身例子展开讨论。然后再总结起来做教育。讲完农民课本后，再进行什么是共产党，怎样做一个好党员，什么是统一战线等教育。

13②

~~是经常发生的，要上课要联系应中实际情形。~~

最近区委发的反内战教材，要联系各支部过去反顽斗争故事和分天学部的种种罪行立即进行。

四、教育的方式请参看赵真同志最近报告之党的工作，他讲的具体实际有许多在我们这里不例外可以使用的。

五、一般整支的进行和要求：

一、各地委要选择一个分区的几个中心支部作为自己亲自帮助同县委进行整支之中心点，并定出一年计划，推动整理全地区支部，一经选定之中心点应确定专人负责配备干部进行全面整支。其他未被择定之各县委和分区要普遍进行一般整支工作，就是说，凡有分区委或县委的工作干部的庄子，应由有支部（自然在目前条件下还是先有支部的庄子，分配干部）——那样工作同志（尤其党员干部）一定要本着「走一村作一村」，每件工作都要通过支部，借以教育整理支部」。反对那种单以完成行政任务，只要数目字为满足，不发挥支部的作用，对于支部的情况不管不理——等行政工作脱离党的保证和领导的坏现象。

这样通过群众斗争，通过行政工作，来进行一般整支的作法，已被前年数月来的整支经验证明了是确实可能的；困难问题是在于党委领导的不尊重，党员干部对整支工作观念的不明确。

各该县区一般整支的具体计划，完成全县区支部整理的步骤由各县组织部负责拟定十月半报告区委。

二、一般整支的要求如下：

14

1.了解支部的历史。

2.健全支部组织机构和领导。

a.适当的调整配备村级的中心干部，调剂领导成份。

b.一切中心的主要工作，都通过支委会讨论决定，小组传达执行，支书和我们工作同志的包办、不传达不动员要立即纠正。

c.建立经常的小组生活以讨论，检讨工作和学习上课为主要内容。

3.普遍审查支部党员干部。

4.领导群众斗争，发现并解决支部现有的主要问题，活跃支部生活，发展新党员——如×在自卫团与基干队的问题，×××与农救会干组织委员与支部不团结，××之反奸组斗争——这些都是把支部从瘫痪到紧张，从消沉到积极的有力的武器。

5.注意培养村干部，最少要培养支书、农会长、村长这三个中心干部。

6.与区委组织部保持密切的联系。

①一月一次信，二月一会面汇报，

②经常提交反映材料，写整支通讯。

③参加每次区委召开之中心村的整支总结会。

（六）关于整支工作组的生活与学习我们认为：

一.生活劳动化要严肃——劳动化就是我们整支干部要与不脱离生产的支部干部一样的参加劳动工作——锄地、种苗、割草、挑粪、推车……吃喝与他们在一齐，完全是一个劳动者的样子，是

15

10

服学閒自由散小机关作風，深入调查研究學習农業生产知识，这樣在你晚上或上午召集他们开会的时候就不会引起他们的讨厭，说「你们闲的那样子開更長的会也行，咱们明天还要干活呢？開会又開不出饭来！」

还要严肃因为有些人就借口我们有一流子坏女人搞过一次二次造谣伤害我们，引起支部门员胳不凉，使我整支工作一塌糊塗，过二三月走開算完。

二.整支同志的面目，也要明确的确定，不然听老百姓自流的猜想什么调查员，特派员，指导员都是不好的，既然是長期的在某些庄子住，工作，那样就以党委干部区农会的秘書，或小學教員（副职，正教員兼不来）面目出现，政府干部就是区公所的特派員帮助整理村政，对文自卫团也以自己区级机关的工作人員出面即可。

但是说什么面目，作起来就要像什么样子，不然群众就说：你在耍把戏，有鬼，他们乱猜一陣，当小學教員就要像個老师样子，当农会工作人員就要老实与他们一道下力氣劳动。

三在學習上除一般的参加分区學習组整風外，員要着重和一般的参阅一些整理巩固党的文件外，对财的抓紧实际问题以研究分析，集体讨论，区委组织部准備出版整支通讯，在这上面就可以把讨论的心得和工作的经验发表，帮助推进其他地方整支工作。

同志们！整支工作是「循推在前面线去力为前的，巩固党的最基本的工作，当一般的寻常概之是不正确的，希根据各地具体情况动員工作参加

15

忠实并传达讨论，认真确实的检讨自己的过去，布置今后工作，回报区委。

区委 八、三十。

附：

粤南区委：昕××、××同志回报知你们对整支工作有忽视，对分局整支决定未认真执行，如三个县只配备六十个干部，目前则只××县区委同工作组联系还密切，未调用并负责总结经验，致收获甚少应受批评，提出下列意见请讨论执行并告分局。

一、区委组织部应协同边联县委直接参加整支工作取消整委另干部直接参加分局区委干部同他们一齐工作但须及时统一指导，不要埋头各干各的。

二、政军民均须配备干部在同一地区任务领导下进行工作（选调尚须干部须集中十——十五人）在完成当前工作任务中进行支部整理，同时不要推挨完成当前工作任务。

三、抓住群众，制止党员脱离群众，干部脱离党员现象（×××支部）。

四、在工作中发现问题即抓紧研究，如在×××的征粮，地主收入不够纳粮，即检讨我粮食政策，某些村干部产生官僚主义倾向，应即检讨对其培养教育，得出结论进行教育并即改造工作。

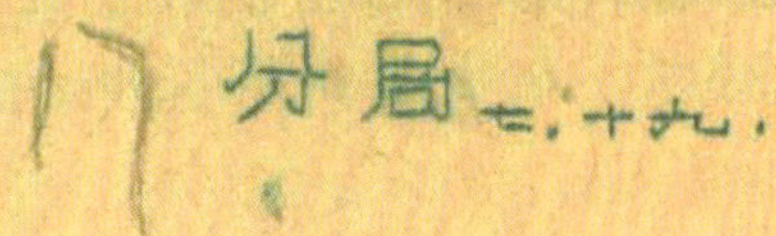

# 中共鲁南区党委朱家村会议的报告提纲（1943年12月23日）

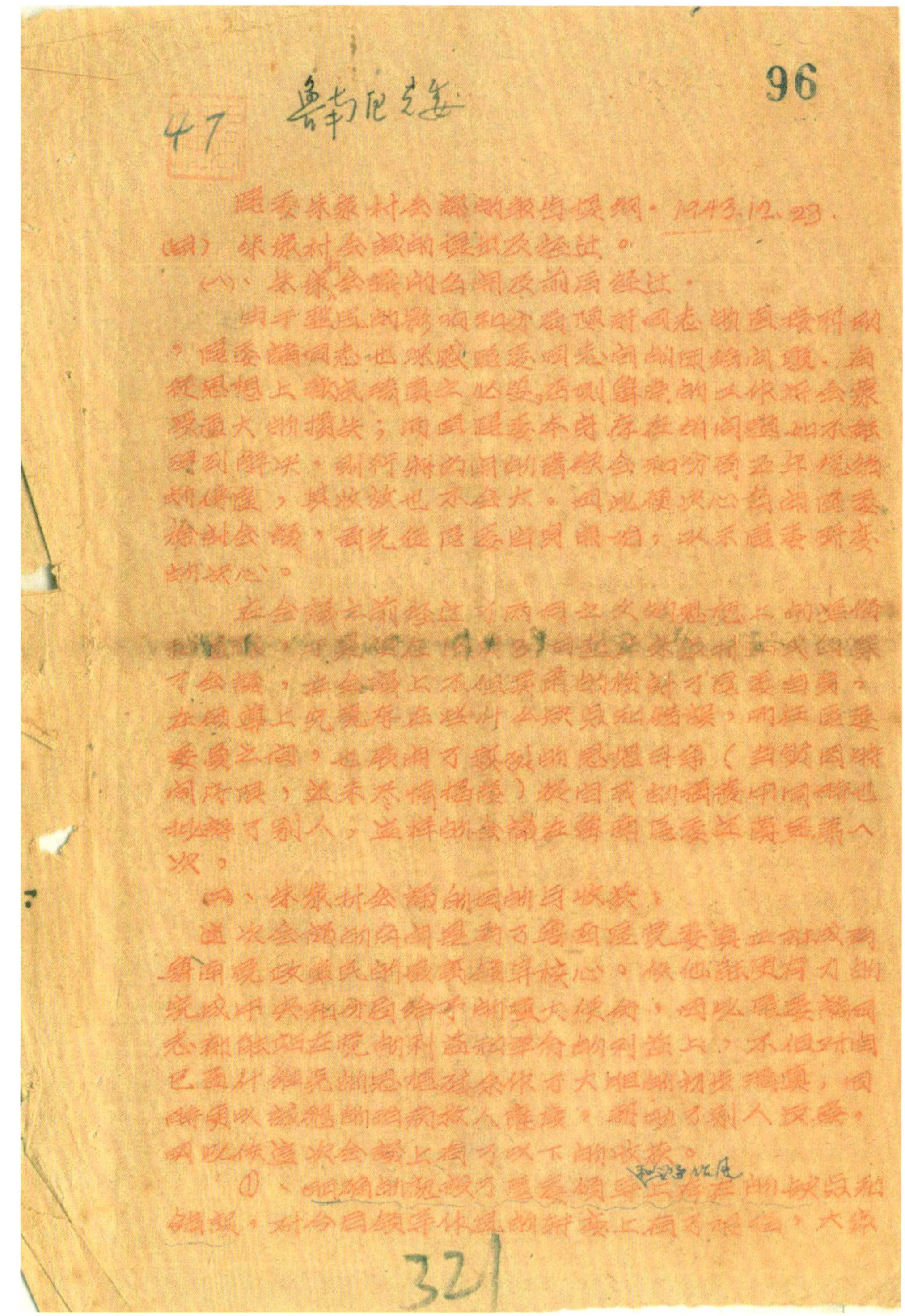



区委朱家村会议的报告提纲。1943.12.23.

（四）朱家村会议的[illegible]及经过。

（一）、朱家会议的召开及前后经过。

由于整风的影响和个别领导同志的直接帮助，区委各同志也深感区委同志间的团结问题，有从思想上彻底解决之必要，否则鲁南的工作将会蒙受重大的损失；而且区委本身存在的问题如不能得到解决，则行将召开的[illegible]会和分区五年[illegible]的价值，其收效也不会大。因此便决心召开区委检讨会议，首先从区委内部开始，以示区委[illegible]的决心。

在会议之前经过了两月之久的思想上的准备和[illegible]，于是便在12月3日起在朱家村开了会议，在会议上不但[illegible]的检讨了区委内部[illegible]在领导上究竟存在些什么缺点和错误，而在区委委员之间，也展开了[illegible]的思想斗争（当然因时间所限，并未尽情[illegible]）[illegible]了别人，这样的会议在鲁南区委还是第一次。

（二）、朱家村会议的目的与收获：

这次会议的目的是为了鲁南区党委真正的成为鲁南党政军民的最高领导核心。使他能更有力的完成任务和[illegible]的重大使命，因此区委各同志都能站在党的利益和革命的利益上，不但对自己[illegible]的思想[illegible]大胆的[illegible]，同时更以[illegible]的态度[illegible]，帮助了别人改正。因此在这次会议上有了以下的收获。

①、[illegible]区委领导上存在的缺点和错误。对今后领导作风的[illegible]上有了[illegible]，大[illegible]

[illegible]切的做到照这样下去，就会使工作受到更大的损失。

②、对党的一元化领导有了进一步的认识，这是加强党委领导的有力保证，也是过去闹毛病的重要因素。

③、初步打通了一些思想，初步从思想斗争中排除了相互间的隔阂，大家都认识到，只要以对党负责的态度解决问题，则问题一定可以解决。而达到团结一致之目的。

④、会议教育了党委同志必须积极树立作风，这主要表现在不但思想上初步的认识，而且行动上也有了初步的表现（如普及会议改变了内容和方式和架子、自上而下的做法，党委积极帮助了工作的干部）注意克服粗枝作风，细密的研究问题。（如群众）。

⑤、不安心工作的情绪有了转变，并使其有力的反省。

⑥、最后关于这次会议也仅是初步的打开了思想斗争之门，彻底的揭发我们还必须依靠同志们的帮助和批评，同时，我们自己也有坚决心继续揭发下去。

（乙）、院委对领导的自我检讨（从解放南京到现在
八）、院委坚持群众路线的正确估价。

院委从解放南京来以，在领导上虽有些缺点也有错误。但也不应忽视坚持斗争的成绩。

八、解放南京后当时紧张情况的特点及分局给院委的任务（从解放南京到九二[illegible]入城）

当时情况特点：

①、经济的破坏，对群众更增长了他们的

322

失掉元气。对我们在政治上和精神上是一个严重的打击。以致群众对我依靠的信心不大，恐慌，不安，逃荒现象严重。上层人士对我更加犹疑观望不敢大胆接近。干部则情绪低落。甚至有的悲观失望，失掉了坚持信心。

②、地区缩小，仅剩了八条主线，党政军民就在这八条线上跳舞，（南北最狭处不过三四里）两面夹击的严重局面，使我回旋困难，随时有被割断之虞。

③、加之党政军民各自为政，互不相关。

分局对我们和给区委的任务：

但在分局的帮助下，区委提高了坚持的信心，（当时鲁南的任务是：转变工作作风，开展对敌斗争，深入下层，从斗争中坚持鲁南抗日根据地，要求鲁南死心塌地的坚持，恢复元气）由于初步执行了分局的任务，所以在作风上有些转变，使鲁南从危急局面下得到相对的稳定。某些工作恢复慢慢上升，部分工作开始获取了主动，表现在：

①、开始转变了保守退却，部份的开展了对敌斗争，个别地区获取了主动（如沂河东）并建立与整理了1600人的外围军，对土匪会门工作也有成绩（运河区也瓦解了千部）。向伪反顽会反封锁有成绩，在边沿区恢复开展了二百五十个村庄，并展开了全力的反封锁斗争获取了胜利。

②、部份开始减租增资运动，群众工作一般抬头。从群众斗争中把九千人的群众团体扩大到二万五人，党也部份的有了恢复，部份经过群众斗争发展的，并也开始深入了敌区。

③、部队采取了新的游击斗争，积蓄力量的方针，比较走上团结，扩展到四千人，虽不算大，但在对敌斗争

下抓住了游击，主力坚决扶大八路地方武装且锻炼了壮大我们也重视了地方武装，特别在军事上消灭了顽固派，扩大了政治影响，提高了群众胜利的信心。

㈣、扩建了友军，改善了关系，孤立了顽固派。（虽然在表现形式也推动了他们）但我们主动的争取也是有成绩的。缓和了两面夹击的恶形势（基本上仍是三角斗争形势）

㈤、团结也有了进步，过去那种宗派观点基本上有了克服。在作风上有了进步，开始深入下层。

六、从九二军八路到现在：

经南面西面两度受到：陈峡边被捕杀，陈赞边被俘化。边区极度动摇，群众也顾不保了，只剩了天宝山八区，但由于：

㈠、在实行了一元化的领导以后，党委加强了军队的领导，调整了主力的统一，以及党政军民的密切配合，所以打了许多胜仗（特别是打垮了九二军，打死刘黑七）大大的开展了鲁南的局面，现有村庄两千八百五十六个村（现约3000多村，较过去扩了二分之八。

发动了鲁南人民，使人民进一步依靠我们，给我们坚持鲁南增加了更多有利条件。 深刻

㈡、在艰苦的环境中会涌现同志，特别是陈峡边和陈赞边的同志们以及在对敌斗争中，始终坚持鲁南同志们在敌人层层包围中坚持、坚持的同志们始终坚持，艰苦奋斗的精神，是应该加以表扬的。同时政府也重视了财粮工作，在政权同志的努力下，基本上完成了任务，保证了供给。但同时又不可能不指出，粮饷民食不够，且有些单纯要的观

324

98

点。

最后应该特别指出对敌斗争也有了更进一步的发展，组织了武工队，并开展了峄东、郯西及孤山区工作。统战工作也有进步。

虽然区委在领导作风和团结方面，两年来有了比较的进步，但由于鲁南整风过去未被重视，故在领导上至今还存在着严重的缺点和错误，同在区委委员之间，思想不够一致，关系上也不够融洽，所以影响了党委的威信，削弱了党委的领导作用。

（以后接下页）

325

## (二)关于领导作风问题

1.区委对鲁南形势和情况的了解分析估计与掌握不够明确尖锐,尤其对削弱封建势力,树立基本群众优势为战役作准备认识不够,以致提出问题原则性不高,预见性差,中心任务一般化,提出工作不具体实际,不仅未很好照顾将来,也未很好照顾现在,故好些问题都表现为措施具体表现:

A.对九二军入鲁问题.

(1)首先区委在政治上要负的责任是不够尖锐明确,工作布置不够具体深入(如对其坏的一面估计和强调不足,因此在工作布置上也就忽视了如何对其坏的準備注意不够。)

(2)军事上的软弱(如情报掌握及军事上的决心不够,如退兵之战未能组织全力,只用三团未用五团,当然当时情况也有关系,但不能因此辩责。)

(3)政治攻势火力不强.

(4)对三团

(5)对滕峄边及滕费边执行任务指示的拖拉.

B.打走九二军以后鲁南形势空前有利,可以说是鲁南形势的转折点,但是区委没有紧紧抓住以致所提任务就表现了一般化,特别是没有把群众工作当着中心明确提出,作为今后坚持阵地继续与敌人斗争的依据,这个问题也暴露了区委本身的群众观念是不够强的,尤其值得提出的是把统战工作摆在第一位,不管当时还有什么原因,但没有抓紧时机发动群众,则不能不说是领导上的一個失策,以后虽然纠正了,但仍没有掌握住以减租為中心發动群众，也就是没有紧々掌握削弱封建、樹立基本群众优势這一问題，所以反強調了合理負擔，檢討這個问題是由于我们对魯南封建势力認識不足具体，以及主观肯定魯南租佃关係少的原故（這就是由于我们还没有真正調查研究的風气）

C 打死刘黑七後，大家只注意到這是一個大勝利，而未很好掌握住這個大勝利給魯南帶来的又一个开展工作的好時机，所以当然派人去費南佈置工作，但未作統一計劃与全面佈置，尤其未很好討論，因之興奮一下就过去了，尤其在客观上所起的太平麻痹作用未很好指出。

D 关于放棄部门工作问題，這是由于对党委的集体領导重視不強，同時加之在观念上忽視部门工作，因之造成了党委的領导受到削弱，部门工作实际放棄，給党的工作遭受損害，這应該是一個錯誤。事实上是党工作陷於停頓，党的發展巩固教育和党員干部的提高無人过問（如干部中貪污腐化墮落以至投敵（如費南鄒東南區長[illegible]之联分書[illegible]青年[illegible]投敵，又如群众工作事实無人过問，遂陷於停頓）

E 魯南地區複什，不仅有正在创造的隐蔽根據地，还有不久我佔而無工作群众根本未动的地區，对于这种複什不同的特点，區委在領导上并未一一詳加研究并指导，如佈置工作一般化，表現在这一点更嚴重（如群众工作敌區如何做則未加重視，其他亦然）而尤其因為這些地區同山東其他地區比，更有些跟不上，但我们却企圖拼命赶，因此

327

就不得不放馬後砲。（这主要是我們工作沒有中心所致，在我們沒提出群众运动以前就是如此）3、在領导上我們更不善于运用一般與具体結合領导與群众結合的指导原則（如在群众运动中我們雖深入到下面，但却不重視總結經驗推动全面，這就是一般與具体脫節。更有表現在領导與群众脫節，群工中的包办代替，如雇工不願增資，鄉起来又如干部帶上去結果是明減暗不減。同样在整支也表現了領导與群众脫節的严重現象）過去对深入工作認識上是有錯誤的。

(2) 对中央分局的政策指示認真研究不夠，遵重貫徹执行也不夠，有時甚至採取自由主义態度，根本不討論（如十大政策，十十次党領导方法等）表現在：

A.經常注意上級指示不夠，尤其敏銳的抓住不夠（如中央分局一再强調減租增資，但我們未注意為什么要這样强調。）

B.討論不具体，很少甚至沒有明確的結論。

C.运用組織（党政軍民）力量如何做不夠，及時檢查總結更差（如群运方針削弱封建势力，樹立基本群众优势）這应該就是一个觀点问題，对待上級指示的态度问題。

(3) 領导上民主成了放任，主要表現在：

A.党委会成了联席会，基本原因是党委委員对待党的觀念问題，也是党性问題，同時团結问題也是一个原因。

B.民主只是形式，事前大家無準備（自己就是如此）因此开起会来精神就不集中，有時渙散。

自由主义（尤其值得提出的以自由主义态度对待自由主义）而未正確的开展思想斗争当然就影响了团結（主要表現在①原則问题爭論不夠，如对部门问题②原則问题深思熟慮不夠如对九二軍入魯時的问题及取消党报）更表現在交心工作不夠（如自己）以及忽注意了人和事，忽視了指示政策、策略紀律方法的檢查（如荊山）

④不重視組織領导造成工作制度鬆懈，解决问题拖拉迟緩（雷厉風行是談不到的）如区政合併就拖了很長時间，加以部门工作放棄這就更加深了領导上的事务主义，以至許多工作关係工作问题長時未合理解决（如一元化问题）更表現在許多工作做了未及時總結和根本未總結交流經驗則更差。

以上這些說明一个问题即貫徹在領导上基本问题是对上自由主义对下官僚主义。

（三）一元化領导问题

①.一元化主要表現是党的統一領导即在一个战略区樹立一个有权威的党委会而且這个权威的党委会的統一不是表現在一个人的統一，而是表現在統一於路綫、政策、組織、策略和方法而且唯有强調思想上的統一，才能达到行动的統一，否則即使住在一起也是互不相关的（如区政在一起住地武總結就未經区委通过，同時也由于区委过去对政的領导问题。）

329

~~（就未经区委通过，同时也因个别委员过去的政治问题）~~

只有还表现在不但口头上喊统一和服从，而且在实际行动中、政治上、思想上、工作上、实际上的一致，才能使党委形成核心。

同时一个组织并不是因书记而就能成核心，只有他代表着正确的路线与方法和他的意见主张得到一致的拥护，和接受时，才能逐渐形成领导的核心。但我们只觉到领导核心不够，有所还有不够注意之处。

检讨我们在这个问题上，首先在认识上就是十分不够的，具体表现在：

一、对于党委干部特别是主要负责干部在观念上还未真正明确认识，如九个决定中已明确指出的“党是无产阶级之阶级组织的最高形式”，地委在党的领导就是最高组织，他不但应负责领导政府，而且也应负责在领导军队和群众团体。事实上我们有些同志只是口头上承认，实际在行动上并没有完全认识党高于一切的组织原则，而认为我们政府是民选的，所以就产生了对党的领导机关就有不尊重的现象。

二、对于思想上的片面，过去我们在某个这个问题的认识上是有毛病的，因此在某个中或发生了问题，以致放弃了部分工作，形成了书记个人包办（实际是包而未办），但这种个人化是与集体主义的个人化不同，并非主观的独断包办，而是当时形成，所以领导上严重的事务主义和统一的党的领导观念不强，都是从这里来的，也就无法形成一个权威的党委会。

C、也因为思想上的此困只依于党务工作，当顾工作极大讨论，政权、群众也讨论不多，而且党的党务工作就是党的工作，党委会成了几個党务工作者的党委会，工作也是静止的工作，离开其他工作狭隘，但总是则要求全面，且要求人家服从党委会，而未通过自己的党委和党员去推动各个系统，因之各個系统也很难执行党委会的决議，尤其政係本身去执行更差。这也就影响了個权威的党委会的确立。

同样的，何单係来说，单係为注意了本身，而极大尊重党（过去较差现在已不同）因此在底党是平列的，認為自己是部隊，所以就不把自己的工作特情提到党委讨論。党委的决議也很少完全执行（如练兵）。和民众政府與群众也不夠，我们还会对于拥政爱民的工作还没有認真执行（拔日一三个团的拥政爱民指示就相掉十二個庄長，对政府的法令研究更差执行，对群众观念也很差：如放面制停，要大放花子饭。五五斤斤饼，新鲜根之当放糧食票，八斤改三斤为法。他们后勤也放乱，不仅无统分配会也不落后（如鄉東某参謀員了八斤喂猪说出胡要三斤麦子）（又如鄉東独营营务长，他对群众的經验是叫大爷不行就换大爷，另外又个個经验是三若老大爷不如一声小豪子）（又如这次保康鄉内某单位赶商会地方人士端茶，未给我们三個同志大闹商会。研究在政權上数据的军阀殖民地观念，因而不关怀民力）但要求别要人家拥护，这又如何能成呢？

D、也正因此，党对政军民间的关係问题，也只从片面的去着去看。但要求人也同样要全面（如干部问题要求人家服從党，但不通过系统）这又如何能成呢？这自然就不会使人家虚心检討。所以我们要

331

期存在主观、机械，所以过去总是强调自己，过低估计人家（务要其是务非其非）自己检讨自己严格还是不够的，很少从行动上去看问题，以致很多许多问题无法解决。

也正是因此我们常常是从人从事检讨，而很少从组织、政策、思想上去检讨，个别问题是否应该去检讨呢？应该的，而且错了也应该作出责任的结论。但这应在最后的一部份，为甚么要如此说呢？因为人事本身常常是表面现象的。

其次在具体执行上，我们一般只把统战军民的主要负责同志吸收到党委会，但由于大家对统一领导的认识不够，所以就形成不是代表党委去领导掌握，各向系统的工作（系统只是分工的形式）；而是代表自己系统来参加党委，因之在党委会上讨论各自系统的工作时都热烈的发言，争执不休；而讨论别的系统工作则不发一言，或应付的发几句。这就是党委形成联席会的主要原因；同样也就表现了党委委员对党委会的认识不足，以及党委委员自身应该对党委会如何负责？负些什么责？认识不足也就说明了整体观念不强。所以在检讨和批评党委的领导时，只就对书记一人或只提一般意见。

也正因此，许多问题没有经过各委员，只经过书记（有时连书记也未经），而各委员也不主动去参加解决问题，所以就各有各的中心任务（因此下级就感到中心太多无所适从）同时党委委员下去都应该代表党委，但实际却都不一定代表党委並表现在：

1、党委委员下去时，他的任务如何就未很好的讨论，下去了又不经常将情况随时报告，回来后时也不回报（当然书记本身组织回报也差）这就根据回报总结指示就差。

B、区委委员在下面又不能直接同区委已经发的指示，而自己又未经个人指示（如罗文在且联接受入了农救会员，不执行区委指示）单纯的委员会员观点也是错误的。

C、区委觉得自己是代表党，什么都代表群众，所以下面对的意见，区委不仅不加批评，仅以和事老的态度对之（如肖凤鸣代琪信）因之影响在下级对区委的认识存在一些不正确的观点（如[illegible]对区委意见不够尊重，甚至对上级有些独立现象）

执行上的又一表现，则是我们对政权的领导，一般是包办代替，直接党的工作方式表现在：

①、对政府干部的调动直接下令。

②、部乘士绅有问题要找党委根据，知道行署也不作主的。

③、党内某人用县长名义批条但县长不知。

④、某区长公开说县是分区委决定的。

群众老百姓说八路政府，因此我们对政府的领导，有的地方就是玩弄民主，没有了解政权威信培养就是我们党的领导培养，并且我们常是独断的党外人士执行，对于党外人士的团结就更是问题如：

①对参议会不尊重，搞成统战机关。

②对保机和文剑的问题。

这都说明我们的民主和集中观念不大，严重存在着地下党的作风。同时政府中[illegible]对党的决定，仍持不够坚决执行（如[illegible]过去在政府中党员有未曾引起重视，同时也就说明了我们政府工作有的是独和特殊观念。

333

103

①、认为出了八张布告就是自己的工作。

②、上层来断案而散之，基本群众按法令处理（他的办法是上软下硬）

③、有的地区征粮先向基本群众要，怕他吃亏，穷人是可靠的。

④、朱■民同志认为查减不是政府事情

⑤、在莒南下乡查减改为检查（而检查的还是政府工作）

⑥、认为政权是统战机关，所以只注意上层。（他忘了三三制的政权是照顾各阶层，并没有说不管下层，他更忘了政权还是共产党领导的。）

⑦、临沂某区长说土匪架票，老百姓当面要求，碍于关系，不好意思说情（后反映八路不如土匪）

⑧、郯东政府院长认为领导基本群众就怕暴露面目。

⑨、公安局把他的工作神秘化，这就是脱离群众的具体表现。

这不但说明对党的决定和号召采取的态度，同时也就是我们的群众观念薄弱，总之我们根本没有深刻了解我们党员有尊重的责任，同样党对政府群工也没有包办的权利。

（接文见下页）

334

执行上的再一表现即执行党委的决议问题，中央也一次定规定，党委的决定，军政民部须无条件的执行但并不应此改变上下级的联系，下级党必须执行上级军政民的指示，如不同意可报告上级党委，党委中如发生争论以少数服从多数解决之但我们自己：

A、其因为缺乏坚强有力的领导，所以就各有各的中心，很少经过党委的慎重讨论和通过又不很好审查，以致下面感到多难执行，再加上下面也採取自由主义态度对待，（有的人就说过上面官僚主义的推，下面自由主义的放）以致许多指示落空。

B，各是各，军是军，政是政，——多一个决定示了，非常直接上级来指示不执行，（因此中央分局的指示有时也不执行）比如军队吧对师和军区指示一般是认真执行，但对上级政权的则就不一定了，只尊重上级组织的领导，不尊重党委，（有些系统的人对分局战工会观念是不够强的，我们有的部队同志甚对鲁南军区观念也是不够强的，（如一元化前之三五团及一元化后之沂支）。

C，地方党员不关心军队政权的指示和决议，平常就不注意，也不讨论，缺少一个统一的观点（即任何决议是党的决议认识不够。

解决以上这些问题，只有一方纠正各自为政，一方强调执行上级决议，基本上是要加强整体观念。

最后在执行上表现，我们对于一切服从于战争是我们坚持抗战的最高原则，了解和掌握不够，因之，爱护，充实，巩固、主力在观点上都还有问题，区委要求现在：扩大主力的缺点，甚至有埋怨主力的，挑拨和要领主力的伤员代替工作，均做的不够，号召群众大量拥军参军，也不够，党员参军更不积极，拥军表面成为例一般是在打了战后拥一下，有的問題是为希望扶植点而拥军这些问题表现：如五旅过去编并武装连根拔在武装战线上虽有缺点分局那已有总结，但至今地方党中还存很深成见。

①，对过去问题不加解释而变成群众的尾巴，（如五师传达）？

②、迪取某区武装主力靠他往则縣之六世帕编主力。

③，主力进士干部和战士不发动员归队而是提拔重用、客观上就起了瓦解主力作用。

④、如鲁南地区扩大为了坚持阵地准备反攻力量防止反共军的入鲁只现有主力是不能应付军区根本扩大地方武装充实主力各级党具百重视执行。

⑤，些由同志不愿扩展警惕区怕编主力。

⑥，拥军就不拥军区。

没有估计主力在内战中坚持抗战中和将来反攻中的地位，尤未明确认识主力削弱大家都要坍台这一真理所以把主力不当自己的事须知亲、爱护主力是全党的责任。

另外部队本身拥政爱民工作也做的不够，群众观念也还有问题（如费县独立营打伍贝，直承进西里传动员群众为了利用群众，五团包围白山向题尤其对于划示表问题，依靠群众坚持根据地保卫党和政府，了解和态度都不够，如民政事变时的五团，影响部队的更进一步的地方化，在地方上扎根所以主力除了打仗外还必须积极参加根据地建设，有了问题多检讨自己，不要只怪别人，必须认清依靠群众、保卫党和政府是党员的职责，但这点我们过去是认识不够，观念上也不够明确的。

在这些问题上至今我们还未很好解决，军区与区委的关系，直到政委会议才得到初步调整，至於下面因为这些事情，而告状的事还不断发生，这没有别的，除了说明我们统一的党的观念还不够强而外，我们个人间在解决问题上还不是从正确的观念出发，即还不是从整体全面互相信赖上来着眼着手也是重要原因，在这一点这次区委会上得到很好的证明，我们有些区委同志的思想打通，也就是从这里开始的，其本是一个浅显的真理，却恰好为我们所忽视，这就是我们所以在领导工作中发生缺点、甚至引起不团结的基本原因。

同时所有这些[illegible]的发生，以至常时不能得到解决主要还是由于党委的领导成份小资产阶级估着优势，英雄主义、自[illegible]不凡，以致影响了党委的团结和一致。

完

## 鲁南区几个县党的发展历史简述（1943年）

# 中共鲁南区党委一九四三年底组织状况调查统计表（1944年2月20日）

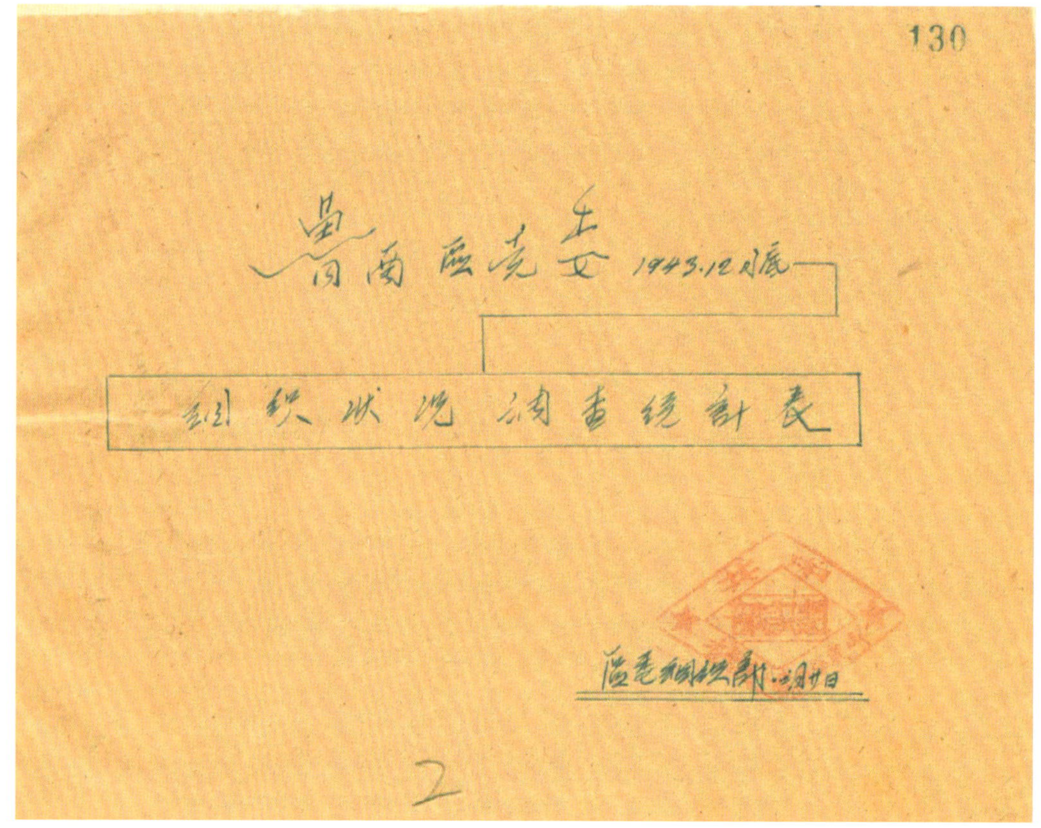

130

鲁南区党委 1943.12月底

组织状况调查统计表

区委组织部 二月廿日

2

党的分佈統計表

| 地区 \ 项目 \ 数目 | 党员数 | | | | | 党委数 | | | | | | 小组 | 区村比例 | | | | | |
|---|---|---|---|---|---|---|---|---|---|---|---|---|---|---|---|---|---|---|
| | | | | | | | | | | | | | 区 | | | 村 | | |
| | 總数 | 男 | 女 | 正式 | 候補 | 区委 | 地委 | 县委 | 区委 | 分区委 | 支部 | 小组 | 共有区 | 有党区 | 有党区占百分比 | 共有村 | 有党村 | 有党村占百分比 |
| 区委机关 | 178 | 170 | 8 | 176 | 2 | 1 | | | | | 4 | 11 | | | | | | |
| 一地委 | 982 | 943 | 39 | 885 | 108 | | 1 | 2 | 1 | 10 | 73 | 151 | 13 | 10 | 76.9% | 394 | 139 | 36.4% |
| 运河地委 | ~~447~~ 258 | 253 | 5 | 243 | 15 | | 1 | 3 | 1 | 8 | 94 | 194 | 12 | 8 | ~~58.3~~ %050 | 1180 | 53 | 4.5% |
| 沂河地委 | ~~258~~ 799 | 736 | 61 | 782 | 15 | | 1 | 2 | 1 | 5 | 29 | 41 | 14 | 5 | 35.9% .41 | 693 | 146 | 21.1% |
| 鲁南县委 | 679 | 661 | 18 | 610 | 69 | | | 1 | | 9 | 61 | 105 | 8 | 9 | 100% | 411 | 123 | 30% |
| 边联县委 | 983 | 943 | 40 | 960 | 23 | | | 1 | | 11 | 90 | 134 | 11 | 11 | 100% | 683 | 144 | 21.1% |
| 滕费峄边县委 | 453 | 419 | 34 | 412 | 41 | | | 1 | | 7 | 94 | 41 | 8 | 7 | 87.5% | 559 | 94 | 16.8% |
| 統計 | 4330 | 4125 | 205 | 4048 | 282 | 1 | 3 | 10 | 3 | 49 | 385 | 693 | 62 | 49 | 79.1% | 3900 | 698 | 17.9% |
| 説明 | | | | | | | | | | | | | | | | | | |

3

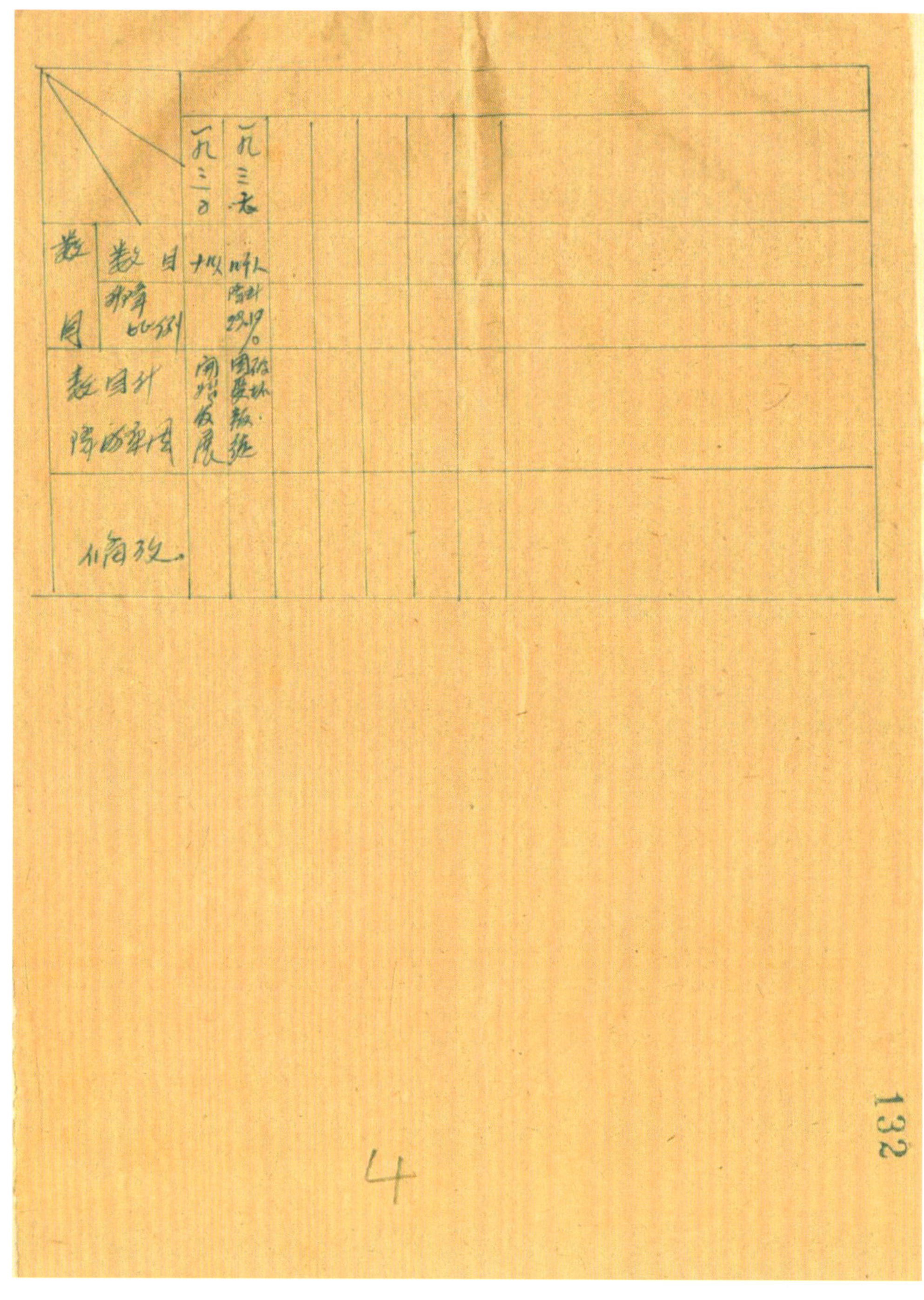

| | | 一九三七 | 一九三八 | | | | | | |
|---|---|---|---|---|---|---|---|---|---|
| 数目 | 数目 | 十八人 | [illegible]人 | | | | | | |
| | 比例 | | 占总计23.1% | | | | | | |
| 数目升降的原因 | | 开始发展 | [illegible] | | | | | | |
| 備攷 | | | | | | | | | |

132

133

# 区委级各部门干部配备统计表

**党务**

| 职别 | | 数目 |
|---|---|---|
| 书记 | 正 | 1 |
| | 副 | 1 |
| 组织部 | 部长 | 1 |
| | 组织科 科长 | 1 |
| | 组织科 组织干事 | 1 |
| | 组织科 统计干事 | 1 |
| | 干部科正付科长 | 1 |
| 宣传部 | 正部长 | 1 |
| | 付部长 | 1 |
| | 宣传科长 | 1 |
| | 教育干事 | 1 |
| 城市工作科长 | | 1 |
| 秘书处 | 秘书科长 | 1 |
| | 秘书干事 | 1 |
| | 收发交通员 | 1 |
| 党校 | 主任 | 1 |
| | 干事 | 2 |
| | 其他干部 | 73 |
| 合计 | | 91 |

**报社**

| 职别 | | 数目 |
|---|---|---|
| 报社 | 付社长 | 1 |
| 编辑部 | 主任 | 1 |
| | 编辑 | 2 |
| | 通联科长 | 1 |
| | 记者 | 4 |
| | 记者助理 | 1 |
| | 电讯组 | 1 |
| | 参考室 | 1 |
| | 电台队长 | 2 |
| | 报务员 | 2 |
| | 译电员 | 3 |
| 秘书 | | 1 |
| 工厂厂长 | | 1 |
| 消费股长 | | 1 |
| 消费员 | | 3 |
| 会计 | | 1 |
| 管理员 | | 1 |
| 材料股 | | 1 |
| 合计 | | 29 |

**群委会**

| 职别 | 数目 |
|---|---|
| 群委书记 | 1 |
| 工 | 1 |
| 农 | 1 |
| 青 | 1 |
| 妇 | 1 |
| 合计 | 5 |

**专员公署**

| 职别 | | 数目 |
|---|---|---|
| 专员 | | 1 |
| 秘书处 | 主任 | 1 |
| | 秘书 | 1 |
| | 其他 | 14 |
| 司法科长 | | 1 |
| 农林科长 | | 1 |
| 文教 | 科长 | 1 |
| | 科员 | 1 |
| 金融 | 科长 | 1 |
| | 付科长 | 1 |
| 财粮科 | 科长 | 1 |
| | 干事 | 1 |
| | 其他干部 | 3 |
| 工商局 | 局长 | 1 |
| | 付局长 | 1 |
| | 监委 | 1 |
| 邮局 | 正付局长 | 2 |
| | 科长 | 1 |
| | 其他 | 11 |
| 其他干部 | | |
| 合计 | | 45 |

**公安局**

| 职别 | 数目 |
|---|---|
| 局长 | 1 |
| 科长 | 2 |
| 股长 | 2 |
| 干事 | 2 |
| 其他 | 3 |
| 合计 | 10 |

| 总计 | 180 | 党务工作干部占总数百分比 | 50.5% | 报社干部占总数百分比 | 16.1% | 群委会干部占总数百分比 | 2.8% | 专署工作干部占总数百分比 | 25% | 公安局干部占总数百分比 | 5.6% |
|---|---|---|---|---|---|---|---|---|---|---|---|

5

地县(区)委分区委干部统计表

| 职别 | | | 地委 | 县(区)委 | 分区委 | 总计 | 各部门干部占总数百分比 | 说明 |
|---|---|---|---|---|---|---|---|---|
| 干部总数 | | | 42 | 230 | 568 | 840 | | （一）但主要干部全有了<br>县区的干部个别县未报，县区的一般干部（收代表团的算上）（有的县算了）因此以后凡脱离生产的干部未有干部之数目恐不合缺的好多<br>分区委群委书记俱各数字总数116中有14人是未分工工农青妇，因此总数并工农青妇合数多14人。 |
| 党务 | 书记 | 正 | 2 | 12 | 45 | 59 | | |
| | | 副 | 1 | 1 | 4 | 6 | | |
| | 组织部 | 部长 | | 10 | 21 | 31 | | |
| | | 科长 | 1 | | | 1 | | |
| | | 干事 | 1 | 1 | 9 | 11 | | |
| | 宣传部 | 正副部长 | | 4 | 9 | 13 | | |
| | | 付部长 | 1 | | | 1 | | |
| | | 干事 | | 1 | 4 | 5 | | |
| | 敌工部 | 正副部长 | | 5 | 10 | 15 | | |
| | | 付部长 | 1 | | | 1 | | |
| | | 科长 | 1 | | | 1 | | |
| | | 干事 | 1 | | | 1 | | |
| | | 敌工站长 | | | 4 | 5 | | |
| | | 武工队 队长 | | 2 | | 2 | | |
| | | 武工队 队员 | | 31 | 15 | 46 | | |
| | 秘书 | | 1 | 3 | | 4 | | |
| | 秘书以外干部 | | | 15 | 16 ~~21~~ | 31 | | |
| | 合计 | | 11 | 85 | 139 ~~148~~ | 233 | 27.79% | |
| 群众 | 书记 | | 1 | 3 | 22 | 26 | | |
| | 工 | | 1 | | 8 | 9 | | |
| | 农 | | | 1 | 38 | 39 | | |
| | 青 | | 1 | 2 | 19 | 22 | | |
| | 妇 | | 1 | 3 | 15 | 19 | | |
| | 合计 | | 4 | 9 | 116 | 129 | 15.49% | |
| 武装 | 主任 | | 1 | 2 | 32 | 35 | | |
| | 付主任 | | | | | | | |
| | 科长 | | | | | | | |
| | 干事 | | | 1 | 18 | 19 | | |
| | 县团长 | | 2 | | | 2 | | |
| | 合计 | | 3 | 3 | 50 | 56 | 6.4[illegible]% | |
| 政府 | 专员县长区长 | 正 | 1 | 8 | 53 | 62 | | |
| | | 副 | 1 | 4 | 15 | 20 | | |
| | 民政 | 正科长 | 1 | 2 | | 3 | | |
| | | 付科长 | | 2 | | 2 | | |
| | 区助理员 | | | | 88 | 88 | | |
| | 财粮 | 科长 | 2 | 4 | | 6 | | |
| | | 干事 | | 12 | | 12 | | |
| | 金库 | 主任 | 1 | | | 1 | | |
| | | 干事 | 2 | | | 2 | | |
| | 粮秣 | 仓库主任 | 1 | | | 1 | | |
| | 工商局 | 局长 | 1 | 5 | | 6 | | |
| | | 科(股)长 | | 4 | | 4 | | |
| | | 监委 | | 2 | | 2 | | |
| | | 其他 | 3 | 7 | | 10 | | |
| | 文教 | 正科长 | 1 | 2 | | 3 | | |
| | | 付科长 | | | | | | |
| | | 干事 | | 2 | | 2 | | |
| | 秘书 | | 1 | 5 | | 6 | | |
| | 政导员 | | 1 | | | 1 | | |
| | 司法 | 科长 | 1 | 1 | | 2 | | |
| | | 审判员 | | 2 | | 2 | | |
| | 参议长 | | | 2 | | 2 | | |
| | 其他干部 | | | 10 | 16 | 26 | | |
| | 邮局 | 局长 | 1 | 5 | | 6 | | |
| | | 股长 | 1 | 5 | | 6 | | |
| | | 代办员 | | | 1 | 1 | | |
| | | 其他 | 2 | 23 | | 25 | | |
| | 合计 | | 21 | 109 | 192 | 301 | 35.79% | |
| 公安局 | 局长·特派员 | | 1 | 6 | 33 | 40 | | |
| | 付局长 | | | 2 | | 2 | | |
| | 科(股)长 | | 1 | 4 | | 5 | | |
| | 其他干部 | | 1 | 14 | | 15 | | |
| | 合计 | | 3 | 26 | 33 | 62 | 7.49% | |
| 西政治部 | 队长 | | | | 38 | 38 | | |
| | 政指 | | | | 21 | 21 | | |
| | 合计 | | | | 59 | 59 | 7.19% | |

6

134

135

各级干部质量统计表

| 级别 \ 数目 \ 项目 | 干部总数 | 男 | 女 | 党员干部 | 非党干部 | 工农干部 | 知识份子干部 部份其他成份 | 东西干部 | 东固干部 | 东北地方干部 | 东南鲁边干部 | 外来干部 |
|---|---|---|---|---|---|---|---|---|---|---|---|---|
|  | 110 | 108 | 2 | 86 | 24 | 28 | 83 |  |  |  | 53 | 57 |
| 区委 | 70. | 64 | 6 | 70 |  | 29 | 41 |  |  |  | 56 | 14 |
| 地委 | 42 | 41 | 1 | 41 | 1 | 2 | 40 |  |  | 11 |  | 31 |
| 县(？)委 | 230 | 218 | 12 | 209 | 21 | 22 | 208 |  | 110 |  |  | 120 |
| 分区委 | 568 | 544 | 24 | 503 | 65. | 220 | 348 | 224 |  |  |  | 344 |
| 统计 | 1020 | 975 | 45 | 909 | 111 | 300 | 720 | 224 | 110 | 11 | 109 | 566. |
| 各种干部占总数之百分比 |  | 95.69% | 4.49% | 89.19% | 10.99% | 29.49% | 70.69% |  | 44.5% |  |  | 55.59% |
| 说明 |  |  |  |  |  |  |  |  |  |  |  |  |

党员干部成分党龄文化程度统计

| 项目 | 数目 | 支部：党员 | 支部：支委 | 区委以上干部 | 一般的党政干部 | 县区委委员 | 县干部 | 地委委员 | 脱产党干部 | 区委：委员 | 区委：脱产干部 | 党校学生 | 统计 | 各种成份党龄文化程度的百分比 |
|---|---|---|---|---|---|---|---|---|---|---|---|---|---|---|
| 总数 | | 2808 | 655 | 210 | 255 | 59 | 123 | 8 | 57 | 8 | 100 | 70 | 4330 | |
| 成份 | 工人 | 219 | 51 | 6 | 15 | 1 | 1 | | 2 | | 4 | 9 | 308 | 5.5% |
| | 贫农 | 1559 | 366 | 35 | 68 | 2 | 26 | | 14 | | 13 | 20 | 2113 | |
| | 中农 | 192 | 204 | 56 | 42 | 4 | 33 | | 11 | 7 | 14 | 14 | 1180 | 35.5% |
| | 学生知识分子 | 24 | 6 | 79 | 64 | 41 | 39 | 7 | 18 | 4 | 69 | 19 | 359 | |
| | 雇工手艺 | 121 | 13 | 23 | 14 | 8 | 12 | | 9 | | 2 | 3 | 204 | 5.9% |
| | 商人 | 26 | 7 | 3 | 5 | 2 | 2 | | 3 | | | 4 | 50 | |
| | 其他 | 44 | 8 | 8 | 18 | 2 | 10 | 1 | | | 13 | 1 | 104 | 2.4% |
| | 不清楚者 | 12 | | | | | | | | | | | 12 | .3% |
| 党龄 | 二八、二九、三〇 | | 1 | | | | | | | 3 | 1 | | 5 | .1% |
| | 三一、三二、三三、三四 | | | | | 2 | | 1 | | 3 | 3 | 1 | 10 | .2% |
| | 三五、三六 | | | 1 | 1 | 4 | 2 | 3 | 1 | 1 | 2 | | 13 | .3% |
| | 三七、三八 | 39 | 30 | 84 | 14 | 38 | 29 | 4 | 12 | 1 | 24 | 11 | 286 | 6.6% |
| | 三九 | 639 | 172 | 38 | 49 | 13 | 34 | | 6 | | 13 | 26 | 1026 | 25.3% |
| | 四〇 | 299 | 121 | 34 | 66 | | 15 | | 8 | | 22 | 14 | 361 | 18.4% |
| | 四一 | 202 | 49 | 13 | 35 | | 24 | | 14 | | 18 | 7 | 379 | 8.3% |
| | 四二 | 528 | 159 | 6 | 28 | | 14 | | 6 | | 12 | 10 | 761 | 17.6% |
| | 四三 | 151 | 115 | 1 | 42 | | 4 | | 10 | | 6 | 1 | 930 | 21.5% |
| | 不清楚者 | 349 | [illegible] | | | | | | | | | | 359 | 8.3% |
| 文化程度 | 文盲 | 2129 | 494 | 23 | 58 | | 10 | | 18 | | 10 | 19 | 2757 | 63.2% |
| | 粗通文字 | 374 | 88 | 14 | 17 | | 15 | | 12 | | 15 | 31 | 625 | 14.4% |
| | 初等 | 225 | 92 | 119 | 85 | 18 | 79 | 1 | 21 | 3 | 45 | 15 | 696 | 16.1% |
| | 中等 | 20 | 2 | 159 | 15 | 34 | 12 | 3 | 8 | 1 | 30 | 7 | 195 | 4.5% |
| | 高等 | 1 | | 1 | 2 | 4 | | 4 | | 4 | 3 | | 19 | .5% |
| | 不清楚者 | 58 | | | | | | | | | | | 58 | 1.3% |

136

全鲁南人口、党数和地区党员三间的对比！

| 项目 | 全鲁南共有人口数！ | 全鲁南共有县区三级干部数！ | 全鲁南共有党员数！ | 全鲁南党员占全鲁南人口的百分比。 | 全鲁南党员占全鲁南县区三级干部的百分比？ | |
|---|---|---|---|---|---|---|
| 数目百分比 | 2000000 | 30000 | 4330 | .2% | 14.4% | |

两个县发展党员的统计（1年的发展党员数目）

| 地区 | 党数 | 成份：工人 | 贫农 | 中农 | 学生 | 商人 | 富农 | 地主 | 兵 | 其他 |
|---|---|---|---|---|---|---|---|---|---|---|
| 费南峄东县 | 250 | 21 | 150 | 68 | 3 | | | | | 8 |
| 滕费峄边县 | 69 | 3 | 45 | 20 | | 1 | | | | |
| 统计 | 319 | 24 | 195 | 88 | 3 | 1 | | | | 8 |
| 各种成份占发展党员总数百分比 | | 7.5% | 61.1% | 27.6% | 1% | .3% | | | | 2.5% |

8

中共鲁南区党委关于整支工作的指示（1944年4月15日）

# 區委關於整支工作的指示

從去年組織工作會議及這次區委高干會議上，从思想上糾正了我們過去忽視黨的工作，也明確的提出了爭取建黨的任務，但目前各地對支部工作的忽視仍未有甚大的轉變，（有的所謂重視也只是口头上的）各地支部中存在的問題仍然很多，整支工作只個別地區與個別村區有普遍的開展起來，這主要是由於對區委高干會議與組織工作會議重視支部工作的精神還未傳達到全黨，其次就是我們對整支工作的了解上發生了偏差。

第一，將整支工作看成了特殊的工作，要整支就必須有專門的整支干部，藉口抽不出干部就不整支，或者是等待上級派來整支工作干部才能整支，這實際上是取消了整支工作，是誤解了整支工作的意義，而不知道我們所以提出整支工作就是要我們好好糾正過去對支部領導上的不深入，不民主，甚至不管的現象，以及好好解決目前支部中存在的一些嚴重問題，完成中央提出鞏固黨的重要一環，而這一任務的完成應該是各級黨委經常而重要的工作。

第二、個別地區整支仍然發生了個別領導與一般推動脫節的毛病：在地縣委整支就是派一兩個干部專整一兩個支部，而對其他地區整支工作的領導和推動就放棄了，在分區委整支就是選一兩個支部進行整理而對其餘支部的領導也仍然不大过问或者藉口整理某支部沒時間去領導其余支部，發生此偏差的原因又在于不了解整支必須動員全黨進行，整支工作才能做好。

2

第三、一般的各地只注意了党的发展工作而对党的整理工作忽略了，这是不了解目前鲁南建党的方针与发展和整理的关系，争取为了整支工作能正确而普遍的开展起来提出以下几个问题：

1、目前鲁南整理支部并不是停止发展而专门整理工作，目前以鲁南范围来说党员及支部的数量是很小的，还需要积极稳慎大胆的发展，就支部本身来说，一般支部内党员的数量也是很小的，有的支部不但数量小而且成份很不纯洁，这些支部均需要从群众各种斗争中积极的吸收优秀份子入党，扩大党的数量，同时改造支部，就是党员比较多的支部也需要从整理中继续吸收新党员、增加党的新血液，改造支部的成份，所以目前应该是从发展中求得整理从整理中求得继续发展；有些地区因在伪化期间或伪化后有不少党员失掉了关系，在这些党员中还有不少党员仍积极要求与党取得连系，在这些地区除在开展群运中积极慎重的发展外，要注意改造恢复这些关系，在我已经收复了的地区（如沂河区）应大胆放手的去恢复（当然不是乱恢复）在敌伪区则应慎重的个别的恢复，无论在我已经收复了的地区或敌伪区对被恢复的党员在未恢复前均须将失掉关系期间的一切表现从各方面考查清楚，均须经过正面的谈话，给以实际工作的考验，然后经过一定手续的讨论，审查批准（批准手续一般党员须经分区委、支书须经县委、被捕过的党员也须经县委）。

2、在整支工作上必须要从当前群运和对敌斗争中去整理改造支部，我们必须深刻体会到，只有在群众的实际斗争中，才能提高党员的阶级

3

觉悟，（如减租减息增资等斗争）组织观念（统一团结斗争才能胜利）与工作能力？如何运用斗争策略和艺术）也只有在群众实际斗争中，与群众共生死共患难积极维护群众利益，才能巩固党与群众的关系，克服目前脱离群众的严重现象，也只有在群众的实际斗争中，才能考验出党员好坏的真像，而去正确的整理但克服目前组织混乱，成份不纯的严重现象，同时斗争的过程即是教育的过程，如果教育不与实际斗争相结合，教育即成无用的八股，整理组织的本身也应是一个教育的过程，如果整理组织脱离了教育，单纯的清洗，开除，改造领导，改造成份易使党员害怕，怀疑，而达不到教育党员巩固组织的目的，加强教育的目的又在于提高党员领导群众斗争的艺术和组织观念，我们必须紧紧掌握住“群众运动”，整理组织，加强教育是整理支部的三个基本环节，三者结合则成功，否则将任何一个孤立起来，则不能达到整理改造支部的目的，在目前就应该通过大生产运动进行整理支部，应该深入动员全支部党员投入生产热潮以支部党员生产的积极性，影响和推动全村的群众，在支部内具体计划组织几个互助组，定多少户农家计划，改造几个二流子等，並号召每个党员争取劳动模范，劳动英雄而且号召每个党员团结周围的群众组织劳动互助组，在互助组不取巧，不偷懒，不占便宜，以自己的模范作用影响和团结群众，使劳动互助组坚持下去，不致因中途发生纠纷而散伙，号召每个党员定出自己的农家计划并保证完成，此外每个党员还可以定出帮助群众组织劳动互助组织，农家计划的计划，这些活动都可以农救会的会员去领，变成群众性的，同时在支部中进行吴满有方向的教育，学习吴满有同志的榜样，（如果当地有生产的模范同志就可以提出学习该同志）反对单纯持财思想，在这些具体的生产工作中是可以看出是支部的战斗力如何？每个党员如何？就在这些具体工作中进行整理改造支部的工作。

3．今年区委的高干会议上揭示了我们鲁南党领导上的右倾思想问题，这一问题要在党内传达，我们抓住这一问题的传达进行整理改造支部的工作，在向支部传达时分区委应该首先在支部中检讨自己在工作中的右倾思想，在检讨时，应该具体检讨一些具体的事实，使支部同志能够了解，同时要具体联系到支部内部存在的问题，分区委在反省时应着重于批评自己，并发扬民主让支部同志尽量提意见，（特别是在老支部里）然后在支部中酝酿动员组织支干党员自己反省，在支干党员反省中必然会发现分区委领导上和支部内的许多问题，从解决这些问题中把分区的领导和支部党员从思想上组织上提高一步。

4．关于整支工作的领导问题这里只提出以下四点：

①．首先各级党委应利用各种机会教育全党重视支部工作，同时揭发那些轻视支部工作的倾向，如果将支部当做党的基础组织来看待，目前分区的工作，仍然不通过支部只找几个积极份子一谈了事，许多党员不知道，群众更不知道，这样的工作是做不好的，两篇去年分局关于改造支部工作的决定，宋彬同志关于改造支部工作的意见，以此指示应分配起来详细检讨本区整支中的偏差，根据检讨提出今后整支的具体计划，

5

立即領導進行，不能拖延了，并報告區委。

②．一般以分區為單位，根據每個支部具体情況，提出整支計划和要求，在半年內完成分區內所有支部工作決定中所提出的三個最低要求（三個要求附後）整理的方法可採取分期分批的整理法：就是把本區內現有支部依現有干部的數量與質量分做几批整理（如有的一個干部可以整理一個支部，有的兩個干部才能整理一個支部）第一批先整理那几個支部整理到什么程度，第二批再整理那几個支部，整理到什么程度，都要做出詳細具体的計划，以此類推直到將本區內所有支部整理完為止。這因為一期，同時整理改造支部不是一下子就能整理的十全十美，特別是較壞的組織，問題多的支部，所以第一期整理完后就應繼續計划第二期的整理，如此整理直到完成分區三個最低要求和建立起分區对支部的經常領导為止。而整支工作的進行又必須照顧到分區分散領导的方式，就是說要以分散領导的方式來分散的選擇支部，在選擇支部時又要注意選擇類似的支部便于總結經驗，類似支部的確定又要以支部本身或當時的中心工作来確定，如某几個支部主要缺点是成份不純潔、故第一次应使其成份純潔；又如某些中心工作是開展生產运动，就可以选几個易開展生產运动的支部，一面開展生產运动創造經驗，一面就整理了支部，在分區進行整支首先碰到的就是干部缺乏的問題，解決的办法，除一般分區委々員特別當組，與干部及分工經常領导支部和參加整支外，有些比較适当的干部经分區委会討論可指定代表分區委經常領导某几個支部和參加整支工作，其次就是在整支过程中应

6

斩时提拔一些脱离生产或半脱离生产的组织干部，以脱产津贴的方式参加整支工作，分区委首先就要将这些力量组织到整支工作中来，对于已经整理过的支部也注意巩固已得成绩，对于新建立的支部也注意领导，避免重复过去的错误。

②.各地县委组织工作负责同志，亦要经常选择一个支部亲身参加整理，研究支部工作创造经验，以便推动全区内之整支工作，在选择支部时一般要与自己的实际情况结合、也要与分区委整支计划一致。③.在整支中必须反对干部们包办代替，整理支部主要是在群众的各种斗争中，从各方面启发、教育和帮助支部党员提高他们的阶级觉悟，对党的认识，和工作积极性，使他们不但接受整支同志之指导，而且在他们提高阶级觉悟的基础上，积极要求帮助他们整理自己，因此也必须反对整支干部急于求成和要求过高的思想。

附：

1.前组工会议上所传达之整支方案可做参考。

2.分区委在改造支部工作时必须把握三个最低要求：

(甲)最低的组织状态：支部组织必须合乎组织原则，在成份上必须保持工人、雇农、贫农的绝对优势，尤其领导成份，应提高优秀工人、雇农、贫农党员的比重，但不应拒绝革命的富农、中农请求入党，并培养其当干部，在制度上确保民主集中制的原则，除敌伪区游击区外，支委会必须尽可能经过小组讨论选举建立，支部工作与活动一般应通过集体会议讨论，并必须依靠支委、党员的共同领导，改造支部的工作生活和作风，消灭形式主义及包办代替一切的现象，对上级领导必须尊重服从并保持经常的工作，严守党的纪律，保持党的队伍的纯洁，以求党的团结一致。

(乙)最低的工作活动：要求各个党员都能有一件经常工作，但不一定每个都是领导者，要求各个党员在当地上级领导正确、与群众有联系，一个党员能团结及影响一个以上的非党群众来进行各种抗战工作。

(丙)最低的教育生活：必须进行简短通俗的教育，使党员大体了解以下几个基本问题：「什么是共产党」「为什么要参加共产党」「怎样做一个好党员」「党与群众」「统一战线」及一些必要的秘密工作常识，并进行文化教育和破除迷信、提高党员的道德观念。

3.此指示发至分区委。　　区委　　四月十五日

7

鲁南一九四三年工作总结（1944年春）

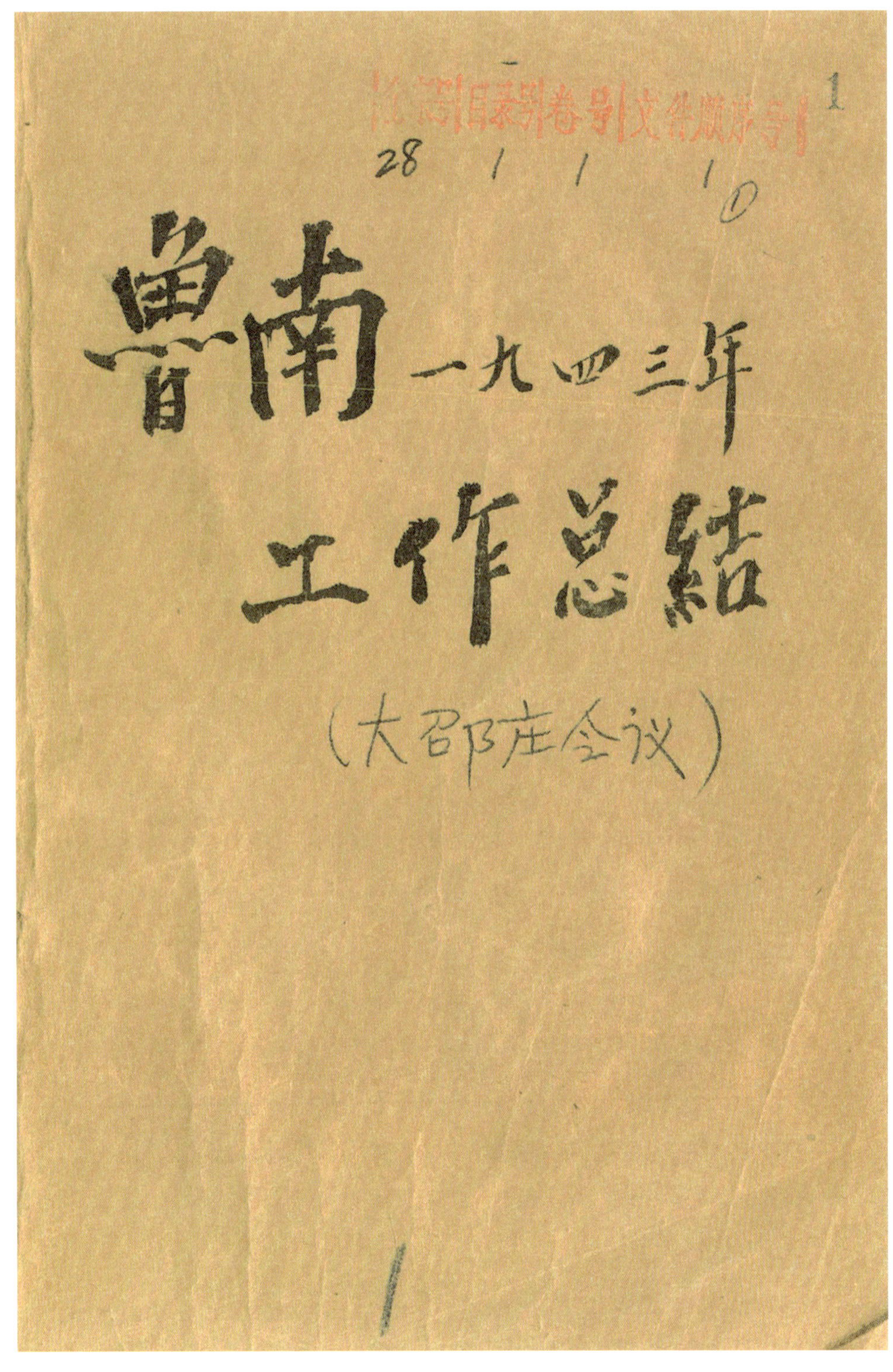

1

| 全宗号 | 目录号 | 卷号 | 文件顺序号 |
|---|---|---|---|
| 28 | 1 | 1 | 1 |

鲁南一九四三年工作总結

（大邵庄会议）

鲁南1943年工作总结 C.政.大.2

00081

# 第一部份 鲁南的形势和総的方針任务

## 一、鲁南的现状

在鲁南，一九四三年同样也是艰苦奋斗的一年。由於分局正确的领导和帮助，由於全山东範围内的胜利，鲁南在驱逐了九十二军，消灭了刘黑七，反蚕食斗争取得初步成绩之后，也改变了几年来严重的三角斗争局面，相当的改善了我们今后坚持的条件，如敌伪的被迫收缩，使我几個基本区的县份联成一片，改变了我们过去一条线的局面，加大了我之迥旋地区，这不但在军事上便於我今后对敌斗争，而且我们今后如果在负担政策上不犯错误，与开展军民的积极生產，则不但可以保証军队的供给，而且也可以改善人民的生活。更由於顽固部队被驱逐出去，改善了我们两面夹击的状态，便於我之独立对敌，别特由於我打走九十二军，打死刘黑七的胜利影响，与其减工作的开始認真进行，使群众对我党我军的依靠和信赖比前加大，对抗战胜利信心也比前提高。加以此次高干会议，清算了我们领导上的右倾思想初步認識了党的思想领导与初步加强了党的团结，並初步的解决了领导上的一元化的諸问题，而特别是党的团结，才是我们坚持的最基本的条件。

2 就鲁南的现状而論，根据我们概略的估計，鲁南總的面積，约為[illegible]平方華里，（其中山區约佔[illegible]平方华里，平原约佔[illegible]平方华里）。我佔区的面積约佔[illegible]平方华里，（其中山区约佔[illegible]平方华里，平原约佔[illegible]平方华里），我佔面積與鲁南總面積的比数，约為65.2%强，就鲁南村庄人口的估計，全鲁南约有村庄[illegible]個（其中山区村庄约為[illegible]個，平原村庄[illegible]個），我佔区村庄约為[illegible]個（其中山区村庄[illegible]，平原村庄[illegible]）我佔村庄與鲁南總数相較，约佔61.6%强。全鲁南人口约為[illegible]人（山区人口约為[illegible]人，平原人口约為[illegible]人），我佔区人口則约為[illegible]（其中山区人口约為[illegible]人，平原人口约為[illegible]人），我佔区人口與鲁南總数相比，约為52.46%强。

其次就敌顽我兵力对比来看，鲁南已集兵力，平時约為[illegible]人（其屯駐於济宁徐州及隴海沿线的未計算在内）偽軍约為25150人，偽组织武装共計约5609人共有敌据点34個，偽据点263個；鲁南的國民党武装現有5400人，而我们的武装包括主力地方武装和民兵在内，總数亦不过12000余人，主力與民兵数目略等，地方武装亦仅[illegible]余人。

從以上的数目字說明什么呢？

（一）以我所控制的面積村庄人口說，虽约為總数之半，但山区大部為新恢復或新開闢的地区，群众的各种组织，人民武装和地方武装的数量極少，有的甚至还没有，党的组织更薄弱，政权建設仅是县区，村政的改造尚未着手，绝大部份掌握在封建地主手裡，加以过去我基本区各种建設工作极差，力量没有準備，没有积蓄，所以今天山区虽大体就控

3

成較大的一塊，亦仅是表现為軍事的控制，極不鞏固。而平原則大部仍為敌佔区，或敌优我劣的游击区，敌人的統治还是大的，我只能隱蔽坚持和发展，广大群众仍必須兩面或三面負担，極其痛苦。這些說明了，我們絲毫沒有一点自满自足、驕傲自安的根据，我们不但須要清理整理鞏固，也还須要大大的发展。

(二)以敌我力量对比而論，我们处绝对的劣势，且敌人除这些平時守备兵力而外，随时可由他处机动抽調，向我捕捉進攻。以頑我力量對比，我虽处於优势，但国民党隱蔽在地下的，隱藏在偽軍偽組織中的潛在力量还是相当大的，正統观念與國民党的影响，不但在敌佔区游击区，即在我之基本地區也沒得到应有的削弱和肅清，广大群众对我党我軍的高度信賴和依靠还不够，对国民党的幻想还相当浓厚的存在着。加以国民党從未放鬆其挙入魯的企圖，所以我们对今后魯南之鬥爭的形势，不应有过於樂观的估計或太平麻痹，因而放鬆了我们抓紧时机大大的发展自己、鞏固自己的决心和做法。

## 二、今后魯南斗争形势

根据对魯南情况如上的分析，可知今天的魯南局面，一方面是敌佔绝对优势，我处绝对劣势，这种局面一直到反攻到来，也不会有基本的改变，但只要我们努力，程度上的改变敌我力量的对比是可能的。另一方面我與友顽对比，經我之努力，友顽主力被打垮和撤退，我已获得暂时的軍事上的优势，这不仅表现在數量上，質量上我的优势，但表现在友军内部不统一、矛盾重重。因此鲁南艰巨的三角斗争形势已有改善，我们已不像过去那样一经窄和分割支离，处在两面夹击的危境了。同时由于我之政治攻势与军事的积极动作（当然也有国际国内，和华北，山东的影响），敌人的被迫收缩，鲁南山区分割蚕食的严重局面较之过去亦见改善，如果我们的力量能够有进一步的发展，特别是在领导上不犯大错误、破坏和大体上阻止敌人之分割蚕食是有可能的（个别地区如邹东及津浦线两侧仍有可能被蚕食伪化）。

这里还要特别认识，我们是处在敌人所控制的主要交通干线之间的、鲁南是华北华中的枢纽，无论在地理上、在军事上，都是极其重要的地方，虽由于国际我国及敌国本身的种种条件与情况的变化、有利于我国，不利于敌人，必然促使敌逐渐走向防御”，减少据点，收缩他的过于分散的兵力，但敌人对交通干线的控制是要巩固和加强的（如最近敌之纪王城修筑近代化的堡垒），敌人在其主要干线上，是要增加与集中兵力的（如平邑、枣庄等）”在敌人逐渐走入防御过程，以至开始走入防御时，他还可能对我正面与行部份的战役性的进攻、对于敌后，则可能企图进一步消灭我游击队与抗日根据地，因此敌对华北军民的军事扫荡可能更加频繁、更加残酷，军事成份会提高，甚至可能在一定时期成为主要的斗争手段。同时敌军实力还可能力增加、增强、如增入部队，提高质量，敌伪军混编，强化并扩大伪军，增强火力，增强机动，加强防御，扩大神精战及特务活动等，以求得控制更多的机动部队。这不仅是为扫荡我们，也是为了敌人自己的转入防御”、分散敌外工作总结这一点话在事实上已经得到证明，敌人今后对我扫荡残暴性、残酷性与破坏性的可能必将加大，敌人随时抽调5000——10000人向我扫荡也不是没有可能，小的扫荡和奔袭将会更加频繁，这点必须提起我们的重视和警惕。

同时，在我们鲁南全党必须时刻正视的一個问题，就是在分局正确领导之下，九十二軍被打走，東北軍南调出鲁，在全山東范围内，我党我軍在軍事上有了相对的优势。但不要忘記，鲁南不但是山東的门户，而且也是华北的门户，無論在邹西和滕西，国民党的武装还公然存在，而且比我当地武装力量强大，此外，如张里元、王洪九等以及大股伪軍荣子恒部均拥有相当力量，加之鲁南地方上的反动封建势力並未得到应有的打击、削弱和肃清，他们今天仍然公开的或隐伏的利用一切办法阴谋和手段向我明（軍事的）暗（特务的）进攻，他们极其残酷的镇压人民，從各方面（反革命两面政策即其中之一）破坏我们，尤其是国民党在大山東主義之下，從不放鬆任何再重入鲁的机会与企图，今后我们对国民党斗争的残酷与複杂性，丝毫没有缓和，而且可能更加紧张与複杂，我们不但应估计到这一点，而且应当提高警惕性，不疏忽不麻痹，不等待，尤其接受这次反右倾思想的经验教训，不被顽軍所麻痹，使其生息繁殖，为我后患，运用灵活的斗争藝術，一方面坚持对敌斗争，这是主要的，另方面预防背后的敌人，明确的独立自主发展自己，防止反共軍的再来蹂躏人民、破坏抗战。

## 三、鲁南今后總的方針和總的任务

6

为了坚持鲁南阵地，今后摆在鲁南全党面前的紧急任务，是争取我党完全控制鲁南阵地，争取我党和群众的优势，建设鲁南根据地，为反攻和战后做切实的准备。

为此，就必须彻底清算我们鲁南全党的右倾思想，加强我们全党的阵地观念和群众观念，"鲁南就是我们的家"，我们是鲁南人民的儿子，我们必须把我们的革命家务建设好。把鲁南群众真正当成我们的母亲一样依靠。同时又必须加强我们对党高度的责任心和整体观念，在思想上树立起鲁南根据地的建设和巩固，关系全山东根据地的建设和巩固。我们必须彻底清除过去那种不要根据地、脱离根据地游来游去的流寇思想，彻底清除过去那种自甘落后，不知建设根据地或以为不可能建设根据地的机械有害的右倾思想。

为此，就必须彻底进行我们全党群众观念的大检查，树立全党依靠群众的牢固观念，认真的大力的发动和组织群众、树立群众优势，削弱封建势力。必须明确的把我们党的一切工作建筑在群众自觉自愿的积极热诚的基础之上，而不是把我们党的一切工作脱离群众，建筑在依靠中间力量，依靠土匪、伪军或单纯的枪杆子上。必须认识根据地的建设是极其艰苦的过程，尤其在今天没有快到时赶上前去、没有广大群众优势的树立、没有广大群众积极热情的参加和支持，尤其没有我党全十倍百倍千倍的努力，不自觉错误，迎头赶上去，根据地的建设是必然会落空的。鲁南过去历史上的教训，是惨痛的，是值得我们沉痛警惕和引以为戒的。

7

5

同時，為了達到魯南根据地的建設和巩固，我们就必須在軍事上尤其是政治上，採取主动的進攻，大量發展人民武裝，以查減為契机充分發动群众，积极佈置大規模生產，展開廣泛的群众性的游击战争与強化对敌政治攻势，支援边沿、加强边沿，保衛人民，保衛根据地的建設。並在現有的基礎之上，切實控制与继续開展[illegible]与[illegible]，积极開展[illegible]与[illegible]敌伪區工作，求得鄒西与滕西連接起来，求得[illegible]与[illegible]連接起来，但是在[illegible]与[illegible]敌伪區的開展政策是隱蔽的和以政治攻势為主的，武裝也是為了掩護我之政治攻势。所有這些工作，不仅是達到我建設和巩固我根据地的重要一着，而且也是削弱××党的政治影响，肅清××党公開的和秘密的反动残余武裝，打击××党反动的潜在力量（主要是特务，对××党中的進步分子仍要争取，对××党中的顽固分子仍要孤立，把××党看成漆黑一团，一概打击的政策也是不妥当的），搞走××党的反共武装力量，以阻止反共軍再度入魯，保衛魯南和山東根据地，争取我之領导优势的重要一着。

在[illegible]我们应改变現有的隱蔽与革命灰色兩面的堅持，求得逐步的改变為公開的活动和堅持，初步創造和建設一個游击根据地。因為在[illegible]東衛[illegible]、西接[illegible]、根据地的力量可以直接支援，且在敌人心目中，在軍事上，地理上，都与[illegible]不同。今天的[illegible]，我对頑尚处劣势，但在山區的支持和増援下，是可以消滅和趕走反共的反动武装，達到改善我之堅持条件，縮短魯南与[illegible]和[illegible]的距离，杜絶反共軍入魯的約一叛变。同时对当地伪军伪组织可以选择其中最坏的部份打击消灭之，其余大部是可争取[illegible]的。

对盘据在[illegible]山地的[illegible]，今天我们则是包围孤立，执行分化瓦解和分解争取的方针，当然也要不放弃在有利时机消灭他的机会。

在[illegible]、[illegible]、[illegible]、[illegible]，我们的发展还极不充分，而巩固更差，除应抓紧此有利时机，继续开辟和发展，同时应在现有基础上着手巩固、求巩固党、巩固部队、巩固我们一切工作，特别是着手群众的组织和发动，树立群众优势，建设隐蔽游击根据地。求得我们在这些地区的生根与积蓄力量、准备反攻。

在[illegible]、[illegible]、[illegible]等基本县份，则是毫无例外的建设根据地，我们放松了1940年第一个建设根据地的先机，今天就决不容我们再放过当前的这个先机，过去我们搞垮了，使鲁南长期陷于游击区的状态，今天已经是相持阶段的最后一年了，就时间上说，不但加重我们全党的责任，而且也不许我们再犯错误，再重复错误了。

以上便是鲁南全党今后一年努力的方针和总的任务。

# 第二部份：具体任务

## （一）、展开全面全力的对敌斗争

分局四年工作总结会议之后，鲁南对敌斗争虽获得部份成绩，但因为领导上的右倾思想，没有得到积极全党对敌斗争的认识不够，更缺乏积极进攻精神，就使领导上无能放弃，形成在对敌斗争的软弱无力，尤其是没能保持发扬得到胜利的既得，缺乏积极工作被动，因而有一个胜利现象，一件的小成绩所满足，甚么都有，就使干部的心理松懈骄傲，自然也就影响了对敌斗争的充分开展。我们要根据此次高干会议纠正右倾思想的收获和精神，把分局五年工作总结所指示的"对敌斗争的充分发展自己，削弱敌人"的这一总的方针，在工作中贯彻实现。为此，我们就必须展开全面的反蚕食反扫荡斗争，敌进我进，大胆出击，加强出击，坚持出击，加强游击区敌伪区工作，加强城市工作，加强伪军伪组织工作，重视日军工作，强化政治攻势，巩固与建设老游击根据地与新的游击根据地，以求获得巩固胜利坚持敌后根据地、扩大阵地，并为反攻战略作准备：

第一 加紧反蚕食反扫荡斗争——估计敌人今后对敌后的扫荡，可能更加残酷，以及敌人兵力更有些收缩，但敌人在点线上的兵力更加强了些集中了，随时向我开展破坏可能加大出击区的斗争，可能更加紧张蚕食推进以渐扶壹。因此必须：

一、加强全党的阵地观念，深入全党以及广大群众的保卫思想。坚决打击敌人的蚕食，敌进

93

我进，粉碎敌人的扫荡，反对蚕食根据地、太平麻痹，加强全党全面全力对敌斗争的思想，组织全面全力的对敌斗争，积极开展游击战争与群众性的对敌斗争。

六、加强边沿，支援边沿，坚持边沿斗争，把边沿看成我们根据地的藩篱，把我们的对敌斗争推到边沿上去，展开与敌人的寸尺土地的争夺，反对一切不经过必要斗争都自动放弃，使根据地受到蚕食缩小；但也不是不估计一切条件去坚持以硬碰硬斗争的形式，而一味蛮干。对于我们过去那样的向边沿区缩退的办法，反对游民地观点，反对单纯的军事观点，把边沿区的工作只交给民兵来作，而应该是扎实的群众工作，党的工作，与军事的政治的经济的文化的全面斗争的组织配合，反对那种单纯的斗争的与干部的突击观念。为了粉碎敌人的蚕食政策，确保根据地，边沿区的斗争须要就是说是党的全面全力的一元化的领导，这是对抗敌人蚕食最有效的方法来蚕食而打击敌人。

第三、加强游击区与开展敌伪区工作——在目前范围内，由于我们过去的保守退缩，很多地区，今天敌伪区与敌伪优势的游击区，还保持一半以上，加强游击区，开展敌伪区工作，不仅成为建设根据地的重要一部分，而且是争取优势与战后准备的主要工作。我们除了切实研究今年工作总结及太行对敌斗争总结及方针而外，我们必须要作的具体工作：

一、根据敌进我进，争取主动的方针，在大块的游击区要争取一切可能，求得逐步改善我之坚持条件，努力走向公开的游击根据地建设。在敌人所侵据的村镇和据点附近，我们还是要荫蔽的坚持和发展，努力建设巩固的游击根据地。

二、在敌伪区和敌伪优势的游击区，对人工作和争取两面派的运用，是敌伪区组织工作的基本内容，和主要的工作。我们过去没有认识这一点，在敌伪区的活动仅只是一般的进行了简单的组织教育的宣传工作，上层的统战工作。没有从敌伪区广大人民和进步人士当中，伪组织当中，物色人才，加以教育，进行对人工作，相反的只知向上级要干部，而不知自己培养干部，工作上表现着很多的空隙，形成我们在敌伪区或敌伪优势的游击区中缺乏干部，眼看着机会跑掉，无从下手。不说破这一点大大打开敌伪区工作是不困难，但从敌伪区物色人才，选择干部，又必须反对我们过去那种不团结群众，不能争取知识分子，不从进步的抗日人士当中去发掘，而只知找些两面或亲日派的流氓地痞来当我们的干部，对这样的干部依靠是当然失败的。

三、发展敌伪区游击战争，是敌伪区非法斗争的主要形式，我们过去没有这样做，因此我们在这方面没有成绩，我们的缺点：

(1)、是单纯的军事观点，而不知在敌伪区小组精干的武装（八路军）他的主要任务是把敌伪之政治攻势，发动群众斗争，打击特务汉奸活动；单纯搞样子是打不开局面的，不估计一切条件，一味蛮干，结果是不能去发展。

(2)、是不知道在敌伪区发展游击战争，不仅要靠八路军，而且必须有群众的小型秘密武装的配合和大支持，因此形成武装斗争的孤立和软弱无能；

(3)、是我们在敌伪区小型游击武装成份极不纯洁，不从阶级的领导着，纪律不好，未能和群众出或結合，成為支持群众和群众的秘密武装，如上這些，都是我今后發展敌佔區游击戰爭及秘密武装应当注意的。

四、敌佔區和敌佔优势的政权建設，是两种或三种政权（两面派政权）并存和对抗的政权，我们的政权，不仅是宣传我党的政策与维系人心，而且是合法掌握（在群众中合法）支持群众斗争，组织群众争取战后优势的有力武器。我们在敌佔區的政权，今天還只是县區以上的建設，而且表现着很多的遊民的地观点，只做了些财粮征收，供给部隊和脱離出區的工作，與群众的联系，至成為支持群众斗争（应付敌騙敌人并负保斗争）就很少，我们还只是做了些上层统战工作，接近些上层人物，拉拢些伪组织保长的工作，当然這些也是必要的，但我们忘了群众，不注意群众的组織，不关心群众的痛苦，不解决群众的问题，是错误的。今后的工作应该在敌偽组織中的两面派，發展革命两面派（实质上是抗日的）尤其要深入群众，教育组织群众，合法的也好，或非法的也好，使群众自覺自愿的要建立革命两面政权（首先是保政权）在华北其他各地的经验，我们必须學習的。以爭取戰后优勢。

五、開展敌佔區，建設新敌後根据地最重要的一环，是敌佔區的群众工作。在敌佔區群众工作的基本方針是保護人民利益，這就要中國人大均負共同财政，减轻人民对敌負担（在敌佔區或敌佔优势的游击區根本对敌不負担，是不可能的）同時又要在減輕对敌負擔中照顾到基本群众的利益，而对敌負担是各方面的人力物力的掠奪，敌偽人員的敲詐，村款的大量負担與吏的貪污浪費等，所以我们要与群众在一起，替群众出主意，和向群众学习，来从各方面减轻人民负担。其次，在敌伪区和敌伪优势的游击区秉承政纲，照当的影响的减租减息增加工资，改善人民生活，也不是不可以进行的（同样方式上不能与根据地的一套）问题在于这在我们认识不够，甚至有群众已经找到我们还不去作。这是个极大的错误。今后凡在敌伪区活动的区县武工队，以及当地的党和政权都必须重视这一工作，并把敌伪区群众工作当成我们一切工作的重点和尺度，要从减轻人民对敌负担中来团结群众，并在团结中开展斗争，如改造会长村保长，镇压死心塌地的汉奸特务，保障基本群众利益，改善基本群众生活。来组织群众（灰色的，合法的民族革命的形式）争取群众优势，使群众自觉自愿的拥护抗日民主政权，拥护武装，从一村扩大到一乡一区，来建立稳固的游击根据地。

六、开展对敌文化斗争，普遍敌伪区小学，争取知识青年工作——敌人对我总力战中，文化斗争俱有相当重要地位，××区在敌伪区对这一工作尤为重视，积极控制小学，教育青年，我们应该检讨这一点，，在工作中要发挥应有的，今后，我们不仅是打击敌人，而是更要在敌伪区人民中建设我们自己独立的思想、文化，提高群众的信心，并解除他们心中怀疑的各种问题（如国共关系，战后问题）并予以各种政策上的保障（田地权、人权、财权等）为此必须：

(一)、有计划的经常输送文化食粮，推销书报，大量翻印宣传品，注意其真能起作用。

(二)、争取小学教员，派遣干部当教员，政府要帮助小学，给以必要的津贴，和根据的检查和指导，求得切实掌握小学，组织小学教员，吸收进步的小学教员入党，并设法打入敌人的文化教育机关。

(3)、大量的发动敌伪区青年知识份子来根据地受训，参观工作，吸收积极分子入党，或做人员、工人来根据地建设，并给以较高的待遇。

增加根据地(4)、发动敌伪区各界人士来根据地参观。各级机关要指定专人招待，并举行座谈会，联欢会，报告时事。解释党的政策，根据地各种建设，征求他们的意见，扩大我党影响。

第三，加强城市工作，发展矿山和铁路职工工作，——在这个问题上，也是我们鲁南党最薄弱而应注意和检讨表现最严重的部份：

二、鲁南不但是山东的主要的交通干线，而且也是山东工业区主要的部份，我们对自己的职工系统，广大的工人群众，不但没有着手去组织，而且也在思想上把他们忘却了，如枣庄、临城、韩庄。这才是鲁南正确的出发的基本。我们必须抓紧这个改造的时候，弥补我们过去的错误。全党一定要重视这个工作。

一、我们要认识城市工作的重要，没有长期的斗争精神，掌握城市的战略观点，大家对城市工作没有兴趣。

(1)、把城市工作当成全党重要的任务，抽调得力干部派到城市中去，长期埋伏，团结群众，建设(物色得力干部培养得力干部)，积蓄自己的力量。除去[illegible]要做[illegible]，[illegible]区要做[illegible]州，[illegible]要做[illegible]，[illegible]要做[illegible]城市工作之外，各地党委必要有组织，有关系的纵运，建立单线的领导关系，大家各人做各人的，而又不分地区一齐下手，要切实做到不我行。今天要做一分，反攻时就多一分力量。

（2）、各级党要把发动和组织津浦交通矿山工人工作，在工人中建立党，开始工人（职员也不能放松）当成自己的本能，自己的职责，我们是无产阶级的政党，而我们偏偏忽视对无产阶级的教育和组织，这是很严重的错误。今后□□区要特别重视对地煤矿工人工作。□□区特别重视枣庄及临城、韩庄工人工作；□□特别重视津浦、陇海交线工作外。其他各县如□□、□□县也一样要做委托的工作。总之，也是大家只要有关系，有线索就必须抓紧不可放松。同时要须经各方面找线索，利用关系。建立工作不待根据地派干部，须知根据地派去，也不比当地关系作用更大，因此今后城市工作，要强调培养和使用地方干部。我们对这一工作要舍得下本钱，舍得下工夫。

（3）在城市工作中，同时要注意回民工作，在我们的周围的城市中，回民数量是相当大的，他们不仅受敌人的压迫，而且敌人也在利用他们，挑拨他们的民族感情。这一工作如果做好，在对敌斗争与反攻到来时的作用是很大的（根据地中特别是我们的回民干部都是我们的对南边路工作，这是要统一的在城委和群委领导下具体计划地进行。

第四、争取伪军伪组织工作——根据对伪去年工作总结，争取伪军伪组织工作主要是应在利用民族矛盾，争取伪军伪组织中一切可以争取之动摇分子或坚决分子，直接间接组织抗敌工作

16

，或对敌消极应付，以孤立敌人，削弱敌人羽翼，配合政治进攻。”我们的争取伪军伪组织工作，从组织分散的要求还是很重要的。

八、由此表现在我们的伪军伪组织工作，没有掌握住民族矛盾，没有能够在政治上打击汉奸的两面，没有能够利用国际国内以及敌之进一步胜利，利用敌伪之间矛盾，加强对我有关系的伪军伪组织的教育，提高他们的政治觉悟；也没有能够发展新的关系的手段。我们今天伪军伪组织关系还不少（不是[illegible]），但有大部是应付我，或对我不相信，或利用我来求得我不打他，一部份是利用和我拉关系进行破坏我的反革命两面派，至于革命两面派则较少。

九、在争取伪军伪组织工作中，表现着思想上的毛病，这就是我们一般只是拉关系，并满足于这些关系，没有在政治上团结[illegible]之分，以致发生“二八年合流”，“偏我不分”，使我政治影响受到很大损失，模糊群众民族意识，抬高汉奸地位。

十、工作系统紊乱，系统不明。工作停顿于拉关系，维持关系，缺乏具体计划步骤，因此我们今后必须纠正以上偏向。

(1)、建立敌工部门，经常注意敌人的动态，由于敌人收编，缴械俘虏，也便于我们训练干部，具体分工，而又统一于敌工部门的领导。

(2)、经常进行伪属检查工作，通过伪属，教育伪军，争取和瓦解伪军。

(3)经常进行对伪军伪组织的黑点[illegible]，良心大检查工作。

(4)、注意大股伪军的争取，必须经常派人争取大股伪军，在对敌斗争及开展对地方伪军伪组织工作

17

的重要意义，在一定时期，对一定形式的斗争可能有决定意义；我们的方针，主要的是对一些大股伪军派人打入其一部或全部，长期潜伏埋伏，加强其敌对其团结内部关系，不断提高其民族政治进步性，对一定的大股伪军，必要时可组织专门的工作团进行工作。但我们的大股伪军工作，如对[illegible]军工作还只是开始，领导上是很不够的，特别是对每一时机的利用，与每一对象的具体措施图则更要，各地区，对地方性的大股伪军，则是避难就易，未能进行深入的调查研究，寻找矛盾，利用矛盾，开展工作，反而怕其难缠，放置不问。结果形成我之对敌伪军伪组织工作中的严重偏向，这是我们在今后工作必须注意纠正的。

四、要加强对伪军的争取和领导，可在伪军内部建立外围性的组织，如有条件及必要时，可在其内部发展组织细胞。为了取得伪军对我之信任，在慎重考虑之后，可给予委任状，但必须规定只有在其反正抗日之后，才有效，尤不可滥发投机，以免被伪军所利用。

五、重视日军工作——日军工作过去我们作得很少。首先在思想就没有重视日军工作，而不是因为日军工作不能做。我们对日军工作的方针和主要工作，仍然是以宣传攻势为主，从思想上动摇敌军士兵，增长其反战厌战情绪，使其逃跑投降，以达削弱敌军战斗力之目的。具体工作：

一、保证对日军的宣传品真能达到日军士兵手中，这就必须切实利用各种关系、组织保证，事实证明敌军对我之宣传是能接受的。

二、随时调查研究，根据具体情况，一定要

勢，提出適合日本人的口味，簡潔的宣傳口號，要站在日本人民的立場上設身處地替他想，即所謂使點入微，從具体問題上影响打动他們。

三、敵工站要指定專門干部進行工作并經常配合反戰同盟一同進行工作。

四、抓緊一切線索，并經利用凡能接近日軍的商人小販或据點內及据點附近之居民并取聯系。與日軍交朋友，進行宣傳。并展開組織工作與瓦解工作。

五、幫助與領導反戰同盟，加強其政治教育，并充分運用其力量。我們過去對反戰同盟在思想認識就不夠，我們還沒有体会到我們中國黨對東方革命應負的地位與責任，幫助日本黨，日本人民革命，是我們最高的國際主義的精神表現，而今天培養反戰同盟，不僅只便于我們去瓦解日軍工作，而且也為日本革命準備下一批强有力的干部。因此，我們今后必須更好的領導反戰同盟，而且還要幫助他們，了解他們的困難，提高他們的政治質量，同時要有計劃有組織的運用他們的力量，幫助他們了解個別日軍情况，與决定我們的宣傳品。經常的到據點附近進行喊話，寫信與打電話等工作，也只有他們才能把日軍工作做得更好，糾正我們過去把反戰同盟當成"擺設"的那种偏向。

六、強化政治攻勢，加強武工隊工作——過去我們很少有計劃的進行全面的對敵政治攻勢，更少根據一縣一區的具体情况進行政治攻勢，表現我們的工作往往被動，失掉時机。其次是我們的政治攻勢，只注意了宣傳工作，很少做組織工作，九期政治攻勢，在我們進行宣傳反對敵人新建據點與反對敵人搶粮中，是有很大的可能把敵佔區人民組織起

11

19

来的。可惜我们未能認識真的去做细密的组织工作，结果在保护群众利益上收获不大。为此今后：

(1)、除去储备全面性的政治攻势外，各地应根据具体情况经常布置一個县，一個分区的政治攻势，只有这样才能抓住中心，与当时当地的具体斗争相结合。也才能与人民利益相一致，打到敌人的痛处；(2)、在政治攻势中，不但要强化宣传工作，同时要提高到组织阶段，必须有计划的去团结敌伪区开明进步人士，特别是知识分子，帮助他们形成抗日组织；

秘

(3)、必须注意敌後党的建立，继续发展党员；

(4)、必须加强争取两面派与改造两面派；

(5)、帮助敌伪区人民对敌进行合法与非法斗争，保护人民利益，提高人民信心，增加人民勇气，直到发展人民的秘密武装，建立隐蔽的小型抗日武装。建立小型的隐蔽的游击根据地。必须認識：真正为群众解决问题，为群众办好事，才是建设隐蔽游击根据地的基本工作”。

武工队是今后对敌政治攻势的骨干，他们加强与健全之，是我们今后必须重视的。

十頁

(1)、除军区直接领导下的两個武工队外，各地要在主要对敌斗争方向，因已建立八個至两個。并提高质量，加强领导，以发挥我之充分政治攻势；

优

(2)、要细心挑选，吸收当地的进步青年参加武工队，密切与当地人民关係；

(3)、敌伪区活动的武装，要加强教育，提高质量，改造成份，使之真能担负进行政治攻势的力量。同时，对武工队的领导，政治攻势的进行，真

20

正做到党的领导一元化。共党政军民全面地配合，（不要成为对立的东西）武工队必须在该地区长期工作，和开辟工作做好的准备，必须服从当地党委的领导与当地工作协同一致，完成当地党委所决定的中心任务。但当地党委不能随便调动武工队的干部与不同其工作。

第七、在敌伪区建设党，巩固党——

敌伪区建设秘密党的任务，是在各方面积蓄我们的力量，在组织上力求精干，在活动上要力求隐蔽，纠正过去的右倾盲状不动，积极暴露的错误。而是要积极的打入敌人的各种组织中，各种团体中进行合法的活动。在华北敌伪区，大部是抗战初期我党有大发展过的地区。以后三进三出，三起三落，党的组织遭受到极大的摧残，所以今天我们不但要在斗争中吸收新的党员，建立新的组织，而且整理党也是重要的。但是我们对此却长期没有注意。为此：

(1)、敌伪区的党委要把整理党作为建党的重要任务。把被捕自首，至今表现不坏的，加以教育，或给以党的外围组织；或使其个别的通讯关系的生活；根据当时情况都可以慎重处理。这些人如果能够坚持其积极性，做为我们的打入干部，或打入小学，或到城市升学。都是我们的得力干部。

(2)、以群众面同共群众一起登记自首。或父代兄子自首的份子，至今还要求党，并入为党工作者，要根据中央处理自首份子的决定，经考查恢复关系，或重新入党：

(3)、敌伪区的党（如[illegible]）成份是很复杂的（不仅党，军队，政权亦然）组织上是很不

21

12

21

不能巩固，为了巩固党，必须进行审查，把阶级异己分子或奸细清洗出去（方式上要注意），同时要加强党的思想上政治上的教育，巩固组织生活和组织纪律，以求得党的巩固和纯洁。

（四）、加强敌伪区党委会的领导的才能，实现敌伪区党的领导一元化，各级党委书记应随部队行动；便于掌握与领导全面，并使当前组织则须精简收紧化，加强秘密党的教育与领导，纠正过去我们的公开工作与秘密工作的混淆，一個人什么都管的错误现象。必须估计到在任何严重情况下，保持地方党的秘密，不致因干部的暴露突出，使党遭受不应有的破坏和损失。

以上便是我们今后一年对敌斗争的基本任务，在对敌斗争的统一领导下。我们要求一切党政军民系统下的各部门，在自己工作范围内，以最大的努力加强对敌斗争，利用一切可能的条件与机会去开展敌伪区工作。

（下接附表二张）

第十二页

22

# 三、大力大量的发展群众运动

(一)、分局四年工作总结说：鲁南各地一般的纠正了群众工作中的单纯动员的现象，而比较注意了改善群众生活的工作，因而部份地初步的发动与组织了群众，并进一步的提高了群众，发动了广大人民踊跃的参加与支持对敌的武装斗争，而对于民兵武装的组织，给党政工作打下些基础，部份的转变了作风，并且开始注意了地方武装的领导机构与工作的建立，这对人民武装工作的开展上意义是很大的。

然而我们在工作中还有严重的错误与缺点的：第一、注意与照顾了对于封建势力，树立基本群众优势的方针，不能够依赖群众的精神，或者说就是过去的经济上政治上削弱封建势力与发动基本群众的具体工作与中心环节，所以在实际上就培养壮大了所以我们社会统战的地主封建势力，就更加障碍着群众的发动。以致把群众组织领导骨干放在中农手里，另外对于中农是我们永久的同盟军，中农的利益与贫雇农的需要这一问题也认识不足，以致未能大量的吸收中农参加斗争参加组织，未能以贫雇农为骨干切实团结中农与争取一切赞成抗日民主的广大群众，甚致错误的排挤中农。

第二：鲁南党群众观念薄弱，没有明确的依靠群众的群众观点，缺乏一一爱护群众体贴群众，依靠群众与群众自觉的精神；有的还严重的不关心群众和不领导群众斗争，有的虽然一一关心了群众，但亦仅限于生活上的关心，并没有能够从政治上，组织上，思

23

23

起上，树立群众的优势。发动群众的积极性与积极性，作为我们进入一切工作的依靠，这种对群众的关心，实际是不了解群众，是有独立生命与独立人格的，实际是个人一欢，站在群众上面的态度，关心关升。以致造成了群众工作中的严重的忽略现象和包办代替（当然投机心理也是包办代替的一个原因）严重的忽视在群众运动发展中由上而下的建立群众团体的独立领导之重要性，这也是群众工作缺乏做好与不能有力的基本原因。

第三：是对群众工作的领导上表现了严重的包办或包办代替，如各级党委未能经常讨论群众工作，对每个时期的方针和具体任务，并在工作进行中个别的不能经常由下而上的建立群众团体的独立领导系统，长期的采用工作组的形式。即或已建立者，亦多由党员包办或未很好发挥其领导作用，所以问题是在，否则各级党委均未能很好建立与健全群委会，以致造成与这个部门会绕大圈，或者即已建立，也多未能以负领导，发挥其作用。

第四：　我们一般未能很好掌握群众运动发展的规律，我们的群众工作很多不是依当地群众的切身要求，将党决心与工作甚强这样，来决定要做什么，而往往是根据上级指示，或同证条文（非其基本精神）硬搬什么条款的规律性等来决定要做什么，我们很多不是根据当地具体情况与群众觉悟来分别提出要求，而是"一揽而去之"的一般的提出要求，所以我们的工作不是自然的"步步升高"，而是硬性式领导，所以工作总是被动总是很差。

第五：　我们对发动群众优势问题，认识不明确，以致未发动基本群众积极的参加与掌握人民武装和政权，未明确认识这是深入群众运动的重要内容，丢掉也因而容易自满。对成绩估计过分而放松了工作。

第六：在群众工作作风上我们存在着形式主义。铺张，表面，凑热闹，满足于数字堂天，缺乏实际，以前填报自己的成绩，而不是深入的去一个个的对党对群众切实负责的态度，这种结果，实际上就没有，也不可能真正的开展群众工作，同时就讲不出具体深刻经验得到的例子。

第七：在我们全区都没有认清群众工作是开展其他一切工作的基础，把发动和组织广大群众，树立基本群众的优势，当成全党的政治任务而努力贯彻，这就是我们群众工作没形成运动的基本原因。

（二）、今后群众工作的方针，是削弱封建势力，改善人民生活，发动贫苦的劳动群众，团结一切群众，树立基本群众的优势，使成为坚持对敌斗争与建设根据地之深厚基础，并造成积蓄力量，迎接反攻胜利之目的。为了完成以上的总任务，我们今后的任务是：

第八、贯彻减租减息增加工资的政策大量发动群众：

关于这个问题除了我们在认识上的模糊及根本忽视因而組織特殊，没有認真的执行外，在这一工作本身也存在缺点如有不少的租佃关系，由于我们被租佃关系的现象所迷惑：不懂得其剥削关系的实质，加上工作中的不积极不深入以致放松了；又如已经做的一些，也有的是因为干部的包办代替（这是目前群众工作中主要偏向）和平

25

25

进行，因而并未起了削弱封建与发动基本群众之实际作用；相反的倒便利了地主的"以退为进"和对佃户的麻痹拖拉；再者我们许多只把减租斗争孤立的来进行，有的在开始时是不顾群众觉悟，想"单刀直入"的来进行，结果没做好，有的则是想早减了租就"完事大吉"，没有进一步的继续深入群众斗争，巩固"减租胜利"；最后在政策执行上也犯了一些错误。

为了贯彻减租减息增加工资的政策，在目前不论新老地区，凡大部未完成查减要发动群众者仍以查减退租为中心来发动群众，但时至今日我们的查减工作还没做好，有的地方甚至根本没注意，这是极错误的，所以我们要认真做，快快做，放手做。同时要耕好地。因不能我们机械的等待群众发动起来之后再进行生产，我们必须抓紧时机一村查减完毕，即须号召全村的大规模的生产工作；再者要注意掌握政策，不能对贫苦的抗属、烈属、鳏寡孤独的以收租为生活者而出租之土地，进行减租，已减者应取调剂方式使双方都能不减，不能强使出地。对于被遗留耕的中农的地应能照顾，不能不尊重地主的地权，也不能强制过度。在边沿区或新地区中之某些团不能对敌顽及驻较大之地主可以少减。允许村级人减租逐步步深入。也不会退两季租。对于有非同地性质的退息，也是不适当的，债之消灭后，过份欺诈群众的做法也不妥当；再者还要注意要于把减租减息等斗争与其他的斗争（如反贪污反恶霸反黑地……等）密切联系起来，同时工商妇的工作也要以查减或其他人民群众的中心要求为中心来联系自己的工作。当然也要反对把所有若干部积编为突击工作用以致取消各自独特的日常工作的做法；

26

最后即使查减已经完成的地区也应在秋收后总结及要工作的干部抓紧时机进行查检以求彻底。

第二：开展群众性的大规模的生产运动：

我们过去根本没有注意这个问题，这主要是由于我们在思想上的群众观念模糊与对生产意义不够认识所致；如只顾征收不顾生产，只顾自己需要不顾改善民生，不认识生产对于更广泛的团结群众，深入群众工作，改善民生，克服困难，加强对敌斗争与进行新民主主义建设的重大意义，或则认为只有在后方或巩固区才能进行，因而消极等待，或则看不到群众要求与发动，以及认为我们是做工作的，不是"庄户孙"的；老百姓自然会过日子用不着我们去操心等，因而实际取消，或则虽然喊的很高但未亲自动手、实际领导；或者群众刚提出些困难问题我干部也就缩回头来，就是中央其分局指示后，也因为我们的观念未很好转变，各地做得还很差，这是必须认真改正的。

现在，由于我们的胜利影响，查减工作的普遍进行，群众生产情绪已大为提高了，所以在群众已经发动之区村即使是一区一村一户也应以开展群众性的大生产运动为中心（并不放松个别的进行查减与退租）这除根据中央十八指示，分局十十决定，今年来山东群众工作总结与今后任务及区委专署关于生产指示进行外，特再指示以下问题：

（一）、首先要根据"把群众组织起来"的精神切实执行中央指示的"发展生产的中心关节是组织劳动力。每个根据地组织几万党政军民的劳动力与几十万人民的劳动力（取农家计划，变工队，运输队，互助社、合作社等形式，在自愿原则下把一切会劳动力与半劳动力组织起来）以保证生产，即在现时战争情况下都是可能的与完全必要的，其条件是必须学会组织劳动力的全部方针与方法”。在这运动中更好的发挥群众的生产热情与自觉的计划劳动，可以为与组织群众订出家计划，其办法可首先抓紧支部同志及农会积极份子先开一个会，把道理说明白，把办法也讲清楚然后再推动着他们分别回到自己家里去开家庭会议，在完全自觉自愿的原则下，各家分头订出自己的计划，再经支部和农会参加些意见（主要是避免形式和自流）再取得各家的同意，计划就算订出来了，紧接着就要去推动这些已定计划之家的男女老少在家内外，向左邻右舍亲朋戚友进行解释以推动其他的农户，照着做；在订定家计划时必须防止两种偏向。一是不顾群众的具体条件我们干部直接强迫命令，使群众认为是对于上级而生产的结果是不能有生产热情的。这一种是丢掉了自愿原则的精神。另一种是自流的偏向，农民说多少就订多少，忽视计划的生产水平可能提高的精神；在计划本身要注意两个问题，一个是从实际出发不能太高以免落空。一个是要有具体内容不能空洞以求贯彻与深入；为了贯彻计划除了巷坊户与户的竞赛订立条例互相推动外，还可组织评判人与将计划抄一份交乡公所或农会保存，经常的检查督促。关于组织集体劳动的意义是以个体经济为基础（即不破坏个体的私有财产基础）的劳动互助组织；是从个体劳动到集体劳动的生产关系即生产方式的改革；所以在进行中既不能完全所谓农民自发或任其自流，而必须把群众的发动及时组织，加以积极的改造和创造，使其合理而有利，并在由小而大，由少而多，由近而远的组织起来。只有这不能任意强制或只求形式，而必须建筑在自愿的基础上，则不难找到它的内容，为此要扩大宣传群众自己关于互助的口号，如"工换工，不误时"，"人力畜力互惠"，"牛料两换"，"人人一条心，穷到后根，大家一条心，黄土变成金"等；在组织集体劳动中，还要废除或改造"请工"、"斩工"、"包工"等不合理的形式，而必坚持等价交换（即"变工"）的原则。同时还须注意研究适合当地特殊条件的合同，以求顺利坚持；并尽可能组织全家劳力参加生产，要尽可能的把有劳力的妇女，以及儿童全组织起来，对于民兵的集体生产亦应很好提倡；为了救济难民，在组织难民的资金和合作社，要在政府群众团体与个体的帮助难民组织生产，并使群众协助解决其生活中的困难。为了推动这种运动，其中心一环是通过支部和全体党员以及农会员和村级干部带头自己组织起来，然后再团结其余的群众和已组织的群众扩大。为此村支部必须指定党员有计划的分配到群众中去起模范作用。

(三)、今年生产的主要内容在于农业（主要是粮食）的增产（劳动互助，深耕多锄多上粪，改良生产技术等），其次是开荒（缩小大荒），种树、植苗，兴修水利，发展种棉，提倡家庭副业（养蚕、种麻、养猪、养羊、养鸡等），组织纺织与运输合作社等，并要把运输与农业生产结合起来，即以运输来推动农业生产互助，以农民自己的互助来保证运输畅通。

(四)、为了加强党对群众性大生产运动的领导，首先要转变全党（首先就是领导干部）的观点，使其认识大生产之重要意义，纠正对生产的错误认识，认真加强群众观念与劳动观念，认真的把根据地军民的力量一致投入生产热潮中，县委与区委应执行中共中央指示的"首长负责，亲自动手""领导骨干与广大群众相结合"以及"一般号召与个别指导相结合"的领导原则；因此要求各级领导干部的负责同志亲手订自己的生产节约计划，并亲自领导一村生产，以吸取经验推动全盘。再者为了掀起群众生产热潮，各级要通过政府，群众团体召开模范劳动英雄大会，生产座谈会，农代大会村民大会等来进行检讨与组织竞赛，当然应注意切实做到不误"农时"的原则，同时要在县区乡到村有计划的培养劳动英雄。

（四）、为了保证生产之顺利进行，应根据群众需要适当的发动借粮借种等，但注意不要形成包办，又要借中农的，要立约，如期归还。此外应协同政府贷款在保证确实借给基本群众用到农业生产上。

第三：深入与贯彻群众的拥军运动：

在过去群众的拥军工作虽然有了一些成绩，但还存在着一些严重的缺点，如许多地区的拥军还仅是干部的活动，干部站在群众头上指挥包办，所以严重的脱离群众；再者对群众的思想教育与政治动员也很差，如许多群众虽然参加了拥军大会，但还不了解什么是"拥军"，为甚么要"拥军"，或者只是村庄虽然贴上了拥军公约，但群众还不知道是何物，所以许多拥军工作是应付公事热闹一阵的，许多仅仅限于开大会的形式，收获还不大，就是现有的一些成绩，如以优待军属为例，也是政治动员的不够，物质利诱的多，客观上形同摊派，尤其严重的是把自己都不愿要的坏成份推到（并不是用压力来这样的扩军之缺点要从发现军的观点上来检讨检讨。另外就是成份纯粹：贫民佃农，如最近苗桥区的扩军就是八个典型例子（这类例子还不少）

今后的扩军工作，除依全党报上决议及有关分局指示外，应特别注意以下的问题：——

(一)要切实开展群众性的扩军运动，为此应加强对群众的思想教育，要真正通过群众的自觉自愿，民主的订出自己的扩军公约并保证执行之，这样扩军工作才能继续下去，成为经常工作，才能真心实意的爱护军队与新的军队。

(二)、动员好的党员民兵及群众团体的会员，带领群众参军。发扬李山区动员八个青年参军的模范作风，应联七区妇救会长带头领群众参军的范例，同时为了通过新战士娘家影响与推动群众参军，为了更郑重的欢送和欢迎新战士，为了避免[illegible]，为了成份纯粹。今后各地参加主力的新战士须先送到县大队负责由县委负责审查教育待集中到一定人数后，再集体的隆重的送到主力。

(三)、提高抗属的政治地位，动员抗属参加生产，发动组织群众帮助抗属进行生产建立家务，

(四)、团体的组织人民武装经常的帮助军队与配合军队作战。

第四：开展群众性的民主运动与拥政工作：

首先群众团体的同志把我们民主政府与旧政府同样看待，用所采取对立态度，未能郑重的向群众说明政府与群众的关系以致群众对我们的政府还存有隔阂（当然有政府未做到与政府作

风有缺点也是重要原因）再为对于动员群众认识执行政府法令、与保证政府法令之全部实现也做得很差，最后就是对于掌握政权的意义不够认识，所以对于发动群众积极参加政权领导，争取群众代替的工作做的很少。

今后首先应该加强群众对于抗日民主政府认识是老百姓自己的政府的教育，从根本说明民主实质与旧政府的根本区别，与人民的关系。对于群众认为抗日民主政府是七八路政府的观点，应该说服发动群众积极参加政府当选政府的职务，并成为开展民主运动的骨干，最后应该号召与组织群众拥护抗日民主政府，坚决执行政府法令，切实的支持抗日民主政府，在目前必须动员群众拥护与保证法解脱真正作用。

第五：关于健发展民兵问题群众性的武装斗争：

第一是发展，民兵工作中的缺点，一个就是许多民兵组织群众当成国民兵的单纯兵役观点，随便解私或把做差，成份不好，不能起劳动，与内和团的关系不正常等。再一个就是不少民兵甚至干部仍有依赖的纯的观点，轻视原始武器。没有看见守旧手的威胁，这一方面是由于不了解民兵的性质和作用，另一方面也是由于不了解群众与保卫斗争结合起来后，将自身取代替的重大意义　因而没有钢枪就也不愿意发展民兵了，还有一个缺点就是民兵工作领导上的一些毛病，如孤立的进行民兵工作不注意与其他工作联系配合，如在收复后很好注意对民兵之掌握与领导，如不注意对民兵之教育总奖检讨等。再一个缺点就是只注意或满足民兵训练

32

立，对青红团的领导则长期放任。或强迫分合，未注意建立村团部或对其领导不强，以致有的地方虽设有青红团的组织，有的地方则有也不起什么作用，形同虚设，甚至有的仍操于封建势力之手。同时要强调民兵之扩展，要求根据地民兵估人口百分之五，在新地区及边沿区可以用武装保护秋粮并以最直接发动民兵斗争，或在群众发动的基础上，亦已保证需要做到反天"的口号下迅速建立与扩展民兵，唯应注意成份要纯洁，并须将领导权掌握在基本群众之手；但同时他又是全民性的抗日组织，武装所以也不应拒绝积极抗战的开明士绅子弟参加，还要强调党对民兵绝对领导，要求民兵中逐渐发展到%的党员，各县区委特别是支部要经常讨论关于民兵工作，同时在民兵中工作中还要特别注意开展爆炸运动，并以此来推动原始武器之改造与使用，同时发动内地民兵以较好武器帮助边沿区支持边沿，并以各县应设立具体建立修械所，并逐渐求得自给。同时应迅速的，自下而上的民主的建立各级的人民武装委员会，与发挥武委会之领导作用，并应依春耕夏收秋收，冬闲季节分别抓紧加强训练民兵，整理教育民兵与扩大民兵的工作。同时民兵应积极协助政府缉私，所缉私货须全部交政府处理，其奖励由武委会分配除以一部奖励个人外，并将一部做为武委会经费。最后关于今后的青红团工作除执行分局方针武代大会上关于人民武装工作指示外，要注意加强各级党委（特别是支部）及武委会对他的领导，認真的建立村团部的组织与工作。民主的产生或改造青红团的干部，并注意将领导权掌握在觉悟或可靠的基本群众之手，还要注意培养村干部，与农闲之轮训等。同时要从加强与什么是青红团，青红团要干什么的教

33

33

前中，要从充实活动内容中去健全组织与确定区委和同志的制度中来建立自卫团的组织，并解决民兵与自卫团的关系，要求民兵党员的带头与帮助自卫团活动，要求自卫团积极的配合民兵的活动，纠正民兵形成自卫团的上司，与自卫团对立的现象。

第六：加强群众的教育：

刘少奇同志曾说过：“现在我们不能用土地革命来吸引群众跟着我们走。但我们必须在减租减息斗争中及在深入的教育工作中去吸引群众跟着我们……这个工作（指群众教育）是有如此伟大的作用和意义我们必须以极大的注意来进行”，但是拿这个标准来检查我们，则我们注意的太差了。就是已经做的也是很不经常的。

今后在加强群众教育上目的是在引导他们参加政治斗争，对青年儿童着重文化教育，其内容主要是根据大队和山东群众的当前与今后任务中所指的关于时事教育，和阶级教育，关于中国革命前途的教育，关于群众增减斗争，大生产、拥军、劳武、巩固人民武装，等群众直接行动的教育及群众团体的特殊教育等，关于教育的办法主要是通过群众团体必要的会议与发行各种唱本歌谣、剧团等进行教育，并加强对小学、冬学的帮助与积极参加，总之开展国民教育与社会教育。最后对村干与积极分子应进行适当的训练，或通过开会内的会议进行教育。

第七：加强党对群众工作的领导与各群众团体的本身工作：

首先要健全各级党的群众工作委员会（村区已改为群委会）由三人至七人组成之，负责群众工工作委员会是党委之下的一个咨询研究设计机关，其对下级的指示一律通过党委以党委名义下达。群委会的日常工作在于收集与群众工作有关的各种材料加以研究，供给党委参考并最后由党委制定各个时期群众工作的方针与方案，群委会对群众团体中的党团和党员必须保持密切联系指导与推动他们的工作但不得对他们发直接指令。且要发挥群委会的作用改善群委会的领导方式，克服分散把口号搞一般的毛病，应采用集体研究问题与分散检查工作真正做到个别深入与一般指导相结合。还要认真的从下而上的建立群众团体的领导系统，要有计划的培养提拔地方工农干部，充实健全领导机构，并吸新积极工农青妇文武的干部，以后群众团体中党员干部的调动升级须经同级党委批准同时要经过组织系统。

关于各群众团体的本身工作，除农会应根据实际情形继续开展或深入减租减息等斗争，大量扩大组织外，要同时开展工青妇工作，为此要反对以为农会组织了农会就等于一切或认为只有完全做好农会工作才能开展工青妇的机械办法，还要说服工青妇干部"工"不安于位"的倾向，当然主要的还是各级党委群委应加强对工青妇工作之领导与帮助。关于工人工作除应加强根据地雇工与手工业工人工作外，特别要加强敌占区，交通工人及公营企业工人的工作。关于青年工作主要是通过教育青年这一中心环节来分别地区的积极的参加政治民主斗争，发挥在敌区武装斗争，并在城市工作进行向敌区青校之打入工作与组织收容逃青年来根据地参加受训，再青委应开展与组织观念，在小学中开展半日班或门教育与团结中学教员。关于妇女工作主要应该加强党委对之领导，开展组织生活。进行对妇女教育中来

35

建立与发展妇救组织，详阅分局中央去年三八节指示的意见进行之。及今年分局三八指示与区委关于执行三八指示。

四者。因我们的群众观念薄弱，长期的未把村会当做一级，对它没有利用观点和对它发展的要求，故村会的建立很了草，内部生活很松懈，甚致不少的会长不知有多少会员，不少的会员，不知谁是会长，有的连自己是会员全不知道，因而整顿或建立村组织就非常重要，为此应通过实际斗争，或联系当地具体情况，深入的对会员进行教育，并进一步了解每人成份表现，然后正式登记，民主讨论通过会员，选举或改选村的委员会，并民主的讨论工作，确定制度，且要贯彻执行之，当然这与区对村的加强领导是分不开的。

（接下页）

36

# 三、改造政权、加强财经建设

第一、关于改造政权问题——政权工作的方针是确立群众观念（不仅支持群众，更要依靠群众）开展民主运动，使政权真正建筑在广大群众的巩固基础上，同时并须照顾各抗日阶级的利益，团结各抗日阶级，领导与支持战争，战胜敌人，奠定战后新民主主义的有力基础。

检讨我们过去的政权工作，对支持战争上，对一些善政设施上，对民主政权形式的建立上（县区以上有了初步形式的民主机构，村政未改造）是有成绩的。但由于我们在政权工作中群众观念模糊（不分阶级的）忽视了减租增资与基本群众的发动，因而漠视了把工人、农民、小资产阶级提高到根据地的统治地位的努力，三三制未能形成，影响了对党外人士的团结、影响了党外人士积极性的发挥，使得我党在各级政权及民意机关中当相的色太突出。加以全党对政权是革命的基本问题认识不足，党委领导上的放任，群众团体不加支持，工作缺乏联系，致政权孤立进行工作，当然政权威信的树立、与作用的发挥也就不够。同时政府本身虽然对命令奉行比较坚决，而依照具体情况，灵活创造则不够，即使有一些创造也贯彻不力，我们的政权还是因袭旧政权的作风多，树立新的作风少，官僚主义还占着主要地位，这就大大的影响了我们政策法令的贯彻执行。为此，今后一年的具体任务：

(一)贯彻减租减息政策——各级政权应主动的检查与推行减租减息法令的普遍彻底实现、加强

37

调查研究：对地主债主违抗法令，或打反攻，明减暗不减等，均应依法处理（贯彻减租减息法令以后、同时也应保证交租交息）。反对熟视无睹，等待或动摇等现象。目前仍应贯彻查减，并使查减与生产密切联系，求得查减在基本区普遍完成。在这一执行中应与群众团体密切配合、但不能混淆两者方式、也不能藉口两者方式的不同，实际上放松政权在执行这一法令的责任。

（二）逐步改造彻底改造村政——首先要明确认识村政是民主政权的基础组织，所以在村政中要把工农小资产阶级提高到统治地位、使村政为其代表积极分子所掌握、达到在政治上削弱封建与摧毁封建势力在农村中的统治，才能巩固民主政权的建设。

在我基本区各村，应认真的从群众增减、反黑地、反恶霸、反贪污等斗争中进行民主斗争，改造村政，切实建立村的民主机构与民主制度。在组织上要教育每个人明确认识什么是公民的权利义务（褫夺公民权的除外）划分公民小组，建立村代表会、村政委员会，组织村公所。在制度上应从彻底了解，废除村政中一切旧的乡村公约，罚法，陋规等封建旧制），代以新的民主法规和民主制度。目前首先从整理村财政、废除摊派，财政公开、反对贪污、清查黑地、负担合理等着手，并根据中央土地、劳动政策、及具体情况、规定一些新的办法，使之贯彻。

在新开辟地区，应分别先后、逐步的撤换旧村长（群众未发动前可酌量委任）以减少或扫除群众发动的障碍以改选新村长

在敌伪游击区，应组织人民对敌伪斗争的

组织和领导中，由上而下的改组改造村政，但同时也应经过發动群众的自觉、由下而上的改造村政，使村政掌握在基本群众至少应该掌握在可靠的政治进步人士之手，以便於我深入组织群众。

最后应提高村長的地位，及时训练培养其村政工作能力、纠正我们不把村政当成政权的一级，单纯的视為"支差"机关的现象。

(三)实行三三制、建立民意机关，健全行政机构，统一县区名称。

今年六月底以前，基本区的各县参议会应改选完毕，專署一级参议員须同时按分配名额，由各县一次选举，準備於七月中旬参加鲁南参议会大会，改选專署的参议会及政府。改選前與改選時，对县级及專署级参议員应照顾調查研究，必须有計划，有目的保证、使之合於三三制，反对包办，了草凑数。对前届参议会各议員应分别他的进步或退步表现、确定不同的对策設於改選中展開政治斗爭，目前即应选定对象、並着手培养基本群众的领袖，以便其参加将到的改選，一新参议会的面目，我党並须加强对党外人士的团结、影响、诱导，教育和适当批評中巩固與他们的团结、切实尊重参议会的职权、地方單行法令之制定與過去法令的審查改訂、均须通过参议会；各级党委均应选派较有力的党員干部一二人到参议会工作、並勿輕易調出。在敌游区、虽然不能成立参议会，但政府应聘各地区进步人士，充任参议，这不但使我敌游政权便於团结党外人士、而且也表示我政权的民主精神。

專县两级应於参议会改选時，同時改选行政委員会、实行行政首長对行政委員会負責制，分清行政與政务（科長联席会）之处理权限。

39

為完成根據地建設，必須健全各級行政机構，基本區各縣須按省政委会頒佈的編制，配備起民政、財粮、司法、文教、實業、工商、公安部门，划清司法与公安工作的处理权限，糾正过去司法与公安工作混淆不清，在处理的权限上，公安部门主要是偵察、審訊、经党的縣委会討論决定、依法起訴，至於判决執行是司法部门的工作，以保障人权，鞏固根據地的社会秩序。除依政权（司法、公安）一定手續外任何机关团体或個人，不能自咸逮捕拘禁審问处罰游街或任何侮辱公民人格之行為（現役军人犯法，应由军事法庭处理）至於群众对坏人扭將管押去則不能視為逮捕。將去區应根據情况及需要設置，目前应將財粮、文教、公安、建立起来，健全區政机構，深入村政領导，培养村政工作能力，以便使村成為執行政令的一級，改被动為主动，糾正与上下級和各种工作的脱節。

改正統一縣區名称——目前除臨西、蘭陵、滕沛办事处暂不改变外，运北应改為嶧縣，边联改為趙鎛縣，費南改為費縣，滕東改滕縣，溫河已設縣，費滕嶧边改為双山縣，鄒東改為鄒縣（鄒西設行署）关于各縣或各办事处所轄各區，一律用一、二、三、四等数字排列，取消地名、人名的區名，以免暴露。

(四)從思想上工作上貫徹拥军政策——首先從思想上、工作上不断檢查教育，從提高军人地位，优待抗属、荣誉军人工作中动员参军归隊、升級、保証擴大主力（完成×個甲种团）而优抗工作、与荣誉军人的安置，应成為拥军工作的中心環節，一九四四年全年内，应完成組織本地外来所有贫苦抗属参加生产，确实解决其衣食（动员组织男子到运盐、打油、开荒、小贩，妇女儿童到纺织等根据地经济建设运动中），对荣誉军人，要提高其政治地位，除吸收他参加各种工作外，并帮助其安家立业，号召所有荣誉军人学习模范荣誉军人王永禄。为此，专署与县均须建立健全优抗机构及领导，党军民并须调剂干部，最好是吸收荣誉军人参加优抗工作。

同时，从改善与保证供给中，提高战士体力，加强战斗力，资助兵工建设，达到供给部队与民兵之目的。

其次，支持与帮助人民武装建设，培养主力兵源，开展群众性的游击战争，展开爆炸运动，各县应建立一个炸药制造工厂，制造石雷石炮等（费用由军区供给）政权并要确立战斗作风，配合主力，领导人民武装，向边沿开展与坚持斗争，反对坐领根据地、脱离对敌斗争关门建设根据地的现象。

（四）加强敌游区政权工作的领导——在敌后政权工作中，首先必须纠正把敌游区看成殖民地，单纯征收的观点，敌游区政权工作主要的任务是扩大我民主政权的影响，宣传民主政权的法令，发动团结各层共同对敌。今后各级党、各级政权必须在思想上，在实际工作中加强对敌游区政权工作的领导，及时的，经常的研究敌游区政权工作的情况，及时总结经验，随时改进与创造敌游区政权工作的建设。

敌游区的政权干部，县区以上应随部队活动，照顾工作、文教、财政等可能精简我系统化、和用為我掌握之中心小學，以隱蔽的方式進行團結組織小學教員，青年知識份子，反对敵人的奴化教育、加強民族民主的思想教育、我根據地為我掌握之小學、團体和群众小學、政权工作必須在党的一元化領导下，取得各方面的配合與支持，互协同各方力量，完成统一定時期的中心工作。職工除不以要协助政权工作、樹立政权威信、但在必要時、得上級黨委的批准、可兼職代政权工作。

最后，在敵游區的政权工作，與政权干部中要特別强調反对貪污浪費，墮落腐化、嚴格財政制度、減輕人民負担，政权工作的干部应成為廉潔奉公的模範、一切藉口敵游區工作艱苦緊張，而企圖享樂一時，都是墮落腐化的開始。

(六)開展文化教育建設——首先也還是從思想上糾正忽視文化教育的不正確的傾向，建立與健全文教机构、並保証党在这些机構中的領导，因為这是党掌握思想陣地的重要一環。今后一年的具体工作：

①普遍設立小學，在基本區的縣份，每縣应設立一处完全小學，每區应設立一处中心小學、各縣应抓紧麥假、秋假、集中訓練小學教員，大量培养小學師資、各縣並应帮助縣辦中學的建立，介紹師資，保送學生

②以小學為基礎，開展社会教育、教育內容应以战爭、生產、民主、团結為主，目前則应着重減租減息政策與公民教育。

③爭取並擴展新聞印刷事業，購置鉛印机、建設印刷廠。各縣应帮助搜集材料，招聘技術人員。

(七)樹立民主作風——堅决反对官僚主義的作風，而代以抗日民主，廉潔奉公，深入實际，樸素勤

(42)

的，首長負責、結合群眾，依靠群眾的新的深刻的作風。政权工作干部应改变舊人，官吏的一切衣着、態度、而代以群眾化、劳动化的衣着和態度（在敌後偏的政权干部[illegible]是机械执行）。

其次要强调的则是提倡简政政策（简政政策的强调、党政軍民都一级例外的），我们不能因为今天建設根据地，便又搭起大架子、摆起大机关，而是提倡一個人干兩個或三個人的工作，研究改進提高工作效率。是重质不重量、是因事設人，與提高干部的责任心與工作积极性，不能轻易分立机关，减少勤杂人員，公差公馬、提倡动手动脚、生活自理。反对铺張浪費、任何机关团体、部队的编制扩張，都須经过區党委一級批准。政府文告也应通俗簡明易懂，求得適合群眾口味，便於群眾閱讀，起碼要叫群眾听了能懂，打破舊有的等因奉此的一套、要抓紧中心、切实做到業务精简。

(八)加强党对政权的领导——建立党团，发挥党团的作用，反对党团对党委闹独立性，党团应保証党委决議的貫徹执行，經常的反映政权工作情况及问题，帮助党委了解情况，以便加强党委对政权的领导。各級党委也要定期檢查党团工作、討論政权工作並給予党团任务，组织部门应經常檢查及領导政府中的支部工作。規定政府工作中的党員干部，必須参加支部生活，加强整风学習，加强党性鍛鍊，成為团结党外人士的模範，並应根据中央九一决定，纠正放任或干涉的现象。

為正确实现党的領导一元化，各級党委必須認識上級政府的决議、指示、法規、制度，就是上級党决議、意旨的体现，应與党的决議、指示一样閱讀研究，並在全盤計划與領导工作中，依据当地情

43

規、貫徹執行，对上級政府所頒文令有不同意見，可經過系統反映上級覆審求得解決，不能任意擅改、我們應使每個黨員和干部成為遵守法令的模範與培養民主政治精神。

（接下頁）

44

## 第二．關於財经建設

我们財经建設的方針是：發展生產，厉行節約，減輕人民負担，反对浪費鋪張，严禁貪污中飽；保障軍民供給，切实建立经济陣地，（加強生產管理貿易。建立本位幣制）加強对敌经济斗爭，培养建立当前的自給自足基礎，并為战后建設長期打算，為此必須：

改变过去徵收打算的多（仍应注意徵收，不能矫枉过正）生產打算少，照顧军食军用多，民食民用少。在经济斗爭中貨幣斗爭实行，管理貿易，增加生產巩固本幣，（北幣）地位差，对財经人員只注意了要求使用，培养教育尤其思想領導很差，舊人員舊制度的改造努力少。

今后具体任務：

（一）．普遍發展農業以及紡織，日用品等工業，力爭军民衣食日用品自給。

首先大量發展農業生產，獎励增產粮食，棉花，蔬菜，家畜，（可参阅去年十月区委部署关于生產指示）尤其应當於今春紡織受棉產限制，未能大量發展。各縣应以具体情况採取有效办法，提倡與獎励扩大植棉面積，以便今秋明春大量發展紡織事業，但由于魯南減租增資政策执行太差，我机关部隊，团体，学校等于今春首以应集体開荒，種菜；喂养猪鸡植樹等生產改善自己生活減輕人民負担，从而影响推动群众生產，并計划在集体與個人生產要求、依照全年生產过程分期總結经驗、置备并要準備生產工具、培养生產模範者，

45

同時，更应認真於查減三后立即挨户，按村的帮助群众定出具体計划，并發动競賽，当前应运用專署农業生產貸款，解决貧苦抗属及基本群众生產的困难，且酌量指导與植棉联系，為此各縣应深入村區帮助檢查、培养出一定数量的模范劳动者，或劳动英雄、樹立典範及方向。

其次，紡織应成為今后工業生產的重心，此外还应不放鬆的运用有利条件（如技術人才，原料等）建立紡毛織毛巾，造紙，造肥皂，製香油，火柴等日用品，并提倡各地舊有的手工業生產，減少我區經濟入超，其方針应當重民營（群众性生產）輔以一定公營（便於示範研究改進技術）使之分散發展，減少敌人破坏，对多数事業之開展，除貿易完成今春早衣第一季全用自織土布并購買大批土布以充供应第二季需要外，应充分準备（扩大植棉面積，巩固並發展紡織合作社）達到今冬棉衣完全由紡織合作社供給，并部份或大部的解决群众需要之布尺，目前各縣紡織合作社在我獎励办法推动下已初步開展（郯東紡車2000余，滕費峰500余……）但因棉價高漲，織布不能及時，開展已見到困难，但此时布價雖高，而價亦將高漲尚不致感到大亏，故仍应儘量買棉，以供现有合作社需要，并酌為继续發展之用，工商管理局除買布外并可大量買線，開展織布工業，组织製布合作社打下織布基础亦算成績，一般因棉價高漲，紡線織布工資略為变更（線一斤改給工資粗糧七斤（三等）九斤（二等）十一斤（一等）三級織布工資，每八尺（大尺）布給工資粗糧三斤半）是必須的，惟棉產限制，当前应轉向羊毛，各縣并可準备大批收買春毛（羊毛）打製紡毛車，訓練紡毛指导人員，使紡棉合作社轉入这一工作，对群

六十四頁

46

众生產情緒的巩固是必要的，以便衔接秋冬新棉收后的纺棉發展；并部份補救冬衣应纺织受棉產限制不能及時製做的困难，我党政軍民一切人員应認識纺织事業，是須经过尚多的困難，才能發展达到自给，因此，不仅在增加棉產組織合作社上努力，更須為推动纺织事業的發展完全購用土布，不買洋布，工商管理局切实掃尋與努力提高纺织技術，改進線布質量。

再次，為保証农業生產和纺织與日用品工業的生產，首要組织與提高生產力，及資力不周問題的解决，目前对农業生產力的組织與提高应从與家計劃做起，从此基础與影响推动下，認真組织變工隊互助與大集体的农業生產合作社，除此对合作社应向綜合社（即生產、运输、消費等混合業务）發展，才能吸收起廣大群众，并能充实業务内容，刻下除纺织合作社应依照條件情况巩固或準备纺羊毛外各縣应切实組织运盐及运销合作社（兼可运粮，與輸出部份土產）去洪海区域，保証貨幣斗争的勝利，為此各級党委與政府应認識合作社是群众自己的经济組织，必須建築在群众自願自动的行动上才能發展和巩固，但如何才能自願呢？就在合作社能為群众服务，處々想到群众，為群众打算，把群众利益放在第一位，同時，今天群众又須支持战争，故其方針应是公私兼顧的，在組织上注重資本與劳力的结合，為提高生產效率，要構工具等可採分紅制工資办法，陝甘寧边区，南区合作社已提供给我们以成功的经验并証明不仅可用於纺织合作社、也可用於运輸及机关部队的生產中，我应迎头接受研究用於魯南正待發展的合作事業中，（南区合作社办法不久由魯南時报轉載，供各地研究）最后应注意

47

47

鲁南合作事业方在开展，各级党委须深入领导发动团结群众参加，并将领导权放在基本群众之手。目前在资金方面，群众自己筹款是有限的，政府贷款给合作社、拨盐供运输及或合作社运用，虽有一定成数，仍然不应放松对富有者私资的吸收（不是剥削的，是以适当分红利益去团结它）以供合作社之运用，因为合作社之领导是民主集中的，其主要人选是以一个人一票（不以股金为单位）的选举产生的，故不患领导权之旁落，今后各区培养、配备一合作指导员从事政治，技术之指导，其支部之保证尤不可忽视。

㈡，切实充实物资及外汇准备，保证二折贬值及停用法币。

首先应抓紧当前有利时机，各工商管理局应帮助发行大批北币（本币），滨海货币斗争胜利影响到鲁南北币信用提高，田赋行将开征尚有自织部份纺织成品，最重要的大批食盐源源运入鲁南使北币结合），应切实保证以北币换五元法币的二折使用，并准备四月初在基本区的县停用法币确立我本位币制。

其次，各级党委应领导部队及群团，政府党团依照鲁南时报之法币贬值宣传材料通过各自系统深入的宣传教育工作，保证贬币之顺利并预备在适时指导组织停用法币委员会，从事停用法币工作的领导，除前述宣传组织的保证外，应着重：责成各县工商管理局端实准备应占我北币流通量40%（如生油、食盐、布疋、粮食等）外汇准备（法币为缺）占20%目前经费开支虽有困难，为支持货币斗争，经费开支应节约，工商管理局资金，为避免各县金库及各区供给单位拖欠商店资金，

今后应先支款后取货即臨時借用也将影响貨幣斗爭之順利实現，对於各縣領去之北幣須逐漸放到市面，勿大量猛放，使市场一時呈膨脹現象，同時要加強兌換工作，除各商店执行兌換業务外，各事务所須設專人兌換，各縣工商管理局須经常檢查兌換的工作，以免工作人員私自挪用妨害兌換工作，以上為保証法幣貶值之必要工作，并为法幣停用之準备工作，田賦徵收后，各縣委財经小組应开会檢查上項準备执行情形，执行中有何困难，并及時迅速反映区委。

〈三〉、準备食盐專賣，首先組織大量的群众性的盐業运输。

首先应認識魯南经济力量薄弱，雖有大部土產山菓不能恃为对敌经济斗争主力（因係非必須品、粮食生產可供输出数量甚少）省行政委員会財政處決定由滨海撥借食盐十萬担（一千萬斤）作我经济斗争主力，结合北幣作为北幣物質保証，與对敌貿易斗争條件；这是魯南经济斗争可靠力量，也是改善群众生活最好依据，各級党委可通过群众团体尤其农救会為主体，大量組織群众的运盐隊，运盐合作社，争取能於兩季以前运回食盐四百万斤，以支持貨幣斗争、為組織與發展群众的运盐事業，根据公私兩利的原則，參酌不同经济情况，变动滨海與魯南两地間之入口稅，以及魯南入口與出口之利益分配，給群众以利益，（詳細办法可閱魯工商管理局所定办法及手續）。

其次在食盐输入之后，应即準备食盐專賣，首应了解專賣之意义在：保証貨幣斗争之勝利，食盐專賣后，盐賣所進之法幣偽鈔，可全為我工商管理局所掌握，作为北币外汇准备，食盐输出为我专营，又可实行有利交换，在给群众以利益上发动群众运输改善群众生活，从经济上团结与组织群众，通过群众以畅销盐运，为准备食盐专卖，应由各县工商管理局布置调查滨海，及浦津路西各地，盐价、物价（尤其吃食价格）对滨海区食盐走私情形，及黑市情况，因走私食盐其价低，利用货币黑市买来之盐，较依挂牌比价买来之盐价格亦低，皆会妨害我地民众运盐，亦使我食盐专卖发生困难，为此各县局应经调查研究结果，迅速报告鲁南区总局，（今后邻县到达联电话须从早接通以便传达）以便鲁南滨海两工商管理局共同商定纠正或防止办法，次即各地公营商店必须迅速建立充实派定坚强干部作商店总会计，并大量吸收雇员，以上准备须于三月廿日前布置妥当，有关食盐专卖组织运输办法之各种法令即由专署总局制定颁布。

再次，沂河区因目前尚不能立即开展货币斗争，区盐办法不能相同于基本区所定，（即不按滨海入口价）暂发大批（滨海）由鲁南总局驻滨海办事处拨给十万斤供沂河区贩运之用，惟据以往经验盐运去之后，应立即付出盐款，沂河区可发动群众，到基本区各盐店运盐，以畅销盐运，联系游击区与基本区之经济关系，可能时可设立灰色盐栈，以利运销及组织，沂河区并可以山里所须物质作为货币换回食盐，但须了解为对敌经济斗争，凡敌区与我基本阵地之经济来往应有别于基本区（如来买盐价能按我区出口价，货币比价也因市场情况变动之）。

（四）、迅速建立工商管理局，掌握对敌经济斗争的统一集中效能。

首先要了解鲁南工商管理总局虽建立於三月，但因本年干部资金均极缺乏，至今未能系统的建立其机构，开展工作，故仍表现被动无力，因为工商管理局担负着贸易管理，生产建设、（工业矿业）货币斗争的三大中心工作，而三项工作，又须密切配合，同时并缺乏干部资金的缺乏，尤其可作经济主力的物质没有，（除粮食外，衣料用品生产刚在开始）更显得问题重大，目前经分局及省财政处决定帮助北币发行增加北币数量，并拨大批食盐作我经济主力，今天主要问题，在建立机构、解决干部这一问题不能解决，前述条件仍将无助于我，因此，应引起我全党认真研究这一问题，切实并迅速抽调干部建立各县工商管理局及公营商店，以便立即进行有利的斗争，估计全鲁南须区级以上干部150人（各区合作指导员在内）商店雇员100人现有区级以上干部计48人干部数量缺二倍以上，雇员尚未招到。

目前解决办法，首从各县配备局长、监委，商店经理监委，总会计做起，商店可大批已聘雇员、薪　金分红制可以採用、并不妨提高待遇以便吸收商店经理店员参加工作，局长、监委、总会计、一类干部由各级党委讨论配备，各区合作指导员、纺织指导员可由农会妇联配合试配备，各部队前做贸易之干部，须照山东军区训令交由工商管理局配备，部队今后生产应全部转向农业生产。

其次　工商管理局所辖经济区域仍依原行政区域办法，但为工作便利计，决将丰山，滕东划归费县工商管理局管理以加强包围平邑斗争，边区之高山区的东西羊泉一带划归费滕峄县局以便统一君山以北缉私工作，各级党委及行政机关对此错综地区之领导或指导可就现地之事务所或商店直接进行之，并酌因需要直接与总局反映解决之。

〈五〉．量出为入大量开源量入为出切实节流。

首先是改善征收办法、照顾基本群众利益积极地整理公产，逆产，鼓励生产培养税源，整理村财政，建立民主的财政制度。

其次，认真节流，照顾收支平衡，厉行节约，反对浪费，禁止贪污，具体要求今年一年内部队每人应从生产中解决食粮10——15斤、机关每人从生产中解决5——10斤并响应省行政委员会，山东军区今年一般不发冬衣的号召，党政军民从首长起，每人应订出自己一年的生产节约计划，依系统按级汇报個人节约可采取节省一件衣服，一件东西的办法，各部队机关并可於生产节约中节省经费若干（自定）。

再次，坚持全战略区收支及一切财经粮食制度的统一，转变过去各地本位现象，县以下对一切规定制度不能改变，区委财委会及专署财经部门应负责掌握财经情况，实施规定制度与要求，关于沂河运河两区的财政收支应即统一，并应计划制定全鲁南给供证制度。

〈六〉．各级党应重视和加强财经工作的领导。

首先应强调从思想上认识财经问题是政治任务之一，各级党委应了解财经情况，如所管县区公私农工业生产情形，贸易上的输出入税收数额、货币物质的价格变动，财政（粮食在内）支出收入数额和制度、财经政策执行的情形等。

其次应加强財委会（區委、地委兩級）及財經組小（縣委級）領導作用，今后財委会財經組除由党委書記，政府党团書記，工商管理局監委，政府財糧科長（如系党員即可）組成之，並經常總結與討論財經問題及政策貫徹办法，執行方針等，各級党委会对上級政府，工商管理局有關財經指示，法令、有不同意見時可反映上級党委解決，不能輕易改变或干涉其系統領導，尤其工商管理局集中性較大，為統顧全局，党的保証作用是要強調的。

第六十八頁

53 54

## 四、擴大充實主力整理發展地方武裝，大量發展人民武裝建設強有力的軍隊。

武裝斗爭是中國革命的特點，是我们坚持陣地，最后战勝日本帝國主義，爭取战后优势的支柱。鲁南党领導的地方是沒有培养一個強有力的鲁南子弟兵团，長期不知發展主力、充實主力、發展主力，只要求主力打仗，都不注意对主力的補充，这就从一開始發展就不充分、不巩固，在長期残酷斗爭中，逐渐削弱，造成今天主力的貧血病，这就使得党在各种斗爭中，失掉支持和依托，使得独立自主的發展受到极大的限制，使得独立坚持感觉薄弱乏力。但過去在主力方面同样存在很多缺点，如对党委及軍區的不够尊重、破壞建制，而軍區对主力指揮領導也同样不大胆，对主力的發展兵員的補充也不够重视。党对地方武裝建設也很不够，党委对建設地方武裝，發展地方武裝问题，很少討論，縣以下或分區满足于对自己縣區武裝的發展却又是一种狭隘自己的本位主義，不願將好的青年及成分升級補充主力，在不得已時為了達到上級党委所分配的數目字，就從中选其最差者，甚至將年老有疾病者送去，这不特没有帮助的办法，相反增加主力麻煩。党委及軍區对人民武裝的不够重视，到今天亦建立起一個比較有力的武委会領導组织，民兵游击小组的數目字距離要求的百分比还差的很远，主力地方武裝对人民武裝的教育帮助發展做得也很不够，有些地方只知使用而不注意教育，甚至侵占民兵果實（勝利品），而影响民兵情绪。以上这些歷史教訓，是值得我们深刻反省的。為此我们今后的建军方针应该是建设起一支强有力的与豫南人民血肉相联的子弟兵团，能够独立坚持豫南阵地，保卫抗日根据地，保卫人民的主力兵团，同时要大大的发展县区地方武装，也只有县区地方武装的大量发展才能够坚持敌后地区斗争，及不断升级充实主力兵员。同时要立即重视人民武装的发展，并保证在党的绝对领导下。为使主力地方武装人民武装紧密地配合一致全力对敌斗争就要建立一个强有力的，具有高度威信的军区，所有豫南的武装均应坚决服从军区的领导指挥，不折不扣的完成党所给予的光荣任务。为此必须把建军的工作，当成今后豫南全党的重大任务：

第一、今后一年要用全党一切力量扩大充实三个主力团，并继续扩大基干武装：

1.壮大主力团，到本年底各扩充成三三制的大团，每团战斗兵员一千二到一千五百人，扩编龙山独立营到年底成为二三制的乙种团，战斗兵员八百到一千人，同时扩大黄樊独立营到团增充实步兵连的甲种独立营，能够单独坚持该地区斗争。目前就应从县区武装中有计划有组织的进行升级，特别注意成份纯洁身体强壮的青年，反对只为完成数目字而"滥竽充数"的应付公事。要求在麦收前从县区地方武装中（六千五百余）升级三分之二或三分之一（一千四百人或一千二百人）以便着秋收起时整训。最近发现各地区升级中很多偏向，如采取欺骗利诱，求量不求质应付公事现象，应即纠正。除有计划升级外地方党支部应动员青年党员在保卫主力的口号下，踊跃参加主力。主力部队应多方精细研究如何巩固升级及参军的新战士，怎样掌握其情绪、如何迅速提高部队战斗力，同时主力应多对地方武装的交际关系和睦，关心照顾，从工作生活学习中影响和团结他们使其乐意升级到主力来。

2. 沂河支队在现有基础上，迅速提高部队质量，加强党政工作，根据鲁南目前形势及敌地洞空之内基干武装发展，到今年底除逐渐抽三個营补充山区外，自己仍然保持有五個基干步兵营队，相当於团的支队，作为支持各县区武装的依托和支柱。

3. 目前应抓紧有利时机大量发展县区武装，在现有基础上，到麦收时发展一倍，除原主力与抽出外，各县建立充实的县大队，并在有条件时提升级二分之一到基干武装中整训。同时注意改变外围组织，加强外围军的领导。

4. 各级党应将扩充主力爱护主力看成是自己刻不容缓的紧急任务。要从思想上彻底转变对主力的歧视观点，如过去不少县区党委认为自己所领导范围内的县区武装才是自己的武装，而主力则为客军不可靠，用时求之，否则弃之，甚至常常埋怨主力不打仗，或者要求主力打仗才发动慰劳捐献，或者按主力打仗大小程度来决定捐献的程度，这种交易式的有害思想应彻底肃清。应深刻认识武装斗争是中国革命的特点，没有主力，就没有根据地，也就没有我们的地位，更谈不到争取战略优势。

第二、整理发展县区武装，加强党对县区武装的领导：

1. 除现有独立营之县单位暂不成立县大队外，其余各县均应成立县大队，每大队二至三個中队，每中队八十至百二十人，每個区应有区中队，新开辟及新恢复地区，更应加速成立或扩大。目前县区武装应大大的发展，除有计划的按以上要求升级到主力外，仍应保持原有战斗力。一般要做到经常整好精锐升级到主力，加强主力兵团之战斗力，平原地区人口稠密易于扩大，应从政治上思想上动员平原地区县区武装升级到山区，发动优秀青年到山区参军。

2.为加强对地方武装的领导，主力团应从独立营设地方武装工作组三至五人，内设军政教育干事、组织干事等，在主力团及独立营及各该地区的地委或县委的领导下，对县大队的军政工作作定期的检查，帮助工作，并协助县大队对各区中队军政工作的检查和帮助，同时使工作组在战争时期奉团长以上首长命令或地县委指示，有对县区武装指挥权力。设立工作组的目的，在于帮助各级党委对地方武装的领导，但各级党委亦不能因为有了工作组，就放松了自己对县区武装的政治领导、干部配备、管理教育、生活改善、尤其是扩展组织。必须认识建设县区武装是各级党委的责任，因此同样要加强对工作组工作的领导监督，给予一定的任务，以便加强县区武装，工作组应由军队政党委共同负责配备；工作组讨论及汇报工作时，党委团长应独立营县大队政委派负责同志参加。

3.扩大主力，思想基础上，力求精干，扩大本身不仅要充分认识自己在河北区长期隐蔽分散坚持快要的特点，而且必须准备在任何恶劣情况下不至于被敌人打垮，所以清洗是进行部队的整理和巩固的工作，清洗坏分子（清洗前要注意、清洗后要注意安置）淘汰老弱、并注意随时吸收新人参加，最低到扩大到本百分之六十是

31 57

工人成份，使部队有掺进的工人骨干，提高部队的质量，使其大不仅能坚持，而且能代表八路军，扩大我党我军的影响，因此必须加强党对部队的领导，发展组织，加强军政教育。此外滕东大队可发展至一个连，滕西在开辟中，将来扩时需成立二至三个分队。

4.要在县区武装的供给制度，不致浪费或供不应求，按山军新供给标准决定，县以下武装完全归各县政权直接供给，军区只供给独立营以下之基干主力部队。据鲁南军区今天的经济建设，对主力供应尚感不足，因此决定县区武装全归各县直接供给，但为不使浪费，各区中队及县大队供给预决算均应由团长队独立营审阅批准，交县政府或办事处报销，各区公所不得直接批准报销各区中队的开支。如某些山区县大队须要军装时得事先将预算由团送转军区后勤，该县政府转账专署拨发款项否则不发。县区武装炸弹地雷等仍由军区统一供给，各县区应负责收集生铁及资材供给军工生产。此外主力团有对地方武装补充枪支的义务，但主力寄存于地方之枪支，未经允许不得私自取用。

5.主力对地方武装有帮助教育之责任，主力连队每到一地应抽时对区中队的工作帮助，如奉命统一指挥时更应注意到不但善于使用而且要善于管理教育，建立与主力更加紧的关系，主力部队应成为团结地方武装人民武装的核心，这就要从思想上转变过去对县区武装毫不关心的现象。或只注意使用而不注意培养，甚至看不起地方武装，"土兵去还能打什么仗，不如自己打着干脆"的偏向应即纠正。因为只有大量发展地方武装才

58

能坚持边沿区斗争，也只有地方武装坚持边沿区斗争，主力才能得到时间在中心区休整，也只有广大的地方武装多方活动，箝制配合行动，主力才能集中打大胜仗。

6.加强地方武装的建设政治工作，保证地方武装绝对在党的领导下，新建立的区中队应即抓紧发展组织，如有地方党员参加，应按具体情况成立小组或支部，在有基础的区中队，除发展党员外，应注意挑选积极分子，考查成份，到今年底要求区中队中15%到20%的党员，县大队的中队要求20%到25%的党员。以提高质量成为能独立坚持各该地区，支持群众斗争，保护群众利益，并为群众所爱戴的武装。各级党委要把加强对武装的领导，当成经常的主要任务之一。

第三广泛组织人民武装，扩大民兵游击小组，在发展中虽应注意照顾到统战性，但基本上应组织基本群众，使民兵游击小组掌握在党的领导下。冀南党对人民武装过去是不够重视的，没有真正体会到人民武装的伟大力量，没有计划的去组织领导人民武装工作。因此就形成两种偏向，一种为「钢枪主义」，在某些个别边沿区，固然也是由于斗争环境的紧张，但一味的强调「钢枪」是不对的；有些民兵的枪枝比区中队还好，将主力战斗伤亡暂寄存於地方之枪枝，不经允许私自使用，这种「钢枪主义」就容易形成一种骄傲自满，如若受到损失则会造成失望，不合乎武器配备原则，特别对发扬使用原始武器很不够，另一种偏向，则藉口缺少钢枪，就不去组织民兵游击小组，越是根据地中心区越差，甚至还有促成立些多余形式主义，因此冀南的民兵仅占全人口百分之五的比例相差尚远，值得我全党重视。为了提高民兵的质量，应组织好的党员去领导工作。各地主力今后应协助各级武委会开民兵英雄、群众领袖，游击小组组長、自卫团長等短期輪訓班教育他们如何使用地雷，如何打麻雀戦如何扰袭敌人，如何送情报、站岗放哨，掩护好，如何配合主力作战，如何掩护群众转移，及爱护群众利益等。以求人民武装的普遍建立，並发挥起其他的伟大的作用，成为地方武装主力扩大充实的后备軍，为反攻和战后作打算。

第四，保証部队军需的及时供给和伤病员的适时治疗，是巩固部队情绪，提高战斗力的物质基础，为此应建設健全的后勤工作。

1.加強兵工生産，製造足够的手榴弹及地雷供应主力、地武及民兵使用，並力求提高技術，根据本年出產炸弹七万枚，地雷九千，共計需生鉄十七万三千斤，要求各縣供应，其具体数目由专署分配，各级党政軍民干部应将收集生鉄供给兵工生産看成自己应尽的责任。反对过去以鉄之多少，交换手榴弹多少的交易观点。为供给战争需要应即扩大兵工生産組織，吸收技術人材，改造原始武器，供给民兵需用，翻造子弹及製造某些特殊軍用品，因此反对过去的各自为政、不顾将技術人材向上送，而各级干部应注意物色这种技術人员，保送軍区。自行製造，致人材不集中生産力不能提高。

2.为达到及時供给部隊軍需軍食，則必須加強后勤及工廠各部门的領导，按時完成各种計划、供给部隊軍需，特别战争的需要，保証完成战斗任务。为此各级政府对軍隊的物質原料供给应特别注意。反对某些地方的統战作風，应付公事，不按時接给

三十二頁

单队缺额，迟延拖拉，或以完成数目字为达成任务。要从执行行动上去爱护自己的党军。另在各部及后勤方面想到政府的困难，不应将政府当成自己的供给机关，在部队本身更应注意生产节约，减轻人民负担。

3.加强后方休养所的医疗工作，强调对医务干部的政治教育，整风学习，纠正医务人员中的不团结不安心工作的现象，注意药品材料的及时供应，减轻伤病员的痛苦，医务干部应在困难环境下注意自制代用品，及注意材料的节约。党政民干部伤病时经各级党委介绍者，各休养所应会例外的收治与军政干部人员一样治疗，其药费转账经同政府报销

61

62

33

61

第五：培養大批的軍政干部解決目前及應付發展時之需要：

(1)、由于長期戰爭的傷亡及培養不夠，目前主力與地武的軍政干部十分缺乏；很多部隊缺付職，及很多干部質量弱，如不立即注意培養，不但目前干部荒不能解決，且今后部隊的發展更成問題，因此軍區部应开办地武中隊長級短期干部訓練隊，各主力團应即開辦主力排隊班排干部統訓隊并建立好的付班長模範戰士等訓練準備發展時之初級干部。這裡必須反對過去只派有問題的干部，而不願將好的干部派來受訓，或者藉口工作離不開，不派兵來受訓，而將很多可造就的長期埋沒了下去，這种本位主义的錯誤。

(2)、培養地方有威信的工農干部，各級黨应盡量從地方党員中有軍事常識可培养造就的工農青年，或學生到軍區受訓，或在區中隊任初級干部，以便逐漸培养為成得力的地方干部，只有這种地方干部的增多才能使地方武裝成為與群众血肉相聯的關係，在任何環境下都能堅持斗争。

(3)、各級黨特別是支部要善于發現和有計劃的培養群众英雄，群众領袖，培养將來小組長，村鄉區級政長，加強他们的民族和階級教育，樹立其在群众中有高度的威信，在黨的絕對領导下去指揮掌握群众武装。

第六：建立群众性的情報網組織：

這一工作在其他地區早已實行，而在我魯南地區是一個新問題，过去的情報工作僅限于八路

六十三頁

62 63

，政府有八養，浪費人力物力，而其收效並不大，軍隊除敵人調動兵對相當時可得到一些材料外，其他材料亦不見，然由于羣眾性的情報組織特別在敵人進入根據地開始相當横冲直撞時，情報工作則更不及時與正確，給主力地武都增加了行動中的很多顧慮，群众也常遭受損失，因此今后必須將群众性的情報組織起來，這就要各級党政軍民干部必須注意各村鄉區的秘密組織工作，在各主要村莊，隱蔽據站，各村有情報員，這些情報員均應以積極熱心抗日工作的積極份子充任，以將去小組倡和緣并公開組織為組織。給予這些积极份子的特殊任务，除此外並做到普通組織教育每個人都有送情報的責任。（其教材另發）使其成為根據地八种普遍組織，這样主力地武就在反相當掃蕩中，可以到处及時得到情報，行動自如爭取反相當勝利。

第七、敵强我弱的基本形勢仍未改變，今天敵后的斗爭方針仍以政治攻勢為主，分散性、地方性群众性將去戰爭為輔，因此今天的各种鍛鍊工作不宜大吹大擂張揚折鼓，而應老老实实的做实际工作，爭取時間整强自己提高戰斗力，在精簡的原則下，精干部、精工作、精戰術是非常重要的，因此在兵員的補充上要說主力與地武均應注意質量，防止在擴大部隊時期而將很多地痞流氓殘疾病夫等都拉進来，甚至將过去精簡下去的及叛徒等又都收容来了，這須要各級党政軍民干部注意防止的。特别防止奸细乘机混入，因此各部隊应加强鋤奸工作，巩固部隊，同時要貫徹拥政愛民运动，密切軍民关系，加强軍民团结，節省民力，积蓄力量，克服困难爭取勝利。

6463

## 五、開展群众性的鋤奸斗争，保衛党保衛根据地，保衛人民。

為求得整個对敵斗争的勝利，粉碎敌特国特的破坏，開展群众性的鋤奸斗争，建設與巩固根据地，我们鋤奸工作方針應当是：加緊干部整風學習及鋤奸工作的思想教育，打破神秘化，加强反奸（包括防奸與鋤奸）斗爭與群众斗爭的联系，認真建立領導情報工作與掌握政策，健全組織，以保衛我党我軍民主政府保衛魯南根据地及人民利益。

今后的具体任：

(一)、打破神秘化是開展群众性除奸斗爭的关鍵，但神秘化观点在魯南除奸工作中，根据十二月至一月的公安會議上各地區的同志反映以及高干會的反省還是严重存在着的。反神秘化的问題，雖從一九四一年省公安会議上就提出今后總結四一年鋤奸工作决定上又着重指出，但是由于對這一指示没有認真的研究與了解，所以在思想上始終未打通，自以為是，以為已經初步或開始打破了神秘化，不只表現在口頭上及擴大積極份子上，更重要的是表現在思想意識上是否有群众观念，在工作上是否依靠了群众，是否接受了党的領導，是否與党政軍民的工作緊切配合起来，事实証明今天除奸工作，還是孤立的在進行，為了糾正這一嚴重缺点，徹底克服神秘化，使鋤奸工作真正成為群众性的除奸斗爭，必須：

一、加强整风学习，并以整风的精神，学习业务学习的教材，应以除奸工作特务为中心教材，以除奸通讯补助教材（由锄委会编印）与实际具体工作联系起来，定期讨论研究

二、提高干部文化水平（分区公安员很多不识字）加强区公安员的教育，区公安员一定要参加分区学习组及参加讨论，不识字或识字很少者，在八年内每人要识到数百字。

三、加强村公安员的政治及政策教育和领导，纠正脱离群众孤立活动的偏向，要求做到每个村公安员，都能成为团结群众，领导群众进行锄奸，对奸斗争的核心，作到公开的角色，领导群众进行除奸工作。

四、纠正在编员（军队的、机关的、地方的在内）中只强调秘密的一面，而忽视团结群众的一面倾向，组织突击紧张固然不对，但因强调所谓秘密而根本不敢动，以致脱离群众，这样不但不能监视和破坏奸细，反而会遭群众反对造成孤立，使我党我军及人民遭受损失。

五、广泛的进行群众性的除奸教育，除利用各种会议，训练班、学校并作报告开晚会，公布等形式外要特别注意运用党报指导除奸工作，并由专署级公安经常出版除奸通讯、印发宣传大纲。

六、树立坚决和依靠群众开展锄奸工作的群众观念，尤要发扬民主开展思想斗争，但这一重要问题恰恰是我们过去所最忽视的，除奸干部脱离群众政治不明确，强调秘密，强调特殊，以致与各方面的关系不够融洽，思想斗争不明确，干部不团结，大部是由此产生的，加以各级对锄奸工作的领导和

检查犯罪，所以这些现象未能得到及时的纠正。

过去锄奸干部在立场上虽未混淆到群众斗争中，但由于立场不稳易受上层麻痹，所以偏信上层保人，收受上层礼物等，以致抬高了封建统治和上层人物的身价，使群众不敢控诉，这是今后值得警惕的。

七、反奸斗争要与群众斗争密切结合起来，纠正单纯的除奸观点。由于过去群众观念薄弱，把抗战初期发动群众和政权机械的分开，使反奸斗争与群众斗争脱节，致使锄奸工作孤立无援，陷于被动，为了纠正这一缺点，今后区村公安员均要参加各种群众斗争，并在群众斗争中，加强群众的防奸教育，启发积极的防奸作用。在根据地要从群众斗争及政权村级中培养村公安员，在游击区及接敌区及市镇发展网员，在处理案件中，要正确掌握党的政策及尊重群众的意见，要照顾到群众的情绪，为纠正孤立的进行除奸工作，要与党政军民各业务部门主动联系，求得配合，并要深入下层，但须纠正两种倾向：一是因为要去中心工作就放弃公安工作，而不是站在公安工作的岗位上，去配合完成中心工作。另一种是把个别干部或几个人的意见当做群众的意见，因而不去调查研究，造成逮捕及处理案件的 当。只有如此，才能使锄奸工作逐渐走向群众路线。

(六)、正确的掌握和执行政策：

正确的掌握和执行政策，首先必须了解政策的根据与实质，和当时当地的具体情况及强有力的侦察工作。否则只教条的机械的搬用条令对党的甚致造成严重的错误或罪恶。为此要求：

一、各级除奸委员会的委员，均要有组织有计划的研究除奸政策了解情况，要帮助锄奸干部提高政治，加强业务，正确处理案件。

二、加强分局锄奸干部及党政军民的干部锄奸政策的教育，除党校党刊经常登载除奸教育材料外，各级公安局利用各种机会随时进行除奸政策公安制度的教育，特别在公审，总结工作时进行教育，这样更实际。

三、严禁刑讯逼供（包括变相刑讯）与信口供，反对过去所谈或单纯对犯人口供法破案。审讯工作应注意调查研究搜集证据，反对主观意测，捕风问供，刑讯逼供、威胁（如假枪毙，在法庭上摆列许多刑具）利诱（如说了实话就放你，不说出不放）……等都是造成错误的根源，并就是违犯新民主主义的法治精神。应给以破坏政策论。各县公安以上领导各级除委应经常检查，总结经验，并由区委除委会综合通报，以提高审讯技术。

四、在根据地普遍实行拘捕证，建立县以上批准制度，不持拘捕证者没有捕人权，被捕者可以拒捕（现行犯例外）。

五、处决权属区除委会，县无杀人权（在紧急情况下例外，可参照除奸权限的规定）对决定的案可先呈报批准，然后逮捕，现行犯处分须可依照战时除奸条例执行。

六、健全除委会的组织，加强党委对锄奸工作的领导，关心除锄工作，研究锄奸工作，确定一个时期的除锄方针，纠正除委会内有名无实，委员不负责任，把锄除工作完全推给除奸干部。

（三）、健全锄奸工作组织机构：

鲁南除奸工作的组织机构，还很不健全，干部亦很缺乏，其原因是各级党委对除奸工作认识不足，单纯的依靠现成干部，不知从斗争中提拔培养，使除奸工作，变成了单纯的局部工作，今后必须从下而上健全组织加强干部。

一、基本地区的村安公员要普遍的建立起来，要求依群众斗争与改造村政中逐渐或形式上的组织改造（县市仍保留组）在选举公安员时必须注意成份与深入动员，防止奸细混入，在边沿游击区的村亦应建立，半数以上的秘密公安员，其方式应通过党、群众工作及利用内线的社会关系建立之。在主力部队及地方武装中要依军队规定，将组及个人的组织健全起来。

二、在一九四四年内须将各县的区公安员全部配备。

三、现有县级以上干部，计缺干事三十七名，股长六十六名、局长六名、科长二名、侦特派员二名，在一年内要将股、科长以上干部配备充实，干事补充三分之二。各级党委要下最大决心调剂提拔，坚定忠实可靠的干部充实到锄奸部门，反对将不积极的老实人，或犯过错误分子安排的干部补充到锄奸部门去，今后各级锄奸干部要真正做到干部专业化，不准轻易调动，调动时要严格执行两级党委批准制。

四、在今年内对内部锄奸干部，各级党委在今年内，将锄奸干部总的进行一次审查，不适合者应坚决调换。

（四）健全侦察工作

侦察工作是锄奸部门专门性的工作，侦察工作不健强，便不能知己知彼，更不能正确的掌握政策，工作就会陷于被动，所以特别的加强侦察工作在今天这种复杂的反特斗争中，已是刻不容缓的急务。

关于加强侦察情报工作，前公安会议总结第三部份已有具体决定，除详细研究执行外，并须：

一、各级公安局、队（县大队）锄奸干部要

坚决摆脱事务主义的官僚作风，要深入下层，了解情况，研究材料，及政治情报，按期清理嫌疑份子，一般的一个月要整理研究一次。但对材料及政治情报，三个月清理一次嫌疑份子，县区的就按级向上汇报，清理嫌疑份子主要负责任应放在县及区以上除奸机关或干部负责，分区公安处，县大队及区勤特派员只负供给材料责任，材料正确与否？主要靠县、区除奸干部负责研究，分析辨别，反对把这一项要工作完全加在区或大队特派员身上。

二、建立与健全内勤工作，没有好的内勤工作，侦察工作便无依靠手。各级除奸部门要有专人负责材料，情报（政治情报）线索，嫌疑份子随时整理登记，统计以便研究。

三、有计划的大胆的利用教育自新份子。

四、物色灰色干部寻找有利关系。

五、有计划的利用商贩、乞丐，侦察奸细活动。

为了保证以上工作方针和具体任务的完成必须注意：

一、委务会议，必须检查请示制度，在领导上要发扬民主，按期开会讨论研究解决问题，并检讨纠正机关作风，实行深入下层，检查请示制度（专区一年最少二次，县到区村一年最少四次）及时总结经验，纠正缺点。

二、为了发扬民主保障和开展群众的反奸斗争，要严格纠正忽视上级，轻视基本群众的态度，今后土劣霸恶及有些过的政处分的人，均须保人领导，犯人交保释放须事先报请批准，决定是否向群众坦白自新。

37

三、打破神秘化，但同时要防止一切都公开的极端偏向，除保秘的部份（如嫌疑份子，线索、点线工作等）外，其公开部份尽量公开。

三十七页

## 六、從政治上思想上組織上建設一個强有力的党：

由于冀南党領導上右傾思想起着主導作用，党政军民各系統的没有形成以党为核心的全面的領導及統一的党委会，不大負責于教育党员，把党委会当做軍民的联席会，加以作风的拖拉疏懒，对上级示大误的自由主義，对下级領導的官僚主義，以一九四三年的敌后部门工作（不仅党委政治組織宣傳，民教，群委；政府也敌后民政，文教，財經部门）使冀南党的建設受到极大的損失，致使組織長期处于涣散和停頓的状態，支部没有起到真党的一般——而且具有无形組織。党委忽視对支部的領導，只管要求供給人力工作，教育和任务支部本身的成份不純，組織不嚴，……，失掉了农村中党的組織的群众斗争的堡垒作用，干部政策中的片面主观，技术观点，忽視工农干部的培養與提拔，对待干部問題的採取硬战和自由主義態度（不經過就或打击，以及由個人好恶來拔擢等），經常系統的支部教育工作的缺乏，支部生活松懈，這就为意氣惫志的放縱了干部傾向滋長，貪污化女人等現象，在党内已相当嚴重，甚至有因之腐化变節。

在党内這些不純洁不純潔的現象，不但削弱了党的力量，而且直接影响了党的发展，冀南的党一九四〇年上半年就已有××××人，冀北、太岳委則有××××余人，但在××××人，但因為接近上有偏激，以環境恶化，許多組織垮台，加以過去……，而且……，……的……，也有……，又加……清洗，

的一地纠

72 71

长期停止发展，以致党员数目大减，虽经过一九四二年减租减息运动，新发展的有××××人，今天我们地方党员的数目也仅有××、××人，约当整前已有群众组织的44%（××××：××××）以外，同党以前缩小一半以上，个别县份则缩减到3%，如峄县。

以上说明了鲁南党委对很好执行中央分局1939年巩固党的决定和认真具体的研究讨论，分局一九四二年四年工作总结，就是对分局建支指示也是执行不够。

以上这些检讨都说明建党，在今后的鲁南是刻不容缓的重大任务。

为此，今后建党的总方针应当是：

确立党的核心作用，使领导党的一元化领导，建立健全党的各个部门，在对敌斗争与群众运动中建设党，树立各级真正民主集中的有权威的党委，严格反对个别委员反对倾向，忽视了决定的精神，转变拖拉作风；不民主，包办主义，自由主义的作风，发扬紧张活泼，艰苦朴素，民主，实事求是的作风，从群众斗争与对敌斗争中发展组织（包括地方武装党的发展），整理支部，提拔培养地方工农干部，改造现有干部，加强阶级教育，经整风与实际工作中考验干部与党员，打通干部思想，纯洁党的组织，提高党的战斗力，保证完成建设与建设根据地的任务。

根据这个方针今后建党的具体任务是：

一、县党委会：在敌游击区应特别着重在巡视领导的基础上发展党组织的领导（？）

党委会是全县最高领导机关，并对上级党委负责；在上级党委指示之下，不但可以决定和执行全县的方针和任务，也有责任和权利领导全县的政民各部门，这是因为党是最高级的最高组织形式决定的。因此党委的一切决定计划，政军民均须

39

以体现政权和执行，这又是因为党委会是在一元化统一领导下组成的。

检讨一下，我们的党委会还未能完全做到这一点，这首先表现在党委会思想步调的不能够一致，一个中心工作还不能完全调到全体党政军民各方面协力进行，尤其是其各种工作领导，另一方面党委会还是一种联席会性质，各部门负责同志并非代表党委会领导各部门，而是代表各部门参加党委。

为要改进这些缺点，不仅要求党委书记了解这个问题，而且要求每一个党委委员，了解自己党委的责任，党委会是党的委员会，是民主集中的集体领导，（民主集中也表现把下面的意见集中上来）而不是个人，更不是书记一人决定一切，而是在统一步调，统一意志之下的分工，因分工而有各种系统，这些系统都是党的工作。

过去正因为这点了解不够，所以才发生党委会就是各个党务工作者的党委会，而不是全党全军的党委会，因此有些参加党委会的委员同志，只忙于自己系统的工作，不过问党委工作，不了解自己党委委员的责任，把自己的工作和党委分开了；另一种则是自己不积极在党委会上尽自己党委的责任而推给党委会办。（实际上是推给书记包办，这点书记同志要检讨），不发扬民主，以致党委委员间（不是党委会）闹关系，闹不团结，闹宗派，闹独立，而严重影响党的一元化领导的执行。

（六）、健数和健全党委会的几个具体问题：

（一）、党委会的人选和分工。

党委人选不仅决定于他在党内斗争历史的长短，斗争能力的强弱，尤其决定于他联系群众的联系，更具体的说：（一）无限忠心，（二）联系群众，（三）有独立工作能力，（四）遵守纪律。

74 75

至于分工，则不仅是一个委员负责一件工作，一个地区，有时也可管两件三件工作，两个三个地区，问题在于：既然分到就要负责，不能因为分工就强调所分的工作，而忘记了对党委会负责，关心党委会领导下的各种工作（我们有些地方的党委委员是不懂得的，执行得不够好，甚至有的是排斥的）

(五)、领导问题（其主要是党的领导，克服事务主义）

首先除经常掌握思想领导外，要加强政治领导，掌握形势和工作中心，尤其对新事物有敏锐的感觉，要做到这些：(一)随时注意本区新形势的发展，不要把新问题当做旧的，一切根据原则（即党的政策和利益）去解决。(二)自己认识不足，要召集会议，倾听大家意见或倾听大众意见中来帮助自己，或请示上级。(三)、细心的研究上级指示，阅读党报党刊，打破自以为是强调特殊，以树立自己。(四)、不该自己管的不要代替，加强各部门独立工作能力，并提高其积极性。

其次，实现中央所指示的领导方式：

一、一般与个别相结合（有了一般号召，自己去亲手作一个来推动领导全盘）。

二、领导与群众结合（掌握骨干，团结积极分子，通过积极分子去推动大众）

三、从群众来到群众中去，（如此三五次，才能正确、生动、丰富，特别要重视总结经验，交流传达经验）

四、任何工作，上级领导机关都应通过有关该项工作的下级机关的主要负责人，使他负起责任来，达到分工而又统一的目的（一元化）不应直接从上级个别部门去找下级个别部门，而使下级总的负责人不知道或不负责，应该经过总负责人都知道，并负责（分工而又统一的一元化方法）一件工作能够有人推动大家去做，可以解决各个部门不足的缺点，依靠许多人成为自己的干部，这就是说明组织，运用干部，集中力量搞好领导一点。

五、中心工作与经常工作——执行中心工作，主要在于抓紧中心，对许多任务要分别轻重缓急去做，不要样样都是中心，样样都做不好，而在一定范围，在一定时期，只能有一个最中心的工作，辅以别的第一、第二、第三。领导人必须善于根据历史环境，将各种工作摆在适当的地位，而不是自己全盘计划或上级来一件做一件（自己没有这个条件，也要做）形成很多的中心工作，又变成无秩序的状态；同时上级亦不要不分轻重缓急，没有中心的，同时指挥下级做许多工作。必须依据具体环境统筹全局，明确一时期的工作重心，工作秩序，坚持下去，得到结果，然后转入另一中心，在下面就要善于选择一中心去推动别的。

(三)、书记和党委会本身的问题：

(一)、书记不是一切，当然一切也不能由书记决定，书记在党委会上和各个党委员是一样的（权利义务）只有他的意见和主张正确得到党委会同志的拥护，才能在一个党委成为真正的核心，（我们现在的许多党委书记一般都还不能做到这点，有时还不正确的认为自己就是党委会，但有的又都是党的委派，当然这种委派并没有什么错误），但是如果要成为核心，党委会就要认真经过批评和民主集中的的决定下做起。因此书记本身的发扬民主，尊重大家（不仅倾听上级意见，也倾听下级意见）就非常重要，否则核心也形不成。

(一)、各委员应懂得自己对委员会的责任，高度发挥自己对党委会所负的责任，独立工作，个人向同级都对党委负责（不是强调权利时才承认党委）。

(二)、讨论或决定一个中心工作（或决议及某原则问题具体）必须了解情况有准备，并要考虑其发展效果，与其工作有利，在作决议中应注意：

(1)、在会议中对于讨论的问题，要对组织负责提出意见；如果和别人已经提过的意见相同，可以不再重复提出。但不能对问题采取旁观态度。

(2)对于已认为错误的论点，有义务提出纠正的意见。

(3)有责任维持会议中的纪律。

(4)有责任保守会议中的会议秘密。

(5)决议通过之后，自己个人保留意见必须对决议负完全责任，对自己个人保留意见，也必须服从多数，执行决议，决议后就要变成每个党委和各个系统通过党团和党员去组织群众执行，各级党委须经常向党委会会报，党委会亦随时检查，发现就在于组织和统一意见，经过党委会提高到新的原则和理论去指导工作，因此党委会的责任就不是拼拼凑凑，鸡毛蒜皮都做就，而是善于运用组织，运用干部，组织党政军民各方面之力量。

(四)、对部门工作的领导。

党委下面有许多部门，这些部门是执行党委政治任务，也不可分的东西，因此党委必须加强对各部门的领导，同时主要在于建立部门的经常工作和原则的领导（开始通过原则到具体），不要代替包办或根本不管，这样才能充分发挥各部门同志的积极性，同时因为干部弱，干部缺，党委还要采取帮领导的方式，领导的方法应是：

(1)、在党委会上必须经常讨论各部门的工作，根据党委的政治任务来确定各部门的具体工作方针，检查帮助各部门的工作，总结经验，并帮助其改进。

(2)、党委必须分工领导，各部门的工作除了由党委兼部长的部门以外，其他各部门应有党委一人负责领导其具体工作，以便经常的及时解决各部门工作中的困难以便使各部门的工作和党委的政治任务密切结合。

(3)、必须挑选干部担任党委机关的部门工作，使各部门不致有虚设人员，在挑选人员时，特别要考虑干部之能否适合部门性质，任务和能力，在分配工作之前要对干部详细说明，所属部门的全盘情况，并帮助他去熟悉情况。

(4)、必须帮助各部门，建立工作制度，并在实际工作中校正这些制度与健全这些制度。

(5)、必须在各个部门中及经常工作中，加强业务教育，有计划的培养各部门的专门人员，应该承认我们党的事务是不够的，而没有足够的专门人材，部门工作就作不好。

最后还必须解决个别领导同志（主要指县、区）只顾全面部门工作的问题——中心在于解决干部，对于部门工作重视的观念及克服个人只顾做全面工作的思想（实际是英雄思想）

(4)、党委会如何实现一元化领导：

(1)、记住列宁党最高组织原则，即党是无产阶级的先锋队和最高组织形式，他应该领导其他组织（经过党员）如县政府、群众团体必须依据这一原则办事，各级党员必须明确建立这一观念，坚决反对对党领导闹独立性的偏向。

（二）、在党政军机关中，一方反对闹独立，一方又要尊重其独立性，党的领导应当经过党员党团的活动去说服党外人士，接受我们的主张，禁止干涉代替。

（三）、在上下级关系上，一方反对闹独立，另一方，又须培养下级有独立解决问题的能力，上对下领导应是[illegible]性的，并要用[illegible]方式，不直接代替包办，不过分干涉，使下级有权有责，敢于独立自动创造，根据情况执行指示，同时也要反对造成不闹独立，完全处于被动，不负责，一切都等上面解决的偏向。

（四）、必须实行毛泽东同志指示，在一切组织中经过培养与自然建立领导核心，才能更好的实现领导与保证政策团结干部去领导广大群众。领导核心应是对党和革命最忠实最有经验的优秀分子，并非站在组织之上，站在群众之上，而是实行民主集中制，自然建立起来的，各级党委各种组织都要真正形成自己的领导核心，并一致拥护这一核心，反对各自以为核心，谁不服谁的现象。

（五）、必须认识党的工作，不仅是党委及党的机关工作，而且凡派去的党员执行的都是党的工作。党委都有责去领导，不能放弃不管，因为一方反对闹独立，一方也要检查党委是否尽了应负的责任。

（六）、必须认识抗敌军队对于地区的重要性——都有巩固军队加强其战斗的义务，不要把抗敌军队与群众人民对立起来，为公与为私对立，以致放弃了对抗敌军队的责任是错误的，今后处理军民利益关系与公私利益关系时，原则应是军

民族利益，人民利益，应服从战争需要，公私兼顾，但私应服从公。

五、力争巩固和建设将根据地作为第一等任务，这一点要思想上认识正确，因此必须积极参加根据地建设，尊重和保护政府，执行政府法令，否则只顾个人，地方利益，根据地建设是不能做到的。因此必须教育部队懂得建设巩固根据地的任务，爱护根据地，人力，物力，节约使用，尊重地方政府，尊重政府法令，给政府民以必要的帮助，必须了解是经过斗争得来的，政权是新民主政权，及地方工作中的实际困难，不要看到它的缺点，只有互相了解，才能互相尊重，而不互相埋怨。

（七）、现在建设根据地是全党的任务，就要使政军民进一步的统一起来，团结力量，避免本位主义，各自为政，浪费人力，物力，财力，才能达到。

43

## （二）．党务工作：

一．深入动员保证查减和生产运动的开展在群众斗争中积极审慎的发展党。

1，分区以上各级党委要深入动员支部党员参加领导群众查减和生产斗争，並以身作则亲自动手，纠正过去不把支部当一级支委不当作干部看，以及一切不通过支部，甚至认为支部工作不是自己的事是组织干部的事的严重错误。

2．在党内应严厉反对的提出轻视群众及群众工作，就不配做一个共产党员，不能成为团结群众的核心的支部也不是党的好支部，应以这一原则，去衡量並改造我们的支部和党员干部若违反这一原则应责备甚至给予必要的党纪处分好的应奖励表扬。

3．在各种公开场合如成立农救会纪念会检阅会训练班等，要有党的代表讲话宣传什么是共产党共产主义共产党的主张政策共产党与群众的关系等，来配合这些公开活动，这样教育群众造成发展党的有利条件。

4．支部是征收党员的机关，这就是说发展党员，是每个党员的事是他经常的工作，任何一个党员，不会发展党是最可耻也是最不应该的事，认为农村支部一般党员落后不会发展党非干部包办不行也是错误的，应立即纠正，各级党委必须教育支部党员，无例外的都要会发展党员。

5．发展党首先注意群众斗争中的积极份子，尤其雇农贫农及受苦的知识份子小学教员，在敌游区更要注意吸收小学教员产业交通工人，城市青年学生等入党，发展手续和条件要严格，每個党員入党都必須举行入党儀式。

二、加紧整支：

首先各級党委根据區委組织工作会議的自我檢討精神，檢討自己过去忽視或不領导整支工作以及在整支中脱离群众，脱离战争的錯誤現象，今后必切实根据區委关于整支指示具体討論計划整支工作这里只說明以下几点：

1．支部是党团结群众的核心，支部在周围群众中间工作的好坏，是测量支部工作好坏的尺度支部及其每個党員应当密切的與周围的群众联系着，了解群众的情绪倾听群众的呼声依据群众当時的觉悟程度有計划的在群众中解释、党的政策與口号散发党的报纸，宣傳共产主义，使群众走到党的方面来，这才是支部组织基本原則，和基本任务。两年来我們的整支工作，首先犯了单純整理組织的的毛病、没有抓紧群众运动这個主要的环節，去年分區指示發下后，七八個月的整支工作在保証执行政工作活躍支部；虽有些成绩但由于整支中脱离群众的思想未得纠正，以整支干部的包办命令所以整支未能完成党的要求，这個錯誤現在仍相当普遍的存在，因此我們要正的提出發动和通过群众的各种政治经济武装的要求，和斗争来整理改造支部，号召支部党員不但成为抗战的模范，且要成为生产的模范，纠正党员不事生产以貪為荣以富為恥的观点，不但討论自己的农家計划，而且帮助别人订划計，以自己的劳动模範，影响推动组织别人积极生産，并在斗争中组织教育基本群众加強党员干部的阶级教育打通思想克服支部离脱群众，脱离战争、干部脱离

8/82

（接四十四页"支部教育"的后面）

44

4、支部教育——深入支部教育，是支部建设的基本环节，离开支部教育，整支与建支工作就不会深入，也就不能巩固，更谈不上成为群众领导核心的支部。为了建设强有力的党，在农村中的堡垒，必须纠正过去全党忽视支部教育，支部教育与实际脱节，填鸭教条八股的一套。建立经常性的支部教育工作，在日常生活中，实际工作中加强党性锻炼，求得在政治文化水平上，提高党员质量：

第一、要求各级党，特别是党的宣教部门应加强对支部教育工作的领导，经常研究，检查。并自己动手，积累经验，给支部以具体帮助，提高支级干部的能力。

第二、根据不同支部的历史，环境，要求规定具体教育内容，并配合中心工作，提出一个时期的教育内容，与进行计划。克服过去在老一套上打圈子。

第三、要善于联系实际工作，进行党的基本教育，即在各种工作进行中，加强对党的基本知识教育（如教育党员了解党与群众团体的区别，并教育支部如何领导群众团体。在村选中教育党员什么是政权，以及支部如何领导政权等）和党的基本政策教育。（主要是如何建设群众工作，地方武装，人民武装，政权建设等）在基本教育进行中不能是过去教条一套，而应着重于党如何执行领导。这样与党的中心工作，与具体任务融合起来。提倡做什么教什么学什么。

第四、要善于从党员日常生活行动中，如个人与组织的关系，个人对群众对同志，对敌人，对家庭，对工作。对自己的物质生活等，态度上发扬自我批评，进行党的纪律修养与思想教育。以提高党员的思想与政治质量。

第五、文化教育与形势教育一般通过群众团体及冬学，农村俱乐部各种会议中进行，支部必须领导党员

83 82.

[illegible]

第六、基本教材今后由总委宣传部编辑，时事教育由总委宣传部定期发大纲，各地县应负责编辑一定时期的实际工作中的教材。

第七、应加强培养支部宣传干部，要重视吸收农村小学教员参加党，使他们做为支部宣教干部。

45

支部党员的严重现象，是我们今后鲁南整支工作的重点，只有这样鲁南党才能通过各个支部的堡垒作用树立基本群众的优势。

2．在整理支部的领导上应根据一般的号召与具体指导相结合的原则。

所谓一般号召就是从组织推动各分区委提出整理该区所有支部的要求步骤在群众运动中分别先后有计划的去整理所属支部。

所谓具体指导，就是除一般号召推动分区进行外，各级委本身也必须亲自动手，或配备一定的干部，找一两个支部进行实验取得经验以便指导一般，推动全般，这就是整支的领导方法，这是中心整支与一般整支的正确关系。

3．分期分类整理支部，（详见区委整支方案）。

4．支部教育。

三．加强干部工作：

1．正确的执行党的干部政策，首先認真执行分局指示，今后应强调深入下层工作提倡埋头苦干，将长期从事于下层工作干部与机关干部逐次交流一切未经过锻炼的知识份子，首先得到群众斗争的火炉里以化除其劣根性在鲁南这個劣根性具体表现为我们的右倾思想与群众关系薄弱等。

鲁南目前分区委以上干部外来知识份子佔绝大多数地方工农干部很少，因此调整分区以上的干部成份应是我们各级党一個极严重的任务，应有中心有步骤的进行分局指示我们区委地委级知识份子，佔多数主要应从加强整风学来改造干部思想，强调深入下层，以加强其实际斗争的锻炼，既教育提拔一部份工农干部做骨，并以分散编属区村的工作方式，深入下层锻炼，区村干部应首先求得干部的纯洁，肃清贪污腐化欺压群众的投机异己份子，并在群众运动中大量吸收培养与提拔先进积极工农干部到领导岗位上来。

以上二点明确告诉我们如何改造现有的外来知识份子干部，如何提拔工农干部我们应与区委关于培养提拔地方工农干部的决定联系着切实执行。

为了更好的完成分局调整干部成份的指示，我们各级党委必须纠正那种拉拢[illegible]的分散主义思想长篇大论的指示决议和放大炮盛气凌人缺乏耐心友爱的对待同志的态度，要从政治上工作上生活上要耐心的友爱热情帮助工农同志提高他们的工作威信和信心切忌随便提上来放下去（[illegible]）对干部的选择使用依其德才资三者的具体条件来决定改正用人唯亲的错误观念在提拔使用干部上，必须更信任埋头苦干与群众有联系的干部纠正对於夸夸其谈的干部随便提拔。

其次干部工作的基本环节，是经常系统了解干部分别类型的研究干部，掌握各种干部不同的本质与活动形态为此：

第一，配合区委和地委级的干部，科长或干事重新建立干部档案的工作干部[illegible]填反省自传……等）。

第二，党政军民各部门总结会增加干部问题的回报并从各个干部的工作成绩或错误中了解其思想及对党的责任心。

第三，组织部定期召开党政军民组织工作联

席会议交换经验，了解干部分别典型研究干部（最好吸收其本人参加）的实质。

第四，全面了解干部，不但要向负责人谈话了解干部更要与一般干部党员甚至从勤杂人员一般群众中去谈话了解干部而尤其着重从实际工作中了解考查干部，其后为了纠正我们干部政策中的片面主观技术观点和调动干部上的轻率现象，严格执行干部任免的两级批准制，不但党委自己如此，更要尊重各机关行政系统对于干部的政治待遇和保健问题各级党委应引起重视并根据区委指示执行。

2．干部教育：

第一，全党必须认识由于过去忽视乃至取消干部教育也是党内右倾思想及不良倾向得以发展的原因之一，而进一步了解分局所以指出的党内教育是从思想上巩固党的战略任务之一的重要意义。特别是今后要在全党把反右倾思想贯彻下去，更必须加强干部教育。

第二，干部教育的中心是加强阶级教育，开展反倾向斗争，以改造干部的思想，县以上的干部主要的是彻底实行整风，打通思想，区级以下的干部，主要的是加强党性和政策教育，也就是要在全体干部中贯彻区委反右倾思想的精神。

第三，除区委加强干部教育外，各级党委宣传部应切实负起各该区干部教育的责任，同级各部门的负责同志应该把教育干部当作自己义不容辞的责任，具体工作的进行：

1．彻底实行整风，特别要根据不同的对象联系加强起码的阶级教育，基本的马列主义观点和方法的教育以及前途教育尤其重要的是中央十大政策联系各地区具体情况具体问题进行教育，以及开展反干部不良倾向的斗争，组织和开展坦白运动另外还要在全党认真进行：平等教育民主教育进行新的作风教育而这些教育的精神，又一定要求能在实际工作实际行动中贯彻也就是要把区委反右倾思想和一九四四年形势任务坚持下去。

2．加强业务教育，实行中央做什么学什么的号召，克服过去不少同志担任某种职务还不知应该做什么工作的现象，要求各级各部门工作同志熟悉自己的业务在理论和实际两方面，（从学习文件政策条例和先进地区之经验从总结工作积累经验中）创造自己的业务以求达到逐渐精通自己的业务。

3．政治学习以党报党刊为主，必须认识党报党刊是党的领导机关思想领导最具体表现，因此必须在全党认真的组织，党报党刊的研究和阅读，此外对一切文化程度不高的干部必须强调文化教育，反对轻视文化教育的错误观念。

4．各地干部教育工作，必须有计划地进行，克服过去自流式的拖拉，并规定严格的学习制度，分区以下的干部，着重党性政策教育：目前首先要把区委的两个文件传达下去。

第四，支干的教育必须引起全党重视，各地分区委宣传委员必须把这一工作当做自己重要任务而且通过这些经常教育的支级干部去推动支部教育。

3、开展反倾向斗争，严肃党的纪律：

我们的党不但要求在政治上，思想上，组织上的一致，而且要在全党内严遵守的基础上，严肃党的纪律，来维持和巩固党的一致。鲁南党过去正因为思想领导，组织领导各方面都未被重视，党内思想斗争不开展，以致造成党的纪律废弛，各种不良倾向严重的发展，如干部中对战争的恐惧悲观，政治情绪不高，工作不安心，小脾气，甚至贪污腐化，就连某部也屡发生过。所有这些已经使得党的组织涣散无力，使得党的影响受到极大的损失，再不容我们姑息放纵了。为此：

(1)、各级党委必须加强干部的思想教育，政治形势和前途的教育，改善领导方式，具体深入，发扬民主，以提高干部的积极性与创造性，切实解决各级干部的政治待遇，关心干部，照顾干部生活，帮助他们解决家庭问题，疾病问题，及时营救被难同志，对牺牲同志应当褒扬，安葬并抚恤照顾其家属。

(2)、展开党内思想斗争检讨错误倾向，彻底展开反右倾思想斗争，克服党内各不良倾向，深刻揭发所有这些不良倾向思想上的根源，铲除党内各种小资产阶级，地主阶级，资产阶级思想，树立党内无产阶级的思想。

88

(3)、严格党的纪律，对干部倾向错误的姑息，不但足以使党的组织涣散，丧失党的战斗力，而且也是断送干部的前途，党更不能无条件执行纪律来维持党的一致。但正确执行党的纪律，严肃党的组织，加强党员干部的责任心是必要的。对党内好的干部要表扬，犯了严重错误，或对明知故犯，和党对

89

执不知改悔的干部要执行纪律，以教育全党。

乙、审查干部了解干部提拔干部：

（一）、由于党内在发展党的路线上及干部政策的执行上有错误，以及在发展党的手续上不够严格，因之党的组织和某些同志的思想是不够纯洁的，党的干部对党的认识是不够明确的。一九四〇年虽做了些审查党的工作又犯了严重的形式主义，和宗派主义（填表、开会、谈话、考察，而这些又都是在组织部门某些负责同志狭隘观点的影响下进行的）批评指责处分党员于敌前说服因而当时审查党的工作，不但没有达到团结党，纠正错误思想，改造工作的目的，相反的使有些同志对党抱成见，也使某些同志之间互不信任，给党的团结以很大的损害。同时干部的审查在组织上越不够认真，这就说明了我们没有真正认识此次分局八月指示我们在政治上，思想上，组织上，巩固党的重大意义，加以承办部门，就更使得干部的审查工作陷于长期停顿。

巩固党的三大中心环节，首要一环就是审查干部，同时了解对干部的了解与审查是经常的重要工作，是党的组织工作部门适当的分配使用提拔和调动干部，以及正确的执行党的干部政策的最基本的条件，因此今后审查干部的工作，还是我们迫切需要做的。

（二）、根据分局指示审查干部要在肃反整风和检查工作的基础上进行，所以审查干部就不能是文牍主义的形式主义的，即不能是脱离整风。脱离实际工作的单纯审查干部，而是在干部的思想觉悟提高的基础上，来审查干部，是为了纠正干部的错误思想，改造工作，来达到巩固党，提高党，为此：

第八、各级党委组织部负责同志须参加整委会，领导整风，了解干部通过支部动员向党坦白。

第二、根据区委"反右倾思想"的决定的精神检查自己的工作，发扬民主，发动下面同志大胆揭发，批评上级，批评领导，以达到改造工作加强领导。（打通思想）

第三、上级党委要搜集下级同志对上级党委和每个负责同志的意见。

第四、为了正确的认识和进行这一工作，除指定党的工作第九号干部的审查与第九号审查者与被审查者之文件必须参加研究的材料外，更特别着重的提出以下几点：

(1)、严格防止在审查干部中不从打通思想提高干部，而采用组织手段，随便作组织结论，要高度的发扬民主，以整风的精神，自我检讨影响别人，推动别人向党坦白。并同时的说服接受党对自己的批评和意见。

(2)、审查干部是为了思想上提高干部，作为组织上了解，提拔或调动干部的根据，因此我们不但要认真研究每个干部的思想根源，也要正确的估计他的成绩和优缺点，最后才作结论。如本人不同意可以向上反映直到中央。

(3)、在处理干部问题时，主要根据中央"治病救人"及"抢救失足者"的精神，细心耐心的进行。

(4)、主动认真即时的处理干部的一切组织问题（如被捕放回的同志新老自首份子，过去在敌化、伪化、匪化的环境中失掉关系的同志，以及要求减轻和撤销处分者），是执行党的干部政策重要一环，是为党负政治责任，和干部负责的工作。不能单纯当做某一二个人的个别组织关系问题看，必须依照分局关于组织问题的决定，中央关于过去履行自首手续者暂行处理办法，中央关于减轻和撤销处分的决定等指示慎重处理。

最后必须认识审查干部是党中央十大政策之一，是坚持斗争争取胜利的有力保证，因此我们审查干部必须从每个干部的历史及现在的表现着手，而尤其是从思想上打通干部，即使是干部犯了错误，也要根据其当时当地的具体情况分析其客观主观的原因，这样郑重的进行对干部全面的了解和审查工作，才能真正的全面的了解干部提高干部，达到巩固党的目的。

（接下页）

8291

5.部门建设

(1)党的部门工作，正如中央所示，是车之两轮，鸟之两翼，这虽是指的宣传组织部门与党委的关系而言，但也可见部门工作的重要性。如果再从军事部门政权工作部门，群众工作部门，是党的三个重要组织部分缺一不可去看，则部门工作的重要性就更大了。

这里就可以看见，没有党委固不可，但只有党委没有党的部门工作去实现党的任务，则党的任务也就只能是一个一般的号召，而不能与具体结合，也就达不到实现，更达不到从群众中来，回到群众中去，集中起来，又坚持下去。这里就更可见到部门工作是政治工作而不是技术工作。

但是检讨一下，我们过去对部门工作的重要性是缺乏这样明确认识的，我们把部门看成可要不可要，特别在环境困难时，我们就根本把部门取消了，当然部门工作也就随之没有了，部门在一定困难环境下，精简一下是必要的，也是应该的，但部门的工作则不能因精简而简到不要。在任何环境下，部门工作的内容是不会变的，变的是部门工作的方式和部门的组织形式，部门还要在自己的岗位上去完成党的全部工作，或一时期的中心工作。因此部门工作的建设在今天全党建设根据地中就刻不容缓。

(2)今天部门的建设是在精简的原则下进行。是在如何有利于党的工作和保证党的工作的完成上去进行，所以不是机械搭架子，建机关。而是正确掌握部门建设的精神，划清部门建设的范围，职权，与党委的关系。

我们过去一般所了解的部门工作，只是宣传组织，而对军事政府则一般均不包括在党委部门之内

，此些要是由于我们对党的一元化领导認识和执
行不够，因此党委对部门的建設和领导，常々就
是把軍事政府等放在外，只而注意组织宣傳工作
甚至最重要的群众工作部门也常被忽視。

今天我们已经纠正了这個错误的認识，但又
必须防止光强调组织宣傳单位相同的一面，即都
是党委会的一个部门，而对于其相異的一面就忽视
，即忽视軍事政府虽是党委的一个部门，但軍事上
是有其垂直的领导系统，政府还是三々制，因此
领导上就不能是一样，党委对軍事部门的领导，
只是政治领导與原则工作则是通过軍队，对政府部
门的领导，是通过政府中的党团，而不是干涉。
就是对宣傳组织部门的领导，也要发挥其积极性
不能干涉代替或不能因為党务工作部門而特别照
顧放鬆了其他部门。

也正是因為过去在这方面不够了解，所以党委
会就只能是党务工作者的党委会，部门建設也只
能是党务工作的几個部门建設，这就产生了以党
務工作為中心的党委会，而軍隊政府系統的宗派
，軍事政府系統反过来对这個以党务工作為中心
的党委会闹独立。这裡又可以看到部門和党委的
关係，就是民主集中的关係。

(3)会后部門工作建設的几個具体要求：

①從新恢復各級党的部門工作，首先是
建立各部门的经常工作，所謂經常工作是每日必
行，照例必行的工作，应按期总结檢查的工作，
同時还須認清沒有经常工作的建立和打下基础，
則中心工作就变為突击强迫命令，甚至無法完成
。因此各级党应在精简原則下配备各部門的幹部
沒有正职副职甚至干事亦可。

②总結研究各部門工作經驗，提高業务及時提供党委，通过党委傳达下去，推动下级党委下級部门，为此就必須经常能开部务会，確定回报檢查等制度，尤要建設档案工作，这是我们各個部门統計調查研究，提出問題，解決问题所必須的。

③建立秘書工作，使之不僅成为党委的政治助手而使党委不犯事务主義，而且联系各部門，使各部门的工作关係更加密切。

④加强对部門干部的政治领导和关心生活，反对过去那种把部门干部撂下就算的恶劣作風，尤其反对部门负责同志首先就脱离部门干部

(4)部门工作如何实現中心工作：

过去我们强調了中心工作，就放鬆了部门工作，强調了部门工作，又不管中心工作，这点在各級党部都很严重，成为我们领导上的一個大问題。

首先認識一下什么是中心工作，所謂中心工作就是党根据一定時期的政治任务所提出为了完成政治任务的工作，因此这個中心工作，是全党的中心工作，但这种中心工作每次只能有一個，过去我们因一元化领导执行不好，所以各有各的中心，各执行各的中心，形成每個中心工作架空，每個中心工作脱节，这就不能發揮全党的力量，使整個工作區都是在党的领导下進行，而力量則是分散的，这就無法完成党的工作，我们纠正了这点，又發生了另一偏向，即不是站在自己部门的工作岗位去完成党一定時期的中心工作，結果形成不要部门工作，我们現在正試行工作組的方式就正是在这样情况下产生的，工作組要浮不呢在工作已有基础各部门（特别是有了支部）都

已建立了时，工作组就没有必要，因为如果还保有工作组，就会代替和降低各种组织的作用，但在新开辟地区，工作组并不是绝对不需要，我们过去的问题在于工作组不相信下级干部和不要下级组织而採取代替包办的方式，因此中心工作突击过去，工作一散就百事大吉，干部未提拔培养起来，新旧不能交替，结果工作停顿，干部消沉，组织成了形式，有的甚至为坏份子所掌握利用，今天村工作不能大踏步开展，除我们群众观点外[illegible]还是一個重大缘因，因此党的每一中心工作（如群工）需要完成时，首先就是要以群众工作部门为主体，其他部门则是应在自己的岗位上通过自己的业务去配合和完成，并進而改造和提高自己部门的工作，龙华群工开展后，不僅锻鍊了党，提高了党，改造了党，也锻鍊了各部门，提高和改造了各部门，就是個最好的例子，这裡就可以看到脱离中心孤立去单独進行部门工作，只能是技術上有些改進，不能和实际联系，更不能完成党的政治任务。

其次研究一下中心工作的轉換问题，这裡最重要的一点，就是要掌握住各個中心工作的一致性，如查减本身就带有发动群众拥军生产的涵義，但因为群众未发动起来，所以拥军生产只能在干部中進行思想準备，但在查减已经开始，群众已经发动，就要在群众中進行动员，作轉入另一中心的準备，当中心已经轉換，就要進行轉换后的中心工作（生产）在進行这個轉换了的中心工作時，对过去的中心工作就应是检查和提高，而不是继续查减，而应是貫徹查减，中心则在领导农民~~是主体~~進行生产工作，解决农民生产中的各种困难，但我们过去则不是这样，作了这個放掉那個，中间的联系是没有的，这次做学我们的工作永远是晚的。

（5）必须指出，部门总是党委统一领导下的工作部门，那就不管那一個部门，都应该統一於党委，因此如果有同志强調各部门的独立性，那就是錯誤，所謂独立性是指的什么呢？如果是指的政治上的独立性，那党委岂不是成了統一战线的联盟了嗎？如果是指的组织上的独立性，如过去有的部门干部，党委不能調动，组织部也不能調动，自己部门干部分配了工作，也不报告组织部，甚至把与自己部门有关係的党員都想由自己部门去管，与党委有意见时，不取决於党委，而取决於上级部门，这样发展下去，就可能产生派别，而妨碍党的統一，如果説工作的独立性，那就是党委不能过问其工作，这对嗎？显然也是不对的，如果説要有独立性的話，那应該是在党委的統一领导方針下，独立发揮自己的工作效能。

所以今后部门建設起来，毫無疑问的要統一於党委，一切带原則性的问题决定於党委，一切干部調动統归於组织部，这种統一的确立，在党的建設上是绝对必要的，不因为强調部门建設而有任何修改，如果有领导同志忽視部门工作，不僅部门同志可以提出批評，领导者还应受到处分。（接四十九页）

6. 关於邮局交通工作。

（1）目前应加强党对邮局交通发行工作的领导，調整组织机構，提高工作效能，严格党的组织生活和学習生活，使其真正发揮"交通工作是党的输血管"、"发行工作是组织工作"的作用，克服过去"三管三不管"，認為交通工作是"跑腿工作"，配备"好干部作交通工作可惜了"的极不正确的观点，同样邮局交通工作某些同志对党的闹独立，不安心工作的現象，也要纠正。

(2)区委認為内的秘线交通工作应与邮局在组织上作進一步的一元化的調整，即将秘线交通干部，适当配备於公开的邮局工作中，加强公开的各級系統的交通工作，党内秘线交通工作，完全由邮局当做秘密的掛号文件負责邮遞直达（但須有專人处理並要在業务上分清）

邮局党員干部之調整，应郑重的考慮具体做法，由组织部协同宣傳部与邮局同志共同商討决定。

(3)領导上屬区委会，但区委指定暂由宣傳部处理，以便於加强党报党刊的發行工作。

(4)邮局与政府的关係仍旧不变，不过政府党团同志要应加强对这一工作的照顧和关心。

㈢ 改造党报创办党刊健全党校。

一，改造党报（鲁南时报）问题：

1，党报是实现党委思想领导的有力武器之一，是集体的组织者；另一方面党报是党对外宣传鼓动最有力的工具，又是集体的宣传者，但是这个问题至今还没有被我们全党所认识，因此曾经在某些地方发生要取消党报的错误，同时由于党委对党报的政治领导不强，全党对党报的漠不关心态度和党报的内部组织的不健全，致使党报的思想原则指导性不强，不能发挥党报应起的作用，虽然如此，我们的党报也还是初步规模的，在坚持斗争和指导工作中起了一定的作用，在群众中也有了一定的影响，我们应在今天的基础上来进行党报的改造工作。

2，必须认清改造党报是目前党的宣传工作的一个中心问题，而办好党报又必须用全党的力量，不但要讨论研究推销党报，尤其重要的是用党报，通过党报来指导工作，真正把党报当做贯彻党的政策方针的有力武器，为了改造党报，必须：

①，健全党报委员会，加强对党报的集体领导，每月要定期开会，按月指示检查总结党报政治任务的执行，各委员要认真负责，使党报的编辑部与党委的政治生活打成一片，党的各部门，应把供给党报稿件当作自己的经常业务之一。

②，提高党报的思想原则领导作用，一方面要健全党报的编辑委员会，使之能具体实现党的政治任务，不仅要研究体会党委指示的每一政治任务，认真的组织稿件，还要求能够坚持下去并要反复的提高起来；另一面方要在全党进行党报观念的检查与教育，使全体同志认识不关心爱护党报是党性不纯的具体表现，提倡有组织的讨论研究党报（并且要执行党报登载的指示）领导通讯工作，认识这不仅可以充实党报，且可加强党委对下层情况的了解，帮

助党委实行一般与具体结合，党委与群众结合的领导方法、而党报的通讯工作，便是这個结合的最好的榜样。

○．健全党报的发行工作，必须组织这一工作，不仅是可以教育群众，且可组织群众，故必须立即做好这一工作，首先是健全加强各地的邮局发行工作，且要把发行党报与组织群众性的读者会和工农通讯员运动（毛主席所指示我们的）工作结合起来，以及把敌后区的党报发行工作当作在敌后区宣傳工作的中心之一，这一工作和通讯网的工作，分局已指定由各宣傳部親自领导督促，成为自己的重要业务之一。

）．工厂建设问题，纠正过去的游击习气、印刷工厂一定要搞好，并也尽可能的创办，造纸工厂。

二、创办党刊问题：

今天我们要创办一個党刊，因为党刊是建党的必要武器，为了帮助建设一個思想上政治上组织上巩固的党，贯澈反右倾思想斗争，一般党报是不能胜任的，所以必须有专门的党刊。

党刊的任务就在于实行党委的思想领导，解释上级和自己的指示政策和决定，并揭发批评与这些正确思想相违背的不正确思想，以克服党内思想上的分歧，达到教育全党指导工作组织全党力量的目的，并积累经验，创造新的经验传达到全党，使全党像钢铁一样的团结巩固起来，避免历史上曾经犯过的错误。

党刊的编辑委员会由党委直接领导，编辑委员会原则上由党委担任，负责推动组织和审阅稿件，党刊编辑的日常工作，由宣傳部处理。

要办好党刊，同样也须要全党来关心和爱护，组织研究阅读，供给稿件，负责发行。

三、健全党校问题：

~~100~~ 99

1，过去区委党校在培养干部上是有想当成绩的，但由于区委在政治领导和工作管理的不够重视（如很少讨论党校工作，问题不解决，区委委员多不去上课和做报告，以及干部配备不健全等）学校本身领导上的缺点（与实际斗争和党的中心任务结合不密切，忽视政策业务教育，教育的中心和目的不够明确等）所以今天党校还是不够健全的。

2，为此，区委必须加强对党校的领导，成立党校管理委员会，直属于区委领导，把训练干部的主要内容与区委当前的方针与中心任务紧紧的结合起来，并应健全办党校的干部，区委委员并应经常去作报告（着重于当前的实际问题）同时还要关心解决党校的问题，（如供给伙夫……等）。

3．党校本身必须在过去研究创造的基础上进一步求得改进：

a．明确确定区委党校的目的，在于培养地方党分区委委员和支书以及部队连排级干部。

b，教育的中心是贯串阶级教育，策政教育增加党性，并培养和提高干部工作能力。

c．训练的内容：

(一)．时事教育（阶级教育）。

(二)．整风（主要是贯彻区委反右倾思想以及今后形势任务的教育，不是全部学习廿二个文件而是选出怎样做一个共产党员等文件来研究。

(三)．党的基础教育。

(四)．实际工作教育（主要是以群众工作为主）这些教育的本身也就都是整风。

d．教育方法，要使理论与实际一致，采取启发研究实验的方式，发展学生在学习中自动性与创造性，禁止注入的，强迫的，[illegible]的公式，在教学中收集鲁南的实际材料，经过调查研究，充实教学内容。

4．各县则应认真的有计划的开办流动训练班主要是培养和提高村级干部，上述区委党校的原则和精神亦适用各地。

（四）组织领导：

5．组织领导必须适合于政治任务的要求，把组织上的领导提高到政治领导上的水准，做到完全保证党的政治任务和决议的实行，因此必须：

(1)．深刻研究党的长大政策上级党的指示决定与冀南区一九四四年的形势任务的决议根据当地的具体情况审查与调整组织机构，适当地选择配备干部，使整个的组织工作适合于当前的任务以保证党的政策决定之贯彻执行（如各村委员会的审查改组群众斗争生产运动中依据实际情况与党的组织原则研究创造使之适合于党的任务之执行）。

(2)．"高度发挥党一元化的领导，即一切领导统一于党，统一于各级党的党委会"党委的一切重要工作决定或指示，应首先在党委会讨论，然后争取一切可能在同级党政军民机关中进行商讨，进行思想动员把意见一致起来，才能动员党政军民的全力一致服从与执行，在一定时期一定情况下党委所决定要全党服从的中心工作即应为一切部门共同协调的工作基础，应大公无私的服从执行，各个部门的指示决定须经党委审核批准或必要的讨论始能发出，但同时也要反对大小事情都找主要负责人超越部门不管工作系统的现象，这样会形成主要负责人的事务包办，妨碍部门工作的建设与积极性。

(3)．在改正取销部门的错误与建立部门工作中必须防止搭空架子凑人数，决定指示的繁琐重复不切实际的偏向，应贯彻党的精简政策做到合乎精简、统一效能、节约，与反官僚主义的要求，但这不能做为不配备干部的借口；当前的任务就是要部门建设起来配备必要的干部使工作能顺利进行。

（4）、加強集体領导，扬發党内民主，一切问題经过討論，多召開有準备而又能解决問題的会議，開展党内自我批評，及時揭露錯誤，開展思想斗爭，以求党内首先是思想上的真正的一致。同時必須科學分工、個別負責，（特別要強調完成自己的任务同時照顧全面工作）。

（5）、嚴格執行工作紀律，建立工作制度，建設部門工作，密切部門間工作上的配合，运用組织力量，通过組織系统来推动工作，取消工作组对于工作的進行，必須有計劃有步驟並經常的督促與深入的自上而下、自下而上的檢查，要善于調查研究與總结經驗……善于貫徹群众觀点與集中起來與会組织領导與具体解决問題……善于貫徹群众觀点與堅持下去的方法，並善于利用最好的或最坏的典型例子，來推动全盤工作或教育全党同志。

（6）、对于干部的团结必須引起最大的注意，注意思想的打通，以政治原則和組織原則來团结干部，負責干部对待党員與下級干部，必須有布尔什維克的态度，除在工作关系上互相尊敬，互相信任、互相帮助、互相体貼外，並应以階級兄弟的情誼互相友愛、互相关怀，發扬平等謙和的精神，反对自我独尊高傲自大階級觀念，冰冷殘酷的态度，與所謂"首長"作風，反对有碍团结的言論行动與小廣播等，对反與原則的纠纷，注意私人生活的社会化與群众化，反对下上級过分懸殊的差別待遇，以达到党員间干部间的融洽团结。

（7）、轉变地方过去事务被動保守自流不調查研究不深入实际，不民主脫离群众的官僚主义主觀主义的作風，建立服从紧張負責嚴格实事求提倡同劳动与联群众结合主动进攻的领导作风与工作作风，坚决纠正对上自由主义对下官僚主义的恶劣倾向。

~~104~~ 103

## （五）澈底实行整风加强党的思想建设与组织建设

### 1.过去整风学习的主要缺点和错误：

鲁南整风学习是在去年中秋节开始的，区委单独仅学了四三决定，反主观主义部份，及分局指定的五个文件，各地区亦相差不多，但根据今天的认识检讨过去，整风收获是不大的，存在着许多严重的缺点：

（1）发扬民主不够，主要负责干部未能以身作则大胆的反省揭发自己，因之，其他干部不敢大胆的发言，提出意见，自由思想，（如区委单独）

（2）思想领导不明确，右倾思想蒙蔽了我们，发现不了问题，有问题也不敢去接触思想，或不能提到思想的高度。

（3）教条主义依然存在，学习与实际脱节，未能与工作及存在着的倾向联系起来，致整风依然存在，大家都在字句上打圈子，反省自己则轻描淡写，对别人则戴帽子，少说为是，自己不愿脱裤子，怕不愿和不敢扒别人的裤子，而分区以下多不懂领会，联系实际更差。

（4）对整风重视仍不够，许多地区时断时续，制度不严格，上下联系很差，未能及时总结经验交流。

### 2.整风学习步骤与态度：

（1）六月底以前要把学风与文风学完，八月底全部学完。

（2）青沙帐以前要切实执行两小时学习制，每月要争取五日整日学习，在青沙帐期内，为争取时间完成学习任务，实行半日学习，

（3）应根据文件的精神，不断的进行反省，不要等学完文件以后再反省，八月底以前每个干部都要

3.思想领导与组织领导：

甲.思想领导：

(1)此次高干会区委就是整风具体的，每个干部都进行了初步的反省，有了一定整风学习的经验。今后整风，首先应以高干会的精神传达大会的总结，详细讨论大会的总结，在高干会的基础上推动全党面的整风学习。

(2)发扬民主仍是今后整风学习的关键，各地主要干部应以高干会的精神首先检讨反省自己缺点和错误，同时亦对其他同志大胆的提出意见，其次，在学风文风阶段要鼓励同志大胆的发表意见，批评上级批评领导，有什么说什么，不要事前加以限制，至学风文风后一阶段，应组织正确意见，批评不正确意见，但也不能机械运用。

(3)学委会在学习每个文件之前，应根据当前具体情况，存在着的严重问题，提出一些具体问题，启发帮助干部反省与检讨，但仅是提出问题，不限制范围，不是不能说，而是要同志们民主的讨论这些问题，如此使理论与实际密切联系起来。

(4)实现领导与群众相结合，在学习中组织积极份子，在反省讨论时，经过他们提出一些重要问题及对各方面的意见，帮助别人脱裤子，使他不脱也得脱，

(5)应根据学习的发展，引导同志们深入钻研问题，提出新问题，使讨论研究反省更加深刻与进步。

(6)分区以下干部学习不按原计划进行，由区委指定几个文件，县委应加强对各分区的领导，根据各区具体情况，提出问题，交各区讨论与反省。

(7)为了实现加强思想领导，继续出学习导报。

乙、组织领导：

(1)鲁南学委应加强对直属机关学委会的领导、系统总结经验，藉以推动指导全鲁南的整风学习。

(2)分区以下应严格执行五日集体学习一日制，为了节省时间，干部与群众一般吃饭挤出时间早晨学习，密切与群众关系，敌后及游击区也不能例外，也要进行整风学习，方法和时间，可依具体情形规定。

(3)下级应对上级作定期整风学习报告，区委应经常检查各地学习，及时纠正偏向。

(4)建立严格的检查回报制度，干部外出归来应回报学习，学委会检查其学习。

(5)必须都写反省笔记。

(6)学委会应定期开会，总结学习，建立奖惩制度，区委将定期出学习通报。

(7)推动并帮助党外人士进行整风学习，政府党团及党员干部必须与政府中的党外人士一同学习，可根据山东省行政委员会的规定，与党外人士民主讨论如何组织学习，规定纪律，求得党外人士民主的、自觉自愿的参加整风。在思想反省中，政府党团及党员干部要根据区委高干会检讨反右倾思想的精神联系自己、联系工作进行反省（注意保守党内秘密，不要把关于党内的问题，也提出来谈），以推动启发、影响党外人士，并帮助他们反省进行，但要掌握对自己严、对别人宽的原则，不可对党外人士过苛要求。

(8)学习小组要依行政部门划分，并与党的小组合一，这样便于彼此互相进行整风学习，行政负责人在小组中，要以对自己的反省、检查，求得推动领导自己的下级进行反省，并发扬民主，鼓励下级对自己提出意见，对工作提出改进办法，加强整风的领导。

# 中共鲁南区党委组织部关于党务干部加强整支学习的通知

（1944年9月25日）

# 通知

九月廿五日

组织部

（一）、在这次总结整支工作中使我感到有些党务干部还没有看过八次分局整支决定，参加整支的同志缺乏系统的研讨，作为自己整支的指标。因此使我们这期整支推进不快。同时同志整支工作又是党务工作中心。为了继续贯彻执行分局整支决定与区委整支指示，特采以下几种文件为今年（从十月到年底）分区级以上党务干部学习材料：

1. 分局关于改造支部工作决定。
2. 区委关于整支工作指示。
3. 整党建党中的支部工作。
4. 陈云著的支部工作。
5. 党的工作（新华版书）第一、六、七、十部份。

（二）、学习方法：一般党务干部主要依靠自己抓紧时间阅读研究。在阅读时要反回过来自己对支部工作的认识如何？支部工作中有什么优缺点？这些优缺点是怎样来的？同时了解所属地区目前支部工作的情况，并根据了解情况，进一步研讨如何改造。在文件中所指出的一些方式方法有些在我们那里是可以实行的，有些是不适合的，主要是要依据具体情况灵活运用创造新的。参加整支同志因为较集中，除个人研读外，可以以整支组为单位，定期的抽出时间集体研究，具体进行计划由各整支组自己规定。一般党务干部与整支同志最好能做到，将研究所得结果写出笔记来。

（三）、根据这次整支总结深刻了解整支工作与发动群众，深入群众工作是分不开的。因此，我们提议群众干部阅读上五种文件也可以做为你们学习内容之一。

（此通知基本区发到分区，敌占区发到县及主要区）

鲁南区党委组织部

## 中共鲁南区党委组织部一九四四年一至九月份组织状况统计表

（1944年10月30日）

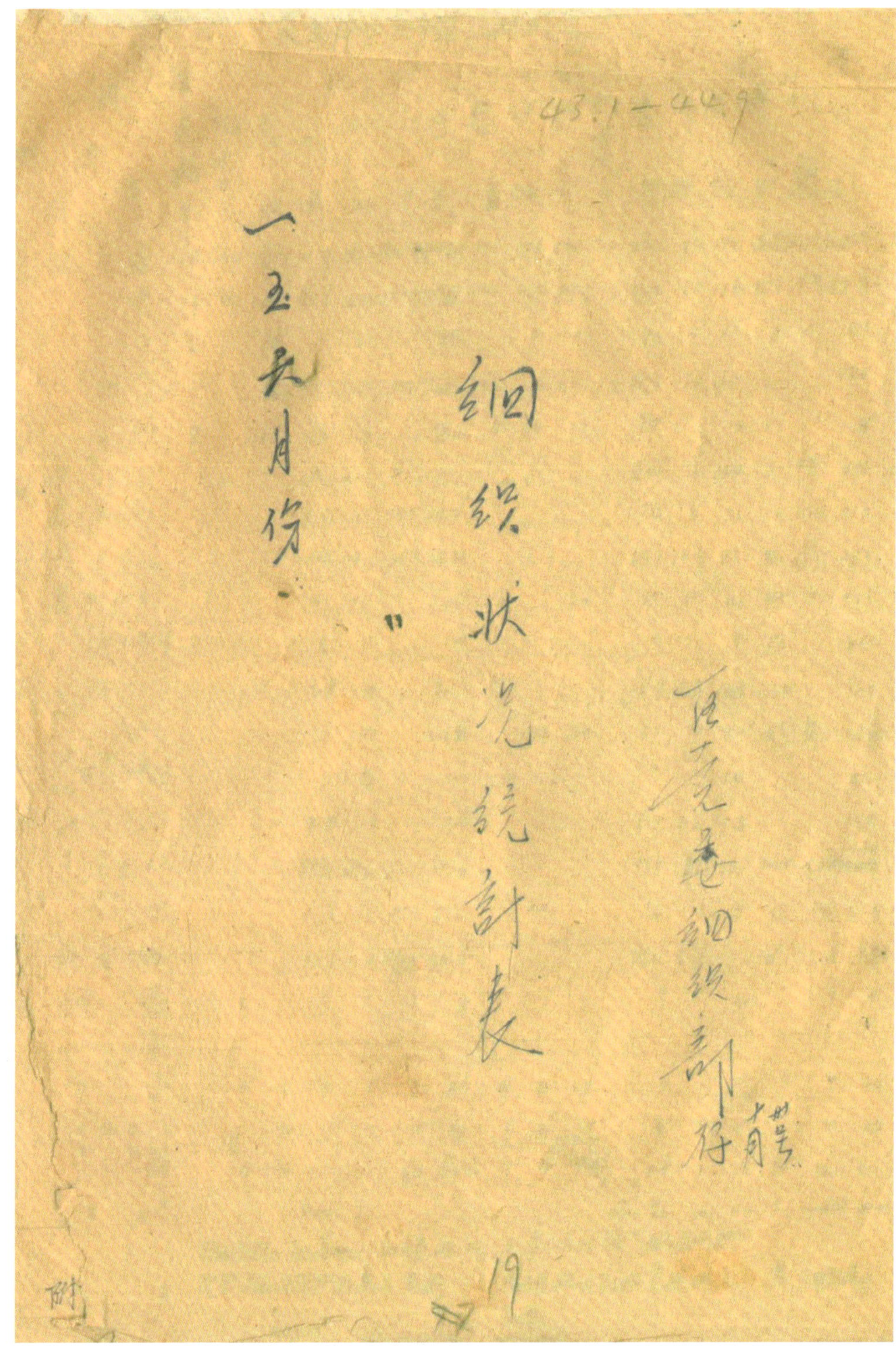

43.1—44.9

一至九月份

组织状况统计表

区党委组织部存 十月卅号

19

# 黨員數量分佈狀況統計表

| 項目 | 數目 | 區委機關 | 一地委 地委機關 | 鄒縣 | 費縣 | 雙山 | 溫河 | 合計 | 二地委 滕沛 | 嶧縣 | 合計 | 三地委 地委機關 | 臨沂 | 郯縣 | 蘭陵 | 臨西 | 趙鎛 | 合計 | 總計 |
|---|---|---|---|---|---|---|---|---|---|---|---|---|---|---|---|---|---|---|---|
| 黨員總數 | 數 | 116 | 94 | 1259 | 1059 | 385 | 1278 | 4075 | 170 | 126 | 296 | 16 | 607 | 70 | 175 | 137 | 1458 | 2463 | 6950 |
| | 男 | 114 | 94 | 1171 | 998 | 375 | 1274 | 3912 | 170 | 125 | 295 | 16 | 537 | 65 | 153 | 131 | 1407 | 2303 | 6624 |
| | 女 | 2 | | 88 | 61 | 10 | 4 | 163 | | 1 | 1 | | 70 | 5 | 22 | 6 | 57 | 160 | 326 |
| | 正式 | 174 | | 1092 | 963 | 362 | 1228 | 3645 | 165 | 116 | 281 | 16 | 588 | 70 | 162 | 120 | | 956 | 4996 |
| | 候補 | 2 | | 167 | 96 | 23 | 50 | 336 | 5 | 10 | 15 | | 19 | | 13 | 17 | | 49 | 402 |
| 黨員分佈之村莊 根據地 | 有黨村 | | | | 524 | 411 | 452 | 1387 | | | | | 214 | 76 | 144 | 50 | 390 | 874 | 2261 |
| | 黨員分佈村 | | | | 213 | 101 | 165 | 479 | | | | | 72 | 8 | 36 | 15 | 179 | 310 | 789 |
| | 百分比 | | | | 40.6 | 24.6 | 36.5 | 34.5 | | | | | 33.7 | 10.5 | 25 | 30 | 45.9 | 35.5 | 35% |
| 游擊區 | 有黨村 | | | | 71 | 74 | | 145 | 150 | | 150 | | 83 | 19 | 61 | 88 | 74 | 325 | 470 |
| | 黨員分佈村 | | | | 2 | 1 | | 3 | | | | | 7 | 1 | 7 | 10 | | 25 | 28 |
| | 百分比 | | | | 2.8 | 1.3 | | 2.1 | | | | | 8.4 | 5.3 | 11.5 | 11.4 | | 7.7 | 6% |
| 敵佔區 | 有黨村 | | | | 27 | 151 | | 178 | | 170 | 170 | | 81 | 77 | 95 | 58 | 44 | 355 | 533 |
| | 黨員分佈村 | | | | 2 | 2 | | 4 | | | | | 5 | 2 | 15 | | | 22 | 26 |
| | 百分比 | | | | 7.4 | 1.3 | | 2.2 | | | | | 6.2 | 2.6 | 15.8 | | | 6.2 | 4.9% |
| 合計 | 有黨村 | | | | 622 | 696 | 452 | 1710 | | | | | 378 | 182 | 300 | 138 | 508 | 1554 | 3264 |
| | 黨員分佈村 | | | | 217 | 104 | 165 | 486 | | 32 | | | 84 | 11 | 58 | 25 | 179 | 359 | 843 |
| | 百分比 | | | | 34.9 | 16.4 | 36.5 | 28.9 | | | | | 22.2 | 6.4 | 19.3 | 18.1 | 35.2 | 23 | 25.8% |
| 縣委 | | | 1 | | 1 | 1 | 1 | 4 | 1 | 1 | 2 | | 1 | 1 | 1 | | 1 | 4 | 10 |
| 工委 | | | | | | | | | | | | | | | | 1 | | 1 | 1 |
| 分區委 | | | 5 | 9 | 9 | 6 | 8 | 37 | 8 | 4 | 12 | | 5 | | 4 | 3 | 8 | 20 | 69 |
| 機關支部 | | 6 | | 9 | 15 | 9 | 19 | 52 | 1 | 4 | 5 | | 8 | 3 | 5 | 6 | 11 | 33 | 96 |
| 農村支部 | | | 7 | 126 | 110 | 42 | 58 | 373 | 9 | 9 | 18 | | 58 | 7 | 16 | 16 | 126 | 223 | 614 |
| 小組 | | | | | 242 | 15 | | | | | | 2 | 76 | 16 | 44 | 36 | 229 | 401 | |

附註：此統計內一地委機關和費縣的，一地委機關的是各部門的統計

黨員分佈村莊只統計了費縣、雙山、溫河、臨沂、郯縣、蘭陵、臨西、趙鎛八個縣的

70

党員成份統計表

| 成份 \ 數目 \ 地區 | | 沂河地委 | 趙鐸縣委 | 雙山縣委 | 鄒縣委 | 統計 | 各類成份佔該表總數百分比 |
|---|---|---|---|---|---|---|---|
| 家庭成份 | 總數 | 73 | 429 | 124 | 476 | 1102 | |
| | 工人 雇工 | 7 | 26 | 2 | 1 | 36 | 4.6 |
| | 工人 手工工人 | 1 | 5 | | | 6 | .8 |
| | 工人 合計 | 8 | 31 | 2 | 1 | 42 | 5.4 |
| | 農民 貧農 | 42 | 260 | 102 | 156 | 560 | 71.8 |
| | 農民 中農 | 21 | 52 | 12 | 77 | 162 | 20.8 |
| | 農民 富農 | 2 | | 5 | 5 | 12 | 1.5 |
| | 農民 合計 | 65 | 312 | 119 | 238 | 734 | 93.5 |
| | 地主 | | | 3 | 1 | 4 | .5 |
| | 總計 | 73 | 343 | 124 | 240 | 780 | |
| 個人成份 | 工人 長工 | | | 5 | | 5 | 1.1 |
| | 工人 雇工 | 13 | | 36 | 27 | 76 | 17.4 |
| | 工人 手工工人 | 2 | | 4 | 8 | 14 | 3.2 |
| | 工人 合計 | 15 | | 45 | 35 | 95 | 21.7↓ |
| | 農民 貧農 | 32 | | 61 | 116 | 209 | 47.8 |
| | 農民 中農 | 16 | | 10 | 66 | 92 | 21.1 |
| | 農民 富農 | 1 | | 5 | 2 | 8 | 1.8 |
| | 農民 合計 | 49 | | 76 | 184 | 309 | 70.7 |
| | 學生 | 4 | | 1 | 15 | 25 | 5.7 |
| | 城市小資產階級 | | | | ↑ | 5 | 1.1 |
| | 地主 | | | | ↑5 | 1 | .2 |
| | 商人 | | | 2 | 1 | 2 | .5 |
| | 總計 | 73 | | 124 | 240 | 437 | |

附註：未統計家庭成份中趙鐸縣人86個。

鄒縣在個人成份和家庭成份中均少236人。

沂河地委只包括臨沂郯城兩個縣的。

78 21

# 党员成份统计表

| 成份 \ 数目 \ 地区 | | 邹县 | 双山 | 临沂 | 郯县 | 赵镈 | 费县 | 峄县 | 总计 | 附注 |
|---|---|---|---|---|---|---|---|---|---|---|
| 党员总数 | | 853 | 265 | 385 | 26 | 1123 | 651 | 79 | 3382 | 赵镈县家庭成份中的405人個人成份中未统計。 |
| 家庭成份 工人 | 产业工 | | 2 | | | | | | 2 | |
| | 雇佣工 | 8 | 4 | 15 | | 16 | 5 | 3 | 52 | |
| | 手工工 | | 1 | 3 | 2 | 24 | 6 | 1 | 34 | |
| | 苦工 | | | | 1 | | | | 2 | |
| | 工人計 | 5 | 7 | 18 | 3 | 40 | 9 | 4 | 90 | |
| 农民 | 贫农 | 510 | 192 | 253 | 11 | 416 | 423 | 31 | 1855 | |
| | 中农 | 304 | 59 | 90 | 01 | 231 | 196 | 19 | 908 | |
| | 富农 | 26 | 3 | 16 | 2 | 16 | 22 | 4 | 89 | |
| | 农民計 | 840 | 254 | 359 | 22 | 663 | 641 | 74 | 2852 | |
| 城市小资产阶级 | | 2 | | | | | | | 2 | |
| 地主 | | 1 | | 3 | | | | | 4 | |
| 商人 | | | 2 | 5 | 1 | 12 | 1 | | 21 | |
| 其他 | | 2 | 2 | | | 3 | | 1 | 8 | |
| 合計 | | 853 | 265 | 385 | 26 | 718 | 651 | 79 | 2977 | |
| 個人成份 工人 | 产业工 | | 3 | | 4 | | | | 7 | |
| | 雇佣工 | 86 | 46 | 37 | 2 | | 37 | 2 | 208 | |
| | 手工工 | 35 | 7 | 19 | 1 | | 13 | 4 | 80 | |
| | 工人計 | 121 | 56 | 56 | 7 | | 50 | 6 | | |
| 农民 | 贫农 | 385 | 142 | 214 | 7 | | 370 | 47 | 295 | |
| | 中农 | 286 | 57 | 82 | 8 | | 181 | 17 | 1165 | |
| | 富农 | 21 | 3 | 11 | 2 | | 19 | 3 | 632 | |
| | 农民計 | 692 | 202 | 307 | 17 | | 570 | 67 | 1865 59 | |
| 学生 | | 25 | | 11 | 1 | | 13 | | 50 | |
| 城市小资产阶级 | | 12 | | | | | | | 12 | |
| 地主 | | 1 | | 1 | | | | | 2 | |
| 商人 | | 0 | 5 | 10 | 1 | | 16 | 6 | 38 | |
| 其他 | | 2 | 2 | | | | 2 | | 6 | |
| 合計 | | 853 | 265 | 385 | 26 | | 651 | 79 | 2259 | |

22

# 党员党令文化程度年令统计表

四

| 项目 \ 数 \ 地区 | | 郯县 | 双山 | 临沂 | 邳县 | 赵镈 | 费县 | 峄县 | 总计 | 附注 |
|---|---|---|---|---|---|---|---|---|---|---|
| 党员总数 | | 853 | 265 | 385 | 26 | 1123 | 651 | 79 | 3382 | 赵镈县党令文化程度少405 年令少417 |
| 党令 | 一九三〇 | | | 2 | | | | | 2 | |
| | 一九三七 | | 1 | 4 | | 3 | | | 8 | |
| | 一九三八 | 1 | | 17 | | 90 | | 12 | 128 | |
| | 一九三九 | 17 | 2 | 85 | 4 | 280 | 1 | 36 | 425 | |
| | 一九四〇 | 56 | 17 | 132 | 16 | 88 | 69 | 13 | 391 | |
| | 一九四一 | 40 | 27 | 38 | 3 | 99 | 22 | 2 | 231 | |
| | 一九四二 | 75 | 62 | 14 | 1 | 108 | 119 | 1 | 380 | |
| | 一九四三 | 188 | 26 | 29 | 1 | 50 | 108 | | 402 | |
| | 一九四四 一至三 | 252 | 23 | 11 | | | 137 | 6 | 429 | |
| | 一九四四 四至六 | 224 | 107 | 49 | 1 | | 195 | 9 | 585 | |
| | 一九四四 七至九 | | | 4 | | | | | 4 | |
| | 合计 | 853 | 265 | 385 | 26 | 718 | 651 | 79 | 2977 | |
| 文化程度 | 文盲 | 709 | 256 | 348 | 21 | 683 | 599 | 68 | 2684 | |
| | 初等 | 144 | 9 | 36 | 5 | 35 | 51 | 11 | 291 | |
| | 中等 | | | 1 | | | 1 | | 2 | |
| | 高等 | | | | | | | | | |
| | 合计 | 853 | 265 | 385 | 26 | 718 | 651 | 79 | 2977 | |
| 年令 | 18—25 | 284 | 66 | 80 | 9 | 272 | 171 | 12 | 901 | |
| | 26—30 | 204 | 71 | 77 | 7 | 215 | 141 | 28 | 808 | |
| | 31—40 | 235 | 103 | 135 | 11 | 132 | 234 | 28 | 881 | |
| | 41—50 | 116 | 22 | 75 | 8 | 28 | 86 | 11 | 343 | |
| | 51— | 14 | 3 | 18 | | | 19 | | 54 | |
| | 合计 | 853 | 265 | 385 | 26 | 706 | 651 | 79 | 2977 | |

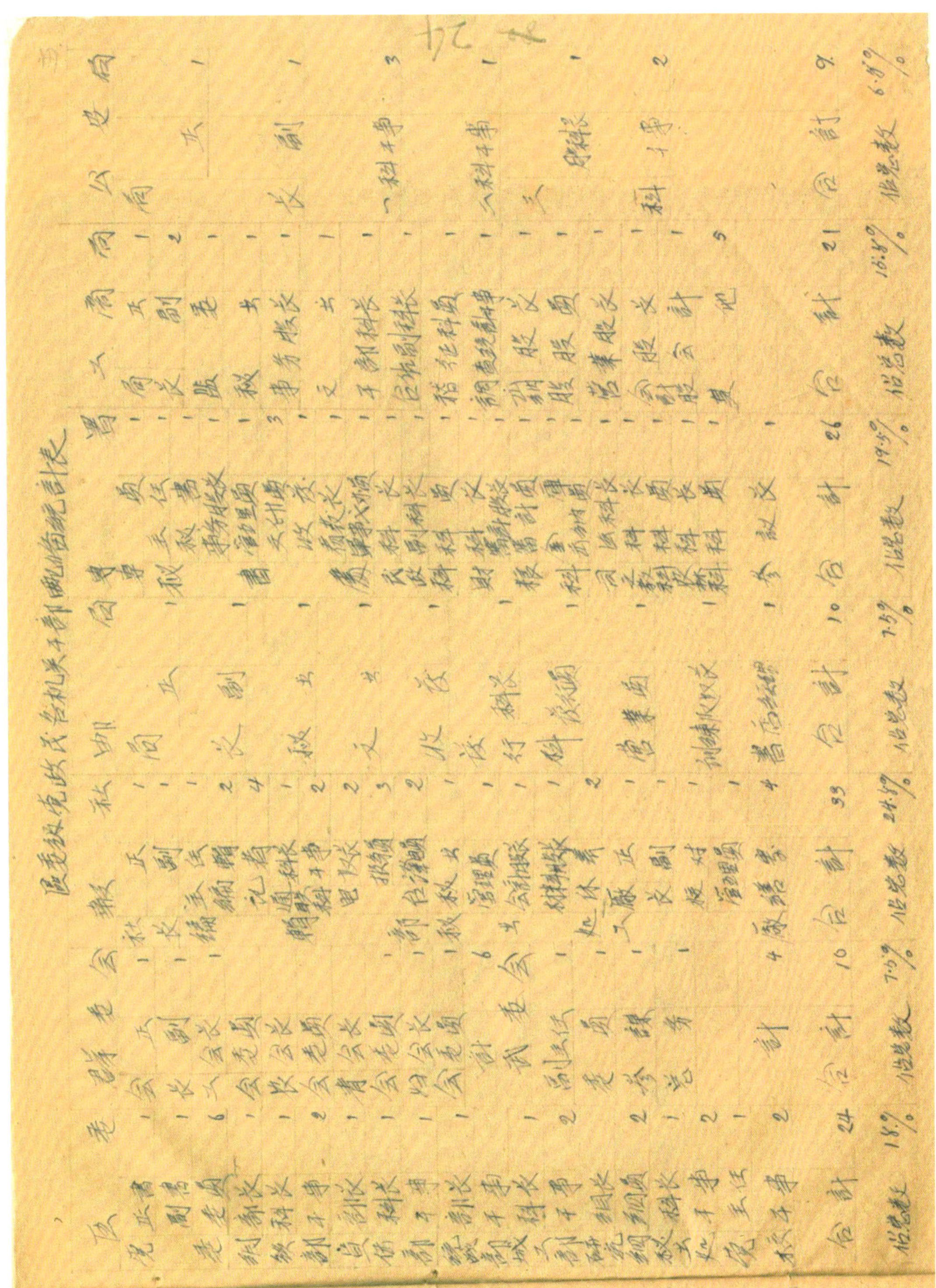

五

# 各縣委各部幹部配備統計

| 職別 | 數目 | 一地委 | 三地委 | 各縣委級：一地委 鄒縣縣委 | 費縣縣委 | 雙山縣委 | 溫河縣委 | 縣縣委 | 三地委 臨沂縣委 | 郯縣縣委 | 臨西二委 | 蘭陵縣委 | 趙鎛縣委 | 合計 | 各區委級：一地委 鄒縣 | 費縣 | 雙山 | 溫河 | 縣 | 三地委 臨沂 | 縣 | 臨西 | 蘭陵 | 趙鎛 | 合計 | 總計 |
|---|---|---|---|---|---|---|---|---|---|---|---|---|---|---|---|---|---|---|---|---|---|---|---|---|---|---|
| 黨 | 正書記 | 1 | 1 |  | 1 | 1 | 1 | 1 | 1 | 1 | 1 | 1 | 1 | 9 | 9 | 9 | 6 | 8 | 1 | 2 |  | 2 | 4 | 8 | 49 | 60 |
|  | 副書記 |  |  |  |  |  |  |  |  | 1 |  |  |  | 1 |  |  | 1 | 1 | 3 | 3 |  | 1 | 1 | 3 | 13 | 14 |
| 委 | 委員 | 6 | 5 |  | 9 | 9 | 3 | 5 | 4 | 2 | 4 | 4 | 6 | 46 | 34 | 21 |  | 26 | 9 | 12 |  | 6 | 19 | 32 | 165 | 222 |
| 組織科 | 科長 |  |  |  | 1 | 1 | 1 | 1 | 1 | 1 | 1 | 1 | 1 | 9 | 1 |  | 3 |  |  | 4 |  |  | 3 | 2 | 13 | 22 |
|  | 副科長 |  | 1 |  |  |  |  |  |  |  |  |  |  |  |  |  |  |  |  |  |  |  |  |  |  | 1 |
|  | 幹事 | 2 |  |  | 1 | 1 |  | 2 |  |  |  |  | 1 | 5 | 6 | 5 |  |  |  |  |  |  |  | 1 | 12 | 19 |
| 宣傳科 | 科長 | 1 |  |  | 1 | 1 | 1 |  |  |  | 1 | 1 | 1 | 6 | 1 |  |  |  |  | 1 |  | 1 | 1 | 3 | 7 | 14 |
|  | 副科長 |  | 1 |  |  |  |  |  |  |  |  |  |  |  |  |  |  |  |  |  |  |  |  |  |  | 1 |
|  | 幹事 | 1 |  |  |  |  |  |  |  |  |  |  |  |  | 3 | 1 | 1 |  |  |  |  |  |  | 3 | 8 | 9 |
| 敵工科 | 科長 | 1 | 1 |  | 1 | 1 | 1 |  |  |  | 1 |  |  | 4 | 2 |  | 2 |  |  |  |  |  |  | 2 | 6 | 12 |
|  | 副科長 |  |  |  |  |  |  |  |  |  |  | 1 |  | 1 |  |  |  |  |  |  |  |  |  |  |  | 1 |
|  | 幹事 | 5 |  |  | 1 | 1 |  |  |  |  |  |  | 1 | 3 | 1 | 2 |  |  |  |  |  |  |  | 1 | 4 | 12 |
|  | 工作人員 | 5 | 10 |  |  |  | 5 |  |  |  |  |  |  | 5 |  | 1 | 7 |  |  |  |  |  |  |  | 8 | 28 |
| 統戰科 | 科長 |  |  |  |  |  |  |  |  |  |  |  |  |  |  |  |  |  |  |  |  |  |  |  |  |  |
|  | 幹事 |  |  |  |  |  |  |  |  |  |  |  |  |  |  |  |  |  |  |  |  |  |  |  |  |  |
| 秘書 | 秘書 | 1 | 1 |  | 1 | 1 | 1 |  |  |  |  |  | 1 | 4 |  |  |  |  |  |  |  |  |  |  |  | 6 |
|  | 科長 |  |  |  |  |  |  |  |  |  |  |  |  |  |  |  |  |  |  |  |  |  |  |  |  |  |
|  | 幹事 |  |  |  |  |  |  |  |  |  |  |  |  |  |  |  |  |  |  |  |  |  |  |  |  |  |
| 婦 | 政委 | 4 | 1 |  | 1 | 2 |  | 2 | 1 |  | 1 |  |  | 7 |  |  |  |  |  |  |  |  |  |  |  | 12 |

附註

25

各级政府干部配备统计表 七

| 部别 | 数目 / 级别 | 行署 | | 各县府级 | | | | | | | | | | | 各区公所级 | | | | | | | | | | | 总计 |
|---|---|---|---|---|---|---|---|---|---|---|---|---|---|---|---|---|---|---|---|---|---|---|---|---|---|---|
| | | | | 一行署所属 | | | | | 三行署所属 | | | | | | 一行署所属 | | | | | 三行署所属 | | | | | | |
| | | 一行署 | 三行署 | 邹县 | 费县 | 双山 | 温河 | [illegible]县 | 临沂 | 郯县 | 临西 | 兰陵 | 赵镈 | 合计 | 邹县 | 费县 | 双山 | 温河 | [illegible]县 | 临沂 | 郯县 | 临西 | 兰陵 | 赵镈 | 合计 | |
| | 主任、县长、区长 | 2 | 1 | | 2 | 1 | 1 | 1 | 1 | 1 | 1 | 2 | 1 | 11 | 7 | 10 | 9 | 8 | 5 | 6 | 3 | 5 | 5 | 6 | 64 | 78 |
| 民政科 | 科长 | 1 | | | | | 1 | 1 | 1 | | | 1 | 1 | 5 | 4 | 5 | 2 | | | 2 | | 3 | | 4 | 20 | 26 |
| | 副科长 | | | | 1 | 1 | | | | | 1 | | | 3 | | | | | | | | | | | | 3 |
| | 科员 | 3 | | | | 2 | 1 | | | | 1 | | | 4 | 1 | | 1 | 4 | | 2 | | | | 1 | 9 | 16 |
| 财粮科 | 科长 | 1 | 1 | | 1 | 1 | 1 | 2 | 1 | 1 | | 1 | 1 | 9 | 7 | 9 | 9 | | 2 | 5 | 2 | 2 | 3 | 5 | 44 | 55 |
| | 科副长 | 1 | | | | 1 | | | | | 1 | | 1 | 3 | | 5 | | | | | | | | | 5 | 9 |
| | 科员 | 6 | | | | 1 | 3 | 4 | 3 | 1 | | | 1 | 13 | 13 | | | 2 | | 5 | | 3 | | | 23 | 42 |
| | 工作人员 | | | | | 9 | 11 | 2 | 4 | 7 | 2 | | | 35 | 2 | 2 | | 15 | | 4 | | | | 3 | 26 | 61 |
| 秘书处 | 秘书长 | | | | | | | | 1 | | | | | 1 | | | | | | | | | | | | 1 |
| | 秘书 | 1 | | | 2 | 1 | 1 | | | | | | | 4 | 3 | 5 | | | | | | | | | 8 | 13 |
| | 科长 | | | | | | | | | | | | | | | | | | | | | | | | | |
| | 工作人员 | 3 | | | 2 | 5 | 2 | | 4 | | | | | 13 | | | 5 | 4 | | | | | | | 9 | 25 |
| 司法科 | 科长 | | | | 1 | 1 | 1 | | | | | | | 3 | | 1 | 1 | | | | | | | | 2 | 5 |
| | 副科长 | 1 | | | | | | | | | | | | | | | | | | | | | | | | 1 |
| | 科员 | 1 | | | 1 | 1 | | | 1 | | | | | 3 | | | | 2 | | | | | | | 2 | 6 |
| 农林科 | 科长 | | | | | 1 | | | | | | | | 1 | | | | | | | | | | | | 1 |
| | 副科长 | 1 | | | | | | | | | 1 | | | 1 | | | | | | | | | | | | 2 |
| | 科员 | 1 | | | 2 | 2 | 1 | | | | | | | 5 | | | | 2 | | | | | | | 2 | 8 |
| 文教科 | 科长 | | | | 1 | | | | 1 | 1 | | 1 | | 4 | 6 | | 2 | | 1 | 1 | | 1 | 1 | | 12 | 16 |
| | 副科长 | 1 | | | | 1 | | | | | 1 | | 1 | 3 | | | | | | | | | | | | 4 |
| | 科员 | 2 | | | 2 | 1 | | 2 | 2 | 1 | 1 | | | 9 | | | | 4 | | 2 | | | | | 6 | 17 |
| 公安局 | 局长 | 1 | | | 1 | 2 | 2 | 1 | 1 | 1 | 1 | 1 | 1 | 11 | 3 | 6 | 5 | | 2 | 6 | | 1 | 2 | 5 | 30 | 42 |
| | 科(股)长 | 2 | | | 3 | 1 | 1 | | 4 | 2 | 1 | 2 | 2 | 16 | 1 | | | | | | | | | | 1 | 19 |
| | 科员 | 2 | | | | 1 | | | 1 | | | | | 2 | | | | 6 | | | | | | | 6 | 10 |
| | 工作人员 | 10 | | | 2 | 1 | | | 6 | 2 | 1 | | 2 | 14 | 1 | | | 4 | | | | | | | 5 | 29 |
| 工商局 | 局长 | 1 | 2 | | 1 | 1 | 1 | | | | | | | 3 | 5 | | 3 | | | | | | | | 8 | 14 |
| | 监委 | 1 | 1 | | 1 | 1 | 1 | | | | | | 1 | 3 | | | | | | | | | | | | 4 |
| | 科(股)长 | 3 | 1 | | 3 | 2 | 1 | | | | | | 1 | 6 | 21 | | | | | | | | | | 21 | 31 |
| | 科员 | | | | | 2 | | | | | | | | 2 | | | 3 | | | | | | | | 3 | 5 |
| | 工作人员 | 21 | 4 | | 6 | 2 | | | | | 2 | | | 10 | 13 | | 9 | | | | | | | | 22 | 57 |
| 邮局 | 局长 | 1 | | | 1 | 1 | 1 | 1 | 1 | | 1 | 1 | 1 | 8 | 3 | 6 | 5 | | 4 | | | | 2 | 5 | 25 | 34 |
| | 科(股)长 | | | | | 1 | | | 4 | | | 2 | 1 | 8 | | | | | | | | | 1 | | 1 | 9 |
| | 科员 | | | | 3 | | | 2 | | | | | | 5 | | | | | | | | | | | | 8 |
| | 站长 | | | | | | | | 1 | | | | | 1 | | | | | | | | | | | | 1 |
| | 工作人员 | | | | | 1 | 5 | 4 | 5 | | 10 | 4 | 2 | 31 | | | | 10 | | | | | 2 | | 12 | 43 |

附注

26

各级群众团体干部配备统计表

| 部别 | 数目 | 地委级 | | 县委级 | | | | | | | | | | | 区委级 | | | | | | | | | | | 总计 |
|---|---|---|---|---|---|---|---|---|---|---|---|---|---|---|---|---|---|---|---|---|---|---|---|---|---|---|
| | | 一地委 | 三地委 | 邹县 | 费县 | 双山 | 温河 | 峄县 | 临沂 | 沂县 | 临西 | 兰陵 | 赵镈 | 合计 | 邹县 | 费县 | 双山 | 温河 | 峄县 | 临沂 | 沂县 | 临西 | 兰陵 | 赵镈 | 合计 | |
| 各救会长 | | 1 | 1 | | 1 | 1 | 1 | | 1 | | 1 | 1 | 1 | 7 | 8 | 6 | 6 | | | 1 | | 3 | 3 | 1 | 28 | 37 |
| 工会 | 会长 | | | 1 | | | | | | | | | 1 | 2 | 5 | 1 | 1 | 5 | | 4 | | | | 2 | 18 | 20 |
| | 干事 | | | | | | | | | | | | | | 1 | 5 | 1 | 1 | | | | | | | 8 | 8 |
| | 其他 | | | | | | 1 | | | | | | | 1 | | | | | | | | | | | | 1 |
| 农会 | 会长 | | 1 | 1 | | | 1 | | | | | 1 | | 3 | 8 | 5 | 2 | 12 | | 4 | | | 4 | 8 | 43 | 47 |
| | 干事 | | | | | | | 1 | | | | | | 1 | 4 | 11 | 8 | 4 | | 7 | | | | 4 | 38 | 39 |
| | 其他 | | | | | | | | 1 | 7 | | | 2 | 10 | 12 | 11 | | | 23 | | 1 | 10 | | | 57 | 67 |
| 青会 | 会长 | | | 1 | 1 | 1 | 1 | | 1 | | | 1 | 1 | 7 | 6 | 3 | | 8 | | 1 | | | | 1 | 19 | 26 |
| | 干事 | | | | | | | | | | | | | | 3 | 9 | 4 | 6 | | | | | | | 22 | 22 |
| | 其他 | | | | | | | | | | | | | | | 2 | | | | | | | | | 2 | 2 |
| 妇会 | 会长 | | | 1 | 1 | 1 | 1 | | 2 | | 1 | 1 | 2 | 10 | 8 | 4 | 2 | 4 | | 4 | | | | 5 | 27 | 37 |
| | 干事 | | | | | | | | | | | | | | 2 | 5 | 6 | 5 | | 5 | | | | | 23 | 23 |
| | 其他 | | | | | | | | | | | | | | | 2 | | | | 3 | | 4 | | | 9 | 9 |
| 文协 | 主任 | | | | | | | | | | 1 | | | 1 | | | | | | | | | 1 | | 1 | 2 |
| | 干事 | | | | | | | | | | | | | | | | | | | | | | | | | |
| | 其他 | | | | | | | | | | | | | | | | | | | | | | | | | |
| 武委会 | 主任 | | | 2 | 1 | 1 | 1 | | 1 | | | | 1 | 7 | 2 | 7 | 3 | 13 | | 2 | | 2 | | 5 | 34 | 41 |
| | 委员 | | | | 2 | 1 | | | 1 | | | | | 4 | 11 | 12 | 3 | 3 | | | | | | | 29 | 33 |
| | 干事 | | | 1 | | 2 | 3 | | 2 | | | | | 8 | 1 | | | 2 | | | | | | | 3 | 11 |
| | 其他 | | | 1 | | 2 | | | | | | | | 3 | 3 | | | | | 7 | | 4 | | | 14 | 17 |

附註

27

# 各级党务干部成份分类统计

| 项目 \ 级别 数目 | 地委书记 | 地委科长 | 地委干事 | 地委其他 | 县委书记 | 县委委员 | 县委干事 | 县委其他 | 区委书记 | 区委委员 | 区委干事 | 区委其他 | 支委 | 总计 | 各占百分比 | 附注 |
|---|---|---|---|---|---|---|---|---|---|---|---|---|---|---|---|---|
| 干部总数 | 2 | 4 | 3 | 2 | 6 | 30 | 6 | 7 | 39 | 97 | 27 | 9 | 975 | 1207 | | 支委我们统计中个人成份少264人 |
| 党员干部总数 | 2 | 4 | 3 | 2 | 6 | 30 | 6 | 7 | 39 | 97 | 27 | 9 | 975 | 1207 | | |
| 家庭成份 工人 产业工人 | | | | | | 1 | | | | 1 | | 1 | | 3 | .2 | |
| 雇佣工人 | | | | | 1 | | | | | 1 | | | 12 | 14 | 1.2 | |
| 手工工人 | | | | | | | | | 1 | 1 | | | 8 | 10 | .8 | |
| 工人计 | | | | | 1 | 1 | | | 1 | 3 | | 1 | 20 | 27 | 2.2 | |
| 农民 贫农 | | | 1 | 1 | | 2 | 2 | 4 | 7 | 35 | 20 | 1 | 608 | 678 | 56.2 | |
| 中农 | | 2 | 1 | 1 | | 4 | 3 | 2 | 16 | 37 | 7 | 3 | 321 | 400 | 33.1 | |
| 富农 | | 1 | 1 | | 1 | 10 | 1 | 1 | 8 | 8 | | 1 | 25 | 57 | 4.7 | |
| 农民计 | | 3 | 3 | 2 | 1 | 19 | 6 | 7 | 31 | 80 | 27 | 5 | 951 | 1135 | 94. | |
| 商人 | 1 | | | | 1 | 2 | | | | 2 | | 2 | 4 | 12 | 1. | |
| 地主 | 1 | 1 | | | 2 | 8 | | | 6 | 10 | | 1 | | 29 | 2.4 | |
| 城市贫民一级 | | | | | 1 | | | | 1 | | | | | 2 | .2 | |
| 其他 | | | | | | | | | | 2 | | | | 2 | .2 | |
| 合计 | 2 | 4 | 3 | 2 | 6 | 30 | 6 | 7 | 39 | 97 | 27 | 9 | 975 | 1207 | | |
| 个人成份 工人 产业工人 | | | | | | 1 | | | 2 | 2 | | 2 | 1 | 8 | .7 | |
| 雇佣工人 | | | | | | | | 1 | | 1 | 3 | | 71 | 76 | 6.3 | |
| 手工工人 | | | | | | | | | | | 1 | 1 | 37 | 39 | 3.2 | |
| 工人计 | | | | | | 1 | | 1 | 2 | 3 | 4 | 3 | 109 | 123 | 10.2 | |
| 农民 贫农 | | | | 1 | | 1 | | 3 | 5 | 42 | 16 | 2 | 360 | 430 | 35.6 | |
| 中农 | | | | | | 1 | | 1 | 1 | 11 | 3 | | 190 | 207 | 16.3 | |
| 富农 | | | | | 1 | 2 | | | 1 | 1 | | | 13 | 18 | 1.5 | |
| 农民计 | | | | 1 | 1 | 4 | | 4 | 7 | 54 | 19 | 2 | 563 | 655 | 54.3 | |
| 学生 | 2 | 4 | 3 | 1 | 3 | 22 | 6 | 2 | 23 | 29 | 1 | 3 | 83 | 122 | 10.1 | |
| 知识分子 | | | | | 2 | 3 | | | 6 | 6 | 3 | | 2 | 22 | 1.8 | |
| 城市小资产阶级 | | | | | | | | | | | | | | | | |
| 商人 | | | | | | | | | | | | | 12 | 12 | 1. | |
| 地主 | | | | | | | | | | 4 | | | | 4 | .3 | |
| 其他 | | | | | | | | | 1 | 1 | | 1 | 2 | 5 | .4 | |
| 合计 | 2 | 4 | 3 | 2 | 6 | 30 | 6 | 7 | 39 | 97 | 21 | 9 | 711 | 943 | | |
| 入党年 1925 | | | | | | 1 | | | | | | | | 1 | .1 | |
| 1929 | | | | | | | | | | | | | 1 | 1 | .1 | |
| 1935 | 1 | | | | | | | | | | | 1 | 1 | 3 | .2 | |
| 1936 | 1 | | | | 1 | | | | | 1 | | | | 3 | .2 | |
| 1937 | | | | | 1 | 2 | 1 | | | 1 | | | 6 | 11 | .9 | |
| 1938 | | 2 | 2 | | 3 | 19 | 1 | | 18 | 18 | | 2 | 27 | 92 | 7.6 | |
| 1939 | | 2 | | 2 | 1 | 6 | | | 13 | 36 | 13 | 1 | 171 | 245 | 20.3 | |
| 1940 | | | 1 | | | 2 | 3 | 3 | 5 | 28 | 6 | 1 | 182 | 230 | 19.1 | |
| 1941 | | | | | | | | 2 | 3 | 9 | 3 | | 68 | 85 | 7. | |
| 1942 | | | | | | | | | | 4 | 4 | | 132 | 140 | 11.6 | |
| 1943 | | | | | | | 1 | 1 | | | 2 | 3 | 219 | 226 | 18.7 | |
| 1944 | | | | | | | | 1 | | | | 1 | 168 | 170 | 14.1 | |
| 文化程度 文盲 | | | | 1 | | | | 4 | 2<br>21↓ | 39 | 16 | 3 | 809 | 874 | 72.4 | |
| 初等 | | 2 | 2 | 1 | | 14 | 6 | 2 | ↓16 | 44 | 11 | 6 | 166 | 275 | 22.8 | |
| 中等 | 2 | 2 | 1 | | 6 | 16 | | 1 | | 14 | | | | 58 | 4.8 | |
| 合计 | 2 | 4 | 3 | 2 | 6 | 30 | 6 | 7 | 39 | 97 | 27 | 9 | 975 | 1207 | | |
| 年龄 15—25 | | 2 | | 2 | 1 | 9 | 6 | 5 | 14 | 36 | 9 | 3 | 248 | 335 | 27.8 | |
| 26—30 | 1 | 1 | 3 | | 4 | 17 | | 1 | 15 | 20 | 13 | 3 | 279 | 357 | 29.5 | |
| 31—40 | 1 | 1 | | | 1 | 2 | | 1 | 9 | 31 | 3 | 2 | 336 | 387 | 32. | |
| 41—50 | | | | | | 2 | | | 1 | 9 | 2 | 1 | 99 | 114 | 9.5 | |
| 51— | | | | | | | | | | 1 | | | 13 | 14 | 1.2 | |
| 合计 | 2 | 4 | 3 | 2 | 6 | 30 | 6 | 7 | 39 | 97 | 27 | 9 | 975 | 1207 | | |

28

各级政府中现任干部成分年龄之统计

| 类别 | 项目 | 行署主任 | 行署科长 | 行署科员 | 行署其他 | 县长 | 县政府科长 | 县政府科员 | 县政府其他 | 区长 | 区公所助理员 | 区公所其他 | 统计 | 各占百分比 |
|---|---|---|---|---|---|---|---|---|---|---|---|---|---|---|
| | 编制总数 | 3 | 14 | 15 | 10 | 5 | 28 | 60 | 53 | 35 | 59 | 73 | 385 | |
| | 干部现数 | 2 | 11 | 4 | 5 | 4 | 25 | 38 | 33 | 28 | 55 | 19 | 224 | 98. |
| 家庭成分 | 雇农 | | | | | | | | 1 | | | | 1 | .4 |
| | 贫农 | | 2 | 2 | 2 | | 3 | 11 | 12 | 6 | 25 | 9 | 72 | 32.1 |
| | 中农 | | 2 | 1 | 2 | 1 | 6 | 20 | 17 | 6 | 19 | 7 | 81 | 36.2 |
| | 富农 | | 3 | | | 3 | 11 | 6 | 3 | 6 | 8 | 3 | 43 | 19.2 |
| | 农民计 | | 7 | 3 | 4 | 4 | 20 | 37 | 32 | 18 | 52 | 19 | 196 | 87.5 |
| | 地主 | 2 | 4 | 1 | 1 | | 4 | 1 | | 6 | 2 | | 21 | 9.4 |
| | 商人 | | | | | | 1 | | | | 1 | | 2 | .9 |
| | 合计 | 2 | 11 | 4 | 5 | 4 | 25 | 38 | 33 | 28 | 55 | 19 | 220 | |
| 个人成分 | 产业工人 | | | | | | 1 | | 1 | | | | 2 | .9 |
| | 雇工 | | | | | | | 3 | 1 | 1 | | | 5 | 2.2 |
| | 手工工人 | | | | | | | | 2 | 1 | | 2 | 5 | 2.2 |
| | 工人计 | | | | | | 1 | 3 | 4 | 2 | | 2 | 12 | 5.4 |
| | 贫农 | | | | 1 | | 1 | 3 | 7 | 2 | 17 | 5 | 36 | 16.1 |
| | 中农 | | | | 2 | | 1 | 8 | 9 | 2 | 10 | 1 | 33 | 14.7 |
| | 富农 | | | | | 1 | 1 | 2 | 9 | 2 | 5 | 2 | 22 | 9.8 |
| | 农民计 | | | | 3 | 1 | 3 | 13 | 25 | 6 | 32 | 8 | 91 | 40.5 |
| | 学生 | 2 | 7 | 3 | 1 | 2 | 11 | 15 | | 9 | 16 | 4 | 62 | 27.7 |
| | 知识分子 | | 3 | 1 | | 1 | 10 | 3 | | 2 | 1 | 2 | 23 | 10.3 |
| | 地主 | | 1 | | | | | | | 3 | 5 | | 9 | 4. |
| | 商人 | | | | 1 | | | 3 | 2 | | 7 | 1 | 14 | 6.2 |
| | 城市一般 | | | | | | | | | | | 1 | 1 | .4 |
| | 其他 | | | | | | | 1 | 2 | 2 | 2 | 1 | 8 | 3.5 |
| | 合计 | 2 | 11 | 4 | 5 | 4 | 25 | 38 | 33 | 24 | 54 | 19 | 220 | |
| 参加工作年度 | 192[illegible] | | | | | | | 1 | | | | | 1 | .4 |
| | 1932 | 1 | | | | | 2 | | | | | | 3 | 1.3 |
| | 1937冬 | 1 | | | | | 1 | 3 | 1 | | 1 | | 7 | 3.1 |
| | 1938 | | 3 | | 3 | 1 | 9 | 6 | 4 | 5 | 4 | | 35 | 15.6 |
| | 1939 | | 3 | 3 | | | 5 | 14 | 9 | 9 | 7 | 2 | 52 | 23.3 |
| | 1940 | | 1 | | 2 | | 4 | 7 | 10 | 5 | 17 | 7 | 53 | 23.6 |
| | 1941 | | 1 | | | | | 1 | 4 | 2 | 6 | | 14 | 6.2 |
| | 1942 | | 2 | | | 1 | 1 | 2 | 2 | 3 | 8 | 2 | 21 | 9.4 |
| | 1943 | | 1 | | | | 2 | | 1 | | 5 | 4 | 13 | 5.8 |
| | 1944 | | | 1 | | 2 | 1 | 4 | 2 | | 7 | 4 | 21 | 9.4 |
| | 合计 | 2 | 11 | 4 | 5 | 4 | 25 | 38 | 33 | 24 | 55 | 19 | 220 | |
| 文化程度 | 文盲 | | | | | | | 2 | 13 | 7 | 15 | 9 | 46 | 20.6 |
| | 初等 | | 5 | 4 | 5 | | 11 | 30 | 20 | 10 | 37 | 10 | 132 | 59. |
| | 中等 | | 4 | | | 2 | 14 | 6 | | 7 | 3 | | 36 | 16.1 |
| | 高等 | 2 | 2 | | | 2 | | | | | | | 6 | 2.6 |
| | 合计 | 2 | 11 | 4 | 5 | 4 | 25 | 38 | 33 | 24 | 55 | 19 | 220 | |
| 年龄 | 18—25 | | 2 | 2 | | | 4 | 12 | 15 | 7 | 14 | 6 | 62 | 27.7 |
| | 26—30 | 1 | 3 | 1 | 2 | 1 | 5 | 10 | 6 | 7 | 14 | 8 | 58 | 26. |
| | 31—40 | 1 | 3 | | 2 | 2 | 11 | 14 | 8 | 9 | 21 | 4 | 75 | 33.5 |
| | 41—50 | | 2 | 1 | 1 | 1 | 5 | 2 | 3 | 1 | 5 | 1 | 22 | 9.8 |
| | 51— | | 1 | | | | | | 1 | | 1 | | 3 | 1.3 |
| | 合计 | 2 | 11 | 4 | 5 | 4 | 25 | 38 | 33 | 24 | 55 | 19 | 220 | |

附註：区长栏内成分及年龄之统计中缺4人

29

各级群众团体中之党员干部成份之统计

| 项目 \ 数目 \ 级别 | 地委 会长 | 地委 委员 | 地委 干事 | 地委 其他 | 县委 会长 | 县委 委员 | 县委 干事 | 县委 其他 | 分区委 会长 | 分区委 委员 | 分区委 干事 | 分区委 其他 | 统计 | 各佔百分比 | 附注 |
|---|---|---|---|---|---|---|---|---|---|---|---|---|---|---|---|
| 干部总数 | 3 | | | | 2 | 16 | 8 | 12 | 36 | 76 | 16 | 37 | 266 | | |
| 党员干部总数 | 3 | | | | 2 | 16 | 7 | 8 | 35 | 73 | 62 | 27 | 233 | 87.6 | |
| 家庭成份 工人 手工 | | | | | | | 1 | | | | | | 1 | .4 | |
| 雇工 | | | | | | 1 | | | | | | | 1 | .4 | |
| [?]工 | | | | | | | | | 1 | | | | 1 | .4 | |
| 工人计 | | | | | | 1 | 1 | | 1 | | | | 3 | 1.3 | |
| 农民 贫农 | 1 | | | | | 4 | | 2 | 13 | 38 | 34 | 15 | 107 | 45.9 | |
| 中农 | 2 | | | | | 8 | 3 | 5 | 13 | 18 | 21 | 7 | 77 | 33. | |
| 富农 | | | | | 1 | | 1 | 1 | 4 | 9 | 5 | 3 | 24 | 10.3 | |
| 农民计 | 3 | | | | 1 | 12 | 4 | 8 | 30 | 65 | 60 | 25 | 208 | 89.2 | |
| 知识份子 | | | | | | 1 | | | | 1 | | | 2 | .8 | |
| 地主 | | | | | 1 | 2 | 2 | | 2 | 7 | 1 | 2 | 17 | 7.3 | |
| 商人 | | | | | | | | | 2 | | 1 | | 3 | 1.2 | |
| 合计 | 3 | | | | 2 | 16 | 7 | 8 | 35 | 73 | 62 | 27 | 233 | | |
| 个人成份 工人 手工 | | | | | | | 1 | | | | | | 1 | .4 | |
| 雇工 | | | | | | 1 | | 1 | | 2 | 9 | | 13 | 5.6 | |
| [?]工 | | | | | | 1 | | | 1 | 7 | 2 | | 11 | 4.7 | |
| 工人计 | | | | | | 2 | 1 | 1 | 1 | 9 | 11 | | 25 | 10.7 | |
| 农民 贫农 | 1 | | | | | 1 | | 1 | 9 | 30 | 24 | 14 | 80 | 34.3 | |
| 中农 | 1 | | | | | 3 | 1 | 5 | 6 | 12 | 14 | 6 | 48 | 20.6 | |
| 富农 | | | | | | | | 1 | 2 | 7 | 2 | 1 | 13 | 5.6 | |
| 农民计 | 2 | | | | | 4 | 1 | 7 | 17 | 49 | 40 | 21 | 141 | 60.5 | |
| 学生 | 1 | | | | 1 | 10 | 3 | | 12 | 14 | 9 | 5 | 55 | 23.6 | |
| 知识份子 | | | | | 1 | · | 2 | | 3 | | 1 | 1 | 8 | 3.4 | |
| 地主 | | | | | | | | | | | | | | | |
| 商人 | | | | | | | | | 2 | 1 | 1 | | 4 | 1.7 | |
| 合计 | 3 | | | | 2 | 16 | 7 | 8 | 35 | 73 | 62 | 27 | 233 | | |
| 入党 1933 | | | | | 1 | | | | | | | | 1 | .4 | |
| 1934 | 1 | | | | | | | | | | | | 1 | .4 | |
| 1938 | 2 | | | | 1 | 6 | 2 | 1 | 4 | 7 | 1 | ↓5 | 24 | 10.3 | |
| 1939 | | | | | | 6 | | 2 | 11 | 13 | 2 | | 39 | 16.7 | |
| 1940 | | | | | | 1 | 2 | 2 | 14 | 12 | 13 | 4 | 48 | 20.6 | |
| 1941 | | | | | | 3 | 1 | 1 | 2 | 6 | 6 | 1 | 20 | 8.6 | |
| 1942 | | | | | | | 1 | 1 | 2 | 12 | 13 | 3 | 32 | 13.7 | |
| 1943 | | | | | | | 1 | 1 | 1 | 16 | 12 | 5 | 36 | 15.5 | |
| 1944 | | | | | | | | | 1 | 7 | 15 | 9 | 32 | 13.7 | |
| 合计 | 3 | | | | 2 | 16 | 7 | 8 | 35 | 73 | 62 | 27 | 233 | | |
| 文化程度 文盲 | 1 | | | | | 3 | 1 | 3 | 24 | 41 | 44 | 17 | 134 | 57.5 | |
| 初小 | 1 | | | | | 9 | 3 | 5 | 10 | 30 | 17 | 10 | 87 | 37.3 | |
| 中小 | 1 | | | | 2 | 4 | 1 | | 1 | 2 | 1 | | 12 | 5.2 | |
| 合计 | 3 | | | | 2 | 16 | 7 | 8 | 35 | 73 | 62 | 27 | 233 | | |
| 年龄 18—25 | | | | | 1 | 9 | 3 | 2 | 15 | 27 | 22 | 11 | 90 | 38.6 | |
| 26—30 | 2 | | | | 1 | 4 | 1 | 3 | 8 | 7 | 9 | 8 | 43 | 18.5 | |
| 31—40 | | | | | | 3 | 2 | 3 | 8 | 26 | 21 | 6 | 69 | 29.6 | |
| 41—50 | 1 | | | | | | 1 | | 4 | 9 | 8 | 1 | 24 | 10.3 | |
| 51— | | | | | | | | | | 4 | 2 | 1 | 7 | 2.9 | |
| 全合计 | 3 | | | | 2 | 16 | 7 | 8 | 35 | 73 | 62 | 27 | 233 | | |

30

九月份统计材料之八

| 地区 \ 数目 \ 项目 | | 支部 农村 | 支部 城市 | 党员 农村 | 党员 城镇 | 群众组织 工 | 群众组织 农 | 群众组织 青 | 群众组织 妇 | 群众组织 儿 | 群众组织 合计 | 人口 基本区 | 人口 游击区 | 党员占人口百分比 | 党员占群众组织百分比 | 附 注 |
|---|---|---|---|---|---|---|---|---|---|---|---|---|---|---|---|---|
| 一地委 | 费县 | 161 | 232 | 1663 | 2283 | 3157 | 17544 | 4211 | 10402 | 708 | 36022 | 99764 | 15605 | 2% | 6.9% | |
| | 双山 | 46 | 74 | 452 | 629 | 748 | 8380 | 1717 | 6315 | 2080 | 19240 | 30354 | 281100 | .2% | 3.3% | |
| | 邹县 | 76 | 124 | 864 | 1407 | 5914 | 11632 | 3609 | 8639 | 1829 | 20628 | 111877 | 14885 | 1.1% | 3.5% | |
| | 滕西 | 74 | 133 | 776 | 1196 | 2214 | 11584 | 3077 | 8423 | 8498 | 33801 | 124437 | | 1% | 3.5% | |
| | 合计 | 353 | 563 | 3755 | 5515 | 15088 | 49145 | 12614 | 33779 | 9115 | 129691 | 355459 | 311576 | .8% | 4.3% | |
| 二地委 | 赵镈 | | 183 | 1340 | 1883 | 1944 | 15292 | 4126 | 16080 | 6933 | 44377 | 119170 | 20530 | 1.2% | 4.2% | |
| | 兰陵 | 21 | 29 | 259 | 300 | 56 | 2560 | 799 | 1301 | 524 | 5240 | 17560 | 6015 | 1.3% | 5.7% | |
| | 邳县 | 12 | 16 | 93 | 115 | 18 | 918 | | 32 | 59 | 1037 | 32223 | 5900 | .3% | 10.5% | |
| | 临沂 | 80 | 59 | 790 | 965 | 1684 | 7417 | 838 | 2854 | 2289 | 15062 | 181597 | | .6% | 6.4% | |
| | 合计 | 113 | 287 | 2460 | 3263 | 3712 | 26187 | 5763 | 20299 | 9815 | 65766 | 326550 | 52445 | .9% | 5% | |
| 三地委 | 滕县 | | | | | | | | | | | | | | | |
| | 沛滕 | | | | | | | | | | | | | | | |
| | 峄县 | | | | | | | | | | | | | | | |
| | 龟山 | | | | | | | | | | | | | | | |
| 总计 | | | | | | | | | | | | | | | | |

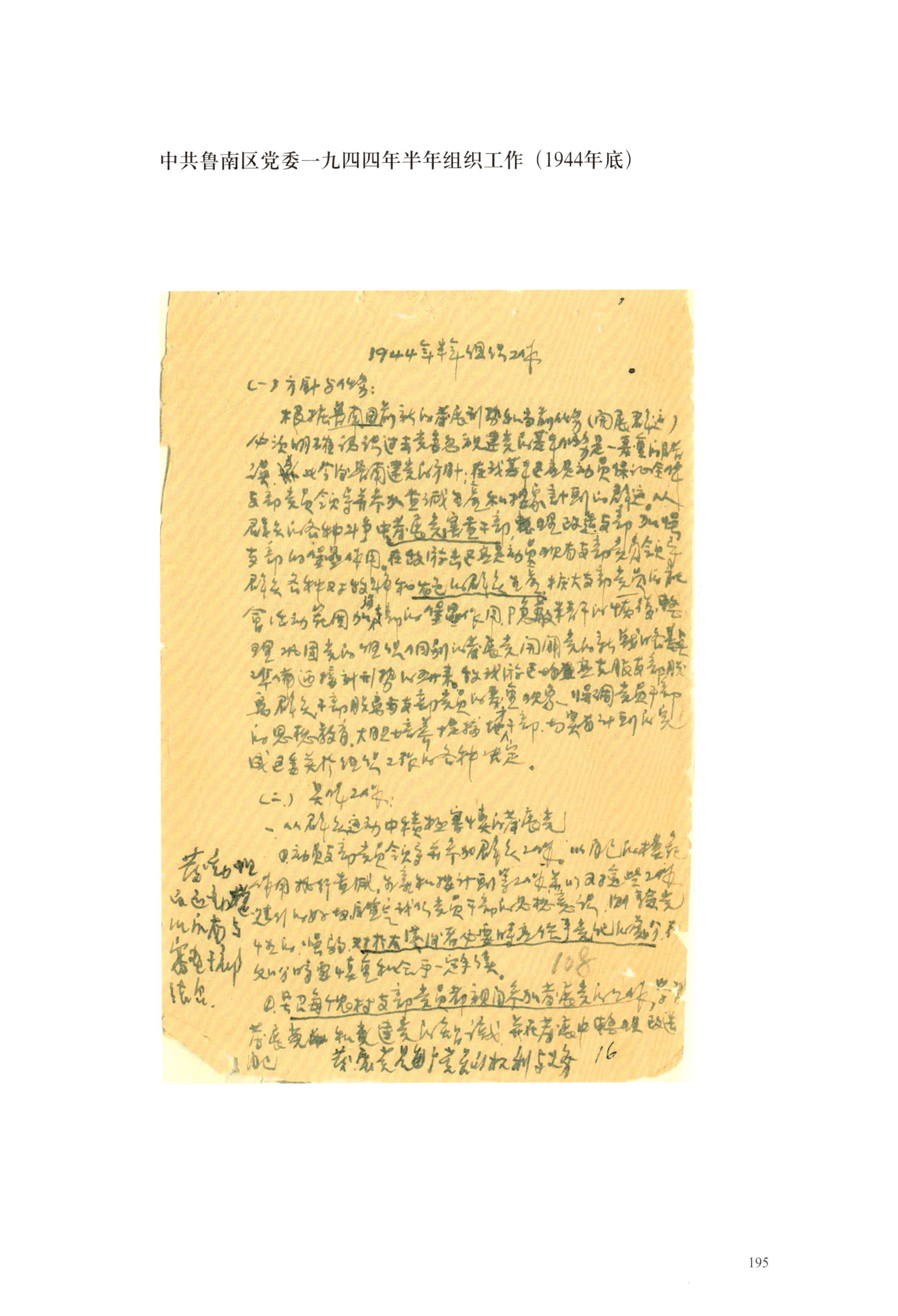

## 中共鲁南区党委一九四四年半年组织工作（1944年底）

1944年半年组织工作

（一）方针与任务：

（二）具体工作：

P.2

⑷要使每個同志尤其是新的黨員干部會創作的根據同志的具体的工作時間和條件進行普遍查的工作，要檢討不普遍的就是黨員干部的工作的[illegible]。[illegible]自主的[illegible]

二、整理與建設支部（詳見整支方案）

三、各出具体的決定執行區委關于培養地方干部決定的計劃并保証完成。

四、推動整風學習，動員組織，群眾運動，保證分區級以上的干部要討論完畢，個別干部的個別問題，經過個案的審查，并爭取大部份同志做好初步反省。（學習文件[illegible]）

五、恢復建立正常的組織生活，部門的[illegible]工作和制度，與上下級的連系。[illegible]

六、檢查我們干部政策中的各种偏向，切實糾正反傾向斗争。

七、幫助完成以下的業務學習計劃：

⑴了解同志工作情况是業務學習的重要内容，應特別了解和研究同志的工作情况。

⑵中央十一決定，分局十一決定，[illegible]同志的組織起來，[illegible]以上四种文件可与其他干部一同學習。

⑶陳[illegible]同志的支部，怎樣做一個共產黨員，中央[illegible]決定，分局整支決定，彭真同志的黨的工作（黨的工作部份），季米托洛夫同志的干部政策，王稼祥同志共產黨員的修養，[illegible]關于九一八的一篇論文（尚未定了）

八、要檢查的組織紀律[illegible]政策在各种工作的黨員保証作用，克服黨內的自由主義[illegible]和支部工作散漫，甚至麻痹消極的現象。

17　108

不光單純的恢復

P. 1

# 整支方案

（一）八月来（四—十二月）县备整支工作检讨：

1. 没有彻底明确的认识并普遍贯彻"通过群众运动整支建[illegible]"的这个方针，认识为通过群众[illegible]的[illegible]与农村[illegible]的工作是整支的重要条件（如[illegible]整支干部[illegible]支[illegible]工作），[illegible]支部[illegible]的[illegible]结果不但拖延了整支工作的进度，[illegible]工作的重心是整支。

2. 整支工作的重心是党员干部思想检讨与思想的改造工作。这就需要抓紧各支部党员干部个人和集体的思想[illegible]的具体的[illegible]思想动态与[illegible]的分析，再以此为根据[illegible]教育支部党员，改造思想，提高觉悟，这样支部才能一步一步的向前改造。但[illegible]才能有根有据的加以整理[illegible]整支[illegible]解决支部中的一些思想问题与进行一些思想工作的教育。在[illegible]整理一下）是[illegible]彻底改造自己思想的[illegible]我们完成这样整支的工作也是不可能的。可是我们对思想改造的意义认识不明确，支部党员思想动态[illegible]个别干部对自己整化的信心，是我们整支工作停顿不前的主要原因。

3. 一般整支与中心整支的关系：[illegible]

110 了[illegible]中心整支与一般整支机械的分开[illegible]进行中心整支，[illegible]一套整支经验，就

18 不能去推动一般整支。八月会议的（整支会议）一般的只在思想上推动[illegible]了一下一般整支，中心整支

P.2

仍然是孤立的突击的。因此工委整支指示上中心整支分一般整支的分法是不恰当的。主要我们对中心整支是一般整支中的实际整支认识不明确。

4.工委对整支工作的领导是不够系统的，负责领导委员会负责某些分区更委员。工委对各部门对整支工作的配合做的很差。同时我们对及时反映整支情况主动要求领导和配合也不够，尤其对分局组织部，且有时主观见到孤立的整支。

5.我们对中心区的选择和力量的配备上：

①中心整支的中心区是以战略意义选择的，不是以整支为出发点选择的。过去选择的村，但也不是机械依分数来选择的。

②力量不集中，八月会议以前以过去做中心区，在那时整支力量完全集中过去，但又以组织部统计干部分负责为主的整理一个支部，八月会议以后选过去和负责面的中心区进行整支仍不够，同时过去整支干部也分散（一个支部一二人）

③不会掌握支部干部的作用，一有的就代替包办，有的为以为适当支部限制了我们的活动。

6.产生的原因：

①群众观念淡薄

②对整支的战略地位与全面性的认识不够

③经验（整支干部大部是无实际工作经验，对整支工作的方向）集体研究差，有时不实在。（如调查提纲很复杂，以致造成村的全盘工作进行整支）

111

19

P.3

㈣整支干部未整几；

2.成绩：

①在鲁南日本敌寇剧烈扫荡的环境和干部缺少的工作情况下，整支工作经过我们半年来的艰苦努力，引起全区党委与干部的重视，并着手工作起来

②进一步的具体的了解了鲁南各地支部大概的中心情况 组织工作由机关到支部中去 对！

③局部的改造了整支干部，他们的思想有进步很多

④又在工作中获得初步的整支经验，个别支部也有些改造并培养提拔了干部

总之八月来的整支工作是有收获的，不过八月来的工作中的缺点仍是不少的，这要领导上负主要责任。

（二）整支方案

整支工作在我基本区和在敌伪游击区的办法须分别进行。甲在我们基本区

（一）在我们基本区支部大体有如下三类支部

①第一类支部——成份好（贫农和工人）从斗争运动中生长起来的，包括半年至两年或更长的，目前仍还有……这类支部如苍山辛桥、向山、金泉（山下）、吴家庄（郁东）、魏湾（……）

有多少？ 11.2

20

P.4. 这类党员有许多也一定是比较不坚定的，但要反对对他们采取不信任的态度和怀疑他们的态度

②第二类支部——成份好的，不是从斗争中产生起来，是在和平环境中用训练和改造的方法发展起来的，是在群众运动中[illegible]。这些老支部和新支部这类支部都[illegible]……

③第三类支部——成份不好的（中农或小地主成份），不是从斗争中产生起来的，[illegible]大多是在中农[illegible]……

(二)三类支部整理的中心要求和整理方法

1.第一类支部

①第一类支部的特点是：经过大的斗争，有斗争经验，经过[illegible]和政策教育，是对革命有贡献的人物，是党的[illegible]，但缺少的是[illegible]，对某些问题的认识[illegible]，对上级有意见，或者[illegible]。

②整理的中心要求：

a.自上而下的进行的思想检讨（即支部整风），总结并清算过去的一切问题和作风，教育党员和解决他们的个人问题

b.根据实际情况，给予以比较系统的党和

113 组织原则的教育，以及政策的教育，求得保障，

29

P.5

对出级的成员，能从正确的清理过去的，以帮助组织问题

c. 提高群众观念，要在查减和生产运动从群众运动中吸收新的成份，转变支部的关门主义的作风

③这类支部的过程为最长，故此过程中以重点中心实验区，由区委与地委共同负责，配备三个干部先从三个支部着手整理，三个月为一期。

[illegible]

乙.第二类支部整理的中心要求。

a. 动员全体党员干部参加查减生产，领导的群众斗争，活跃支部工作

b. 在斗争中吸收新血液，改造支部成份，尤其领导成份，要确保在基本群众手里，对于太落后份子、投机份子、坚决要清洗。个别的清洗是需要的。

c. 从群运中加强整风的和政策的教育

d. 健全初步的组织生活和组织原则的教育。

这类支部郭东和黄南的较多，由县委配备三个干部（组织部长亲身参加，以便掌握运动的全面和当前的组织工作）取得经验，供全县南这类支部之整理作参考。具体在何处由县自己确定期限，亦三个月为一期至二期。

丙.第三类支部

①整理的中心要求：　22　114

P.6.

a.要在生產互助運動、開展民主文化工作，依靠支部和群眾

b.加强黨的階級的意識和政策教育，啟發中農積極份子的自私意識，使其以群眾的合作事業為自己的唯一保障，他們的方向是要請求的方向。

c.注意從生產互助運動中培養新的幹部。

d.這樣的支部也由區委負責選擇中心支部，幫助組織領導來推動其他區

乙、落後村莊：

（一）落後村莊的支部大体也可分為以下三類支部

①成份好，与群眾連系好，斗争歷史長，此為第一類支部，如此類支部之宜在（在計〔？〕區只十四）

②老支部成份不好，不是在斗爭中生長起來的，而是在和平時期中發展的，而斗争史只給是在一時期中受腐蝕，現在問題還沒有解決，此為第二類支部，此類支部[illegible]，此類支部就有一定的[illegible]

③成份和群眾連系都不大好，斗爭史也不長，也沒有受什麼腐蝕，此為第三類支部。

④三類支部轉變的中心要求和方法

1.第一類支部

23 115

P.7

a.在我们经常活动区域的要求是：

①加强隐蔽精干和革命两面政策教育和深入开展支部社会活动范围为主，善于掌握材料，联系群众……等来创造革命材料。

②加强党的组织教育，审查鉴定党员干部，并认识了解党内存在的各种问题和党周围的程度

③建立正常的党的工作和生活制度以保证党的战斗的健康生长。

b.在我们经常活动区整顿党的方法是：

①认识干部隐蔽的方法在支部中整顿。

②审查了解教育都以个别谈话为主

③慎重培养支部干部，切忌一律要求过高

④整顿支部不应由党员群众组织关系，但要从侧面熟悉各个党员在生活中各人的情形，以此了解支部与群众的关系。

c.在我们游击区域中的要求是：

①强调扩大支部党员社会活动范围，便于团结群众隐蔽自己

24 ②个别慎重的审查干部和党员，以工作言论、行动等各方面去观察，慎重党的组织 116

③每一组保持密切联系——横的接头，有事个别……

……情况，可先……

P.8

在接头时提高警觉性。

㈣利用接头时间实行个别干部的训练（主要是秘密工作的教育）

㈤负责情报工作和宣传工作的任务。

㈥按时交纳党费。

㈦第二类支部：

整理的中心要求（在我们经常活动区和敌占区已建立的支部，主要是进行的方式和完成的时间有区别）

①仔细调查了解支部的真象。

②对于组织上很软弱的支部，应派决心的同志通过各种关系负责支部的恢复工作，同时要利用一切机会保持党的纯洁性和纪律性。

③对于坚定健全的支部，应开展上下的党员的思想教育，特别适当的进行整顿和鼓励工作。

④帮助党员在群众组织中建立起经常的群众运动（如春耕夏收等）并经常公开合法的斗争，通过他们去团结群众。

⑤注意个别的落后的党员（或个人主义）通过教育或调动到其他的工作岗位。

整理方法：

①中心是训练隐蔽的干部去工作。

②通过各方面的关系去了解，去整理。

③如果支部不健全，整理就要决心派得力的同志去整理起来。

25　117

P.9

㈣或再以具体情况分批整理。

㈤争取不可靠分子之底层份子参加[illegible]工作

㈥适当的利用群众力量解决问题

七、第三类支部，整理中心要求

㈠加强组织教育落后党员

㈡保持连系

㈢[illegible]情绪

㈣每个党员每次要有工作，注意分配的同时，检查各党员的要务

整理方法：

㈠适当的采取前两类支部整理方法

(三)整理次区域有支部除整理以外，按照目前组织工作区支部具体情况及特别注意两个问题

1.在整理第一二类支部时应注意恢复[illegible]，[illegible]失业[illegible]关系的党员，特别[illegible]注意（[illegible]恢复，[illegible]恢复[illegible]）

2.恢复的原则：[illegible]连续[illegible]

㈡（[illegible]）先恢复[illegible]，中央[illegible]决定

26 6.恢复的手续 ㈠先[illegible]被恢复者 ㈡[illegible]讨论[illegible]者[illegible] ㈢[illegible]

118 支部讨论 ㈣党员[illegible] ㈤[illegible]

而无此作证的证明人 ②被捕过的D员，

要有人介绍经当地上D级批准，介绍人要负责，以免上我们介绍人。（补介绍人必须经当地上级批准）

c.恢复方式

①在我经常活动又有支部地区可支部去恢复。

②在完全未恢复区我军队活动时则可随军活动去恢复，或从D员自动找支部，或从党员个人或通过抗战社会关系去恢复，或通过积极分子关系的恢复。

③在敌占区可利用夜间秘密接头或带公开掩护去恢复。

d.今年七月底完成恢复 3/10

e.对于在恢复后够不够D员条件的可成为同情者，对同情者要适当团结

E.关于整理D的工作问题

a.对于过去伪军土匪或现在仍在伪军土匪的伪军官土匪头特务转入之党的D员，要个别的考查是否认识的，是为个人当官，还是为升官发财？现在关系如何？均应个别的审查清楚，适当的分别加以教育

b.参加会门组织者，要考查如何参加？关系如何？考查清楚也应当适当的分别加以教育

27 c.以后D员不能随意与伪军土匪特务往来，有关系者

11 均应向D报告。

## 中共鲁南区党委一九四四年组织状况统计表（1944年）

区委级各机关党员组织统计

| 項目＼數＼機關 | | 區委 | 城工部 | 報社 | 郵局 | 公安局 | 專署 | 工商局 | 隨校 | 干校 | 中學 | 學校學員中之黨員數：隨校 | 干校 | 中學 | 合計 | 統計 |
|---|---|---|---|---|---|---|---|---|---|---|---|---|---|---|---|---|
| 黨員 | 總數 | 21 | 7 | 27 | 17 | 9 | 15 | 38 | 11 | 11 | 5 | 183 | 175 | 15 | 373 | 534 |
| | 男 | 19 | 7 | 27 | 17 | 9 | 15 | 34 | 9 | 10 | 4 | 173 | 150 | 15 | 338 | 489 |
| | 女 | 2 | | ~~26~~ | | | | 4 | 2 | 1 | 1 | 10 | 25 | | 35 | 45 |
| | 正式 | 19 | 7 | 26 | 16 | 9 | 15 | 36 | 11 | 10 | 4 | 183 | 144 | 9 | 336 | 489 |
| | 候補 | 2 | | 1 | 1 | | | 2 | | 1 | 1 | | 31 | 6 | 37 | 45 |
| 支部數 | | | 1 | 1 | | | 1 | 1 | | | | 5 | 1 | 1 | 7 | 11 |
| 小組數 | | 3 | 1 | 5 | 2 | 1 | 3 | 6 | | | | 17 | 15 | 3 | 35 | 56 |
| 附註 | | 1. 三個學校學員中的黨員 [illegible] | | | | | | | | | | | | | | |

34

区委级各机关各部门干部配备统計

| 单位 | 部门 | 职务 | 人数 |
|---|---|---|---|
| 區党委 | 書記 | 正 | 1 |
| | | 副 | 1 |
| | 组织部 | 部长 | 1 |
| | | 干事 | 3 |
| | 宣傳部 | 部长 | 1 |
| | | 干事 | 1 |
| | 秘書处 | 科长 | 1 |
| | | 干事 | 2 |
| | 調研 | 研究員 | 1 |
| | 城工部 | 部长 | 1 |
| | | 科长 | 1 |
| | | 干事 | 2 |
| | | 國务长 | 1 |
| | 新[illegible] | 政交 | 1 |
| | 合計 | | 18 |
| | 佔总数 | | 8.9% |
| 報社 | 社长 | 正 | 1 |
| | | 副 | 1 |
| | 編輯部 | 編輯主任 | 1 |
| | | 編輯 | 3 |
| | | 通联科 科长 | (1) |
| | | 通联科 科員 | (1) 2 |
| | | 記者 | 2 |
| | | 参政员 | 1 |
| | | 电台 台长 | 1 |
| | | 电台 報务員 | (1) 2 |
| | 副 | 台 抄收員 | (2) |
| | 秘書处 | 秘书 | 1 |
| | | 会計股长 | 1 |
| | | 管理股长 | 1 |
| | 工厰 | 正厰长 | 1 |
| | | 付厰长 | 1 |
| | | 排字 | (5) |
| | | 管理員 | 1 |
| | | 校对 | 1 |
| | | 文化教員 | 1 |
| | | 会計 | (1) |
| | | | (11) 21 |
| | 合計 | | 32 |
| | 佔总数 | | 15.8% |
| 合救会 | | 副会长 | 1 |
| | | 青救会长 | 1 |
| | | 妇救会长 | 1 |
| 武委会 | | 政工部长 | 1 |
| | | 参謀 | 1 |
| | | 总务 | 1 |
| | 合計 | | 6 |
| | 佔總数 | | 3% |
| 学校 | 區党委党校 | 主任 | 1 |
| | | 教育干事 | 1 |
| | | 组织干事 | 1 |
| | | 管理員 | 3 |
| | | 合計 | 6 |
| | 干校 | 主任 | 1 |
| | | 政治股 股长 | 1 |
| | | 政治股 干事 | 1 |
| | | 教务股 股长 | 1 |
| | | 教务股 干事 | (2) 1 |
| | | 大队付 | 1 |
| | | 队长 | 8 |
| | | 政指 | 2 |
| | | 事务干部 | (9) 3 |
| | | 合計 | (5) 19 |
| | 中学 | 付校长 | 1 |
| | | 教务处 主任 | 1 |
| | | 教务处 教員 | (1) |
| | | 教务处 [illegible] | 1 |
| | | 队长 | 1 |
| | | 管理員 | (1) |
| | | 文印員 | (1) |
| | | 合計 | (3) 4 |
| | | | (8) 29 |
| | 合計 | | 37 |
| | 佔总数 | | 18.3% |
| 邮局 | | 代理局长 | 1 |
| | 秘书处 | 秘书科长 | 1 |
| | | 秘书 | 1 |
| | | 管理員 | 1 |
| | | 事务員 | (1) |
| | | 文印員 | (2) |
| | | 会計 | 1 (2) |
| | | 经理 | 2 |
| | | 保管 | 2 |
| | | 发行 | 1 (1) |
| | 總店发行科 | 营業員 | (1) |
| | | 科长 | 1 |
| | | 发行員 | 3 (5) |
| | 中心站 | 站长 | 1 |
| | | 发行員 | 2 (2) |
| | | | (14) 17 |
| | 合計 | | 31 |
| | 佔总数 | | 15.3% |
| 公安局 | | 付局长 | 1 |
| | 一股 | 股长 | 1 |
| | | 教育干事 | 1 |
| | | 保衛干事 | 2 |
| | 三股 | 副股长 | 1 |
| | | 干事 | 1 |
| | | 二股干事 | 1 |
| | 合計 | | 8 |
| | 佔总数 | | 4% |
| 專署 | | 專員 | 1 |
| | 秘书处 | 主任 | 1 |
| | | 秘书 | (1) |
| | | 事务管理員 | (1) |
| | | 文印員 | (3) 1 |
| | | 收发 | (1) |
| | 財政科 | 科长 | 1 |
| | | 科員 | (1) |
| | 粮秣科 | 科长 | 1 |
| | | 会計股长 | (1) |
| | | 会計員 | (1) |
| | | 会計 | (3) |
| | | 金庫 主任 | 1 |
| | | 金庫 出納員 | (1) |
| | 司法科 | 科长 | (1) |
| | | 科員 | (1) |
| | 文教科 | 正科长 | (1) |
| | | 付科长 | 1 |
| | | 科員 | 1 |
| | | 农林科員 | (1) |
| | | 衛生科长 | 1 |
| | | 军务股长 | (1) |
| | | 管理員 | (1) |
| | | 商務长 | 1 |
| | | | (19) 10 |
| | 合計 | | 29 |
| | 佔总数 | | 14.4% |
| 工商局 | 局长 | 正 | 1 |
| | | 副 | (1) 1 |
| | 经营科 | 保管股长 | 1 |
| | | 保管員 | (2) |
| | | 科員 | (1) |
| | | 出納 | 1 |
| | | 会計 | 2 |
| | 营業科 | 科长 | 1 |
| | | 付科长 | 1 |
| | | 股长 | 1 |
| | | 調查員 | 1 |
| | | 干部科长 | 1 |
| | | 合作社科长 | 1 |
| | 稽核科 | 科长 | 1 |
| | | 科員 | 1 |
| | | 会計 | 1 |
| | | 营業股长 | 1 |
| | 行政工厰 | 会計 | 1 |
| | | 厰长 | 1 |
| | | 政指 | 2 |
| | | 科員 | 1 |
| | | 秘书 | (1) |
| | | 工作组 | (1) 1 |
| | | 其他 | (4) 9 |
| | | | (10) 37 |
| | 合計 | | 41 |
| | 佔总数 | | 20.3% |

75　区委级各机关干部总数 → 202人　註：（ ）内数字是非党员干部

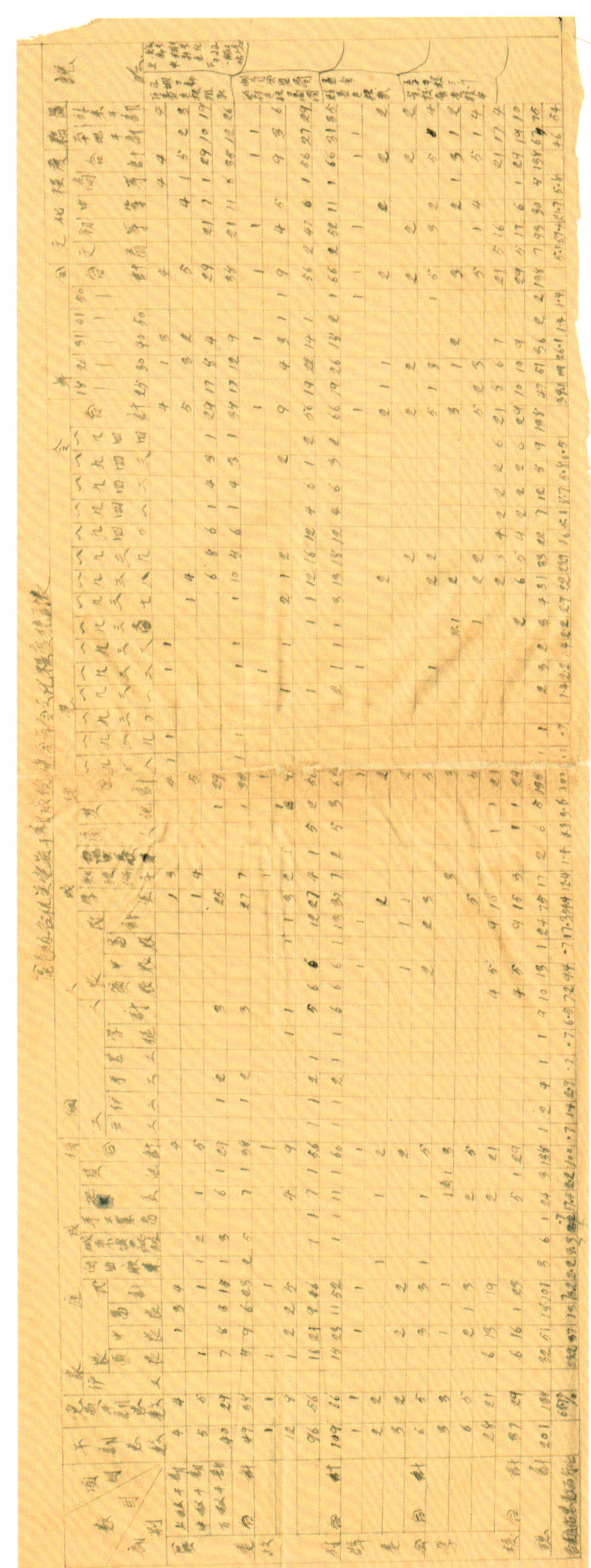

# 鲁南党员数量、分布状况统计

| 项目 | | 区委机关 | 一地委 地委机关 | 邹县县委 | 费县县委 | 双山县委 | 泗河县委 | 合计 | 二地委 地委机关 | 峄县县委 | 滕县县委 | 临城县委 | 尼山县委 | 宽河县委 | 合计 | 三地委 地委机关 | 临沂县委 | 赵镈县委 | 艾陵县委 | 郯县县委 | 合计 | 总计 |
|---|---|---|---|---|---|---|---|---|---|---|---|---|---|---|---|---|---|---|---|---|---|---|
| 党员数量 | 男 | 449 | 21 | 2167 | 3323 | 1291 | 2579 | 9381 | 9 | 150 | 266 | | | 109 | 534 | 35 | 1576 | 2936 | 414 | 249 | 5212 | 15616 |
| | 女 | 45 | | 187 | 355 | 90 | 212 | 844 | 1 | 2 | 7 | | | 6 | 16 | 1 | 130 | 294 | 45 | 17 | 487 | 1342 |
| | 正式 | 449 | 21 | 1645 | 3374 | 1199 | 1715 | 7974 | 10 | 123 | 230 | | | 91 | 454 | 34 | 1557 | | 323 | 180 | 2094 | 11011 |
| | 后补 | 45 | | 669 | 304 | 202 | 1076 | 2251 | | 29 | 43 | | | 24 | 96 | 2 | 149 | | 138 | 86 | 375 | 2767 |
| | 总数 | 534 | 21 | 2354 | 3678 | 1341 | 2991 | 10225 | 10 | 152 | 273 | 442 | 177 | 115 | 1169 | 36 | 1708 | 3230 | 461 | 266 | 5699 | 17627 |
| | 各占总数百分比 | 3. | .1 | 19.4 | 20.9 | 6.6 | 15.8 | 58. | .1 | .9 | 1.5 | 2.5 | 1 | .7 | 6.7 | .2 | 9.6 | 18 | 2.7 | 1.5 | 32 | |
| 党员分布村庄 根据地 | 共有村 | | | 549 | 722 | 202 | 509 | 1982 | | | | | | | | | 404 | 399 | 107 | 107 | 1017 | 2999 |
| | 党员分布村 | | | 309 | 466 | 125 | 399 | 1279 | | | | | | | | | 169 | 248 | 49 | 41 | 507 | 1786 |
| | 百分比 | | | 56.3 | 64.5 | 61.9 | 74.5 | 64.5 | | | | | | | | | 41.8 | 62.2 | 45.8 | 38.3 | 49.9 | 59.6 |
| 游击区 | 共有村 | | | 131 | | 51 | 59 | 241 | | 358 | | | | ~~35~~ | 358 | | 77 | 64 | 29 | 26 | 196 | 795 |
| | 党员分布村 | | | 16 | | | | 16 | | 47 | | | | ~~47~~ | 47 | | 13 | 14 | | | 27 | 40 |
| | 百分比 | | | 12.2 | | | | 6.6 | | 13.1 | | | | | 13.1 | | 16.5 | 21.9 | | | 13.8 | 11.3 |
| 敌顽据区 | 共有村 | | | 146 | | 143 | | 289 | | | | | | | | | 17 | 78 | 12 | ~~103~~ | 107 | 396 |
| | 党员分布村 | | | 1 | | | | 1 | | | | | | | | | 11 | 2 | 2 | ~~4~~ | 15 | 16 |
| | 百分比 | | | .9 | | | | .3 | | | | | | | | | 64.7 | 2.6 | 16.7 | | 14. | 4 |
| 合计 | 共有村 | | | 826 | 722 | 396 | 568 | 2512 | | 358 | | | | | 358 | | 498 | 541 | 148 | 133 | 1320 | 4170 |
| | 党员分布村 | | | 326 | 466 | 125 | 399 | 1296 | | 49 | | | | | 49 | | 193 | 264 | 51 | 41 | 549 | 1542 |
| | 百分比 | | | 39.5 | 64.5 | 31.6 | 66.9 | 51.6 | | 13.1 | | | | | 13.1 | | 38.8 | 48.8 | 34.5 | 30.8 | 41.6 | 45.2 |
| 地委 | | | 1 | | | | | 1 | 1 | | | | | | 1 | 1 | | | | | 1 | 3 |
| 县委 | | | | 1 | 1 | 1 | 1 | 4 | | 1 | 1 | 1 | 1 | 1 | 5 | | 1 | 1 | 1 | 1 | 4 | 13 |
| 分区委 | | | | 11 | 11 | 7 | 8 | 37 | | 4 | 5 | 9 | 4 | 3 | 25 | | 8 | 8 | 2 | 2 | 20 | |
| 小组 | | 56 | 3 | 511 | 969 | | | | | 13 | 33 | | | | | | | | 67 | 62 | | |
| 支部 | 各级机关支部 | 11 | 1 | 12 | 15 | 12 | 13 | 53 | | 4 | 5 | 4 | 1 | 1 | 15 | 1 | 10 | 20 | 4 | 4 | 40 | 108 |
| | 农村支部 | | | 212 | 330 | 93 | 212 | 847 | | 14 | 26 | 43 | 16 | 12 | 111 | | 119 | 212 | 29 | 24 | 384 | 1342 |
| 附註 | 一、区委机关的党员数目内有学校学员中党员的数目。<br>二、双山县未填报有村党支部一部分是游击区村的支部。 | | | | | | | | | | | | | | | | | | | | | |

67　37

1944年各地發展总数

| 地区 | 八地委 | | | | | 六地委 | | | | | | 三地委 | | | | | 總計 |
|---|---|---|---|---|---|---|---|---|---|---|---|---|---|---|---|---|---|
| | 邹县 | 费县 | 双山 | 温河 | 計 | 峄县 | 滕县 | 临城 | 邑山 | 交流 | 計 | 临沂 | 赵镈 | 兰陵 | 郯县 | 計 | |
| 数目 | 1906 | 2807 | 1120 | 2655 | 8488 | 34 | 277 | 289 | 247 | | 847 | 775 | 2240（原239，已划去） | 339 | 182 | 3336 | 12871 |
| 各县党员数百分比 | | | | | | | | | | | | | | | | | |
| 全区委 | 1943年12月底党员4330人 → 1944年6月底党员7000人 → 1944年12月党员 人 | | | | | | | | | | | | | | | | |

67

# 全鲁南1944年全年发展党员统计

| 项目 | | 区委机关 | 一地委 邹县 | 费县 | 双山 | 滋河 | 合计 | 二地委 峄县 | 滕县 | 临城 | 凫山 | 宽流 | 合计 | 三地委 临沂 | 赵镈 | 兰陵 | 邳县 | 合计 | 总计 | 党员数百分比各类成份估算 |
|---|---|---|---|---|---|---|---|---|---|---|---|---|---|---|---|---|---|---|---|---|
| 总数 | 各地发展总数 | | 1489 | 2809 | 1120 | 2655 | | 34 | 277 | | | | | ~~846~~ | 775 | 239 | 182 | | 6863 | |
| | 各地发展占总数百分比 | | 20.8 | 40.9 | 16.3 | | | .5 | 4. | | | | | | 11.3 | 3.5 | 2.7 | | | |
| 家庭成份 工人 | 雇工 | | .6 | 1 | 16 | | | | 38 | | | | | ~~48~~ | 66 | | | 120 | 120 184 | 1.9 |
| | 手工 | | 3 | | 1 | | | | 731 | | | | | 70 | | | 2 | 13 | 130 | 1.2 |
| | 手工 | | 49 | | | | | | 29 | | | | | | | | | 51 | 51 | .8 |
| | 工人计 | | 58 | 1 | 17 | | | | 40 | | | | | ~~28~~ | 66 | | 2 | 184 | 184 | 2.7 |
| 农民 | 贫农 | | 1009 | 2060 | 823 | | | 27 | 193 | | | | | 383 | 560 | 172 | 134 | | 4978 | 72.6 |
| | 中农 | | 326 | 722 | 266 | | | 6 | 22 | | | | | 206 | 146 | 67 | 44 | | 1599 | 23.3 |
| | 富农 | | 29 | 18 | 6 | | | 1 | 7 | | | | | ~~39~~ | 3 | | 2 | | 66 | 1 |
| | 农民计 | | 1364 | 2800 | 1095 | | | 34 | 222 | | | | | 88 | 709 | 239 | 180 | | 6643 | 96.7 |
| | 知识份子 | | | | | | | | 5 | | | | | | | | | | 5 | .1 |
| | 城市小一般 | | | | | | | | | | | | | | | | | | | |
| | 地主 | | 2 | 3 | 3 | | | | | | | | | | | | | | 8 | .1 |
| | 商人 | | 1 | | 4 | | | | 5 | | | | | | | | | | 10 | .1 |
| | 其他 | | 4 | 3 | 1 | | | | 5 | | | | | | | | | | 13 | .2 |
| 个人成份 工人 | 雇工 | | 155 | 341 | 248 | | | 2 | 38 | | | | | | 66 | 38 | 44 | 931 | 939 948 | 13.5 |
| | 手工 | | 59 | 78 | 42 | | | | 201 | | | | | | 10 | 7 | 2 | 199 | 199 200 | 3.4 2.9 |
| | 手工 | | 32 | 1 | | | | | 7 | | | | | | | | | 34 | 34 | .5 |
| | 工人计 | | 246 | 419 | 290 | | | 2 | 40 | | | | | | 76 | 45 | 46 | | 1164 | 17 |
| 农民 | 贫农 | | 771 | 1610 | 552 | | | 25 | 143 | | | | | | 550 | 126 | 84 | | 3911 | 57 |
| | 中农 | | 280 | 674 | 233 | | | 6 | 22 | | | | | | 146 | 64 | 44 | | 1489 | 21.4 |
| | 富农 | | 25 | 16 | 4 | | | 1 | 7 | | | | | | 3 | ~~35~~ | 2 | | 58 | .8 |
| | 农民计 | | 1076 | 2300 | 789 | | | 32 | 222 | | | | | | 699 | 190 | 130 | | 5438 | 77.2 ~~80~~ |
| | 学生 | | 45 | 46 | 10 | | | | 10 | | | | | | | 1 | | | 112 | 1.6 |
| | 知识份子 | | 6 | | | | | | | | | | | | | | | | 6 | .1 |
| | 地主 | | 2 | 2 | 2 | | | | | | | | | | | | | | 6 | .1 |
| | 商人 | | 16 | 40 | 26 | | | | | | | | | | | 3 | 6 | | 91 | 1.3 |
| | 其他 | | 38 | | 3 | | | | 5 | | | | | | | | | | 46 | .7 |
| 附注 | 赵镈部队系7—10 | | | | | | | | | | | | | | | | | | | |

6838

小组长以下的

# 全鲁南农村党员成份统计

[注:农村一不脱离生产的]

| 项目 \ 数目 \ 地区 | 一地委 | | | | 二地委 | | | | | 三地委 | | | | 统计 | 各类占总数% | 附注 |
|---|---|---|---|---|---|---|---|---|---|---|---|---|---|---|---|---|
| | 邹县 | 费县 | 双山 | 泗河 | 峄县 | 滕县 | 临城 | 凫山 | 尧济 | 临沂 | 赵镈 | 兰陵 | 邳县 | | | |
| 党员总数 | 2016 | 2380 | 793 | 2641 | 63 | 164 | | | | 1222 | 2211 | 336 | 153 | 9604 | | |
| 成份·家庭成份·工人·户工 | | | | 1 | | | | | | | | | | 1 | .01 | |
| 佣工 | 50 | | 10 | 214 | | | | | | 79 | | 3 | | 356 | 3.7 | |
| 手工 | 11 | | | 26 | | | | | | 7 | | | | 44 | .5 | |
| 苦工 | | | | | | | | | | | | | | | | |
| 学徒 | | | | | | | | | | | | | | | | |
| 工人计 | 61 | | 10 | 241 | | | | | | 86 | | 3 | | 401 | 4.2 | |
| 农民·贫农 | 1348 | 1707 | 568 | 2005 | 50 | | | | | 868 | | 260 | 112 | 6918 | 72. | |
| 中农 | 537 | 655 | 212 | 372 | 10 | | | | | 245 | | 73 | 38 | 2149 | 22.3 | |
| 富农 | 54 | 14 | 2 | 23 | 3 | | | | | 14 | | | 3 | 113 | 1.2 | |
| 农民计 | 1939 | 2376 | 782 | 2400 | 63 | | | | | 1227 | | 333 | 153 | 9173 | 95.5 | |
| 知识份子 | | | | | | | | | | | | | | | | |
| 城市小一般 | 2 | | | | | | | | | | | | | 2 | .02 | |
| 地主 | 3 | 3 | | | | | | | | 3 | | | | 9 | .1 | |
| 商人 | 1 | 1 | | | | | | | | 6 | | | | 8 | .1 | |
| 其他 | 10 | | 1 | | | | | | | | | | | 11 | .1 | |
| 个人成份·工人·户工 | 18 | | | | | | | | | | | | | 18 | .2 | |
| 佣工 | 208 | 260 | 168 | 98 | 2 | | | | | 103 | | 67 | 29 | 935 | 9.7 | |
| 手工 | 87 | 67 | 34 | 10 | 5 | | | | | 33 | | 15 | 2 | 253 | 2.6 | |
| 苦工 | 9 | | | | | | | | | | | | | 9 | .1 | |
| 学徒 | | | | | | | | | | | | | | | | |
| 工人计 | 322 | 327 | 202 | 108 | 7 | 27 39 | | | | 136 | | 82 | 31 | 1215 | 12.7 | |
| 农民·贫农 | 1031 | 1377 | 378 | 2300 | 42 | 108 | | | | 794 | | 185 | 77 | 6165 | 64.2 | |
| 中农 | 483 | 543 | 191 | 226 | 9 | 21 | | | | 242 | | 66 | 37 | 1859 | 19 | |
| 富农 | 39 | 18 | 1 | | 3 | 3 | | | | 16 | | | 3 | 80 | .8 | |
| 农民计 | 1553 | 1978 | 570 | 2526 | 65 | 132 | | | | 1052 | | 291 | 117 | 8082 | 84.1 | |
| 学生 | 64 | 32 | 2 | | | 243 | | | | 8 | | 5 | | 111 | ~~111~~ | 1.2 |
| 知识份子 | 7 | | | | | 1 | | | | | | | | 78 | ~~8~~ | .1 |
| 城市小一般 | 28 | | | | | | | | | | | | | 28 | ~~28~~ | .3 |
| 地主 | 3 | 3 | | 4 | | | | | | 1 | | | | 11 | ~~11~~ | .1 |
| 商人 | 16 | 38 | 17 | 3 | 1 | | | | | 25 | | 17 | 5 | 122 | ~~122~~ | 1.3 |
| 其他 | 23 | 2 | 2 | | | 25 | | | | | | 1 | | 28[illegible] | 30 | .3 |

69 39

全鲁南农村党员年龄文化统计

| 项目＼数目＼地区 | | 一地委 邹县 | 费县 | 双山 | 泗河 | 二地委 峄县 | 滕县 | 临城 | 凫山 | [illegible] | 三地委 临沂 | 赵镈 | 兰陵 | 郯县 | 统计 | 各类占总数%比 | 附注 |
|---|---|---|---|---|---|---|---|---|---|---|---|---|---|---|---|---|---|
| 党员总数 | | 2016 | 2380 | 793 | 2641 | 63 | | | | | 1222 | | 336 | 153 | 9604 | | 1.泗河县除[illegible]五个月以外其余如[illegible]党员均统计在内了。 |
| 年龄 | 15以下 | | 7 | 1 | 2 | | | | | | | | | | 10 | .1 | |
| | 15—25 | 748 | 837 | 247 | 939 | 12 | | | | | 366 | | 128 | 47 | 3324 | 35.5 | |
| | 26—30 | 465 | 485 | 179 | 980 | 19 | | | | | 251 | | 66 | 36 | 2481 | 25.8 | |
| | 31—40 | 557 | 778 | 285 | 645 | 21 | | | | | 394 | | 112 | 53 | 2845 | 29.6 | |
| | 41—50 | 227 | 235 | 73 | 75 | 11 | | | | | 176 | | 30 | 16 | 843 | 8.8 | |
| | 50— | 19 | 38 | 8 | | | | | | | 35 | | | 1 | 101 | 1.1 | |
| 文化程度 | 文盲 | 1603 | 2205 | 766 | 2631 | 47 | | | | | 1078 | | 320 | 128 | 8789 | 91.5 | |
| | 初等 | 389 | 175 | 27 | 8 | 16 | | | | | 144 | | 7 | 25 | 791 | 8.2 | |
| | 中等 | 24 | | | 2 | | | | | | | | | | 26 | .3 | |
| | 高等 | | | | | | | | | | | | | | | | |
| 入党年月 | 一九二七 | | | | | | | | | | | | | | | | |
| | 一九二八 | | | | | | | | | | | | | | | | |
| | 一九二九 | | | | | | | | | | | | | | | | |
| | 一九三〇 | | | | | | | | | | | | | | | | |
| | 一九三一 | | | | | | | | | | | | | | | | |
| | 一九三二 | | | | | | | | | | | | | | | | |
| | 一九三三 | | | | | | | | | | | | | | | | |
| | 一九三四 | | | | | | | | | | | | | | | | |
| | 一九三五 | | | | | | | | | | | | | | | | |
| | 一九三六 | | | | 2 | | | | | | | | | | 2 | .02 | |
| | 一九三七 | | | | | | | | | | 1 | | | | 1 | .01 | |
| | 一九三八 | | | | | 3 | | | | | 17 | | | | 20 | .2 | |
| | 一九三九 | 15 | 3 | 4 | 7 | 29 | | | | | 126 | | | | 184 | 1.9 | |
| | 一九四〇 | 50 | 44 | 12 | 4 | 6 | | | | | 139 | | 1 | 10 | 266 | 2.8 | |
| | 一九四一 | 38 | 28 | 13 | 5 | 3 | | | | | 34 | | | 2 | 123 | 1.3 | |
| | 一九四二 | 47 | 80 | 38 | 9 | | | | | | 7 | | 15 | 1 | 197 | 2.5 | |
| | 一九四三 | 91 | 180 | 15 | 24 | | | | | | 21 | | 5 | 2 | 338 | 3.4 | |
| | 一九四四 一至三 | 195 | 142 | 8 | | | | | | | 15 | | 25 | 1 | 386 | 4. | |
| | 一九四四 四至六 | 163 | 341 | 45 | | 4 | | | | | 82 | | 37 | | 672 | 6.9 | |
| | 一九四四 七至九 | 508 | 657 | 209 | 2340 | 12 | | | | | 235 | | 69 | 22 | 4092 | 42.5 | |
| 全 | 一九四四 十至十二 | 909 | 905 | 449 | 250 | 6 | | | | | 505 | | 184 | 115 | 3323 | 34.5 | |

70 40

各級党委干部配備統計表

| 級別 | 職別 / 數目 | 党委 | | | 组织科 | | | 宣传科 | | | 敌工科 | | | | | | | |
|---|---|---|---|---|---|---|---|---|---|---|---|---|---|---|---|---|---|---|
| | | 正书記 | 副书記 | 委員 | 正科長 | 副科長 | 干事 | 正科長 | 副科長 | 干事 | 正科長 | 副科長 | 干事 | 工作人員 | 秘书 | 路沿交通 | 干事 | |
| 地委級 | 一地委 | 1 | 1 | 1 | 1 | | | | | 3 | | | | | 1 | 4 | | |
| | 二地委 | 1 | 1 | 3 | | | | | | | | | | | 1 | | | |
| | 三地委 | 1 | 1 | 12 | | 1 | 1 | | 1 | | | | | | 1 | 1 | | |
| | 合計 | 3 | 3 | 5 | 1 | 1 | 1 | | 1 | 3 | | | | | 3 | 5 | | 1 |
| 縣委級 一地委 | 郯縣 | 1 | | 4 | | | 1 | 1 | | | | | | | 1 | | 1 | |
| | 費縣 | | 1 | 2 | 1 | | 2 | 1 | | 1 | | | | | 1 | 3 | | |
| | 双山 | 1 | | 3 | 1 | | 1 | 1 | | | | | | | 1 | 3 | 0 | |
| | 温河 | 1 | | 3 | 1 | | | 1 | | | | | | | 1 | 4 | 2 | |
| | 計 | 3 | 1 | 12 | 3 | | 4 | 4 | | 1 | | | | | 4 | 10 | 3 | |
| 二地委 | 峄縣 | 1 | | 3 | 1 | | 1 | | | | 1 | | | | 1 | | | |
| | 滕縣 | 1 | | 1 | | | 1 | | | | | | | | | | | |
| | 临城 | 1 | | 3 | | | 1 | | | | | | | | | 1 | | |
| | 冕山 | | 1 | 1 | | | | | | | | | | | | | | |
| | 竟滂 | 1 | | 2 | | | | | | | 1 | 1 | | | 1 | 1 | | |
| | 計 | 4 | 1 | 10 | 1 | | 3 | | | | 2 | 1 | | | 2 | 2 | | |
| 三地委 | 临沂 | 1 | | 5 | | | 2 | | | | | | | | | 3 | 1 | |
| | 赵镈 | 1 | | 4 | | | 1 | | | 1 | | | | | 1 | 2 | | |
| | 兰陵 | | 1 | 3 | 1 | | 1 | | | | | | | | | | | |
| | 邳縣 | 1 | | 4 | 1 | | | | | | | | | | 1 | 1 | | |
| | 計 | 3 | 1 | 16 | 2 | | 4 | | | 1 | | | | | 2 | 6 | 1 | |
| 縣委級 | 合計 | 10 | 3 | 38 | 6 | | 11 | 4 | | 2 | 2 | 1 | | | 8 | 18 | 4 | |
| 分區委級 一地委 | 郯縣 | 11 | | 30 | 2 | | 12 | | | 10 | | | | | | | | |
| | 費縣 | 10 | 2 | 27 | 5 | | 18 | 2 | | 12 | | | | | | | | |
| | 双山 | 5 | 2 | 30 | 2 | | 5 | 2 | | 1 | 1 | | | | | | | |
| | 温河 | 6 | 2 | 29 | 1 | | 30 | 1 | | | | | | | | | | |
| | 計 | 32 | 6 | 116 | 10 | | 65 | 5 | | 23 | 1 | | | | | | | |
| 二地委 | 峄縣 | 4 | | 12 | 2 | | 3 | | | 1 | | | | | | | | |
| | 滕縣 | 5 | | 7 | 2 | | | | | | | | | | | | | |
| | 临城 | 8 | | 10 | 1 | | 1 | 1 | | | | | | | | | | |
| | 冕山 | 4 | | 6 | | | 1 | | | | | | | | | | | |
| | 竟滂 | 3 | | 6 | | | | | | | | | | | | | | |
| | 計 | 24 | | 41 | 5 | | 5 | 1 | | 1 | | | | | | | | |
| 三地委 | 临沂 | 8 | 2 | 17 | | | 2 | | | 2 | | | | | | | | |
| | 赵镈 | 7 | | 30 | | | 13 | | | 14 | | | | | | | | |
| | 兰陵 | 2 | 1 | 4 | 1 | | 2 | | | 2 | | | | | | | | |
| | 邳縣 | 1 | 2 | 6 | | | | | | | | | | | | | | |
| | 計 | 18 | 5 | 57 | 1 | | 17 | | | 18 | | | | | | | | |
| 分區委級 | 合計 | 74 | 11 | 214 | 14 | | 57 | 6 | | 42 | 1 | | | | | | | |

附註：

1. 列縣之委員兼分區書記及委員者所以沒統計

2. 一地委干部中有兩個是教導訓班工作以

41

71

| 级别 | 行署 | 数目 | 专任(县长区长) | 民政科科长 | 民政科副科长 | 民政科科员 | 财粮科科长 | 财粮科副科长 | 财粮科科员 | 财粮科工作人员 | 秘书处秘书长 | 秘书处秘书 | 秘书处工作人员 | 司法科科长 | 司法科副科长 | 司法科科员 | 文教科科长 | 文教科副科长 | 文教科科员 | 农林科科长 | 农林科副科长 | 农林科科员 |
|---|---|---|---|---|---|---|---|---|---|---|---|---|---|---|---|---|---|---|---|---|---|---|
| 行署级 | | 一行署 | 1 | | | | 1 | | 3 | | | | 2 | | | | | | | | | |
| 行署级 | | 二行署 | 1 | | | | 1 | | | | | | | | | | | | | | | |
| 行署级 | | 三行署 | 1 | | | 1 | 1 | | 10 | 4 | | | | | | | | | 1 | | | |
| 行署级 | | 合计 | 3 | | | 1 | 3 | | 4 | 4 | | | 2 | | | | | | 1 | | | |
| 县府级 | 一行署 | 邹县 | 2 | | 1 | 3 | | 1 | 2 | 10 | | 1 | 3 | 1 | | 2 | 1 | | 5 | | | 3 |
| 县府级 | 一行署 | 费县 | 2 | 1 | | 1 | 1 | | 3 | 2 | | 2 | 2 | 1 | | 2 | 1 | | 3 | 1 | | 3 |
| 县府级 | 一行署 | 双山 | 1 | 1 | | 2 | 1 | | 8 | 2 | | 1 | 4 | 1 | | 1 | | 1 | 2 | 1 | | 2 |
| 县府级 | 一行署 | 滋河 | 1 | | | 3 | 1 | | | 5 | | 1 | 2 | 1 | | 3 | 1 | | 3 | | | 1 |
| 县府级 | 一行署 | 计 | 6 | 2 | 1 | 9 | 3 | 1 | 13 | 14 | | 5 | 11 | 4 | | 8 | 3 | 1 | 13 | 2 | | 9 |
| 县府级 | 二行署 | 峄县 | 0 | 1 | | 1 | 1 | | 1 | 2 | | | 2 | | | | | | 1 | | | |
| 县府级 | 二行署 | 滕县 | 1 | | | 1 | 1 | | 1 | 12 | | 1 | 4 | | | | | | | | | |
| 县府级 | 二行署 | 临城 | 1 | 1 | | | 1 | 1 | 2 | 3 | | 1 | 3 | | | | 1 | 1 | 1 | | | |
| 县府级 | 二行署 | 凫山 | 1 | 1 | | | 1 | | | | | | | | | | | | | | | |
| 县府级 | 二行署 | [illegible] | 1 | 1 | | | | | | | | 1 | | | | | | | | | | |
| 县府级 | 二行署 | 计 | 4 | 4 | | 2 | 4 | 1 | 4 | 17 | | 3 | 9 | | | | 1 | 1 | 2 | | | |
| 县府级 | 三行署 | 临沂 | | 1 | | 4 | 1 | | 2 | 19 | | | 3 | 1 | | 1 | 1 | | 3 | 1 | | |
| 县府级 | 三行署 | 赵镈 | 1 | 1 | | 3 | 1 | | 3 | 2 | | | | 1 | | 3 | 1 | | 2 | | | |
| 县府级 | 三行署 | 兰陵 | 1 | 1 | | 2 | 1 | | 4 | | | 1 | 2 | | | | | | 2 | 1 | | 1 |
| 县府级 | 三行署 | 利县 | 1 | | | 1 | 1 | | 3 | 15 | | | | | | 1 | 1 | | 5 | | | |
| 县府级 | 三行署 | 计 | 3 | 3 | | 10 | 4 | | 12 | 36 | | 14 | 5 | 2 | | 54 | 3 | | 12 | 2 | | 1 |
| 县府级 | | 合计 | 13 | 9 | 1 | 21 | 11 | 2 | 29 | 72 | | 9 | 25 | 6 | | 12 | 7 | 2 | 27 | 4 | | 10 |
| 区公所级 | 一行署 | 邹县 | 11 | 3 | 8 | 2 | 11 | | 5 | 13 | | 3 | 8 | 4 | | | 6 | | 2 | 3 | | 2 |
| 区公所级 | 一行署 | 费县 | 11 | 5 | | 7 | 11 | | | 11 | | 8 | 3 | 10 | | | 7 | | | | | |
| 区公所级 | 一行署 | 双山 | 10 | 6 | 1 | 3 | 7 | 1 | 8 | | | 6 | 3 | 6 | | | 3 | | 4 | 6 | | 1 |
| 区公所级 | 一行署 | 滋河 | 13 | 2 | | | 5 | | 1 | 15 | | 1 | 3 | 1 | | | 2 | | | 1 | | |
| 区公所级 | 一行署 | 计 | 45 | 16 | 9 | 12 | 34 | 1 | 15 | 39 | | 18 | 17 | 21 | | | 18 | | 6 | 10 | | 3 |
| 区公所级 | 二行署 | 峄县 | 6 | 1 | | 2 | 3 | | | | | | | | | | | | 1 | | | |
| 区公所级 | 二行署 | 滕县 | 5 | 2 | | 1 | 4 | | 10 | | | 6 | | | | 1 | 2 | | | | | |
| 区公所级 | 二行署 | 临城 | 9 | 2 | | 2 | 6 | | 8 | | | 2 | | | | | 2 | | 1 | | | |
| 区公所级 | 二行署 | 凫山 | 4 | 2 | | 2 | 4 | | 5 | | | 4 | | | | | 1 | | 1 | | | |
| 区公所级 | 二行署 | [illegible] | 2 | 1 | | 1 | 2 | | 3 | | | 2 | | | | | 1 | | 1 | | | |
| 区公所级 | 二行署 | 计 | 27 | 8 | | 8 | 19 | | 26 | | | 14 | | | | 1 | 6 | | 4 | 4 | | [illegible] |
| 区公所级 | 三行署 | 临沂 | 12 | 4 | 4 | 4 | 74 | | | 16 | | | 2 | | | | 4 | 1 | 3 | 1 | | |
| 区公所级 | 三行署 | 赵镈 | 8 | 7 | | | 9 | | 19 | 6 | | 7 | | 2 | | 2 | 6 | | 1 | 4 | | 2 |
| 区公所级 | 三行署 | 兰陵 | 3 | | | 2 | 1 | | | 7 | | | | | | | 2 | | | | | 3 |
| 区公所级 | 三行署 | 利县 | 6 | 1 | | | 3 | | | | | 1 | | | | | 2 | | | | | |
| 区公所级 | 三行署 | 计 | 24 | 12 | | 6 | 20 | | 19 | 24 | | 8 | 2 | 2 | | 2 | 14 | 1 | 4 | 5 | | 5 |
| 区公所级 | | 合计 | 101 | 36 | 9 | 26 | 73 | 1 | 60 | 68 | | 40 | 14 | 23 | | 3 | 38 | 1 | 14 | 15 | | 8 |

附註：秘书一至二(公所兼文书) 司法科之员(一)宜兼调解委员(员) 一行署之区公所多数只有[illegible]

72 42

各级民政局工商局财政局干部编制统计

| 级别 | | 部别 数目 | 民政局 局长 | 民政局 科(股)长 | 民政局 科(股)员 | 民政局 杂务员 | 工商管理局 局长 | 工商管理局 股委 | 工商管理局 科(股)长 | 工商管理局 科(股)员 | 工商管理局 杂务员 | 财政局 局长 | 财政局 科(股)长 | 财政局 科(股)员 | 财政局 站长 | 财政局 交通员 | 财政局 杂务员 | 附注 |
|---|---|---|---|---|---|---|---|---|---|---|---|---|---|---|---|---|---|---|
| 地委级 | | 一地委 | 1 | | 2 | | | | | | | | | | | | | 一、温河以上三個局皆[illegible]局与赵镈县一個 |
| | | 二地委 | 1 | | | | 1 | 1 | | | | | | | | | | |
| | | 三地委 | 2 | 2 | | 4 | 2 | | 3 | 3 | 2 | | | | | | | |
| | | 合計 | 4 | 2 | 2 | 4 | 3 | 1 | 3 | 3 | 2 | | | | | | | |
| 县级 | 一地委 | 郯城 | 1 | 2 | 1 | 6 | 2 | 1 | 9 | | 39 | 1 | 3 | | | 7 | 3 | |
| | | 费县 | 1 | 3 | | 4 | | 1 | 3 | 16 | 31 | 1 | | | | 6 | 4 | |
| | | 双山 | 1 | 2 | | 2 | 1 | | 4 | 10 | 13 | 1 | 4 | | | 39 | 5 | |
| | | 温河 | 1 | 3 | | 14 | 1 | | 4 | | | 1 | | | | 5 | 2 | |
| | | 計 | 4 | 10 | 1 | 26 | 3 | 2 | 16 | 26 | 83 | 4 | 7 | | | 57 | 14 | |
| | 二地委 | 峄县 | 1 | | | 1 | | | | | | 1 | | 4 | | 7 | | |
| | | 滕县 | 1 | 3 | 1 | | 1 | | | 3 | 9 | 1 | | 2 | | | 2 | |
| | | 临城 | 1 | 1 | 2 | | | | | | | 1 | | 3 | | 5 | | |
| | | 凫山 | 1 | | 1 | | 1 | | | | | 1 | | | | | | |
| | | 尚济 | 1 | | | | | | | | | | | | | | | |
| | | 計 | 5 | 4 | 4 | 1 | 2 | | | 3 | 9 | 4 | | 9 | | 12 | 2 | |
| | 三地委 | 临沂 | 1 | 3 | 5 | 1 | | | | | | 1 | | | 7 | 19 | 10 | |
| | | 赵镈 | 1 | 2 | 1 | | 2 | 1 | 6 | 6 | 24 | 1 | 1 | | | 22 | 1 | |
| | | 兰陵 | 1 | 2 | | | | | | | | 1 | 1 | | | 5 | | |
| | | 邳县 | 1 | 2 | | 3 | | | 2 | | 6 | 1 | | 1 | | 9 | | |
| | | 計 | 4 | 9 | 6 | 4 | 2 | 1 | 8 | 6 | 30 | 4 | 2 | 1 | 2 | 55 | 11 | |
| 县级 | | 合計 | 13 | 23 | 11 | 31 | 7 | 3 | 24 | 35 | 122 | 12 | 4 | 10 | 2 | 124 | 27 | |
| 分局级 | 一地委 | 郯城 | 10 | | 1 | | 10 | | | 5 | 38 | 11 | | | | | 4 | |
| | | 费县 | 10 | | | 2 | 1 | | | 19 | 3 | | | | | 1 | 5 | |
| | | 双山 | 6 | | | | 1 | | 10 | 5 | 3 | 1 | | | | | 11 | |
| | | 温河 | 8 | | | 4 | 2 | | | | | 8 | | | | | 3 | |
| | | 計 | 34 | | 1 | 6 | 14 | | 10 | 29 | 37 | 20 | | | | 1 | 23 | |
| | 二地委 | 峄县 | 2 | | | | | | | | | 5 | | | | | | |
| | | 滕县 | 4 | | | | | | | | | | | | | | | |
| | | 临城 | 3 | | | | | | | | | 6 | | | | | | |
| | | 凫山 | | | | | | | | | | | | | | | | |
| | | 尚济 | | | | | | | | | | | | | | | | |
| | | 計 | 9 | | | | | | | | | 11 | | | | | | |
| | 三地委 | 临沂 | 6 | | | | | | | | | 5 | | | | 24 | | |
| | | 赵镈 | 11 | | | | 2 | | | | | | | | | | | |
| | | 兰陵 | 2 | | | | 1 | | | | | 2 | | | | | | |
| | | 邳县 | | | | | | | | | | | | | | | | |
| | | 計 | 19 | | | | 3 | | | | | 7 | | | | 24 | | |
| 分局级 | | 合計 | 62 | | 1 | 6 | 17 | | 10 | 24 | 37 | 38 | | | | 25 | 23 | |

73　　43

各级群众团体干部配备统计

| 级别 | 数目 | 各救会长 | 工会 会长 | 工会 干事 | 工会 其他 | 农会 会长 | 农会 干事 | 农会 其他 | 青会 会长 | 青会 干事 | 青会 其他 | 妇会 会长 | 妇会 干事 | 妇会 其他 | 武委会 主任 | 武委会 委员 | 武委会 干事 | 武委会 其他 |
|---|---|---|---|---|---|---|---|---|---|---|---|---|---|---|---|---|---|---|
| 地委级 | 一地委 | | | | | | | 3 | | | | | | | | | | |
| | 二地委 | | | | | | | | | | | 1 | | | 1 | | | |
| | 三地委 | 1 | | | | | 1 | | | | | 1 | | | 1 | 2 | | |
| | 合计 | 1 | | | | | 1 | 3 | | | | 2 | | | 2 | 2 | | |
| 县级 一地委 | 郯县 | 1 | 1 | | | | | | 1 | | | 1 | | | 2 | | 2 | |
| | 费县 | 1 | 1 | | | 1 | 1 | | 1 | | 1 | 1 | | 1 | 1 | 2 | 7 | |
| | 双山 | 1 | 1 | | | | | | 1 | 2 | | 1 | | | 1 | | 2 | 1 |
| | 温河 | 1 | | | | 2 | 1 | | 1 | 2 | | 1 | 2 | | 1 | | 2 | 1 |
| | 计 | 4 | 3 | | | 3 | 2 | | 4 | 4 | 1 | 4 | 2 | 1 | 5 | 2 | 13 | 2 |
| 二地委 | 峄县 | | | | | | 1 | | | | | | | | | | 1 | |
| | 滕县 | | | | | | | | | | | 1 | | | | 1 | | |
| | 临城 | 1 | | | | | | | 1 | | | | | | | | | |
| | 费山 | 1 | | | | | | | | | | | | | | | | |
| | 竟济 | | | 1 | | | 3 | | | 1 | | | | | | | | |
| | 计 | 2 | | 1 | | | 4 | | 1 | 1 | | 1 | | | | 1 | 1 | |
| 三地委 | 临沂 | 1 | 1 | | | | | | 1 | | | 1 | | | 1 | | 2 | 1 |
| | 赵镈 | 1 | 1 | | | 1 | | | | 1 | | 1 | 1 | 1 | 1 | | | 1 |
| | 苍陵 | 1 | | | | 1 | 1 | | 1 | | | | 1 | | | | | |
| | 邳县 | | | | | 1 | | | | | | | | | 1 | | 1 | |
| | 计 | 3 | 2 | | | 3 | 1 | | 2 | 1 | | 2 | 2 | 1 | 3 | | 3 | 2 |
| 县级 | 合计 | 9 | 5 | | | 6 | 7 | | 7 | 6 | 1 | 7 | 4 | 2 | 8 | 3 | 17 | 4 |
| 区级 一地委 | 郯县 | 7 | 7 | 14 | | 9 | 50 | | 8 | 21 | | 5 | 11 | | 9 | | 14 | |
| | 费县 | 10 | 10 | 1 | 3 | 9 | 12 | 26 | 9 | 5 | 9 | 9 | 2 | 10 | 7 | 2 | | 16 |
| | 双山 | 6 | 7 | 4 | | 8 | 9 | 1 | 6 | 13 | 1 | 6 | 8 | | 7 | 11 | | |
| | 温河 | 1 | 7 | 5 | | 10 | 15 | | 13 | 11 | | 7 | 8 | | 12 | 17 | | |
| | 计 | 24 | 31 | 24 | 3 | 36 | 146 | 27 | 36 | 50 | 10 | 27 | 29 | 10 | 35 | 30 | 14 | 16 |
| 二地委 | 峄县 | | | | | | 2 | 7 | | | | | | | | | | |
| | 滕县 | | 1 | | | 1 | 31 | | | | | | | | | | | |
| | 临城 | 2 | | | | 9 | 61 | | | | | | | | | | | |
| | 费山 | | | | | 1 | 22 | | | | | | | | 1 | | | |
| | 竟济 | | | | | | 15 | | | | | | | | | 1 | 1 | |
| | 计 | 2 | 1 | | | 11 | 131 | 7 | | | | | | | 1 | 1 | 1 | |
| 三地委 | 临沂 | 6 | 5 | 4 | | 5 | 13 | 2 | 3 | 5 | | 5 | 11 | | 8 | | 12 | |
| | 赵镈 | 6 | 8 | | | 5 | 9 | 2 | 13 | 8 | | 8 | 18 | | 5 | 8 | | |
| | 苍陵 | 2 | 1 | 2 | | 2 | | | 2 | 2 | | 3 | 3 | | 2 | | 2 | |
| | 邳县 | 1 | | 1 | | 1 | 7 | | | | 1 | 1 | 3 | 1 | | | 2 | |
| | 计 | 15 | 14 | 7 | | 16 | 29 | 4 | 18 | 15 | 1 | 17 | 35 | 1 | 15 | 8 | 16 | |
| 区级 | 全计 | 41 | 46 | 31 | 3 | 63 | 306 | 38 | 54 | 65 | 11 | 44 | 64 | 11 | 61 | 39 | 31 | 16 |

附注：

一地委总会其他栏内系地委武委会主任

峄县总会其他栏内系[illegible]（没[illegible]）

滕县一区只有干部，农会干事一栏，专栏内编[illegible]农会干事栏内

临城县因[illegible]团体[illegible]

赵[illegible]

74　44

附一

# 城市工委干部配备统计

| 职别 / 数目 / 部别 | 干部总数 | 工委会 | | | 工作组 | | |
|---|---|---|---|---|---|---|---|
| | | 正书记 | 副书记 | 委员 | 组长 | 组员 | |
| 第二铁道工委 | 9 | 1 | | 3 | 1 | 4 | |
| 第三铁道工委 | 10 | 1 | | 3 | | 6 | |
| 李家工委 | 19 | 1 | 1 | 2 | | 6 | |
| 株洲工委 | 4 | 1 | 1 | 1 | | 1 | |
| 统计 | 33 | 4 | 2 | 9 | 1 | 17 | |
| 说明 | | | | | | | |

74② 45

# 全鲁南各级党政民学干部总统计

| 级别 | 单位 | 党务干部 上级干部 | 党务干部 中级干部 | 党务干部 下级干部 | 党务干部 合计 | 政府干部 上级干部 | 政府干部 中级干部 | 政府干部 下级干部 | 政府干部 合计 | 群众干部 上级干部 | 群众干部 中级干部 | 群众干部 下级干部 | 群众干部 合计 | 学校工作干部 上级干部 | 学校工作干部 中级干部 | 学校工作干部 下级干部 | 学校工作干部 合计 | 总计 | 占总百分比 |
|---|---|---|---|---|---|---|---|---|---|---|---|---|---|---|---|---|---|---|---|
| 区党级 | | 4 | 11 | 67 | 82 | 1 | 12 | 96 | 109 | 1 | 2 | 3 | 6 | 6 | 3 | 28 | 37 | 234 | 7.5 |
| 地委级 | 一地委 | 2 | 4 | 4 | 10 | 1 | 3 | 7 | 11 | | | 3 | 3 | | | | | 24 | .8 |
| 地委级 | 二地委 | 1 | 1 | | 2 | 1 | 4 | | 5 | | 2 | | 2 | | | | | 9 | .3 |
| 地委级 | 三地委 | 3 | 2 | 1 | 6 | 1 | 5 | 21 | 27 | 1 | 2 | 3 | 6 | | | | | 34 | 1.3 |
| 地委级 | 合计 | 6 | 8 | 6 | 18 | 3 | 12 | 28 | 43 | 1 | 4 | 6 | 11 | | | | | 72 | 2.3 |
| 县级 一地委 | 邹县 | 2 | 2 | 1 | 5 | 2 | 4 | 29 | 35 | 1 | 5 | 2 | 8 | | 5 | 70 | 75 | 123 | 4. |
| 县级 一地委 | 费县 | 3 | 4 | 3 | 10 | 2 | 5 | 18 | 25 | 1 | 5 | 12 | 18 | | 3 | 67 | 70 | 123 | 4. |
| 县级 一地委 | 双山 | 3 | 2 | 3 | 8 | 1 | 5 | 22 | 28 | 1 | 4 | 5 | 10 | | 3 | 79 | 82 | 128 | 4.1 |
| 县级 一地委 | 温河 | 3 | 1 | 6 | 10 | 1 | 3 | 18 | 22 | 1 | 5 | 8 | 14 | | 2 | 24 | 26 | 72 | 2.3 |
| 县级 一地委 | 计 | 11 | 9 | 13 | 33 | 6 | 17 | 87 | 110 | 4 | 19 | 27 | 50 | | 13 | 240 | 253 | 446 | 14.3 |
| 县级 二地委 | 峄县 | 3 | 2 | | 5 | | 2 | 7 | 9 | | | 2 | 2 | | 2 | 12 | 14 | 30 | 1. |
| 县级 二地委 | 滕县 | 1 | 1 | | 2 | 1 | 1 | 19 | 21 | | 1 | 1 | 2 | | 3 | 20 | 23 | 48 | 1.5 |
| 县级 二地委 | 临城 | 1 | 1 | 1 | 3 | 1 | 5 | 10 | 16 | 1 | 1 | | 2 | | 2 | 11 | 13 | 34 | 1.1 |
| 县级 二地委 | 苑山 | 1 | | | 1 | 1 | 2 | | 3 | 1 | | | 1 | | 3 | 1 | 4 | 9 | .3 |
| 县级 二地委 | 鲁滨 | 3 | 1 | 1 | 5 | 1 | 1 | 1 | 3 | | | 7 | 7 | | 1 | | 1 | 16 | .5 |
| 县级 二地委 | 计 | 9 | 5 | 2 | 16 | 4 | 11 | 37 | 52 | 2 | 2 | 10 | 14 | | 11 | 44 | 55 | 137 | 4.4 |
| 县级 三地委 | 临沂 | 1 | 2 | 4 | 7 | | 5 | 32 | 37 | 1 | 4 | 3 | 8 | | 2 | 40 | 42 | 94 | 3. |
| 县级 三地委 | 赵镈 | 1 | 3 | 2 | 6 | 1 | 4 | 13 | 18 | 1 | 4 | 4 | 9 | | ~~2~~ | ~~8~~ | ~~10~~ | 101 | 3.2 |
| 县级 三地委 | 兰陵 | 2 | 1 | | 3 | 1 | 3 | 12 | 16 | 1 | 2 | 2 | 5 | | 2 | 8 | 10 | 34 | 1.1 |
| 县级 三地委 | 郯县 | 2 | 1 | 1 | 4 | 1 | 2 | 25 | 28 | | 2 | 1 | 3 | | 2 | 23 | 25 | 60 | 1.9 |
| 县级 三地委 | 计 | 6 | 7 | 7 | 20 | 3 | 14 | 82 | 99 | 3 | 12 | 10 | 25 | | 6 | 71 | 77 | 289 | 9.3 |
| 县级 | 合计 | 26 | 21 | 22 | 69 | 13 | 42 | 206 | 261 | 9 | 33 | 47 | 89 | | | | | 872 | 28. |
| 分区级 一地委 | 邹县 | 13 | 22 | | 35 | 11 | 35 | 35 | 81 | 7 | 38 | 110 | 155 | | 31 | 41 | 72 | 343 | 11. |
| 分区级 一地委 | 费滕 | 19 | 30 | | 49 | 11 | 33 | 29 | 73 | 10 | 44 | 86 | 140 | | 11 | 30 | 41 | 303 | 9.7 |
| 分区级 一地委 | 双山 | 12 | 6 | | 18 | 10 | 30 | 26 | 66 | 6 | 34 | 47 | 87 | | 8 | 29 | 37 | 208 | 6.7 |
| 分区级 一地委 | 温河 | 10 | 30 | | 40 | 13 | 11 | 20 | 44 | 1 | 49 | 116 | 166 | | 15 | 7 | 25 | 275 | 8.8 |
| 分区级 一地委 | 计 | 54 | 88 | | 142 | 45 | 109 | 110 | 264 | 24 | 165 | 359 | 548 | | 68 | 107 | 175 | 1129 | 36.3 |
| 分区级 二地委 | 峄县 | 6 | 4 | | 10 | 6 | 4 | 3 | 13 | | | 7 | 7 | | 7 | | 7 | 37 | 1.2 |
| 分区级 二地委 | 滕县 | 7 | | | 7 | 5 | 8 | 18 | 31 | | 2 | 31 | 33 | | 4 | | 4 | 75 | 2.4 |
| 分区级 二地委 | 临城 | 10 | 1 | | 11 | 9 | 10 | 13 | 32 | 2 | 9 | 61 | 72 | | 9 | | 9 | 124 | 4. |
| 分区级 二地委 | 苑山 | 4 | 1 | | 5 | 4 | 7 | 12 | 23 | | 2 | 22 | 24 | | 20 | | | 52 | 1.7 |
| 分区级 二地委 | 鲁滨 | 3 | | | 3 | 3 | 9 | 7 | 19 | | | 17 | 17 | | | | | 39 | 1.3 |
| 分区级 二地委 | 计 | 30 | 6 | | 36 | 27 | 38 | 53 | 118 | 2 | 13 | 138 | 153 | | 20 | | 20 | 327 | 10.5 |
| 分区级 三地委 | 临沂 | 10 | 4 | | 14 | 12 | 17 | 25 | 54 | 6 | 26 | 47 | 79 | | 11 | 24 | 35 | 182 | 5.8 |
| 分区级 三地委 | 赵镈 | 7 | 27 | | 34 | 8 | 28 | 37 | 73 | 6 | 42 | 45 | 93 | | 13 | | 13 | 213 | 7. |
| 分区级 三地委 | 兰陵 | 4 | 4 | | 8 | 3 | 3 | 12 | 18 | 2 | 10 | 7 | 19 | | 5 | | 5 | 50 | 1.6 |
| 分区级 三地委 | 郯县 | 3 | | | 3 | 6 | 6 | 1 | 13 | 1 | 2 | 15 | 18 | | | | | 34 | 1.1 |
| 分区级 三地委 | 计 | 24 | 35 | | 59 | 29 | 54 | 75 | 158 | 15 | 80 | 114 | 209 | | 29 | 24 | 53 | 479 | 15.4 |
| 分区级 | 合计 | 108 | 129 | | 237 | 101 | 201 | 238 | 540 | 41 | 258 | 611 | 910 | | 117 | 131 | 248 | 1935 | 62.2 |
| 总结 | 各种干部总数 | 144 | 169 | 94 | 406 | 118 | 419 | 1117 | 1654 | 52 | 297 | 667 | 1016 | 6 | 3 | 28 | 37 | 3113 | |
| 总结 | 各种占总数百分比 | 4.6 | 5.4 | 3.1 | 13. | 3.8 | 13.5 | 35.9 | 53.1 | 1.7 | 9.5 | 21.4 | 32.6 | .2 | .1 | .9 | 1.2 | | |

附注：党务干部 区委级：上、书记部长；中、科长、组织干事、编辑……；下、干事及一般工作同志。注：……地委级：上、书记、部长、科长；中、干事；下、一般工作人员。县委级、分区级：上、书记、部长、委员；中、干事；下、一般工作人员。

75 ~~45~~ 46

中共鲁南区各级党委、武委会、各救会编制表（1945年1月3日）

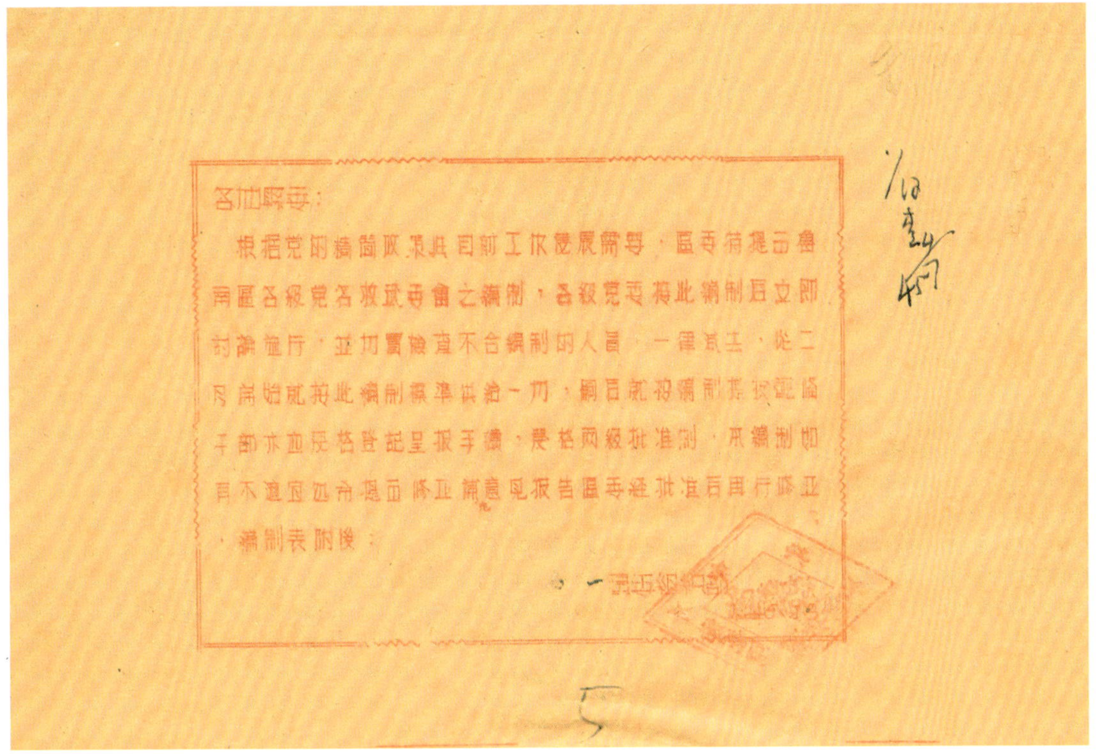

各地区委：

根据党的精简政策与目前工作发展需要，区委特规定鲁南区各级党各救武委会之编制，各级党委接此编制后立即讨论施行，并切实检查不合编制的人员，一律减去，从二月开始就按此编制标准供给一切，嗣后凡超编制者拨配给干部亦应严格登记呈报手续，经过两级批准制，本编制如有不适宜处希提出修正补充意见报告区委经批准后再行修正，编制表附后：

一月三日

# 各級黨委編制表

| 地委 | 書記 | | 組織部 | | | 宣傳部 | | | 秘書 | 政治交通員 | 總計 | 備考 |
|---|---|---|---|---|---|---|---|---|---|---|---|---|
| | 正 | 副 | 科長 | 組織幹事 | 統計幹事 | 科長 | 宣傳幹事 | 教育幹事 | | | | |
| | 1 | 1 | 1 | 1 | 1 | 1 | 1 | 1 | 1 | 1 | 10 | 一、正副書記[illegible]<br>二、組織部的干部工作由該科科長或組干兼<br>三、[illegible] |

手写批注：党校 教導 12；地委文書 秘書 交通員 [illegible] 通訊員 三人；[illegible] 17人；勤務員 6人

| 縣委 | 書記 | 組織 | | | 宣傳 | | 敵工 | | 秘書 | 政治交通員 | 總計 | 備考 |
|---|---|---|---|---|---|---|---|---|---|---|---|---|
| | | 委員 | 組織幹事 | 統計幹事 | 委員 | 國民教育幹事 | 委員 | 幹事 | | | | |
| | 1 | 1 | 1 | 1 | 1 | 1 | 1 | 1 | 1 | 2 | 11 | 一、書記有通訊員一人（增加一名）<br>二、縣以下的敵工部門得屬敵工系統的編制 |

| 區委 | 書記 | 組織 | | 宣傳 | | 總計 | 備考 |
|---|---|---|---|---|---|---|---|
| | | 委員 | 幹事 | 委員 | 幹事 | | |
| | 1 | 1 | 2 | 1 | 2 | 7 | 一、[illegible]書記<br>二、[illegible]<br>三、[illegible] |

鲁南 1945.7.

6

各级[illegible]委會編制表

| 地委級 | 主任 | | 政工組 | 參謀組 | 合計 | 備考 |
|---|---|---|---|---|---|---|
| | 正 | 副 | | | | 一、正副主任[illegible]<br>二、[illegible] |
| | 1 | 1 | 1 | 1 | 4 | |

| 縣級 | 主任 | | 政工副組長 | 參謀組長 | 情報干事 | 二 | 股 | | 合計 | 備考 |
|---|---|---|---|---|---|---|---|---|---|---|
| | 正 | 副 | | | | [illegible] | [illegible] | [illegible] | | [illegible] |
| | 1 | 1 | 1 | 1 | 1 | 1 | 1 | 1 | [illegible] | |

| 分區級 | 主任 | | 委員 | 合計 | 備考 |
|---|---|---|---|---|---|
| | 正 | 付 | | | 一、[illegible]<br>二、[illegible]<br>三、[illegible]（[illegible]） |
| | 1 | 1 | 1 | 3 | |

說明

一、各級[illegible]
[illegible]單位[illegible]
[illegible]單位，區級與區公
[illegible]

二、[illegible]
[illegible]生產干部[illegible]
[illegible]生產干部

各级各救会编制表

| 地区各救会 | 各救会长 | 职工会长 | 农救会长 | 青救会长 | 妇救会长 | 总计 | 备考 |
|---|---|---|---|---|---|---|---|
| | 1 | 1 | 1 | 1 | 1 | 5 | 一、脱离生产形式秘书一人 |

| 县各救会 | 各救会长 | 职工会 | | 农救会 | | | 青救会 | | | 妇救会 | | | 秘书 | 伙夫 | 总计 | 备考 |
|---|---|---|---|---|---|---|---|---|---|---|---|---|---|---|---|---|
| | | 正会长 | 副会长 | 正会长 | 副会长 | 宣传委员? | 正会长 | 副会长 | 组织委员? | 正会长 | 副会长 | 宣传委员? | | | | 一、青救会与武委会兼执干事<br>二、妇救会副会长兼组织干事?<br>三、妇救会生产队长由职工会负责兼?<br>四、各救会与武委会单独成立伙食单位 |
| | 1 | 1 | 1 | 1 | 1 | 1 | 1 | 1 | 1 | 1 | 1 | 1 | 1 | 1 | 14 | |

| 区各救会 | 各救会长 | 职工会 | | 农救会 | | | 青救会 | | | 妇救会 | | | 总计 | 备考 |
|---|---|---|---|---|---|---|---|---|---|---|---|---|---|---|
| | | 正会长 | 副会长 | 正会长 | 副会长 | 宣传委员? | 正会长 | 副会长 | [illegible] | 正会长 | 副会长 | 宣传委员? | | 伙食供给经费等问题，均由区公所负责，不单成立伙食单位 |
| | 1 | 1 | 1 | 1 | 1 | 1 | 1 | 1 | 1 | 1 | 1 | 1 | 12 | |

8

中共鲁南区党委关于鲁南八个月群众运动总结及今后工作的通知

（1945年5月15日）

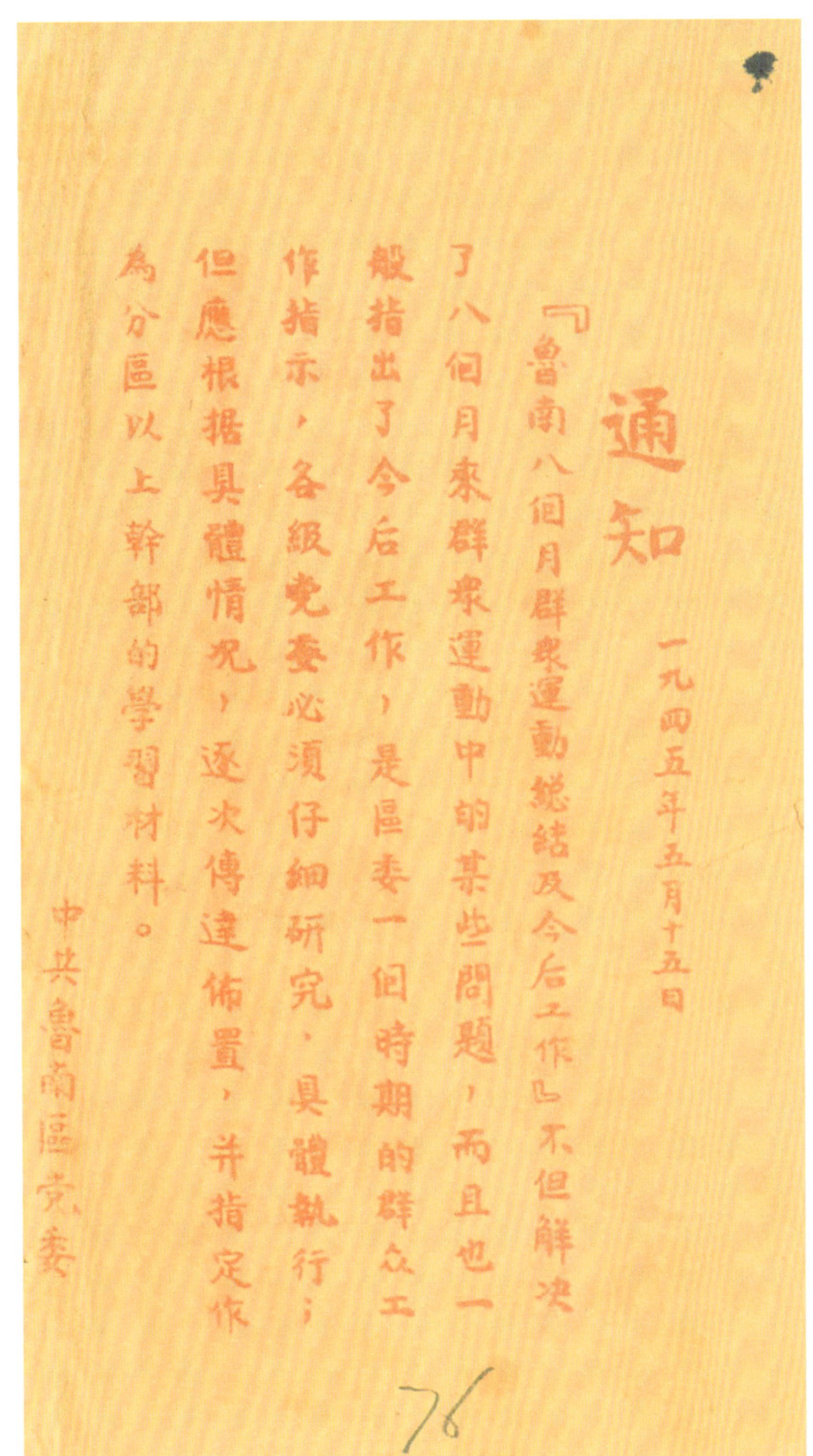

通知

一九四五年五月十五日

「魯南八個月群衆運動總結及今后工作」不但解決了八個月來群衆運動中的某些問題，而且也一般指出了今后工作，是區委一個時期的群众工作指示，各級党委必須仔細研究、具體執行；但應根据具體情况，逐次傳達佈置，并指定作為分區以上幹部的學習材料。

中共魯南區党委

76

附：鲁南八个月群众运动总结及今后工作（1945年5月）

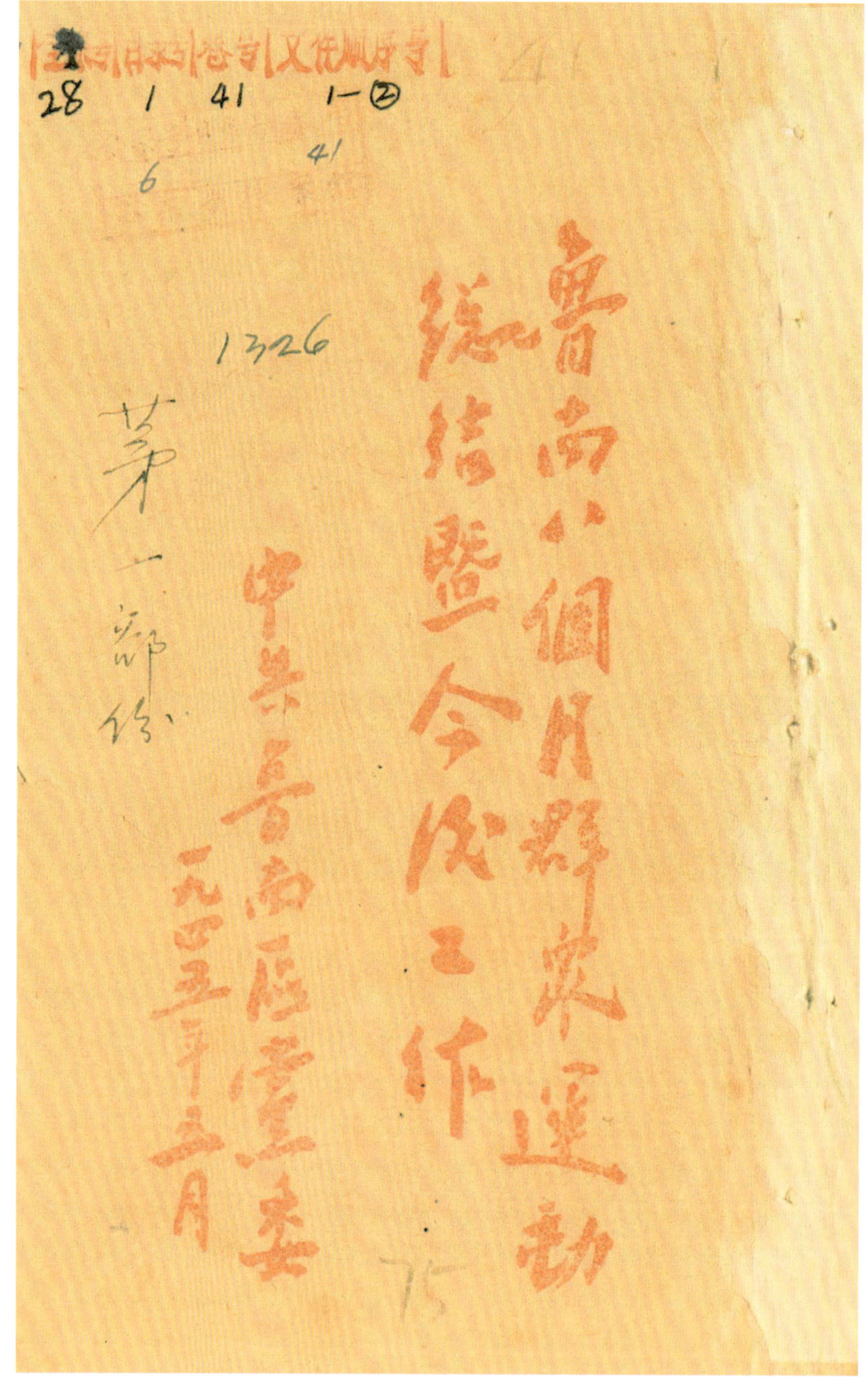
魯南八個月群衆運動
總結暨今後工作
中共魯南區黨委
一九四五年五月

2

# 目錄

## 第一部份：八個月減租減息發動群众的總結

第二部份：幾個具体問題的総結

（見另单行本）

第三部份：今后工作

（一）如何迅速把大生産運動開展起來

一、目前開展大生産運動的幾個問題

二、開展大生産運動中如何結合糾正偏向發動群众

（二）正確的糾正偏向把群众運動納入正規

二

78

3

三

一、如糾正錯誤的認識

二、糾正錯誤的基本精神

三、處理的原則

四、糾正偏向要注意的幾個問題

（三）游擊區游擊根據地群众工作

一、游擊區游擊根據地群众工作的基本方針

二、游擊區游擊根據地群众工作內容

三、游擊區游擊根據地減租減息增資的鬥爭方式

79

四、游擊區游擊根據地的群众組織形式

五、邊沿游擊區領導上的幾個問題

(四)發揚民主反對官僚主義轉變領導作風

一、什末是民主精神和民主作風

二、發揚民主走群众路線是深入群众的关鍵

四

4

# 第一部份：八個月減租減息發動群衆的總結：

㈠八個月群众運動發展的過程：

八個月來的群众運動，由于各個地區過去發展的不平衡、新老地區的差別，以及幹部質量的不一致，其發展情况也是不平衡的，但根据各地區一般的發展過程，可以分作以下三個時期：

第一時期：自四四年七月底孔家汪會議，傳達分局區委关于四個月群工任务的指示，到十一月中旬。

第二時期：自四四年十一月中旬到安山頭會議（十二月中旬）傳達討論區委关于目前群衆運動中幾個基本問題的指示。

第三時期：自安山頭會議以后傳達指示到村（四四年十二月底）到區委幹部整訓會議（四五年三月十五日）

第一時期：孔家汪會議傳達討論分局區委关于四個月群工任务指示，經過廿天的詳細討論，確定以反对右傾思想貫徹查減方針為主，并在會議上展開爭論，各地縣委回去以后，在反對右傾思想、克服縮手縮足、放手大胆的發動群众運動是有很大成績的，從高幹會后，魯南群众運動仍陷于星点開展的滴洗現象，是有了顯著的轉变，在全魯南範圍内大部地區群众運動已開始形成熱火熥天的現象。這一時期的特点：第一、雖一般貫徹了查減方針，但仍多限於反貪污反惡霸鬥爭，查減鬥争或聯系查減鬥爭的都不多，各縣群運的發展也是不平衡的，溫河縣增資比較普遍，查減思想還未打通，還多限於發現租佃关係，（發現三四七三户）趙鎛縣除個别抗屬孤寡以外，絕大部份地主已減了租（約有四〇四九户）、臨沂因地區尚不够穩定，群众怕变天的思想尚很嚴重，這時候主要是反貪污反惡霸鬥争，（當時進行這些鬥争是正確的）十一月初才開始点滴的進行減租鬥争，（當時由于臨沂不少幹部右傾思想嚴重，區委特有給三地委的一個指示：）二地委因剛才開闢，主要是安定社會秩序，只初步的進行了增資工作。第二，在發展過程中還犯政策的錯誤現象已经發生，最普遍嚴重的是侵害地主的人权，「武鬥」成了主要的鬥争方式，打人、綁人、糊泥、罰跪、戴綠帽子游街，甚至糊屎刺尿都已普遍發生，甚至有的已發生個别的打死人打傷人，或消滅地主，鬥争到富農中農貧農身上的現象，在鬥争中不策略的現象相當普遍嚴重。第三、实行了普遍的增資，但因增資過高，損害了富農經濟，如溫河縣一連增資三次，成了「一鐮子」買賣，各縣一般都增的過高，在山區有的增到八百斤到一千斤，并另脚布十五到二十尺，影响到秋后雇工的復業，和僱傭关係的大量減少。第四、群众情緒空前提高，「翻身抬頭」「誰养活誰」「反变天」「跟着毛主席走」，要求着兇旗，要求看毛主席的像，成了比較普遍的現象，竟有了三倍以上

2

82

的發展，群众組織有了六倍的發展，民兵有了两倍的發展；個別縣參軍突然活躍（如趙鐘遥河）。第五、在領導上，只滿足於群众運動的热火燈天，滿足於反貪污反悪霸、鬧鬥争會及群众組織發展的數目字，怕潑冷水，對『左』的違犯政策的現象警惕及防止不够，對下边情况变化了觧不够。

總之，第一時期基本上是正確的，基本上貫徹了查減，削弱封建，樹立基本群众优势的方針，在發動群众上一般有成績，山區各縣氣象一新。

第二時期：偏向更嚴重的發展，普遍形成乱刨乱斗，『刨窮根算舊賬』成了比較普遍的口號，普遍的算情工賬，年限一般很長，嚴重的打擊了地主經濟，大部消滅了租佃关係（遥趙二縣）嚴重的打擊了富農經濟，『刨窮根』的現象普遍發展到中農甚至貧農身上，一般特点是：

第一、執行政策上發生錯誤，把『刨窮根算舊賬』成了普遍發動群众的行動口號，并到處運用，代替了正確的查減方針，對地主刨二遍，有的莊子沒有地主就刨富農，沒有富農即刨中貧農，算舊賬脫離了查減及政策的準則，遥河縣自十一月初到二十日，是鬥争的最高潮，提出口號：『減租減息刨窮根』『打的打回來，罵的罵回來』，開大鬥争會，大吃大喝，自從向全縣介紹由吾區的經驗以后，全縣地主大部被刨光，絕大部份消滅了租佃关係，鄒縣開始提出『刨窮根算情工』，費縣在十二月十日以后，提出『刨窮根』以后，即發生嚴重乱刨的現象，十二月中旬縣各救成立大會上更提出『刨窮根究善月』，乱刨現象即普遍全縣，而尤以七區為甚；双山縣减租已過去，即算情工，乱鬥乱刨，以致發生了人命案件數起；趙鎛縣十一月下旬東輔會議總結三個月工作，仍强調反右，地委××仝志提出『刨窮根算舊賬』的口號，提出『减租减息是刨小根，算舊賬是刨老根』，大大的助長了左的偏向的發展，不到一個月中刨了九五〇次，刨到一四〇〇〇畝地，款一二六〇〇〇〇元，粮食三四〇〇〇斤，即絶大部份消滅了地主，部份消滅了富農，而且有的即刨到中貧農、党員，會員，抗属身上。

第二、發展仍不平衡，二地委個別地區工作開展上有成績，臨沂開始發現左的偏向，如乱鬥打人綁人等現象。

第三、領導上嚴重的官僚主義，对下边情况了解不够，下边已經乱刨的很嚴重，有的地區已經大部消滅了地主，但領導上所了解的還是打人罵人綁人一些不策略的現象；對刨窮根刨錯了方向，還認為是個別的現象，而未引起足够的重視；三地委提出『刚刚鋤頭刨窮根』，一地委也提出『刨窮根』，也助長了錯誤的嚴重發展。

第四、"刨窮根算舊賬"的結果，過趙二縣地主經濟大部已被消滅，發生地主及其他階層的逃亡，根据不完全的初步統計，請看下表：

4

6

| 縣別 | 地主 | 富農 | 中農 | 貧農 | 其他 | 總計 |
|---|---|---|---|---|---|---|
| 費縣 | 二八 | 二八 | 二五 | 九 | 三 | 九三 |
| 鄒縣 | 一〇 | 一四 | 八 | 一一 | 一 | 四四 |
| 溫河 | 三九 | 四一 | 三二 | 一五 | 一六二 | 二七九 |
| 邳縣 | 三四 | 九 |  |  |  | 四三 |
| 趙鎛 |  |  |  |  |  | 一四八 |
| 合計 | 一〇一 | 九二 | 六五 | 三五 | 一六六 | 六〇七 |

說明

（1）趙鎛僅二、七、五、六、八區的材料

（2）因趙鎛原統計是鬥爭后的成份，不可靠，故未分別成份，因而總的成份即無法統計。

5

85

發生會門叛变及民兵叛变，破坏了農村团結，富農害怕，基本群众观望消沉，群众团体内部及支部内部發生了对立不团結的現象，對第一時期發動群众贯徹查减的成効，有了一定程度的削弱。

總之，這一時期某些地區『创窮根算舊賬』的結果，对基本群众雖有一些好處，但脫離了党的政策，影响社會秩序的安定及階級的团結，從這一点來說对我們是得不償失的。

第二時期：安山頭會議傳達討論區委关于群众運動幾個基本問題的指示以后，除了個别縣以外（如臨沂）其他各縣基本上是停止了錯誤的發展，但由于時間過短，四五年一月即開始佈置擁參，以擁參為中心，（安山頭會議傳達到佈置擁參，中間為時不到一個月。）查減即又被放在一边，因此，錯誤即未能得到必要的糾正；其一般特点是：

第一、一地委各縣一般都停止了『创窮根算舊賬』，滙河縣只在新開區進行查減，但对地主過重的打擊和削弱仍未糾正，郯縣一般雖停止，但過重的算帳工仍未糾正，費縣在常庄會議以后，熱潮已過，『创窮根』已告一段落，但個别仍有乱创現象；（如舊年元旦七區北池又發生乱创問題），双山縣一般是停止了，轉入鞏固整理組织及冬學，處理果实，選举學習，戰鬥，劳動模範細。趙鎛縣在各救成立大會上傳達了區委安山頭會議指示，『创窮根算舊賬』是停止了，雖認到是原則的錯誤，但对錯誤的嚴重性体會仍不够，採取不問不管的態度，認為『錯了就是錯了，以后不创即算了』，而未積極糾正，臨沂由于地委傳達區委指示

7

精神上有偏差、也助長了縣區村幹部左的思想的發展，發生一陣乱创，又重覆了温趙二縣的錯誤。

第二、安山頭會議因時間過短、未能展開爭論、以及當時區委的精力大部放在整風，故對下面情況的了解很差，（當時已發生的嚴重情況，尚未具体了解）因而对幹部思想并未真正打通，因此，所糾正的只是打人綁人等表面上的現象。而对于錯誤嚴重的危害，一般尚体會不够，即对於違犯政策的嚴重錯誤也只是消極的停止，并未能積極的糾正。

第三，正由于沒有及时的積極糾正，第二時期犯錯誤的惡果，即繼續表現出來，主要的是人心惶惶不安，边沿鬥爭受影响，根据地生產情緒普遍不高。

第四、領導上開始重視了錯誤的發展，開始注意了「刨窮根」口號有毛病，區委開始研究「刨窮根」口號，并注意搜集下边的情況反映，对「左」的錯誤有了初步認識和体會，但由于官僚主義，情況了解不够，對其危害的嚴重性仍是深刻体會不够的，直到三月區委幹部整訓會議，才有了比較全面的了解和体會。

總之，錯誤一般是停止了，但糾正仍不够積極和及時，在認識上仍不够明確深刻，如果能更早的了解情況，更早的研究問題，更早的体會其危害的嚴重性并積極的及時糾正，不但对工作及政治上的損失不會這樣大，而且某些地區也不會再走湾路，重覆錯誤。

7

## 〈二〉工作检討

從八個月的具体工作中來估計一下我們的成績和缺点：

(1)我們对于整個工作成績的估計是：

第一、八個月的群众運動，由于全党同志積極熱情的工作，我們主要的成績表現在：基本區大部份群众開始已發動起來，雖然在『刨窮根算舊賬』上犯了錯誤，但基本上對建势力的削弱是有很大成績的，基本群众從減租減息增資反恶霸反貪污鬥爭中初步改善了生活，得到了一些经濟利益，久經壓廹的群众開始翻身抬頭，并初步掌握了政权及武装，特別在第一時期，由于貫澈了查減方針，成績是比較大的，這些情况已使魯南根据地起了很大的変化，氣象為之一新。

第二、從有組織的群众和人口的百分比上看，根据几個縣的材料，滙河已到四六、五%，費縣五二%强（包括民兵及識字班）鄒縣三八、五%，双山六一、九%，臨沂二〇、八%，趙鎛六三%，蘭陵五〇%，郯縣三六、四%，滕縣一二、四%，魯南基本區人口以一四〇〇〇〇計算，已達三八%强，説明各縣到六〇%的尚只有双山及趙鎛兩縣，一地委各縣都已超過三五%，三地委臨沂郯縣還差很遠，整個二地委還有不少空白，因此，除了個別的縣以外，一般還距分局要求佔人口六〇%有一個相當距離，但須説明，魯南因一年來地區有很大的擴大，新地區已佔相當數量，新地區的人口几乎等于原人口的一倍，因此，如以當時的地

8

88

8

區人口來計算）山區各縣一般已超過五〇%以上。

第三、工作地區尚不普遍，全魯南根據地村庄共四一八七個，但減租村庄只有一九八一個，約佔三分之一强；再從下面幾個縣的統計上更可以具体看出一些問題：

| 縣別 | 減租徹底村 | 減租不徹底村 | 空白村 | 說明 |
| --- | --- | --- | --- | --- |
| 郯縣 | 二一七 | 二〇五 | 六二 | 十一月統計 |
| 双山 | 八四 | 二六 | 三 | 缺兩個區的材料 |
| 溫河 | 七二 | 一六七 | 一三六 | |
| 費縣 | 一〇四 | 一三四 | 一五一 | |
| 臨沂 | 六七 | 一六九 | 四三 | |
| 滕縣 | 六 | 一一一 | 二三〇 | |

9

另外，据赵镈县統計，（十二月底材料）按充分發動群众的程度來分，有一等村九二個，二等村一五三個，三等村八八個；三等村中有三分之二是空白村，二等村中有少数係减租不澈的；但他們這一統計是『创穷根』以后的經過，『创穷根』祖佃关係已大部消滅，自然就『澈底』了，所謂不澈底的不過是剩了几個抗属及孤寡、未被『创』而已，故統計是不可靠的。

從上表可以看出，山區各縣至今都没有消滅空白，而且减租不澈底的村庄為數很大，一般還都超過减租澈底的村庄；特別『创穷根』以后，情况又起了变化，第一時期的成效又受到了某些削弱，自然在工作上更加不普遍了。

第四、二地委在開闢新地區、安定社會秩序，恢復人民情緒，擴大我党我軍影响，轉变群众对我們的認識上是有成績的，因二地委歷史晚，幹部少，跨铁路，对敌鬥争緊張，因之，曾在查减方面尚只是一般的有些開展，並不能與山區各縣一般來比較，但如果工作上没有開展，群众認識上没有轉变，今年参軍即不會有這樣的成績；但須指出：二地委地區是整個魯南租佃关係較多、土地較集中的一個地區，今后應當成為我們减租减息增資的重点，而全分减租工作尚作的不够，縣委掌握的不紧，縣委不親自動手，仍是老一套作風，尚須二地委全志大大、努力，赶上山裡老地區，把新地區迅速開展鞏固起來。

第五、工作發展上不平衡，不少新開區、新恢復區，還遠在落整個工作的后面，即在山區各縣也表現了相當的不平衡，有的縣减租尚未有很大成効，即又重覆了山裡滥赵兩縣『创

10

窮根算舊賬』的錯誤。

小結：基本上我們的成績是很大的，如廣大群眾被發動，生活初步改善，封建勢力被很大的削弱等，但因新地區較多，故尚未完成分局的任務，工作上不平衡、不普遍，有的還陷于表面、形式，特別是第二時期『刨窮根算舊賬』以后，削弱了既有的成績，必須今后大力開展，才能趕上新形勢的要求。

(2)減租：根據十一個縣一年來（四四年一月——四四年十二月）不完全的統計：減租村庄一九八一個，發現租佃关係一九一七五，減租地畝一七三一三四四畝，減回粮食三九八七〇四三、五斤，錢四七七五、五元，地瓜三四五四九一斤，花生一五九四八九、五斤、土地一六六八畝，棉花二八七二、五斤，菸二五三七斤，青菜一四三〇斤，蘇二一捆，葡蔔二三五〇斤。

小結：第一、減租是有成績的，基本群众確是直接得到不少的利益，对地主的經濟优勢，給了不小的削弱；第二、但這些成績還多是第一時期的收獲，在『刨窮根算舊賬』以后，即形成乱刮乱鬥，有些地方已消滅了租佃关係，和地主經濟，犯了政策的錯誤：（政策檢討下边再說）第三、減租還不普遍，查減還不貫澈，即在這些既有成績中，還有一些是明減暗不減，有的還不是處於農民的自覺自願，而帶有命令強迫的情形；第四、以上成績多是山區各縣統計，二地委各縣租佃关係比較多，地主經濟佔优勢，應當是魯南減租的重点，今后要特別重視這一任务。

(3)增資：增資村庄一〇二〇個，僱工一七三〇五人，增資糧食八三五〇五六三斤，錢一三九七四元，布二二九八七六尺，（以上是十二個縣不完全的統計）最高工資有到一二〇〇斤的，（山區）一般都增加过三次。

小結：第一、增資鬥爭是有成績的，而且一般是比較普遍，第二、增資鬥爭是首先發動的，僱工的發動其組織比較快，並成為以后群眾運動的骨幹；第三、但由于我們增資过大的結果，也打擊了富農經濟，造成了普遍的嚴重的僱工失業，大半是『一攬子』買賣，增完資下工后即不幹了，不少僱工參了軍，今天山區各縣僱傭关係已非常有限，這是錯誤的。

(4)減息：根据十個縣不完整的統計，發現息借关係二七二七户，減息村庄九二七個，減回錢本幣一二〇三〇八六、二元，偽幣二一七〇元，糧食六〇六七九三三、三斤，土地六二九、六畝，花生六三八五斤，油一六六三斤。

小結：第一、八個月群眾運動中，我們是注意了減息工作；第二、但在『創窮根算舊賬』時

12

中，減息工作又犯了錯誤，不少債务关係，已清減的，又都進行找回，退息有退九十年的，不少地主、富農因此消滅，不少中農因此破產，這是我們犯錯誤中，共算情工同樣的一個主要問題；第三、有的基本群众並未得到好處，我回后也有被動員『自動』出來，歸公分配了。

(5)群众鬥争：根据十個縣不完全的統計，共鬥争五四五九次，（內查減二二六九次）斗争果实粮食三五〇五一八三、五斤，錢一四〇七〇七五〇元，土地三〇二三六、七畝，槍六一〇支、子弹一六六〇七粒，猪三八四口，牛二一一頭，驴八三頭，羊一二三五支，宅子二大所，布一二九四尺，花生五六〇四六斤，油六五四斤，菸一〇三六斤。

小結：如果单從數目上看，成績是不小的，但當中都存在了問題：第一、查減鬥争二二六七次中，包括了第二時期的『算舊賬创窮根』在內，因此，有些不是地主的超經濟剝削，也算成了情工，而且是正貫澈查減的斗争是不多的；第二、群众鬥争中『创窮根算舊賬』是打垮地主經濟最嚴重的辦法，一般地主一算即垮，也是我們犯錯誤的主要問題，而且在這些鬥争中，還包含不少的富農中農甚至貧農成份，請看下表：（不完全）

| 縣(區)別 | 地主 | 富農 | 中農 | 貧農 | 其他 | 不詳 | 合計 |
|---|---|---|---|---|---|---|---|

| | | | | | | | |
|---|---|---|---|---|---|---|---|
| 費縣 | 五七六 | 七七七 | 四七〇 | 一一〇 | 一四 | 二一〇 | 二一五七 |
| 趙鎛 | 八一 | 一八一 | 二六三 | 六六 | | | 五九一 |
| 蘭陵 | 四六 | 四六 | 三〇 | 八 | | | 一三〇 |
| 鄒縣 | 一五三 | 一三五 | 一四一 | 三二 | 一九五 | | 六五六 |
| 総計 | 八五六 | 一一三九 | 八〇四 | 二一六 | 二〇九 | 二一〇 | 三四五六 |
| 說明 | (1)赵鎛縣係五區之材料<br>(2)鄒縣係反貪污之材料 | | | | | | |

這裡需要說明一点，鬥争对象的成份統計，並不能完全說明我們創錯了方向，因為魯南山區有好多本身不是地主，但却有恶霸行為，并确為群众所痛恨，而且有的還是從地主轉化而來的，以前确有恶霸行為，這種情况是可以作為鬥争对象的，但我們必須注意，階級成份

14

94

是决定政策的根据，而其政治上行动只能决定策略；因此，即使对有恶霸行為的富農中農成份，我們在政策上也應與地主有所區別，所以從成份統計上可以看出，我們掌握党的政策上是不穩的，可以作為說明我們亂劃"亂斗"的材料之一。

第三、這些鬥爭果实是不是全部到了基本群众手裡了呢？應歸私人的，大部份是到了基本群众的手裡，但有部份被動員"自動"献出歸公分配的，而一般果实的處理是不妥當的，如部份入合作社，但合作社貪污腐化是一般的現象，（如羌阳司，九十餘萬元，法幣弄光了大半，大炉两萬餘元（北幣）也有一半不知下落），基本群众得到利益很少，真正為群众服务的合作社，却是個別的少數，另一部份被村幹或投机份子所貪污了，個別村幹沾了光發了財；再一部份果实迄今尚未處理，有的把公款大吃大喝隨便浪費了。

第四、由于這些鬥爭果实處理不適當，造成了整個農村以及群众团体內部的不团結不融洽，而影响了群众团体的鞏固；因此，群众鬥爭的結果，不可否認基本群众是得到了一些好處，但相反也發生了一些不良惡果，影响了工作的開展和提高。

(6)群眾組織的發展：十一個縣不完全的統計：工會發展到一八八三六人，農會到一四二四八二人，青年到三九五三三人，婦救會到一三五三二三人，姊妹团二九九〇〇人，兒童团到九七一八九個，共計四六三二五六人。

小結：第一、在八個月群众運動中，群众組織是空前的大發展，較之於去年八月以前的六二〇〇〇人，已经有了七倍的增加；第二，這些群众組織大部是從群衆鬥爭中發展起來的；（當然也還有的是和平發展或上名册的。）第三，但群众組織内容不充实，過去的作用大半還限于鬧鬥爭會，特别未能充实以生産的内容，使生産作為群众組織的主要内容；第四，自第二時期以后，由于『创窮根算舊賬』犯错誤，引起群众組織内部的分歧不团結，一部群众消極，削弱了群众組織的力量；第五，二地委是佔人口最多的一個地區，雖然有成績，但未統計起來，回去要好好総結一下；第六，縣以下領導機关，雖多建立，但系統領導不起作用，内部民主生活非常差，仍陷于党民不分。

（7）民兵：已發展到四三七四八人，最好的發展到人口的五、三%、（趙鎛）山區各縣都在三%以上，槍支增加了一萬多支，抗戰積極性較前提高，從去年八月到今年一月，大小戰鬥二四九六次，出現了不少民兵戰鬥英雄和模範。

小結：第一、民兵數量發展是不小的，山區各縣一般接近了五%，但由于發展的快，成份不够純潔，政治教育差，尤其支部掌握民兵差，而对于『掌握了武装才能鞏固勝利的果实，保衛既得的革命利益，保証自己的优势』認識不足，因此各地發生民兵叛变，值得警惕；第二，山區各縣一般経过了去冬的大練武整訓，但多形式表面，學主力的一套，戰術上不灵活，以致有的遭到不應有的損失，（如屯山廠、黄山澗）第三，民兵槍支增加不少，但不少

16

12

是出於派槍罰槍，不合政策，影响不好。

(8)發展党：根据一年來的統計，十三個縣已發展到××××人，約為原數之三倍，其中，僱工貧農成份佔七六、九%，中農佔二〇、大%，地主富農佔二、二%，党員分佈已佔根据地村庄的四八%，佔全人口的、九%。

小結：第一、在群众運動中党是空前的發展了，超過了高幹會發展到一萬党員的任务；第二、這些党員的發展，是在群众鬥爭中發展的，從成份上可以看出，僱工貧農佔了七六、九%，為總數的三分之二以上；在整個魯南党的成份上是有了新的改變，（過去中農多）這對整個党內工農成份是加強了；第三，但這些新發展的党員教育差，組織的鞏固不够，還有個別的投机份子滲入以及個別党員的变質，特別在「窮根算舊賬」以后，引起党內的宗派鬥爭，鬧不团結，因此如何整理鞏固，還是一個極重要的問題。

(9)提拔培养幹部：在群众運動中共提拔培养了群众团体的區幹八九七人，村幹四九二九人。

小結：第一、提拔培养的幹部是不少的；第二、但由于工作需要，提拔不够嚴格，特別是村幹部有少數坏份子和投机份子也被提拔到領導崗位上來，而一般村幹由于領导及教育不够

17

97

相當普遍的發展成新官僚，甚至貪污腐化脫離群众，有的坏份子也尚未清洗下去。

(10)參軍：根据不完整的統計，運河、双山、鄒縣、費縣、參軍月共新參三三〇一人（內主力二六三三人）滕縣、嶧縣、臨城、邑山、兗濟、趙鎮六個縣八個月來共參軍七一四〇人，蘭陵共參軍六二三人，總計一一〇六四人，僅運河、双山、鄒縣、費縣、滕縣五個縣的統計，党員即有五七九人。

小結：第一、今年擁軍月以前，各縣即有自發的參軍行動，（當中一部份是下工的僱工）擁軍月更形成參軍的热潮，補充主力及地方武裝一個不小的數目，充实了党軍，是一很大的成績，如果沒有八個月的群众運動，這一成績完全是不可能的；第二、如果我們放手參軍，數目字将會超過現有數目的一倍以上，由于顧及到今后工作問題、生產問題，以及人民負担，曾經一再限制，這說明群众擁軍的热情及对党軍認識和信仰的提高；第三、新參軍成份好，多是青年，不少是區村幹部帶頭參軍，党員數目很大；第四，但為了完成任务，下邊：部份有変相收買現象，如荅應對抗屬負全責，只要去參軍某就行；同時在送參軍，花錢太多，多派党村中之斗争果实，有的並增加了人民負担。

(11)改造村政：根据十個縣不完整的材料，共改造村政一三二二個。

小結：第一、山區各縣多是群众真正發動起來以后，開始了村政改造，但由于以后發展

13

了乱鬥，因此乱改村政的現象也存在着；第二，山外及新開區多是反貪污反惡霸中進行了改造村政；第三，但一般村政建設還很差，也未引起注意。

(12)冬學：根据九個縣不完整的材料，冬學共有三三四八處，冬學學員一九七〇八人。

小結：冬學運動是在群众運動的基礎上發展起來的，對政治教育、前途教育以及動員參軍、進行坦白反省，是有成績的，但擁軍月后垮了一部，及時轉变成莊戶學不够。

(13)紡織：根据六個縣的統計，共有紡織合作社七五八個，紡車二三三〇一輛，股金二四二九、五元，社員六四二五五人，紡織貸款五五六六八九元，（係工商局的統計）

小結：第一、紡織事業至今尚未很大的發展起來，現有成績距我們的实际需要還很遠，特別要爭自給布匹，還是一個相當繁重的任务，說明領導上注意還很差；第二，婦女組織起來以后，及時轉入紡織生産還很差，說明婦女工作的内容還是很貧乏空洞的，婦女幹部普遍未重視這個重大的任务。

19

99

（三）領導問題

一、政策上與政治上的檢討：

（1）土地政策是我党抗日民族統一戰線的土地政策，根据中央的土地政策——一方面要实行減租減息增資及建立三三制的政權，達到削弱封建勢力在經濟上政治上的剝削與統治。（但并不是完全消滅封建剝削。如消滅租佃関係，如参加三三制政權等）只有实行減租減息增資，才能改善基本群众生活，提高生產積極性與抗日救國的热情，并保障農民（僱農在內）的人權、政權、地權、財權，我們承認農民是抗日與生產的基本力量，故党的政策就要扶助農民減輕地主的封建剝削。

另一方面，在实行減租減息之後，还要实行交租交息，因為我們承認地主的大多數是有抗日要求的，一部開明士紳并且是贊成民主改革的，所以党的政策，僅是扶助農民減輕封建剝削，而不是消滅封建剝削，更不是打擊贊成民主改革的開明士紳，故不僅保障交租交息，又須保障地主的人權、政權、地權、財權，藉以联合地主階級一致抗日，只有對於絕對堅決不願改過的漢奸份子，才採取消滅封建剝削的政策。但如像我們隨便沒收東西，（如大部庄）有的區干还没听說過要交租交息，對掌握與执行党的政策根本是談不到了。

同時我們承認資本主義的生產方式是中國現時比較進步的生產方式，而資產階級特別是小資產階級和民族資產階級是中國現時比較進步的社會成份與政治力量，富農的生產方式是

20

100

14

帶有資本主義性質的，富農是農村中的資產階級，是抗日與生產的一個不可缺少的力量。小資產階級民族資產階級與富農，不但有抗日要求，而且有民主要求，故党的政策不是削弱資本主義與資產階級，不是削弱富農階級與富農生產，而是在適當的改善工人生活條件之下，同時獎勵資本主義生產，與联合資產階級，獎勵富農與联合富農。但富農有其一部份封建性質的剝削，為中農貧農所不滿，故在農村中实行減租減息時，對富農的租息也須照減，在對富農減租減息後，同時須实行交租交息，并保障富農的人權政權財權地權。

經營地主其待遇與富農同。

上述三條基本原則，这是我党民族統一戰線及其土地政策的出發点。只有堅持实行这些原則，才能鞏固抗日民族統一戰線，才能正確處理土地問題，才能联合各階層支持民族抗戰，總之其目的就在於把可能爭取的人都爭取回來，而使日寇和大地主大資產階級完全陷于孤立，一切過左過右的偏向，都是不能達到这個目的。

(2)根据土地政策的这個標準，檢查八個月來在群众運動中，我們在執行政策上犯了些什么偏向與錯誤：

1.侧錯了方面：由于不了解政策也不會分析階級，以致把富農當成地主對待，或不認識是削弱封建勢力而是朝着有麼的來，还有的把農民間的鄰舍相助，如幫忙起墻蓋屋等，以及陳年百代的地界石，小孩鬧仗，豬拱花生等也一樣翻登出來，致有些人認為有東西就有罪

21

101

、没東西就没罪了；有些農民則說『究竟則是刨事呢、还是刨地呢？說刨事呢、俺没虧過人家，說刨地吧，俺地不多』，因而有些人就感到年頭世道不對啦，整天怪毛登的，这就是因為我們『刨窮根算舊賬』刨錯了方向，結果刨到富農中農甚至貧農佃户和抗屬身上，在不少的地區，由于過高的增加工資，特别是又經過『刨窮根算舊賬』，不但嚴重的危害了富農經濟，甚至在某些區村中已經消滅了富農經濟，这是嚴重的原則錯誤。

2.在某些地區变相的消滅了地主，對地主一般由算舊賬，有的把已了之賬（如情工息借関係）又重新翻起來，且算賬年限過長，如由吾算五十一年情工，找地六十畝，有些不够的，还得立約該着，有的根據財産作標準，有的地區更把地主的傢具甚至蔬菜等也都算了去，而個别區形成变相的『亂搶』現象，如費縣七區北池，共五二戶人家，中農多、不好開展工作，週圍各莊联合去搶了，三十二家受到損失（見什么拿什么），全區地主都变成中農，这樣实際上成了消滅地主、消滅封建剝削，使地主感到没有出路，这是違犯土地政策中保障地主地權財權的原則錯誤。

但『刨窮根』是不是絕對錯誤呢、如果不作為行動口號，只當作党内教育，而且與減租減息相結合，作為減租減息的解釋，為的是通俗并易為群众所接受，是可以的，但也有毛病，毛病在於不明確，模糊，不合統战政策。至於『算舊賬』也不是絕對的錯誤，情工賬，特殊的情形（如大店長辛橋）一定的年限（根据八十訓令）是減租減息的一部份内容，是可以的，但脫離開

102

15

蘊藏，并成為普遍的行動口號，普遍的進行則成為一個錯誤。

3、在領導上不懂的統一戰線的鬥爭方式，因此承認甚至強調了農民的非法鬥爭，以致普遍的嚴重的助長或提倡了以下的偏向和錯誤，在村裡好多是：

①不與坏蛋說話，不與被鬥者反講：

②村干或村团部隨便亂押被鬥对象。更有所謂『打破情面』不尽人情的鬥爭，如莒縣某村識字班長領導鬥其父後在家庭遭到孤立，不管其結婚的嫁裝，而區裡又不能解決，於是即自殺了。又如保合庄朱瞎子說：『八路軍不與講情面的，你就是我舅，今天也得叫你坏蛋』。

③對被鬥的進行人格侮辱——如隨便称他們為漢奸頑固、惡霸、坏蛋、地主，狗腿子、二流子、破鞋，剝削份子（即挑撥份子）搗乱份子（破坏份子）、投机份子、隨便叫他們戴綠帽子遊街戴孝帽子等。

④對鬥的用刑——如綁綑，吊打，跪押，糊泥，糊屎刺尿、凍刑等，更有在鬥爭会上打死逼死和打殘廢等。

⑤不給坏蛋路条、孤立挨鬥的、一般的被鬥爭者都不給路条，連赶集都不准赶，甚至有的都買不到鹽吃。

⑥乱鬥、保合庄因小孩子上學說一句話，罰四畝地，还有少數封門（臨沂）

23

163

和個别驅逐出境的。

⑦更有所謂「自動」的（即強制的攤派）。

由於某些干部狹隘的報復思想與慈善觀点，致承認了某些落後群众的以小擴大，隨便要價，如車輞曾有兩個燒餅折過來一畝地的事，趙鎮八區一個碗賠洋六百元，再則由於領導上的放任官僚，於是投机份子「誣賴好人」，例如趙鎮縣五區保合庄一婦女赶集，回來時一個本庄男的在路上叫他歇一歇，这次在会上他說人家強姦他，罰了三丈紅綾子，八區迷龍汪一個小孩過去偷了人家的辣椒子，被人家看見了喊了一声，小孩即把辣椒子丢掉跑回家，告訴他母親偷人家椒子被看見追回來，他媽立時去罵了一陣，說把小孩嚇掉了魂，吃了多少药，化了多少錢，結果賠了四塊錢。相反的却有不少佃户，不但沒有得到適當的利益，反而把過去租種的土地，大都被別人劃去，使佃户無地可種，同樣地主典當給窮人的地也被劃去不少，如車庄地主典當給窮人的地被別人劃去，而窮佃户自己却一無所得。

5、有些村的鬥爭果实是按等均分的，即無產者多均，貧農少均，中農更少均，或有些中農以上者各自應得的果实也被「自動」出來，而有些未参加鬥争的貧農反而得不少的果实，这都是由於「均產」思想在作怪——此外还有不少地區發現強迫派槍的現象，（如按地畝攤派）也有很多是不合理的包槍行為。

6、在以上这些問題上都是不合我党土地政策的過左行為，但这些左的偏向究竟

24

104

給我們党在政治上有那些危害呢，檢討起來：

①由於創錯了方向，再如之一些干部或投机份子，獨霸鬥爭果实或假公濟私，有的根本沒處理，也不公佈賬目，所以引起群众的很大不滿，以致疏遠了党與群众的联系，造成了党內、干部間、群众間的不团結，甚至干部和群众的對立，因而混乱了社会秩序，使的群众過日子和生產情緒大為降低，不但有的庄沒有心腸生產，就連基本群众也怕過富挨鬥，更有些認為生產还不如坐着創着吃便當，所以得到之些果实也就不願好好下力生產了。同時腐化了村干部，也助長了部份群众與干部狹隘報復思想——雖然我們本心想多給群众一些好處，但結果反闹的損害了群众的利益。

②因為違犯了党的土地政策，使的不少地主惡霸投敌依頑堅決反我，故影响了對敌偽軍偽組織的爭取瓦解，敌佔區工作之進行，以及边沿區和新開區的堅持鞏固，以致不断發生民兵區中隊叛变投敌，某些边沿區又搞起会門來與我對抗，總之使削弱敌人的工作大受影响，相反的且促成了敌人的擴大和戰鬥力的提高。

③某些地區的領導上不但沒有加强，且受到削弱，如原則性降低了，組織制度混乱了，群众团体也削弱了，包辦代替脫離群众的作風，以另一種形勢繼續存在，且有發展，而官僚主義和自由主義是相當普遍與嚴重。

總之，這些左的偏向在某些老地區已經成為目前主要的危險；這些左的傾向缺点錯誤發生的主要原因，首先就對革命的性質與党的基本政策缺乏研究和了解，不少是認為革命是『左』的右，批評他『左』还滿意，批評他右就不高興，其实『左』右还不就是联褲子，當然在群众開始發動起來的時候，『左』是可能的，而且是難以避免，但正因為这樣，才越顯得領導的重要，群众『左』，領導上則不能『左』，我們提出群众『左』的必然性，不是說不要緊不要糾正，相反的，是要領導上更加注意和掌握，否則还要領導幹什么?!事实上『左』的危險，在群众还不是主要的，主要还是我們干部『左』比右好的思想作怪，尽管現在『左』的偏向是主要的，但另一方面，右傾思想也是存在的，具体表現在：

(1)對查减任務採取避難就易，缺乏堅决貫澈的决心和信心，認為查减不能發動群众，不能成為热烈的運動，而一般是反貪污反惡霸和剝削根據實際代替了查减任務，以致不少地區减租的工作没有領導去作，有的作了也不澈底，更嚴重的是不但佃户應减的租没有减，而且佃地主的結果，有些佃户種的地也大部被別人倒去了！有的甚至群众與地主[illegible]地，同樣被人倒走，这些都是思想上階級路線模糊的具体表現。

(2)在群众運動中做了群众的尾巴，我們的工作很多落在群众的後面，群众動起來了，我們不能有組織有把握的推動領導他們前進，特別對群众的[illegible]經濟要求，我們未能說服糾正，有些同志，甚至為了抬高自己個人的信仰，[illegible]群众落後心理和要求，都是右的表現。

26

17

(3)當群众運動中嚴重的違犯了政策(如刨窮根算舊賬)需要適當的糾正時，許多同志便對工作没有信心，認為这樣一來不是給群众潑冷水、給地主反攻機会嗎？这樣想法同樣是右傾思想在作怪。

此外还有些事情也是不好的，如有些同志本来認為乱刨乱鬧是錯誤的，但因為怕戴地主思想帽子，怕説抱粗腿，所以明知是錯誤的也放其錯誤下去，更有的為表白自己没有右傾思想於是領導者有盲幹一氣，而一般的表現是對群众力量估計不够。

以上無論"左"傾和右傾都是違犯政策的，因為只有不左不右正確的执行政策，才能發動群众樹立優勢，也才能團結各階層，共同对敌，戰勝敵人。所謂正確的执行政策就是：要發動群众要联地主，要减租要繳租，要貴增要增加生產，要打要拉，要鬪爭要團結，拉打分時期，分輕重，灵活活運用，永远联成一氣不可分離，我們應該很好的記取这些經驗，要確实経一事就要長一智，今後切不要扶其東來又倒西，再不要这樣"左"右搖擺，重發翻地瓜秧子的錯誤。

總之，由于我們對于抗戰時期一切應該服從戰爭，一切為了戰爭勝利，这一總的方針認識不够，故在执行政策中就發生偏差，(只顧群众眼前利益，忽視遠大的利益)以致犯錯誤，这個認識今後在思想上必須明確起來。

27

107

二、組織領導檢討：

（1）組織領導上的鬆懈、甚至形成放棄領導，也是八個月群众運動中產生錯誤的原因之一。特别在第二時期，不少地區發生了『創翻根算舊賬』以後，这一情形即更嚴重發展。

第一、在開始佈置工作時，大家对『放手大胆』的精神实質，体会上有偏差，雖然在以後執行過程中，也曾經提出重要鬥爭必須經過分委的討論和掌握、一般鬥爭必須通過支部的討論和掌握，但由于首先在領導上，一方面惟恐經過这些手續，会束縛群众運動，另一方面也强調了時間的拖長，必会使群众情緒受到影响，在客观上对群众潑冷水，因此、鬥爭一般的都形成了自流。

第二、區委地委由于集中整風、把实際推動檢查群工的任務交給了縣委分委，而縣委分委又都未認真推動檢查。因此，在鬥爭中，即形成几個村干的包辦、命令、强迫、不少鬥爭不但不是由支部分委掌握的，而且甚至也不是通過群众搞起來的，（車輞東家到做活的，區村都知道，因為是村干又兼参軍，就不糾正了）

第三、領導上發現左傾過火的問題、有的已發現，但惟恐說是『大驚小怪』而力持鎮靜不提出來，对于部和群众惟恐『潑冷水』，而不加强政策教育打通思想、而未貫澈糾正偏向的决心、实際形成放棄領導。

第四、在强調以突擊精神完成發動群众的中心任務中，表現了嚴重的重視工作輕視學習

28

108

18

的偏向，不少同志的工作热情很高，但政策水平很低，又不學習，以致党的指示，党報社論上不断指示的問題，有的没有被我們所深刻領会，有的被根本忽視，領導上对大批新干部的教育不重視，对他們的思想情况的了解與掌握是很差的，他們有着農民的狭隘報復性，如不從思想上啟發教育，發生嚴重偏向是難免的。

(2)嚴重的官僚主義，不了解下邊運動發展的具体情况，是八個月來自上而下的缺点，

第一，不但區委对情况了解不够，（而邊地委縣委甚至分委同樣也不了解情况，）温河縣委在三月佈置生產的干部会議上才開始了解到問題的嚴重，三地委直到干部整訓会議，經過檢查了解了几個庄的情况，才体会到「劃窮根算舊賬」為害的嚴重；一地委对費七區的問題很久時間，未抓緊解决，而不清楚嚴重的程度，对今年群众的生產情緒不高，發現與指示上也過晚，區委一直到干部整訓会議，才開始了解到問題的嚴重，某些縣區的問題大体知道嚴重，但未抓緊組織檢查，致使錯誤拖長時間與擴大範圍。

第二，片面听取村干的反映，而不能深入群众，真正听取群众的意見，群众对「劃窮根算舊賬」已經表示怀疑、不同情（如開槍問題找農民互助帮工的問題，打人糊屎等），但我們領導上还只限于村干的反映，滿足于鬥争的轟轟烈烈；有的村庄由于「劃窮根算舊賬」的惡果，群众組織内部已開始削弱，甚至消極，但我們領導仍听村干的意見，認為是坏份子搗乱，而不能很

29

109

好的注意了解。

第二、民主作風很差，党内思想閗爭有『左』的偏向，打通思想要求急，形成逼、反右傾反地主思想，有些絕對化、影响下面干部有些不敢提意見、怕反映意見，被批評為地主思想、群众观念不強、分區一元化領導，也多形成支書一人包辦，有的干部反映『啃是磨道裡的驢、听吆喝声』，村干对群众更缺乏民主作風、許多工作都是包辦命令、有的群众反映意見，即被戴帽子、說是抱粗腿，以致上下隔閡、群众不敢向村干提意見、村干不敢向區干提意見、區干又不敢向縣委提意見。

第四、对情况不進行調查研究、如对八個月來的閗爭，各個閗爭对象的成份，連分委都不了解，对本縣群众閗爭中逃亡户，其成份階層等，縣委分委也不清楚，对閗爭後一個庄的階級变化，各階層的反映，一般的都不知道，甚至有的地區連自己有多少党員、多少有組織的群众都不了解。

第五、一般未实行一般號召與個別指導的領導方式，區委未作基点工作，地縣分委对此工作亦重视不夠，有的縣有基点，但没認真作、起的作用不大，未能起創造經驗推動全盤之作用，在思想上認為基点工作可不作、干部思想不艱苦，不顧多費腦子，習慣于滿天飛、一般化的方式），不顧作具体指導去積累研究經驗，有的區的基点只是區干開会集中的庄子、有的區委干常住的庄子，但不了解情况也無經驗，（如費六區苗庄）。

30

110

19

第六、領導上官僚主義的結果，助長產生和助長了村干中相當普遍的新官僚、嚴重的貪污腐化命令強迫脫離群众甚至有些支部遭到了群众的反对。（詳細情形另有總結）、

（3）党民不分、一鍋粥各個系統不起作用是相當普遍的現象。

第一、群众工作是全党的中心工作，党政軍民都應當作中心是完全对的。但我們在执行中、却陷于党民不分党委包辦代替，群委或各救的領導，各救会一般未起其應起的作用，魯南各救除了開始佈置時有個指示號召以外，八個月來未發過指示、未檢查過工作，，縣區各救雖成立了但陷于形式，沒有實際起領導作用，一地委群委很久未建立起來。

第二、工農青婦武各個系統 在八個月中，是糾正了各個系統孤立的各自為政的偏向，但所謂圍繞中心變成了只作中心、不作部門工作、党委分配任務是大家都搞群众鬥爭，但不注意部門工作與中心任務的結合、因此即形成了一鍋粥，；而在領導上，又放棄了系統領導，八個月來各個系統沒有指示檢查過工作。

第三、通過系統、發揮系統作用，完成中心任務是很差的、各個系統对中心工作都是一般化地進行工作 对工作都是突擊、干部都是分派到一個庄上、作一個庄上的工作，而对于各個系統的工作、即形成忽視，；開始開關工作時工作組方式是必要的、但滿足于这一方式不及時建立系統領導是不对的。

（4）支部在群众運動中的堡壘作用，材料不多、但一般是作用不大。

31

第一、支部未掌握每一個鬪爭，形成自流，分委向支部傳達佈置工作不認真，支部不能掌握全村工作、支書弱兼职多、領導上未重視以支部作党的基層組織、对支部工作中的問題與經驗很少研究、

第二、不少支部存在嚴重的脫離群众現象、对群众命令强迫、对群众情况不了解，对上边不反映意見。

第三、個別支部為坏份子所掌握、在群众運動中起破坏作用，不能保証群众組織内部的团結一致、

〈5〉總結檢查工作鬆懈、影响了交流經驗，及時了解情况，糾正偏向。

第一、自上而下的總結檢查不深入形式及時發現問題解决問題很差、尤其縣委及區委也經常按時總結檢查工作、但錯誤及偏向很久未被發現也未注意、如費縣某分書很不想費腦子，他說："總結工作就頭痛，不如拿二斤粮票僱個人給咱總結一下"雖是笑話，但也說明不願用腦子。

第二、區委原規定兩個月檢查一次、四個月總結一次，但未执行；地委原規定兩個月總結一次、亦未执行。

第三、詳細具体的檢查一兩個村庄，并從中發現問題，有助于整個全盤領導，一般是很差的，各級群委在这方面起的作用不大。

20

第四、向上級報告不及時、不深刻，區委規定的工作簡報制度，一般未执行，一地委尚有一次群工簡報、一次摘叅簡報、二地委有兩次信，三地委八月份有過一次工作簡報，以後即不执行，没有一次報告情况的信件，各縣一般没有，即靠近區委的濕趙二縣，經常報告也不多，使上級了解情况受影响。不能及時注意糾正偏向，（同時上級主動的檢查也差），有的向上級回報不肯老老实实的回報問題，不説偏向錯誤，只提成績，使上面看不去問題来，如最近鄚某區給縣委的報告上寫：『各村的互助組大部份組織好了，植樹大部、都栽上了，植棉都有準備，各村都能超過計劃，每人種二分，干部生產有的同志背着糞来拾糞，在实際當中行動起来了。至于生產到底怎樣的互助組如何組織的，有何問題？如何解决的？都未提，只满足了『都組織啦』、『準備了』、『行動起來了』』——這是党八股空式的報告，這是史大林同志所講誠懇説空話的人，這樣的報告对上对下都没有意義。

三、區委領導的檢討：

八個月的群众運動當中，我們在工作過程中是發生了不少的偏向，也犯了原則性的錯誤、這些偏向與錯誤，主要由區委負責，具体的説起來有以下几個主要問題：

（1）根據區委八個月孔家莊指示與十二月發出頭指示来檢查，這兩個指示本身还没有發生『左』的錯誤，但根據今天的認識来檢討是有缺点的，首先在孔家莊会議上貫徹反右傾思想，堅决执行分局任務是正確的，因為從高干会議到孔家莊会議這一期間群众工作仍是点滴

33

113

進行、未能造成運動、但在孔家汪会議後，群众工作就有了很大的開展。但缺点在於：①指示上應有尽有分量太重，使下面不易接受。②对防止左提的不夠尖銳明確。③在傳達指示貫徹『左』比右好的情調，这種情調对干部思想上較深刻，事实上也助長了下面干部『左』比右好的思想。其次安山頭指示，根據今天的了解來檢討，其缺点的在於：①當時对情況的了解不夠，未能提到政策的高度，尖銳的指示『左』的危害性，同時对『左』右的問題提的不夠明確。②時間較晚一些、如能早半月発出指示問題就不致發展如此嚴重，一陣風的乱『倒』翦根乱算舊賬，也正是在傳達指示前半月和傳達指示期間，但個別地區臨近初是在傳達指示以後。③傳達指示太倉促，未能求得在思想上打通，以致这一指示只起了停止錯誤發展的作用，并未能澈底糾正錯誤。

（2）保管區委指示是正確的，但正確的指示并不等於任務的完成，这僅僅是工作的開端，而錯誤得以如此發展的主要關鍵就在於群众運動當中區委没有隨時了解情況，并根據政策研究下面報告，表現在領導上的流放任，缺乏檢查工作和總結經驗，更未隨着運動的發展逐步加強干部的政策與策略教育，以致在几個縣區中發展到不但大部消滅地主、而且也搞錯了方向，損害到富農甚至中農貧農的利益。

（3）領導上不但缺乏民主作風，而且也缺乏貫徹精神，因而影响下面不敢反映意見、怕戴地主帽子，以致下面偏向和錯誤發展到相當嚴重，而且區委地委甚至連縣委分區委都未能了解真实情況，同時在領導上也表現了只有一般號召，具体指導上都不够貫徹、如孔家

21

江，故縣，大郎庄都是區委駐村工作，親自搞的，特别是大郎庄雖然对鲁南群運直接在行動上起了推動作用，但由于没有總結，故優点缺点都被各地机械搬運，也起了不少坏的影响，如大吃大喝戴寿等等。

（4）領導上的一般化，不够照顧全面，如基本區新解放區，边沿區、不能根据不同情况不同任務具体指导。如西集新解放區同時又是边沿區、但確定以查減為中心、并实行退租，以濉河經驗机械搬運是不適當的。

（5）根据以上事实、雖然區委在領導上没有『左』比右好的思想指導，但『左』的偏向是存在的，表現在对『左』的警惕性不够、加之嚴重的官僚主義、粗枝大葉、以致在報紙上單純的介紹鬥爭、忽視政策的教育，在工作通訊上無批判的介紹經驗，事实上对群众運動『左』的錯誤也起了助長的作用。

35

## 第二部份：幾個具体問題的總結

（見另單行本）

115

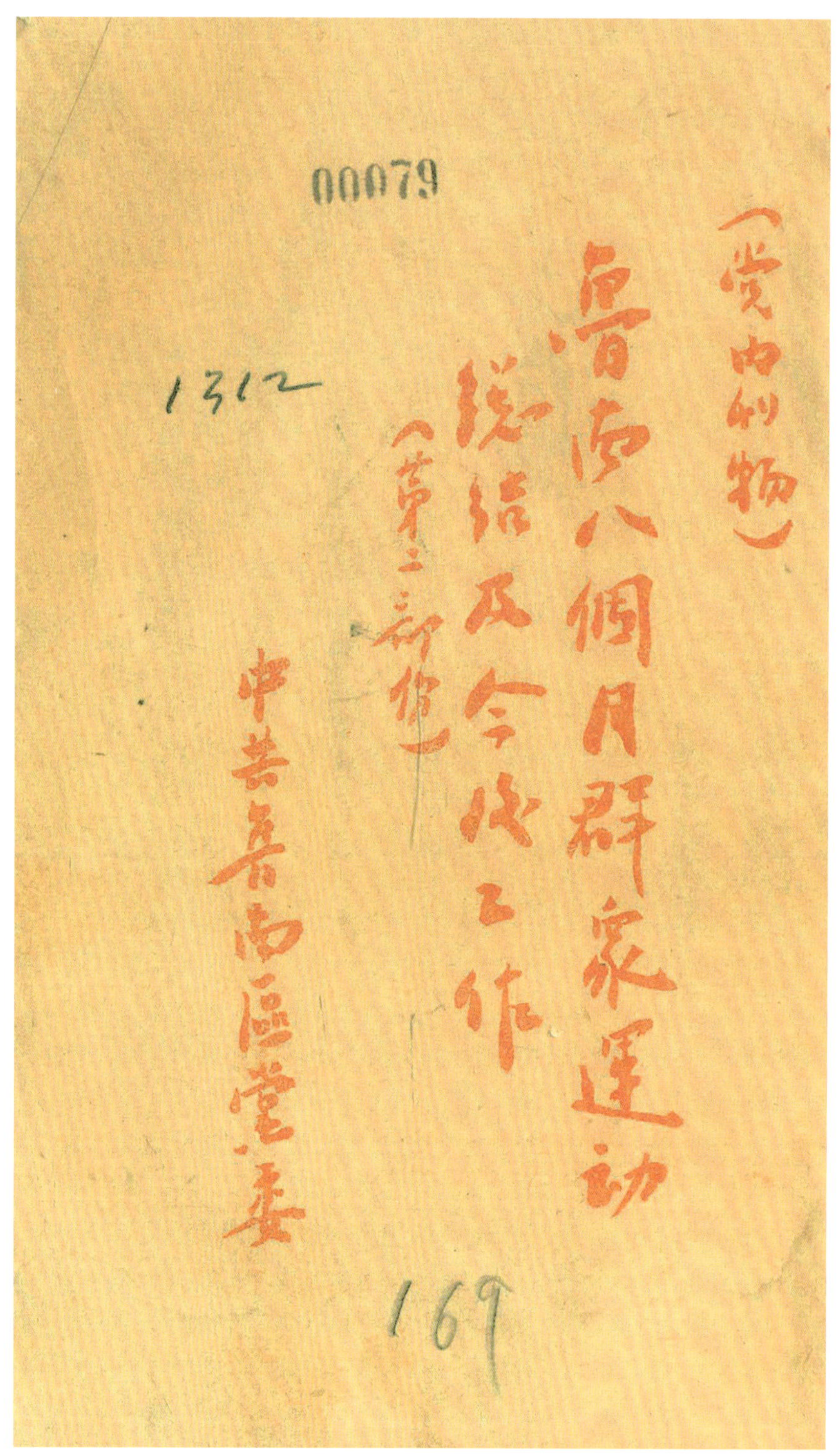



（黨內刊物）

魯南八個月群衆運動

總結及今後工作

（第二部份）

中共魯南區黨委

# 魯南八個月群众運动的揔結及今后工作

第二部份：幾個具体问題的揔結、

## 目錄



170

五、群众斗争中的善后调解工作

（二）关於新官僚问题

一、新官僚的几種表現

二、新官僚的種類

三、新官僚產生的根源

四、如何糾正與防止新官僚

（三）區村領导與簡政

一、區村領导上的问題及其根源

171

二、怎样建設部门的經常系統工作
三、怎样解决區大单位多的問題
四、區村荷政问題
五、基点工作

## （四）發展和整理村組織問題

一、在斗争中教育和發展群众組織
二、群众組織的整理與改造
三、村政的改造與行政村的建立
四、支部建設與整理

172

# （一）关于幾種類型村的群衆發動

一、土地集中租佃关係較多的村莊：（如邵庄、東鞠）

(1) 这种村庄一般的特点：

1、阶級剝削分明顯，地主有較多的土地，大部是好地，藉以剝削和压搾基本群众，（尤其是佃农和貧农）

2、地主往往是該村的統治者或者是一片的統治者，历史上是掌握政权或者是武装，多的結官府通敌、通頑、通匪，同時一般其本身是兼惡霸鄉保長等。有的直接進行統治，有的會使其爪牙（狗腿子）統治，而自作后台，但不同的地主对抗戰和群众的態度也有不同，一般說來，地主可分為三种：一种是頑固地主（即是直接反动通敌通頑反共反人民）一种是中間地主（即是对抗战和群众的態度一般），一种是開明的地主（即是对抗战較有帮助和認识），但基本上地主的剝削本質是相同的。

3、群众未發动前，因封建勢力多年的欺騙宣傳使群众思想上种下了『窮靠富、富靠天』的封建思想，如怕變天，怕当地等的观念，在群众發动的開始，一般的是不敢出頭、打不破情面去直接的和地主講理，想以我工作人員去代替他們的減租減息。

（2）發动群众的内容和注意的問題：

1、發动群众往往從两种形式開始：一种是先通過揹貸反貪污反黑地等一般的斗爭中來教育團結群众，啟發群众的階級覺悟，（尤其是減租減息的教育）逐漸開展查減斗爭（如二五減租和地主的超經濟剝削等），一种即是直接的行動，掀起查減运动，如温河县的石井、大部庄等。

2、政府应表明態度宣佈法令，然后以农民為主進行两种动員和教育：一种即訴賬的教育，說明[illegible]富靠吃飯、窮人靠血汗[illegible]的道理，使其認識地主階級对农民剝削的不合理，啟發起群众的覺悟，一种是時事的教育，說明國民党的腐敗無政及其反共反人民的罪行，並說明我党力量的發展壯大及靠誰反攻的問題，以此去克服群众的顧慮，然后進入行動。

（3）在進行第二個問題的两個方式：

①在教育中除一般的進行教育外，最好召開佃户座談會，以农青妇的系統联系其切身的利益和苦处進行具体的算賬，然后予以啟發，這當中往々是青年、妇女接受的快，顧慮少，可能較早的覺悟下决心，因此應以其去推动教育啟發其他的佃户債户一同進入行動。

②群众性的反省會，是在第一种方式進行到某种程度后，群众覺悟提高，為了進一步的去深入查減，即以村干的示範反省，去啟發群众，（尤其是佃户）然后通过系統，以小組為单位去進行座談，（在座談時要抓住該組的積極份子具体的联系自己去示範。）如温

174　2

河石井村，在反省中發現了很多的租佃关係，明減暗不減及佃户抱地主的粗腿，在反省后群众的情緒很高，在反省完后，馬上進入了第二次的減租行動，同時在這個反省中也發現七八家息借关係，也共減租一塊行动。

但進行中，應特别注意掌握，否則即会引起相反的結果，如反省時妇女會追破鞋等。

4.在群众动員成熟后，佃户債户在农会領導下，集体向地主講理，要求減租減息，对坏地主則開大的斗争会，予以揭發，在這样大的斗争影响之下，以基本群众的威力和地主講理，使其向农民低頭。

但在群众未动員成熟前，切不要為几個積極份子的表現，即盲目的行动，這样，必造成苦主的害怕出現相反的結果，如石井村開始斗郑××時，因动員的不成熟，最后失敗，而不少的苦主害怕，個别的要上吊。

在斗争前后，不能自满，應警惕對封建势力的收買和威脅，如石井村在斗争王三麻子時七八天，正是八月中秋，他殺了一羊請村干吃飯，又如在斗争郑××時第二天晚上他用了两次死的办法去威脅群众，因此我們要及时的抓住封建势力的陰謀，在群众中給以揭發。

5.地主封建势力慣於欺騙和威脅农民，如說『中央軍來了』『你是長吃還是短吃，你減租就当你的地』『八路軍是后娘心，你減了租就拔你去当兵』他的目的是在想法玩弄明減暗不減的陰謀，但地主也常以小恩小惠，去麻痺群众和村干，因此，群众一開始發動，我們不能有任何的自滿，打破查減無問題的想法，就必須不断的去教育农民，去揭發地主对农民剥削的真象，如石井群众開始發动時地主的小恩小惠，有不少的村幹認為地主不坏，経教育后才認識到地主剥削的本質。

6.往往在開始發动群众時，某些地主的爪牙和投机份子，甚至上層，表示其積極開明，取得我們的信任，因此，我們一不小心，就要糢糊我們的面目，開始發动時，首先要明確干部的面目，深入到貧农佃农家裡，與其生活在一起打成一片，以免被廣大群众所不敢接近我们，被坏份子所掌握，使群众更加消沉和遠離我們，如石井村開始發動群众時因我們區干和上層吃喝在一塊，並給王三麻的統治罪悪打掩護，最后使基本群众不敢接近我們，王作是了很大的惡棍路子。同時在開始發动群众時，农会的正付会長是狗腿子和惡霸，這样以來石井的群众就無法抬头了。

7.群众發动起來后，群众对地主和狗腿子，可能有極深的仇恨心理要去报復，應説服教育农民，斗爭主要的和最坏的，对一般的狗腿子，應採取寬大，諒其向群众悔过。

8.斗爭中有不少的落后份子，主要的是以群众的力量，去耐心教育和团結，啟發他們的阶級覺悟，絕不應採取斗爭和打罵，並隨便的加以狗腿子及坏蛋的帽子，會使其对我們抱成見，和群众对立起來，即會靠近地主，如石井村在群众發動起來后，有不少的抱粗腿

176

43

的落后份子，但經过教育和他自己的反省以后，轉過脑子来了，並且以后成了我们的村干和积級份子。

9.『情工』，是地主起經济剝削的一种形式，過去在發动群众中，往往找的年限長，更突重的是找到自己的頭上来了，即是连农民的隣帮相助都找，結果引起群众对我们的不滿怀疑，如石井村一早上的情工子找了人家一百廿斤粮，又如張××和梁××是老親，張從小就住在梁家，因梁家没有能做飯吃的，張家以老親的关係帮忙，翻身后，張家非找梁家的情工不可，經村的調處無結果，最后梁家只好給張家粮食弍百余斤。

因此今后关于找情工的原則，應按『八十訓令』去執行。

二、土地分散，佃戶較少或者没有佃戶的村庄，（如保合庄、柿子峪等）

(1)一般的特点：

1、没有地主，或者只有小地主，佃戶少或者没有佃戶，土地分散，阶級划分和阶級对立不明顯。

2、少数小地主富农甚至個别的中农為該村的統治者，這些統治者，往往是依勢欺人，或者與一些的封建勢力結合及以偽頑的勢力欺人。

3、基本群众的要求，（尤其是中农）一般的是反貪污反惡霸和發展生產。

4、這些村庄中农的数目，一般比前一种村子要多。



240

（2）發动群众的内容和一般的規律：

1、首先進行增資、反恶霸、反貪污、反黑地的斗争，啟發雇工和貧农的覺悟，提高其抗日生產的積極性並团結中农。

2、進行本村的反貪污反恶霸改造村政特，主要的是參加全區性的大斗争会，啟發群众的覺悟，以群众的力量，使村的一般貪污和恶霸者悔過，向农民低頭。

3、在各种斗争中，可進一步的去發現租借債务关係，要其參加大的斗争會，使其進入行動，在群众發动后馬上進入生產。

（3）發動時特别注意的問題：

1、反貪污反恶填反黑地等，不能造成一個運動，只能作為在減租減息斗争的先导，使於以后深入查減和生產運動。

2、关于政策与策略的問題：

①統治者是小地主富农，或者是個别的中农，在發動群众時，和他講理算賬是應当的，必要的，但經濟上的剥奪应慎重，主要的是在政治的揭發，否則，必會危害了富农的經营，甚至危害中农的利益，結果，會消滅打垮了富农經濟，使中农也难以維持生活，因此即造成了中农对我不滿，甚至依靠封建势力反對我們。

②注意打击主要的，在斗争的方式上，要採取合法的斗争形式和其講理，同時

6

241

在全區性的斗争大會影响之下，使某些村的統治者，在大會上悔過，向群众低頭，而不應千篇一律的採取斗爭。

3. 因無大地主，群众在斗爭中得到的果实是不會多的，因此，我們應防止村干和群众的經济观点，應着重政治上的啟發和教育，在斗爭中提高群众的觉悟，使于迅速的将群众組织起來。

4. 群众的要求是多样性的，應深入了解以貧农為主，發現其具体的要求，啟發其觉悟，使其在群運中形成骨幹和主体，以防止投机份子的混入，群众為其所掌握或中农掌握了領导权，其結果必會造成垮台和消沉。

5. 在群众一般的斗爭中，隨時的宣傳減租減息，並啟發群众的觉悟，以發現新的租佃息借关係，不能光滿足于反貪污反恶覇的斗爭。

6. 這种村庄，一般與佃户多的村庄比起來，中农佔的数量要大，因此，在斗爭中就应掌握住党的政策，不應危害了中农利益，使其对我们不滿和遠离我們，結果就會使貧农孤立起來。

7. 群众初步的發動后，應着重進行教育，並可迅速的轉入生產，以鞏固群众組织。

三、較複襍的集鎮群众的發動，（如比張庄、高橋等）

(1) 一般的特点：

7

179

1、集鎮是各區的商業中心，群众的發動，对外围村的工作，是有很大的影响。

2、複雜：流氓多、小商人多、破鞋多，往々有奸細的活動。

(2) 發動群众應注意的問題：

1、明確干部的面目，走群众路線——在幹部去時，集鎮的流氓和投机的商人，是會較快的靠近我们，表示他们的积极，企圖取得我们的信任，因此，區干的態度要嚴肅，生活及和基本群众靠近，深入和了解貧农和小商人的要求（政治的，經濟的）。

2、对集鎮的流氓，（除個别的大流氓，有統治力的，為群众所最痛恨者例外）一般的是不應採取打擊，但同時也不應靠他们，更不能提拔充当我们的村干部，基本上是進行分化争取，和改造，將少數個别的大流氓在群众中孤立起來，因此，我們反对走流氓路線，依靠流氓，同時，也要反對採取打擊流氓及不相信流氓大部是可以争取和改造的两種偏向。

過去因我们痲痺，有個别的流氓，充当了村干，應即立刻通過群众决心的去進行改造，反对姑息的想法。

3、关于斗争破鞋，基本上是不適当，在個别的村庄也形成了一個運動（尤其是集鎮），如溫河高橋，我们的同志没有了解到這些是中國社會所造成的惡果，不是斗争会所能解决的問題，因此，今后对斗争破鞋，應嚴格的停止。

4、集鎮的商人，大部是小商人，（如賣飯、烟、茶等）這部份人，有時是以农業

8

180

為主，以商為副，有的是以商為主，以农為副；還有的是完全以商去維持其生活，但這部份人，基本上是被剝削和受压迫者，他们講成和拥护穷人翻身，而且也是积极的参加，（如減租減息反恶覇、轉移学田庙田等）因此，我们除了宣傳我党的貿易政策及保証商人的利益外，在不違犯中农的利益下，可將庙地学田分給一部，去团結他们。

但在少数的商人中，帶有流氓意識，因此，我们就要适当的教育和改造。

5、許多的集鎮，往々奸细活動很活躍，如宣傳造謠言破坏我们，因此在群众發動時，應注意除奸斗爭和教育相結合起來，及時的去揭發謠言，發現奸細，並注意佈置偵查工作。

6、集鎮往々有多种會門的組織，（如中央道）甚至落后的群众，被其所麻痺，破坏我们，因此，除個別首坏帶有統治势力者外，一般應对其進行教育，使其覺悟，争取大多数落后群众，揭發會門的陰謀。

除以上的問題外，一般的和減租減息反恶覇等完全适用。

四、溫河縣由吾區大刀關谷發動群众的工作方式：

溫河縣由吾區在四個月的群众運動開始兩　月之久，因分委領导上存在嚴重的地主思想，强調租佃关係少，認為不能發動群众，即藉反貪污反恶覇代替了減租減息的方針，在縣委發現親自檢查后，指出該區分委存在嚴重的地主思想，接着在幹部中進行了清算，馬上工作即有轉变，群众在很短的期间内，迅速較普遍的發動起來了。

（1）發動的方式：

1、首先他们打通了幹部思想，（主要是分委）以整風的精神和方式，清算了個人的地主思想。

2、召開了全區的支書會議，打通了村幹的思想。

①以分委主要干部的典型示範，啟發了大家並接着动員了『什么是查減方針，查些什么内容』並駁斥了忠厚傳家遠等舊道德的封建思想。

②以具体的实例，啟發了大家的階級覺悟，具体的研究和討論了各村的斗争对象，及全區的封建老根由吾村的王紱曾等。

③發揚了民主，大家想法討論研究，如何去佈置進行。

④强調了支部的領导作用，並提出保守秘密和不漏氣。

在這個會上，大部的支書為『写人办事』的观念明確起來了。

3、開办了短期訓練班，（全區性的）大部是村幹和支委，這是在群众運动中的突專力量，对他们的教育是：

①從实际出發，幹什么論什么，如早上及頭午前講課討論，晚上回家，第二天早上回來回報，回報后總結發現問題，根据問題再進行教育。

②分委主要干部，進行基点工作，以該村的經驗，作為具体的指导和教育村幹。這個问題，在介紹經驗和糾正一般的偏向中，对鼓勵村干情緒和具体的指导是起了相當大的作用，所以在七天短的時间中，全區的群众斗争，較普遍的開始起来了。

4、抽調和集中半脫离生產的幹部，作為突擊的第二個力量，具体的帮助他们，召開全區性的個户座談會，和佈置全區性的斗争大會，這個问題对貫澈查減上，是起了很大的积极与推動作用。

(2)對這個方式的檢討：

1、在領导上是重視和掌握了打通幹部思想的关鍵，注意了思想領导和組織領导的緊密結合，着重進行了对村幹部的階級教育，使區村干明确了階級立場，他们在教育當中，從实际出發，聯係到实际，具体的進行了指导，及時發現了问題和糾正了一般的偏向。

2、但也暴露了不少的缺点和严重的錯誤，給了党莫大的損失。

①分委思想領导上，存在了左比右好的傾向，严重的缺乏政策观念，他们在清算右的思想當中，對左的傾向没有提出防止和警惕，是以「左」的出發，去掩護右，因此，在主要幹部中產生了「隨他去」的無政策观念，如在支書會議上，將全區的斗争对象来了一個統計，普遍的不分对象不按程度的進行了一律皆斗，其結果是部份的消滅了地主，較嚴重的危害了富农經濟，個别的也消滅了富农，因斗錯了方向，使少数的中农也受到了危害，引

11

183

起怀疑和不安。②训练班的方式，削弱了系統的領导，致使政府和群众团体难以發揮力量，失去了群众团体的独立性 ③召开了全區性的支書联席會議，暴露了党的秘密，發生了横的关係，違犯了党的組織原則。

(3)各地在運用這個方式中應注意：

只要有明確的政策观念，在分委很好的掌握與控制之下，由吾區這個發動群众的方式，運用和採納是可以的，但應該是：

1.所謂『大刀闊斧』，不是取消了党的政策，讓群众運動自流的發展下去，而是去明确的掌握政策，去運用大刀闊斧的方式；因此，今后在幹部中（尤其是區干）要有明确的政策观念，使其知道右是失掉立场，『左』也不能發動群众，两方面給党的損害都是一樣的。

2.所謂通過支部，加强支部的領导，並不是通過全區性的支書联席會議，就算通過與加强了支部領导，而應該是，在分委打通思想后，分委的党务幹事，首先分頭有重点的去進行傳達到支部中去，然后，可召開全區的村干（工农青妇）分系統的動員和傳達。

3.為了完成發動群众的中心任务，短期訓練班的方式，是可以也是必要的，但要遵重系統領导，而不是削弱了系統領导，在分委訂出計劃后，通過各救，去傳達討論，並訂

12

184

出自己部门的計劃，因此，就要反对只顧部门，而不顧中心工作和只作中心工作而不照顧部门的两种偏向。

五、群众斗争中的善后調解工作：

(1)在群众斗争中，特别是反貪污反惡覇斗争中，群众对斗争对象，提出許多的條件，大部是真情实据的，但也难免有如下的三種情况：

1.擴大事实。2.鑽空子的。3.無中生有的。

以上的三種情况，若採取简单化的處理，即會与党的政策不合，會過重的危害地主富农甚至中农，也會影响和造成了社會秩序的不安和群众的情緒。

但這些問題的處理，又不可能在一個斗争會上能完全清楚，因此，必須慎重的，細密的去進行善后的調解工作，如对這一問題採取粗枝大葉，馬虎了事的態度，只滿足于闹熱闹的斗争會就算完，那么，不僅对党的政策不关心和不負責，而且对群众也是不关心和不負責任。

(2)所謂調解並非是調和，但過去有少数的同志，將調解認為是站在第三者的公道立场出發，因此，造成群众对我们不滿；今天的調解是有立场的，是站在党的立场上去為群众將來和目前的利益打算，以不違犯党的政策為原則，因此今后在調解當中，要特别注意。

(3)善后調解中的几個原則：

13 185

1、發揚民主，走群众路線，發揚新民主主義的法治精神。

2、以党的政策去處理和解決問題（根据八十訓令）並貫澈寬大的精神。

3、扶持群众的積極性，耐心的去說服教育群众經群众認識后再行處理。

4、斗爭果實的處理：

①公旧公，私歸私，先私后公。

②照顧到先私后公，先貧后富，先近后遠的原則。

③交群众后可投入生產，但村幹不能貪污浪費，或者用自動來要家的思想強迫，應完全出於自願。

（4）辦法：

1、組織調解委員會，五人至七人，除村幹和积極份子一部参加外，可吸收一二個開明的上層份子参加，但要保証我们的領导权

2、調解委員會搜集材料，經民主討論后可提出初步的意見，開村民大會宣佈，而經各系統以小組為單位進行討論。

3、在各系統小組討論后，提出不同的意見。

4、最后研究確定，各方意見取得一致，再開村民大會（吸收斗爭对象参加）經方双同意后，調委会負責到區政权报告，經區批准后，馬上下判決書交苦主，要斗爭对象定期

續遂。

5、審查時，如有混水摸魚的投机份子，可経民主討論后，以群众的力量給以批評，但可不是斗爭；如係落后的农民乘机提出無中生有的条款，應動員說服說其自動声明，有的無把握的条件，可當成懸案。

以上的问題，（善后調解问題）並不是限制群众運动，而正是為了将魯南的群众運動納入正規，使其少犯錯誤。

## （二）关于新官僚問題

### 一、新官僚的几種表现：

⑴英雄高大，强迫命令，代替包辦、

不少村支書會長形成個人包辦，超越組织，佈置斗争，進行工作，不經過委員会討論，遇事不動員，不經過群众，簡单的發号施令，群众反映：『指导員說一是一說二是二，』对會員和群众隨便熊人，乱加大帽子，動不動即說是『地主狗腿子』『抱粗腿』，如費十一區講理支書経常在开會時說：『誰不呼口号』，即弄到一塊斗。双山五區東江南斗争会時，群众不提意見，村团長熊人說：『叫你们翻身，你们不翻身，真積圂，受压迫是應該的，』对會員又乱用組訳紀律，甚至乱罰，會員反映：『團体開會三回不去就坏蛋，成了坏蛋即挨斗。誰敢的了呀。』趙鎮縣有的庄規定，三天不上冬學即要罰五斤白油，十個秫稭；×庄動員合作社時說：『对抗戦有認識的要自動入股，没認識的也要入股，入股就有認識了；地主也要入股……』結果全庄都被迫入股了。

（2）自私自利，貪污腐化，

在處理斗爭果実中，自私自利，自己挑好的要，赵鎮五區保合莊群众反映：『吃食的吃食，熬眼的熬眼』，豐縣、溫河、双山不少村干分配斗爭果実时自己分的好分的多；不少村幹以公款買土匪槍（每枝千余元）帶在身上逞威風；在斗爭中更拉攏私人勢力，憑私人情面，報復私仇，形成宗派，這些現象相當普遍，村幹的浪費貪污腐化更是相當普遍，所有合作社絕大部份是貪污浪費的，溫河若陽司合作社九十九万法幣絕大部份弄光了，趙鎮縣大炉合作社的資金也絕大部弄光了，豐七區农会長部士揚私賣槍支，大吃大喝，治地六畝并說：『不當會長也行了，反正餓不着了。』保合庄村干過年時召集村干會餐。小組長會餐，各縣村干隨便買白麵，殺猪，集体過年喝酒吸紙烟，是很普遍的；至于斗爭果実的分配賬目不清，合作社的賬目不清，春節買手巾給識字班扭秧歌，買鑼鼓傢伙，擁軍時乘机大吃大喝，抓一把更是各村皆有，更有不少村幹搞破鞋色女人，腐化不正派。

（3）疏遠的脫離群众，對上奉迎、

村中的情况不了解，群众的意見不注意，不准群众發表意見，甚至村中發生严重的偏向和問題，自己尚不知道，严重的脫離群众；对上級則處々奉迎，事々應付，又利用了區干專听一面的，過分相信村干的弱点，对工作則只报告好處不报告坏處，甚至对本村的问題，有意的掩飾，对上級欺騙，使上級不能真正了解村中的情况。如趙鋳々庄於上級去檢查工作時，村干動員說：「上級來了，大伙少說話」，「誰有錯誰也不要說。」

(十)正由于以上的事实，即造成不少村幹立场不穩，一方面由于脫離了群众，不能代表群众的意見，另一方面則由于自私自利，貪污腐化，易為地主及坏份子鑽空子分化收買。

二、新官僚的种類：

第一种：出身成份純潔，本质好，在斗争中積极堅决，但因幼稚無知，領導上教育批評差，养成不良作風的。

如双山東江梁文廣，是僱工出身，在增資斗争提拔培养起來，一貫积极堅决，不斷受表揚，又如赵鋳保合庄王法元等亦是如此，他们因教育不够，即表現了英雄自大，誠如他们自己反省所說：「寫孩子当了干部和上了天一样，什么也忘了」，「孩子大了忘了娘」。

第二种：出身成份純潔，本质好，被地主所收買的，由于教育差，受不了奉迎麻痹，被地主鑽了空子，收買后变质。

第三种：本质很坏，流氓，狗腿子，投机取巧，由于一時的表現好，被提拔成干部，或了幹部即胡作非為、有的是思想坏、犯了舊毛病、無意識的犯錯誤、有的則是別有用心、有意的打入我团体，爭取作了干部，利用合法的地位，進行破坏活動，故意破坏党的政治影响。

三、新官僚産生的根源：

(1)舊社會的傳染：

1、等級观点、权威观点，当了幹部就是官，到區到縣能說話，即高人一等。

2、功勞观点，以功臣自居，一切歸功於個人，『没有我即不行』，『我不領导，你们便不能翻身，』自負功臣，擺老資格。

3、剝削階級意識與享樂观点、『東西弄到手裡先不挨餓』『吃点喝点是賺的』

(2)缺乏民主習慣，與民主制度：

1、不少群众慣於服從『听喝声』，上边說啥就幹啥也助長了村幹說一不二。

2、村組織缺乏集体領导的民主習慣與制度，（有的支書村長或村团長會長，）慣于家長領导，所謂：『咱庄的事咱當家』

3、村內各組織活動未深入到小組，未加強小組長的領导、工作経斗爭很少経過組織討論與掌握走群众路線，而是村幹包办代替，村干太忙，易於出錯，得不到小組的及時監督，又在忙中自以為有功，不相信群众、不相信組織力量，於是即使村干更忙，更脫离群众。

190 18

(3)有的村幹成份不純，本質愚劣，加以教育不够，有的虽过去是貧农僱工，但历史上複雜，当過兵，干過偽軍土匪，在我们開闢工作時，表現积极大胆，就被提拔為干部，在工作中未受到必要的教育，其坏思想不但未被改造反而發展起来。

(4)地主的分化收買挑撥离间：

地主為了打击群众運動，除了公開打击村幹外，更用軟的方法勾引動摇，如送東西請吃飯敬菸雄奉承，或進行麻痹，如説：「你真行，真能办事」「办事别太認真了，我是向你」有時更打一個拉一個，挑撥干部不团結，使幹部與群众脫節。

(5)領导上的官僚主義也是造成村干新官僚的一個重要原因：

1.區对村的成績觀点，要成績，追求数目字，不问工作方式是否錯誤，只要有成績就行，对村工作不認真檢查。

2.只面向村幹而不深入群众，專听一面的，不能反映了解情况研究偏向，只把面的認識干部，只見其积極，不見其缺点，只表揚鼓勵不批評教育，結果不少村干在區干的誇獎之下，錯誤就更嚴重了，所謂：「抬的高摔的重。」

3.姑息遷就村干，已發現了问題，已知道影响了群众的積极性，但怕村干情緒不高，姑息他过去有成績，表現好，而未進行必要的教育和處理，只怕批評了村干，便利於地主的反攻，打击村干部，影响村干的威信，而不知道只有正确處理，才能团結群众，打退

19

191

反攻，因此即一拖再拖，结果失掉群众，更给了地主反攻一個空隙，許多村的糾紛都有這样的例子。

4、上边領导者不良作風的影响，下边很容易倣效，「區裡能這样，咱就不能這样嗎？」「上樑不正下樑歪」，在縣區官僚主義的領导下，是最易產生新官僚的。

四、如何糾正並防止新官僚：

(1)对新官僚基本上應着重教育，根据不同的对象來處理。

1、对成份純潔，幼稚無知的应加強教育，啟發其階級覺悟，動員他向群众反醒悔過，適當的賠賞損失，挽回群众影响；但必須注意，這是群众团体内部的問題，不應採取公開的斗爭方式。

在内容上應具体啟發，打動他的心，如：「過去過的什末日子，現在過的什末日子，是誰的力量，個人有多大本領」「要不是大家的帮助共產党的領导，怎么會有今天？」「為何忘本，咱們是給誰办事的？」并應進行解釋，誰也不免有錯誤，只要能改就好，群众會原諒，鼓勵他向群众反省，不要怕丟人，同時应動員群众要以治病救人的態度來提意見。

2、只有对個別本質很坏，為地主勾走，或原是別有企圖，打入組織進行破坏，欺压群众的真正階級叛徒，才可以進行斗爭，予以撤职處分，但也必須先在党内會内進行討論，開除党籍会籍。



192

3、对成份好，但為收買变質，而不能轉变的，可罷免或改选時不选他。

4、在新官僚严重的村庄，號召村干改有錯以整理組織，部份村干可以改选，但不應成為普遍的運动。

(2)基本方法是深入工作，防止新官僚的產生

1、走群众路線：

a、相信群众的力量，工作佈置及斗爭必須在群众中醖釀成熟，使群众自願自覺的進入行動，防止干部突出包办，説明斗爭的勝利，工作的完成，不應歸功於個人，而應歸功於群众及党的領导。

b、斗爭果实必須民主討論，大公無私的處理，私归私，公归公，不能强調“自動”，歸公的應徹底分配給群众，再自願入股办合作社。

c、凡消極皮塌的村莊，應徹底檢查其原因，不少是由于村干的新官僚，群众得不到利益。

2、發揚民主，健全村組織：

a、發揮支委會的核心作用，支部是一級党委，要領导村的全面工作，一切工作要通過支部，但不是通過支書或支干，而是通過支部的整個組織，通过小組支部的集体討論，把全体党員的意見集中起来，是組織領导而不是個人領导。

21

193

6、健全村會組織，建立村政委員會與各救委員會，發揮委員會的作用，實行集体領導并定期改選；有事民主討論，村長會長不能隨便作主。

c、教育干部，使大家認識是為大家办事的，并不是比別人高一等的官，自己沒有什么特殊的权利，大家不拥护咱，咱就得垮台，和縣區裡的幹部說上話，並不是生鉄汁鑄的，只有群众拥护，才是生鉄汁鑄的。

3、正确的掌握干部政策：

提拔干部，不僅看他表面的积極，還要看他為什么積极，是由于『八路軍吃的開』积极工作好取得上級的信任，好嚇虎別人，好升官發財；還是由于覺悟的提高，想為大家办事的；不僅要了解其現在，還要了解其历史；不只看他今天是『幹活的』，还要看他过去是干什么的；從各方面的表現進行了解以后，再決定是否提拔他，要提拔那些本質好，與群众有聯系，經过斗爭考驗的群众領袖，对那些不好本質，一時表現好的，不要輕易提拔，必須經过有計划的審查。配備村干部要慎重，不要借口民主而自流，以免為坏份子所利用；提拔以后要耐心的教育培养，不能從容其錯誤的發展，要及時批評糾正。

4、提出六不五要的口号，作為村干修养的參考：——

六不：

(一)不自高自大、不自居功臣、不擺老資格；



194

(二)不自私自利，不佔便宜，不貪污；

(三)不強迫命令，不代替包辦，不出風頭；

(四)不走上層，不受地主的麻痹，不吃地主的请，不要地主的東西；

(五)不忘本，不脫離群众；

(六)不賭不嫖，不当二流子；

五要：

(一)要知道自己是幹什么的——是為穷兄弟爺们办事的。

(二)要民主，凡事要大家商量，听從大家的意見，辦事要公平。

(三)要解决基本群众的困难，要使村裡沒有一個挨餓的，沒有一個受凍的。

(四)要成為群众模範，——要爭取勞動模範、民兵模範、模範工作者的光榮称号、

(五)要参加冬學，虚心學習，——要成為冬学中的模範学生、與模範的政治教員。

195

23

## (三)區村領導與黨政問題

一、區村領导上的問題及其根源：

目前區村領导極為混乱，沒有走上正規，其中大部份是过去『工作团』『工作組』形式的残余，但在八個月群众運動中又有了不少的發展，其混乱的現象表現在：

第一、对工作認識上的簡单化，一鍋粥的現象、

①無中心工作及經常工作之分，突擊任务过多，突擊完即完，沒有經常工作。

②無部门分工與集体領导之分，一切工作都由分區委書記或支部書記計划分配。

③無輕重緩急之分，什末工作來了做什末工作，那一個工作追的緊，那一個工作即多做一点，因而不能坚持貫徹中心工作，（如有些突擊任务來了以后，大家即全去突擊，把中心工作放在一边、）

④幹部仍多保留着突擊隊員的性質，（雖區裡已沒有所謂机動幹部、）任务來了，大家一齊下手，工作範围及面目分不清。

第二、組織机構不健全，缺乏真正領导、团結與學習的核心，（委員会尤其是書記與嚴明的工作紀律。

198

①沒有建立部门，有的有部门，但幹部又不充实。

②有部门或也有幹部，但沒有成為核心的委員會或負責干部。

③有部门，有干部，也有核心，但工作制度繁瑣，不嚴明，（尤其党委與部门，部门與部门之間，）因而仍是一鍋粥的現象。

第三、滿天飛，跑腿主義，成天為了一些瑣碎的事务和工作，忙的跑來跑去；由于单位多，任务多，開會多，而幹部又少又弱，跑來跑去也不能很好的完成任务。

第四、嚴重的官僚主義，代替包办；

①党的一元化領导变成了一人化，什末事都由分區委一個人代替包办各個部门各系統的工作。

②不少斗爭中不是真正發動啟發群众的自願自覺，醞釀成熟，不是通过群众組織，發揮系統作用，走群众路線，而是过早的採用生硬的方式，使村幹或群众完全依賴區干，看眼色行事，形成磨道裡的驴听喝声。

③簡單化，佈置工作多是召開一攬子會議，（党政、軍民、工农、青、妇、武、除奸……）開了以后各個部门各個系統即不再討論，即将幹部分派分兵把口，各管一片，誰負責那一片，那一片的所有工作他都負責，不分主要次要，也就取消了部门工作，分委員除分書以外，都不了解全區的工作情況，而只了解自己所管的那一片，成了目前普遍嚴重的現象。

25

197

④村幹普遍產生新官僚

這些問題的根源，是由于：

第一、思想上的保守落后，不能乾脆放棄工作团工作組老一套的作風。

第二、对各個系統的性質和作用認識不足，尤其对『群众团体是訓練群众的学校』是『群众在斗爭中的指揮部』『群众团体有其独立性』認識不足，不善于將各個系統的工作巧妙的結合起來。

第三、确实有一些具体困难，在群众運動的發動过程中，許多區村領导上的具体困难，領导上未能注意及時解决，領导上也未隨時注意搜集材料，進行研究，得出經驗。

第四、最主要的还是某些幹部存在了個人英雄主义的錯悮思想，不虚心，自以為是，不相信別人，不相信別的干部，不能虚心的請教別人和研究問題。

二、怎样建設部门的經常系統工作？

(1)首先要建立健全區村的党委会，加强党委的集体領导观念、

目前我们區村幹部中，一九四四年提拔起來的佔區村干部總数量的八五%——九〇%，他们对党委會的观念和党委委員會的責任都很糢糊，因之有的雖形成党委会，但解决问題也只是一二人談一下就算了，并未真正經过党委討論；在村裡，支書更兼职过多，什末事情都幹、但又真忙不过來，有的幹部太弱，真不称职，因此為了建立一個真正有威权的党委會，



198

書記幹部必須選擇最有威信最强的來充任，而且不應兼职过多，村裡尤不應支書兼村長或村農會長。

(2) 逐步建立各個系統部门的工作，把部门的主要幹部先配備充实起來，并使之成這一部门的核心，再加重他们處理问題的責任，使之分门立户的单独進行工作。目前所急須建立健全的書是各救系統和組織部门系統，尤其應即扶植各救单独進行工作的能力，以糾正党民不分的現象。

(3) 具体進行部门工作的業务教育。

由區縣召開下級直屬部门（組、宣、各救、公安等）干部之擴大會，以某一工作的總結佈置為例，首先說明各個部门的性质、工作範围、职权等，再進行討論，使其体會各個部门的初步業务知識；其次，要具体說明党委與各個部门的关係，部门與部门的关係，党委是干什么的，各系統的委員会（如各救、政府等）是幹什末的，某某联席会是干什末的，擴大會是干什末的；以及委員会、小組會及會員的关係；党員與群众的关系等々，並具体進行討論，使其初步了解這些问題，好便利於工作。

(4) 党委对各部门系統的幹部，尤其主要干部，要放手大胆的信任他们，不要瑣細的干涉；要幫助他们，而不是代替包办。所謂包办是把被幫助者放在附屬地位去進行工作，幫助是由扶植被幫助者獨立自主工作能力的观点出發，被幫助者仍然是主人。幫助的結果是逐

27

199

漸走向被帮助者独立自主的進行工作，而包办的結果則相反使被帮助者長期依賴，因此，帮助者必須弄清帮助和包办，不要把帮助弄成了包办，使他们的工作能力長期不能扶植起來。

在會議内容上也要严格分工，該誰開的會誰開，党委不要亂去包办，分委可只决定原則任务和工作要求，一切工作的動員，佈置和具体計划，可由各系統自己去搞，分委可派人分頭参加，作些補充發言；（要看当時的需要）但分委必須注意要逐步帮助扶植其工作能力，從原則到具体，首先告訴他们會議如何召開，并帮助他们開會。

最重要的还是帮助者與被帮助者多費腦子，帮助者要照顧到被帮助者的接受程度，被帮助者要用心听，不要听完即完事，否則是真正難以提高工作能力的。

三、怎样解決區大單位多的問題：

目前分區一般是两万人口，六十多個庄，三十几個支部，區太大，单位太多，再加以分區及村幹部多是四四年剛提拔起來的，因此，這一問題必須解决，其解决办法有以下三種：

(1)划行政村，

1、划行政村必須是在群众已經發動，有了支部核心領导的庄子，否則便會形成帮助封建勢力擴大 勢力範圍，以及村與村之間的斗宗派，不服從領导，甚至反映到党内不團結的現象。

2、支部領导要有科學分工，有部门工作，支委會要由各庄最有威信最強的幹部



200

组成，其他系统如各救會、村政委員會等也要选擇各庄最强的幹部参加、只有這様方能真正代表各庄办事，代表行政村的党政軍民領导各庄工作，方能真正將自然村這一級取消。

3.行政村户数平原地三百——五百户為限，山裡庄子小，庄与庄的距离遠，應以二百——三百户為限、這样一划，一般區可減少三分之一的領导单位，每個區平均三十個庄左右。（行政村之户数可根据实际情况，考慮研究并提出意見）

4.工作制度上，回报制度要适当增加，以便於及時了解情况，解决问题，會议地点要多流動，不要常在一個庄。

5.划行政村時，一般應以附近各庄划一行政村，但有時可以适當根据群众的意見，如有的庄本來很近，但他们就不願划在一個行政村，也可以適當的另行划分，不要过於勉强。

6.取消自然村，划行政村是一個很大的变化，必須深入党内外的動員，說明這是為了精简，便於工作，而不是這庄併那庄，要自覺自願的划，幹部由他们自己民主选举，以及其他疑慮，必須一一說明。至于庄名，可由大家民主討論决定，一般是用附近大庄的名子，不要起新庄名，大家不習慣，叫不响。

7.行政村的主要幹部，如文書、庄長、各救會長，工作很忙，開始可由公家補助一部粮食，以后即逐漸發揚友爱互助，由他们自己解决，但必須防止形成一種变象摊派的

29

201

現象。

（2）分區幹部以联防區為单位分片照顧

1、必須認識联防區是人民武装活動的一個单位，不是我们組織領导上的一級，是輔助分區佈置回報檢查工作的一種方法，可以在分區委一定任务的委托下，解决一定性質的问題，如果没有這种委托，他们是不能解决联防性質的问題的，屬於村的问題，可到村組織討論解决，屬於联防區的问題，可帶回分區討論答復。

2、派到联防區去的幹部不要固定，可按任务的性質和联防區的强弱，有重点的配備，並適時的变動，有時可以人多，有時可以人少，一般應当各部门都有一個人在一個联防區，（联防委員的称呼不恰當，應糾正。）但分區委一定時期指定某一個同志主要負責這是必要的。此外，分區委也可以指定某一部门到某一联防區，一面照顧自己的部门工作（全分區的）一面照顧全面工作，（联防區的）但這种办法切忌本位主義，取消部门工作的偏向。

3、联防區也可有基点的推動開展工作，但這種基点是分區委或分區某一部门負責的，並不屬于联防區，因此，基点的选擇須在分區委統一計划下確定。

（3）配備分區必要的付職干部，培養地方工农幹部，加强对村的領导。

1、三万人口以上，八十個支部以上者為甲种區，書記、組、宣、各救、武委會都配備主要干部付職（如付書記，付會長，付委員等），并增加一二個党内的組宣干事和群众团体委员。

2、两万人口上下者為乙等區，書、組、宣、各救、武委會之主要干部設付職，只增一二組宣干事，一般不增加干事。

3、一万人口以下，四十庄，二十個支部左右者為丙种區，按原編制不变。

总之，以上三种办法相輔而行，是可以解决區大单位多的問題的，但必須注意：第一、行政村的划分必須按照規定的条件，不能单純為领导方便而划行政村，否則就會影响工作的深入；第二、加强领导最基本的办法，還是分委轉变新的领导方法，運用典型示範，推動全盤，如果单從區的大小着眼，便會產生極大的偏向。

四、區村黨政問題：

甲、分區黨政問題：

(1) 最主要的是要把經常系統工作與中心工作分開，一方面部门干部要有中心工作觀念，是以自己的部门工作來貫徹中心工作，而不是配合；另一方面党委負責干部，要照顧部门的經常系統工作，有重点的分配中心工作，不要大家一样分量，仍陷于工作团的情况。其次，思想上要分清党委的基本任务，不要把党委本身的經常工作放在一边，总是幹各種動員工作，而使經常工作变成經常不能按計划進行的工作；再次，書、組、宣一般不兼公開工作（書記兼區中隊政指除外），不要把一些政权、群众团体日常瑣碎工作以及各种动員

31 203

工作，都弄到常委身上來，以致影响進行党委本身的工作。（新開區群众未發動，組織不健全，工作团方式还是必要的。）

(2)從分區會議制度上來精简：

1.現在有的分區每月的會議要有二十九天，如：

縣活動份子會議两月一次，共十天；

分區委会七天一次，每次三天，共九天；

參加政府會議每月两次，每次一天，共两天；

到區中隊去看々每月一天；

村幹联席会，共四天；

臨時問題的討論共三天；

這种情况的結果，每月光是開会，就没有工作的時间了。

2.必須這样精简一下：

分區委例會每月两次，每次三天，共六天，第一天分委了解情况，討論佈置工作，第二天学習，開党的小組會，並發通知各開必要的各部门工作會議，或村干联席會，動員傳達佈置工作，下晚各部门根据分委决定各開各部门的委員會，討論佈置自己部门的工作；第三天分委党务干部分發各支部傳达佈置工作，只留書記一人在家，一方面帮助各部门或村干會議解决一些问题，另一方面可抓紧参加部门或村干會的支委，佈置支部工作。

3.分委两次例會的内容，也應有不同的重点，第一次着重在討論佈置工作、回報研究情况，總結工作等，第二次着重在学習党的指示决定等文件，工作的檢查回報，和解决個别具体问题。

(3)從會議内容上來精简：

1.不召開一攬子会和過份的擴大會，（如各級干部都來，党政軍民的原則問題具体問題都談）要有適当的分工，該誰開的會誰開，該談什么談什么，党委會只討論政治思想的原則領导，部门研究業务工作，組織執行，活動份子會一般不召開下一級的，地委只召集县書或縣委联席會，縣委只召開分書或分委联席會。

2.党委討論以后，各部门不要多重複，可只作具体的傳达補充。

3.内容要從具体出發，談怎樣作，有什末困难，有什末經驗，不要包罗萬象，大家談一大堆，結果接受不了。

(4)從寫报告，填統計表上來精简：

1.區地縣委要減少給分區書面指示和統計表册，儘可能的以口頭傳达為主，傳达也要簡潔，不要使分區不能接受。

2.分區向縣委一月總結一次，用口头回報的方式，十天寫信一次，反映情

33

205

况、介紹經驗并提出困难问题。（但工农同志須多習作，向党报投稿，向工农通訊員方向發展、）

3、修正党委情况月报表，由各部门分工負責、党委只报告党务工作，其他歸各系統；如群众組織、查減、生產歸各救，民兵歸武委會，改造政权、學校、冬學歸政府每两月报一次，各填两份，一份交直屬上級，一份交同級党委，并由党委負責帮助推動，但各救等系統尚未健全者，必須仍由党委負責。

4、配备文書幹部，帮助各救、武委會之主要負責的工农幹部看材料，填表冊，寫报告等。

乙 村崗政問題：

目前村工作是很混亂的，茲就費縣田庄的情况說明一下：田庄有五八户，三〇九人，农救會四七人，青救团一八人，民兵廿六人，妇救會五九人，識字班三五人，姊妹团二〇人，兒童团二七人，有組織的群众佔全人口的七九%，村中有支部。其每月開會次数：

支部：支委會三次，小組會四次；

群众团体：委員會五次，小組會三次，會員大會二次；

村政：政委會二次，調委會六次，村民大會三次，鋤奸會三次；

合作社：結賬小會二次，社員大會一次；

自衛团、村团部會二次，冬季大會操四次；

冬学委員會二次；俱乐部會三次，生産委員會六次，檢查領导两次；模範組會六次，

村幹到區開會一次四天；联防村干联席會二次，以上共開會五九次。

如以個人來統計：支書兼农會長等五职，每月開會四九次；妇救會長兼三职，每月開會三十五次，普通党員每月開會十四次，普通會員每月開會十次。

開會太多的原因及其影响：第一、村干兼职多，太忙，幹部活動太多，影响深入群众影响干部生産，第二、大會太多，發揮小組作用差，不深入；第三，上边下來的任务太多，到了村裡一齊拥，群众团体包办村政；第四，臨时性協議性的組織（如冬学委員會等）与基本組織（支部、工、农、青、妇、民兵等）混淆，削弱了支部的核心領导作用。

因此村工作必須進行很好的简政，否則村工作的混乱現象便不會停止，村工作即难以走上正規，关于今后的村简政問題，應当：

(1)原則上要照顧到

1.工作不停於村，要深入小組、深入群众。

2.統一於支部，围繞中心工作，發揮各個系統的作用。

3.根据各村不同的工作基础，進行适当的简政，提高工作效能。

(2)配備干部，健全組織，除了新開展的村庄以外，有了支部有了組織，就要使

35

207

村的主要幹部侭量减少一般兼职，而且不兼主要职务，（如支書、村長、各救會長可兼行政委員或調解委員，）支書應是最有威信最强的干部，以樹立支委會的領导核心，村中的主要干部應侭量充实。

（3）從會議上精简：

1.會議次数，原則上規定：

支部：支委會三次，小組會三次；

群众团体：行政村各救會一次，工、农、青、妇各系統委員會各一次，各系統會員大會各一次，小組會各一次；

自衛团：村团部會二次；

村政委員會二次，村民大會一次，調委會二次，文教會二次，生產委員会三次；

合作社：社員大會一次，干部結賬會二次。

2.农忙時村民大會及會員大會應不開，少開或以小組長联席会代之。

3.開會時主要是啟發大家發言討論，村干作必要的說明，糾正村幹一人一套、長篇大論的偏向。

1.工、农、青、妇之小組與变工小組，村學小組取得一致。

（4）加强小組領导，培養二層干部，傳送佈置工作，不滿足於大會的一般号召，支

36

208

委及村幹要深入小組，具体啟發佈置，從工作中鍛鍊支委小組長的工作能力，村主要幹部要多予三層干部以实际帮助，并多採用分片分頭開會回报的领导方法，為了实现一般号召與個别指导相結合，支部，工农青妇應选擇一個較健全的小組，親自动手，創造經驗，作典型示範。

(5)任务的傳送動員佈置要避免重複，原則上属動員性的问题，（如变工、捐軍，文學；）由群众团体系統主要負責，属於法令性的问题，（如公粮，田賦、契税、站崗等；）應由村政主要負責。

丙、區村黨政中心須反对的几種偏向：

(1)简单化，怕用腦子，不願艰苦，不安心，点滴細緻的經常系統工作；必須認識革命工作就靠組織力量，只有艰苦細緻的思想教育，首先打通思想，革命工作方能做好。

(2)机械分割的看法，把科学的分工看成了分割，在不照顧，甚至有的分書說：『今后咱光管打通思想了』，而忽視全面的工作领导。

(3)党委不管不问，形成自流，特别由于新的工农干部多，没有办法，不具体帮助，結果工作做不好，甚至會削弱了党的领导。

總之，要求同志们要多用腦子，創造經驗，進一步的改善分區及村的領导，特別是縣委更應多具体深入的帮助分區同志（尤其是新干部）使其熟悉業务，提高工作。

## 五、基点工作

基点工作雖在魯南也曾經進行，地委、縣委、分區委在八個月群众運動中也曾經确定，但有的确定了未很好的当作基点來作，有的做了也未起指导一般的作用，因此，不但我们基点工作收獲不多，而且甚至迄今還是一個不够深刻不够具体的概念，這是由于一方面我们對這一工作認識上有偏差，把基点工作和推動全盤工作孤立分割開來，認為抓住了基点工作，便忽視了全盤工作的領导，而領导全盤工作却又影响基点工作的深入，這基本上還是我们對於中央关于新的領导方法的精神体會和掌握是不够的；另一方面历史上的官僚主義，長時期的漂浮、不深入、粗枝大葉的領导作風，以及某些干部滿足於老一套的办法，也使我们难以真正深入下去，真正搞好基点工作。但這一问題是我们今后变轉作風的基本環節，如果不能够認真的确定基点，掌握基点，創造典型，推動全盤工作，我们的官僚主義是难以澈底克服，我们的領导作風也是难以澈底轉变的，這一点，我们在思想上必須有明确深刻的認識。

(1) 什么是基点工作：

基点工作就是中央領导方法上『一般号召與個別指导相結合』的原則，在地方工作上的具体運用。深入基点工作和照顧全盤的关係應当是：『正因為縣區干部親自動手做了基点工作，深入了实际，故掌握全盤也比較有力，領导与群众的結合也進了一步；因為工作的發展規律，無論在任何區村基本上大致上是一致的，我们深入掌握了各種典型區村的運動規律，就



210

等於掌握了全縣全區的基本動向，掌握了各种典型區村的具体經驗，就不但有本錢指导全盤，而且对全盤工作的了解掌握，也特别切实具体，容易看出問題來，我们領导干部既然親自動手掌握基点，着重從工作规律工作經驗去推動全盤，則官僚，脱离群众，事务包办等坏作風，也就逐渐克服了。」

(2)怎样选擇基点？不能以那個庄較好或常住即作為基点，主要是根據工作任务的性质與基点村的具体情况來确定，两者不可偏廢，因此，可以分作以下三種：

1.縣區經常性的基点，可在每區选擇一二個庄，分區與縣結合，縣委不必專门搞基点，避免重疊分散精力。

2.臨時性的基点，根据當前任务和各部门工作需要臨時选擇。

3.如新發现某庄某一工作作的特别好，加以指导即可創造典型經驗時，可以馬上派干部前往，當作基点去搞。

(3)怎样充分發揮基点作用

充分發揮基点作用，包括两個方面，一方面是如何迅速突破基点，取得經驗；另一方面是如何及時交流經驗，推動全盤，防止死守基点；两者必須兼顧，但前者是基本的首要的，只有集中力量迅速突破基点取得了經驗，才談得上交流經驗推動全盤。

1.如何迅速突破基点：

39

①基点的数目不要過多，過多則力量分散，不易做到迅速突破。

②加強領导，領导干部要親自下手，並必要經常掌握，定期召集干部回报，帮助研究、檢討與總結。

③工作仍可能提前佈置進行，不要落在一般后頭，許多具体經驗不一定等到總結后再傳播，可隨時傳播，否則便會成為馬后炮，不能起指导一般的作用。

④特別強調調查研究情况，及時總結經驗，要防止不少同志中不願總結，簡单化，怕麻煩，以及認為經驗太少，不值得總結的偏向。

2.如何交流經驗推動全盤、

①把党报與基点工作密切結合起來，参加基点工作的同志，尤其縣區領导干部一定及時向党报寫稿，报导經驗，報社要專门派記者經常参加基点工作的總結，和回报檢查工作的會議，甚至参加一些具体工作；并將其他地區的工作情况和經驗及時告基点工作的幹部，以便於他们研究参考。

②建立基点與基点之間的联系制度，如干部定期碰頭，互相参加會議，党委定期開會統一研究總結基点工作等々。

③党委及時發佈关于基点工作的通报，將其某一時期某一工作的情况及具体經驗，向全縣或更廣的範圍傳佈。

40

212

4、基点村與外围村直接联系起来，如經常吸收外围村参加基点村的會議、發動互相競賽、村干联席會議上由基点村作典型示範报告，推動基点村干部直接帮助外围村開展工作等。

（十）基点工作的领导问题：

1、基点工作必須發揚民主，反对代替包办，通過組織，發揮系統作用。参加基点村工作的，有各部门的干部，也有上下級的干部，最易產生代替包办的毛病，因此，在领导上必須發揚民主，一切工作的佈置，動員和總結，要通过当地的各個組織，發揮其系統作用，干部的責任，在于細緻的帮助他们熟習業务，運用組織，發揚民主，养成民主的習慣和作風；并要堅持各种制度，使各种制度首先在基点建立健全起來，按照实际情况，進行修正和充实，而使之推廣影响外围村。

2、对基点村的表揚要适可而止，否則便會助長村干的驕傲自大，產生嚴重的新官僚、脫离群众；並須及時進行适当的批評和教育，我们不少基点村干逐渐变成新官僚、甚至不接受分區的领导，是值得我们注意的經驗教訓。

3、领导上要統一。上級不論那一部门派去的干部，應当接受当地党委一元化的领导，工作計划要服從當地党委的計划，最好以当地党委的名義出現，切忌不要把基点工作当作自己的另一机关；另一方面，當地党委要注意經常照顧基点工作、互相参加會議、

213　41

了解情况，不要把基点当作『租界』，諉給上級自己即不管不问，甚至在旁边看二行。

4.基点工作與駐村工作不同，必須分開；机关駐村工作是帮助性臨時性的工作，因為机关干部有其專门的部门工作，只在工作空暇，帮助作些工作，因此不能算基点工作，駐村工作必須以当地干部為主，帮助作些動員宣傳教育工作，我们過去把駐村工作與基点工作混淆是不妥当的。

## (四)發展和整理村組織問題

一、在斗爭中發展和教育群众組織、

(1)為了樹立基本群众的优势，必須在群众斗爭中進行深入細密的組織工作和教育工作，不能粗枝大葉簡单化，也不能满足於斗爭会的轰々烈々。

(2)準備發動斗爭及斗爭过程中應進行教育：

1.对一般群众的教育：

①『誰养活誰』的教育：具体的批駁『窮靠富，富靠天』『忠厚傳家』『靠大樹有柴燒』等，以算賬的方式進行座談，啟發农民的阶級觉悟，使群众早下决心，進入斗爭，不抱粗腿，不軟心。

②反正統及変天思想的教育：以國民D的腐敗無能，敌后頑固份子的下坊，重慶中央軍的削弱。及我党我軍的發展壮大，反攻靠誰等。並举某些实际例子，啟發群众，打破思想上的顧慮，撕破鞋，打開情面。

③一般的策略教育：如講理不動手，对狗腿子和小悪𡎺等，不應打毒，應找最坏的和最頑固地主悪𡎺和他講理

2、对村幹和积極份子的教育：除以上一般教育外更應注意：①团結群众的民主教育：說明斗争的勝利不单靠一二個英雄能办到的，必須發动廣大群众起來，糾正强調群众的落后、頑固、死腦筋，奴隸性的想法，提出：窮人不轉腦子工作做不好，誰团結的人多，誰就是好党員和好干部，肯干的人要团結别人，特别是耐心說服教育怕事的人；應强調民主，不民主就办不好事，群众就反对，同時也要說明，包办代替和强迫命令是有害的，大家的事大家商量，大家作主，大家去辦，反对村干比群众高一頭和當官的想法。

②策略的教育：說明不策略的害處，會樹敌更多，給群众增加困难，找更多的麻煩，同時也要他領导掌握，斗争誰，争取誰，斗争誰喊什么口号，不喊什么口号，講理時不打人等，如何的去掌握斗争会及群众的情緒。

③以上问题，先由大會及利用學習机会，以講課方式進行教育，然后再採取小組座談。

43

215

（3）發展群众組織：

1.群众团体的發展，必須經過斗争，否則，群众团体是不會鞏固的，过去某些村庄，群众团体的發展建立，是在群众的發动前自動組織起來的，但這秐組織是形式，因此，也就有一些群众团体，為上層投机份子或者是流氓所掌握，這样必造成群众斗争的严重阻碍。

2.如何去發展和組織呢？

①在進行某村的工作時，首先進行調查研究及同時宣傳我党減租減息的政策，宣傳当中，去發現积極份子培养與教育他，使具成為我党政策的宣傳和發展会員的骨幹，並成為群众的領袖，在成立团体中，應由小而大，在發展到一定的程度時，即可成立团体，臨時选一負責人，這個負責人應成為将來的骨干。

②發动斗争時，即通過該組織去討論和收集斗争材料，建立一定的回报制度，領导上採取從群众來到群众中去的領导方式，在材料搜集起來后，再通过大家的座談討論，將材料集中后由大家举手通过，加强會員的組織观念，同時在搜集材料中，去宣傳和擴大該团体的威信，継續大量的吸收和扩大組織。

③斗争后，团体的信仰提高了，經过斗争可發現好多的积極份子，除培养這些积極份子外，應大量的去發展組織，這秐發展應採取大會报名及個别的發展方式相結合，在群众团体發展和擴大以后，經过了斗争的鍛鍊，應進行改选，將斗争中的积极份子成份好的

44

216

选举当村干，以便继续去领导群众。

3. 在發展會員当中，必須通過小組討論，大會通过，經过批准。

## 二、群众組織的整理與改造：

(1) 在群众運動后，有不少的村庄的群众組織，表现了皮苍消沉，必須進行整理和改造，其原因大概是：

1. 村干官僚不民主，脱离了群众，甚至發展成新官僚。

2. 斗争果实處理的不适当，不少的群众没有得到利益，即是斗争果实分了，某些村干採取了所謂「自動」（思想强迫）

3. 忽視了斗争后的教育工作，斗争后即万事大吉，没有及時的轉变深入鞏固工作，缺乏实际工作内容，表现了工作消沉。

4. 斗争中的策略與政策不当，斗錯了方向，影响农民的不团結，使部份的中农甚至個別的貧农，發生了对我党政策的怀疑。

5. 糾正偏向提出后，個别的干部对糾正的精神没有掌握住，給了坏蛋鑽空子的机會，又加今年抗属增多，但对新抗属教育很差，一時照顧不够照顧不到，即不滿甚至大罵村干，某些坏旦也乘机掌握了抗属的合法地位，攻击村干，而糾正偏向的問題提出后，區的領

45

217

导上没有作反省使村干和得到斗争果实的群众害怕，因此，即形成了村干的普遍害怕，甚至發生個别的逃跑，一般的群众旁观，得到果实的群众害怕和怀疑。

(2)群众初步發動后，表現度打的村庄，除認真的動員糾正偏向與正确的處理斗争果实及某些问题外，應在群众中，進行民主的教育，通过群众去整理與改造；

1、如何進行民主教育；

①内容：說明农救會是咱农民自己的組织，那么，大家的事，大家去办，然后再提到，什么是民主，民主的好處，不民主的害處，去克服和糾正某些村干部，認為群众有奴隸性，不打不拉屎，不能民主，只能去命令，怕民主了怪不好去办事等々錯误的認識、同時也要說明村干和群众的关係，及村幹的責任。

②方式：首先召開支委会議、村干联席会、進行動員和啟發、再深入到各組織的小組裡去，（党的小組、工農青婦武小組）展開討論，經过党員会員的檢討，反映回報各系統、經过研究討論、再進一步的去進行教育。

2、動員村干、党員、会員去反省：

①村干的反省

A、内容：

㈠是否站穩了立塲，維護了群众利益、还是違犯了群众利益。

㈡是团結了群众，还是脱離了群众，檢討群众與干部的关係如何？

㈢是否好好的生產，有無二流子的習氣和想法，

㈣是否積極認真工作，有無皮打的表現，為什麼，

㈤是否民主，大家商量辦事呢、还是個人說一不二，

方式：在未開始之前、对村干進行耐心說服和動員，打破他心裡的顧慮，可先開村干会議，由主要的干部進行示範，啟發其他的村干進行自我檢討，然後再開系統大会，由村干進行示範，動員群众給村干大胆的提意見，提出有啥說啥，只有提意見才能把事辦好，好会員不要把意見放在心裡，這裡特别注意的，即是群众反映及提出每個問題，就要抓緊解决一個，進一步的去啟發群众的積極性，更大胆的提出問題和意見，切不要光叫群

219　47

众說，而不去解决。

②群众反省

a、内容

㈠对地主抱什麽態度，斗争時有何想法，

㈡对自己的团体抱什麽態度，是否積極負責和爱护团体，

㈢你对生產怎样想的，有無二流子的習氣，

b、方式：在村干反省啟發下，在各系統小組内進行座談式的反省，以加強其对群众团体的組織观念和明确立場。藉以整理組織，一般的問題可在春學或以互助組為單位，隨時進行反省和座談，

3、如何整理組織，

組織審查委員会：重新登記和審查会員，在進行中應注意以下的問題，

第一，洗刷投机份子，經群众討論决定，可開除其会籍，但对一般的落後份子，主要的是教育，經教育後，在小組会上反省，因此，不能輕易開除，

第二，經小組與大会討論，可選出模範会員與模範小組，具体的條件可由小組討論，但一般的條件應該是，站穩立場、不当狗腿子，好好的生產不当二流子、積極工作不当掛名的会員，

720　48

第三、審委会審查後、将会員名单一個個的提出在会員大会上舉手通过、以明确会員的組織观念，

十、选舉：

經深入的动員，使群众确实認識自己的团体要自己負責，干部應按期选舉，这是最实際的民主教育，在改选当中应注意：

第一、如村干部是投机份子、或者是地主的腿子可以先經群众罢免撤職，然後再改选好的。

第二、如村干本质上很好，只有是些毛病、可以經群众給以教育，在会員大会上反省表示他進步的决心，使群众諒解、还可能当选、否則会自然落选。

第三、在选舉前應事先經过醖釀。小組討論，大会隆重的选出、在选出後、由群众对当选人提出意見，強調提出為莊戶人办事、不學过去的新官僚、当选人要当面表示為大家辦事的决心、

第四、在新的干部产生之後、对舊村干落选者、可耐心的說服教育、不要諷刺使其难过和苦悶。

三、村政的改造與行政村的建立：

(1) 改造村政的方式：

49

221

1.在群众闘爭中罷免撤職：如舊村長是封建統治者、群众斗爭中即罷免、如村長是封建狗腿子，在群众將統治者斗爭了以後也就联系着撤職，这两種方式運用的較多、應是主要的方式、

2.以行政力量撤職，臨時指派委任推舉，在初步改造時，可用这種方式、在新地區可普遍作、在老地區未貫徹查減的地區亦可作，这樣可明确政府面目，予封建势力以打擊，鼓勵了群众、掃清群運中的礙碍，

3.一般的改選、对舊的未宣佈罷免、但因不好或不起作用、自然的改選了。

(2)建立行政村、

1.意義：

①為了团結群众壮大力量，行政村的建立、應是在群众發動後才能建立、否則即更利於封建势力的統治、

②減少領导单位，便于區的領导，

③行政村，是党政軍民領导的一級，統一於支部的領导，能使村干加强、解決了干部少的困难，

2.建立的方式：

①召集工農青婦各团体為主的会議去建立、首先應經过醞釀，去啟發無組

222

50

织的群众参加。以民主的方式选出行政村的领导机关。这種方式，一般可採用，影响較大。

②实行公民登記，編公民小組，成立村代表会选舉。手續較麻煩，但这樣的去做動員能深入，教育意義大，目前基础較好的村庄（基点村）可個别的採用，只有以民主運動為中心的村，可普遍的採用，

③代表数目：可十至十五人选一代表、

(3)行政村的整理與加强，

人行政村隆重的选舉後，應抓緊進行如下教育、

(1)对党員群众應進行重視政權（掌握刀把）的教育，説明是老百姓的政府，要对人民負責，大家可監督政府、擁护政府，開会時區政代表要具体的説明，支部和群众团体，應專門的討論，

(2)对当选的干部應抓緊教育，除提高其信心和能力外，應着重説明掌握政權，是掌握刀把，為誰辦事，防止學舊村長的恶習。大家的事大家辦——民主怎樣去辦等等的教育

區政權可召開一兩次村政委員会，指出分工及各委員的工作範围。如何去進行，並規定制度，區政權各助理員，可分工個别的與各委員談話，具体的去帮助和指导。

51

223

③嚴正的去揭發封建勢力的破坏、號召各团体拥护政權、愛護政權，

2. 進行組織的整理，

①減少幹部（文書只兼村团指导員、村長可由支部中的政府兼委員）、必須在支部統一計劃和一元化的領导之下、明确支部的分工，防止混亂，

②在公民登記時、編公民小組，成立公民代表会，一般的偽頑屬、不應取消公民權、地主富農應插入公民組、應以生產及团結組織群众為基礎、公民小組的組成應以自願結合為原則。

③縮小自然村的權力，集中和健全行政村的机構、統一于行政村的領导、自然村可不設付村長，由行政委員直接領导公民小組、工作由行政村統一計劃和佈置、開会發經費等以行政村為单位

④行政村開始建立時、不應強調三三制、以後可逐步的实現、

3、加強党对村政的領导、

①党内進行掌握政權的教育、指導與掌握政權的區別、

②配備堅強的党員当村長、應該是支部委員，

③支部與村政的領导单位應一致、行政村的各救会應建立，村政委員不单編小組、應劃在原組、

52

224

④支部在定期検查総結村政工作時、應啟發委員、反省自己的立場、

四、支部建設與整理

一九四四年群運開展以來、支部情况的变化是很大的、有些地方是進一步提高了、有些地方是更多的暴露了它的弱点、和其严重程度、把支部当作一般的观念、經过一年來的糾正逐漸轉变了、有很多支部在群運中真正發揮了他的核心保証作用、現在支部同志知道工作要通过党委会，听從党委会的决议、有的庄子支部是委会的观念不够那樣明确、但是支書(即村指导員)的威信确相当高，他説出的話効力大、这樣才有効的保証了我們群众工作空前而廣泛的開展、可是因為我們群運中政策上的偏差與错误，新支部新党員数量迅速的增加、部份老支部老干部表現了老大自满 組織上落後、总然工作比以前大大的開展了、大部份支部依然不会领导工作、不了解上下級部門工作、不懂的組織原則、随便吸收党員發生横的关係。召開全庄支部大会以及支書随便在公開的会議上爆露面目講話等，关于組織生活在群運發動的前一時期还很經常热烈、後來逐漸消沉、有的就停頓了、党的任務也不能在党内和群众中展開热烈的討論、因之、支委会或支書包辦一切與部份党員干部新官僚的現象也就嚴重的發展起來。

其次这個時期支部階級教育的加强、党員干部階級立場的明确、也有了重大的收獲、另一方面自私自利不想劳動的產思想也在後一時期逐漸普遍的滋長着、这種思想嚴重的損害着

党内由团結和党在群众中的威信、（如斗争果实的平均分配·合作社村干貪污·拿公款任意揮霍娛樂、影响支部干部的威信最大）甚至有的村庄『刨窮根算舊賬』刨到党員干部自己的头上·公開的分裂了支部相互对斗起來、如趙鋪×庄；有的村庄虽然表面上不見得都是这樣嚴重、但实質上類似的还是很多的，他們一般都表現着生產情緒低落，工作消沉、听到了糾正偏向以後、地主上層份子積極放空氣鼓動反斗爭，他們就驚慌不安、埋怨上級，对共產党怀疑、这種思想情况如果不深切的從他親身的經歷與我們的自我檢討中教育他了解共產主義和党的政策之实質，不從政治上組織上給予積極的支持和解决、使他明确看到共產党过去和今天都是堅定的站在他們那一方面，是領導他們求解放的，那就會前功盡棄、明确了的階級立場又模糊起來、助長右傾思想的生長、現村干就有辭職逃荒、农会員就有偷偷的向地主退还東西以及普遍的工作情緒不高，受到庄中上下層的責难，垂头丧氣的現象、為了整理鞏固党的組織，堅定党員干部的階級观念、对今後支部工作提出如下几点要求：

（1）加强分委对支部的領导、充实分委党務干部、認真經常的作到一切通过支部、支部工作一定要佈置在其他部門工作之前、正常的樹立支部的階級堡壘作用、

（2）在这次群众团体的整理組織中，把一九四四年的新党員以及個別地區某些支部一貫不好需要整理的老党員、進行一次普遍登記、在登記時要進行耐心的動員教育工作、使之了解整理組織的意義、入党手續、党員條件、党的組織之嚴密与紀律性。共產党與其他任何党派

54

226

会門組織是完全不相同的。

登記的方式切忌審問式簡単化，最好在动員及有群運中一些諎誤偏差、打通了思想、提高了对党的認識政治面目一般清白之後再進行、过早了我們不了解情况、或了解不具体、都会產生新的錯誤和偏向。

③在登記整理后可能有些坏份子需要清洗：

甲、手續：

1如支部發現一般的党員中有異己投机份子時、由支部討論決定交分區委批准並報告縣委、

2如係支委應洗刷時，由分區委討論決定、由縣委批准報告地委、

3如係分區委員、應由縣委討論決定、報告地委批准、并報告區党委、以此類推、

4在根据地内凡被洗刷者其組織(如小組或支部)可在討論開除其党籍問題到最后決定時。除應逮捕之奸細外在可能情况下、應召集其本人到会参加、并提出意見、最后上級批准開除其党籍時、應正式通知其本人、并説明他不服時可以告到上級党的机关直到中央、開除后應在党内适当範圍中公佈、

5游擊區域被洗刷者、有敵探奸細嫌疑時、可以不通知其本人、秘密開除、但需照例在党内公佈。

55

22

如發現奸細應立即深入考察其介紹人及其是否介紹過人、（这些人当然不一定都坏）

乙 对被洗刷份子的處理；

1、一般抗日份子或同情者、仍分配以我党的公開工作、投机份子及落后份子、动摇份子仍領导其参加某些抗日工作、都需指定适当同志經常注意給以教育與領导、洗刷后即一律加以敌視態度是不对的○

2、若被洗刷者不能分配其什麼工作、但也不敢反動者、仍需繼續爭取、以免被敵人利用反我○（民族和階級敌人在有些地區專門收集这些垃圾）、

3、关係敌探奸細、開除后交政權處理、

4、对一般被洗刷者、應依靠說服教育方法使其不泄露党的秘密、

5、被洗刷者如真正反動、即嚴厲的对付之、

6、若整個支部解散、則恢復時需注意秘密工作、新發展者與舊恢復者分開、

（十一）嚴密組織、發揚民主、加强支部的核心領导作用、

1、在群众工作的整理中、號召動員干部反省、了解干部、适当調劑領导成份與提拔與群众有密切联系、作風正派有威望的同志到領导職位中來、

2、确实执行前面关於村的簡政的意見、建立集体領导科學分工與正當的工作制度、該誰作誰作、該誰參加的会誰去參加、該誰知道的事誰知道；一鍋粥、一齊干、乱打听、支委

同志在大会上随便发言爆露自己的面目等是不对的、必须纠正、

3、支部無論大小、絶不允許各開支部大会、今后要立即纠正、

4、这八個月群众運动中、某些支部能够把党的决議由支委討論、傳達到小組、党員、再普及到各群众团体和其会員群众中去、教育群众、团結群众是很好的、应该學習的、可惜这樣的支部并不多、就是能够作的也不経常、不細緻、帶着相当大的自發和自流性、今后要强调一切工作要自上而下的深入傳達、自下而上的民主討論、只有这樣才能真正以党為核心、發揮全体党員和有組織群众的作用、团結各階層到党的週圍、跟着党走。

(5)継續明确的深入党的階級教育(統战教育是階級教育的一部份)從正确處理群運的偏向錯誤中求得党員干部对党的認識上提高一步、求得全党一致 团結生産、

1、群众運動中産生了不少的新官僚、他們大部份是干部、而且大部份是党員干部、他們的自高自大、自私貪污、是今天農村支部鬧宗派不团結、普遍的情緒低落的主要原因、可是檢查起來这些干部無論新老、接受党的教育是很差的、群運中不少的偏向與錯誤、是在我們分區甚至縣委以上同志們直接指導下産生的、即使不能由我們直接負責、間接的放任自流没有能够說服教育、嚴格制止、有意無意的助長了他們那種坏思想意識的發展、也同樣是我們的責任、因此今天糾正偏向、团結全党的主要工作还是自上而下的干部反省和党内明确而深入的階級教育、(個人自私不是党的立場、為群众服務犧牲個人才是党的立場)、與政

57

229

策教育（糾正偏向不是說我們过去窮人翻身都翻錯了而是不分階級弟兄與階級敵人、不照顧我們的永久利益、团結各階層抗战是过火甚至是錯了、使支部同志明确了解地主坏蛋撕破臉皮作斗爭什麽時候也是正确的、我們的錯誤在于不嚴格的执行党的政策和個人自私貪污的劣根性。）

2、糾正群運偏向不必大張旗鼓向村干與村民宣佈。先在党内深入反復的進行以上的教育、动員党員與会員能首先打通思想、互相諒解、自动自願的糾正偏差、这樣糾正不一定採取村民大会或農会會員大会的方式、小組調處直接談判的方式都可、党員與基本群众之間的問題都解决之後、再解决党外與無組織群众的、個別閙明地主與中富農（不是坏蛋恶霸份子）問題的處理还要放到最后、以党員会員的模範团結的典型在村民大会上進行自我檢討、适当解决他們的問題、號召政府寬大、要求全村团結一致努力生產、这樣的会不但有准備有核心而且也大大的提高了政府的威信，

3、分委與區政权一定要隨時明确的对廣大有組織與無組織基本群众負責、（領导正确了要負責、犯了錯誤也負責）始終站在他們这一方面、積極支持他們。虽然有些村干部官僚貪污腐化、只要他能接受我們的領导、認真檢討自己、糾正錯誤、我們决不当作斗爭对象孤立打擊他、處罰他、相反的教育帮助他解决一切困难（貪污还不起賬的公家适当調處了結）處理方式也要以自我檢討為主、而且分區同志也應認真的把自己應当对他們的責任首

先在支委会農委会内自动的檢討出來、明確相互的責任、同時也鼓勵他進步、

4、总然如此、但個別自高自大、自私貪污嚴重的新官僚，还應当作為典型、在党内或農会内部作集体的教育與從妥的處分以至開除党籍與会籍 、藉以展開党內外民主作風、嚴肅紀律的教育、但这樣的会不能輕易舉行、要有研究、有准備、并經过分區委会的討論批准才能执行、反之宗派性的相互報復是要嚴加防止與禁止的、

5、最后要教育全体党員、不要过分的計較小節、一切只有在密切的生產互助中才能解决的更好、所以號召吳瑞有方向、加緊互助生產無論如何还是我們長远的和最終的目的、偏向錯誤、誰吃虧、誰便宜、只是一時的、不能过分看重了、因為今天群運偏向的糾正中即使吃点虧、將來生產互助中还可以補償的。

(6)关于發展的問題、老的基本區一年來發展的数目相当大、(如温費)、今后半年內一般應暫時停止發展(個別發展是可以的)專門進行整理工作、其他縣一面整理一面發展、新的中心區群運还没有發動起來、應該在群众斗爭中注意發展、尤其二地委的某些中心縣區、还要更多的强調在斗爭中發展、边沿區如嶧縣、郯縣、蘭陵縣和滕縣的某些區、甚至是大部份的地區、應該是積極慎重的發展、嚴格入党手續、嚴防奸細投机份子的混入。

231　·59

# 第三部份 今後工作

區委决定冀南今年全年仍以群众運動為全党的中心任務。故凡是認真減租，群众已普遍發動起來的地區，就應該以大生産運動為貫澈全年的中心任務，也就是説：大生産應該是這些地區全年的最中心的政治任務。但新開區以及基本區還未完成減租減息，或減而不認真檢查的、應當以貫澈查減為中心結合生産，查了租馬上就搞生産，在边沿游擊區則應以对敌鬪争為主，边沿區的群众工作應照顧到團結各階層，更有力的加强对敌鬪争。這應該成為老地區及边沿區游擊區今後工作努力的方針 各地應根据自己具体情况，分別主要、次要、輕重緩急，具体佈置，抓緊時机全党立即行動起來，為實現下列任務而努力。

(一)如何迅速的把大生産運動開展起來

一目前開展大生産運動中的幾個問題：

關于大生産運動，分局區委都早有專門的指示，并以再强調指示大生産運動是我們準備反攻和建國的物質基礎，同時也是改善軍民生活，把群众運動真正鞏固起來的重要因素。因此每個干部必須在思想上明確的認識這個重大的問題，但我們的今年大生産運動雖然時間已到四月下旬，而有的地區生産情緒还不如去年緊張，現在还有的土地沒有開耕，有的是問耷子種，而一般的表現是耕種的不大起動。這種嚴重的現象如果不能迅速轉变，眼看着今年大生産的重

36

116

22

大任務就会落空，这是再不容忽視的嚴重問題。

為什麼会使大生產運動这様平淡呢？除了今年下雨過晚，雨季過長影响了春耕等客觀原因以外，其主要原因是：①由于去年『割窮根』割亂了，結果致使群众对我党政策發生懷疑，感到過好日子还得挨鬪，不如窮人光榮，所以对生產抱了消極的態度，同時有些得到鬪爭果实的人，听到風傳過去都鬪錯了，凡得到東西的早晚还要吐出來退給原主，因此这些人也就对生產猶豫起來，抱着等待觀望的態度。②因為領導上的强迫命令缺乏民主作風，故很多变工互助組織不是出於自覺自願，因而也就变成了一套形式，加之去年生產運動的虎頭蛇尾，領導上只有一般號召而無具体指導，結果弄得許多变工組糊塗的搞起來，又糊塗的垮了台，使群众对組織起來大生產失掉了信心。③有些具体实際問題不能解決，也就影响了大生產的開展，如耕牛做之，变工互助中的具体辦法等問題，以上問題如果不能得到解決，今年的大生產運動，就不会開展起來，因此除根據區委关于生產任務的補充指示以外，特補充以下几個問題：——

第一、廣泛深入的在群众中進行关于吳滿有方向的教育，除一般宣傳外，應以小組為單位、進行座談討論，指出『發展吳滿有方向』是党的政策，凡農民自己勞動起家者，都是光榮的、應該受鼓勵，說明過去有末的就挨鬪和『窮人不過三畝地』的想法是錯誤的，藉以打破農民的均產思想，以消除群众的顧慮，提高群众的生產情緒，在進行关於吳滿有方向的教育中，还必須

37

117

隨時進行糾正錯誤，因爲有些個別村庄的錯誤不糾正，正是防碍大生產的重要癥結，但在糾正中又必須掌握住糾正錯誤的原則和其精神，而不能一般化的進行，尤其不應造成運動，并迅速宣佈過去的鬥爭果实中的土地應迅速出租或暫行分配，已分配的應迅速耕種，由政府農会保証他無論如何不吃虧，以免荒蕪起來。

第二、切实实現一般號召與個別指導相結合的領導方法，切实作到掌握基点，典型示範，不但縣區都有基点工作，而且真正能起其創造經驗推動全盤的作用；一個縣要搞好一個區，一個區要搞好一個庄、一個庄要搞好一個組，不但要搞出工作的一般規律，而且要搞出工作的特殊規律，重視不同村庄不同水平與不同工作發展的偏向、使個別與一般真正結合起來。

此外干部还必須親自下手，濱海莒南區婦救会長徐恒芳的工作作風是值得學習的，这個經驗應當運用到各種工作中去。

最後，應着重宣傳变工互助的好處和辦法，凡未成立变工互助組織的地方，不要勉強去作，以免形式主義不起作用，反而影响不好。

第三、要及時仔細的研究解決生產变工中的困難問題，如有的互助不变工，以致地少的吃虧，即應根据各地之計工經驗，迅速建立記賬算工制度，如有的变工互助中，不是以經營副業的盈餘來補工，或以工補工，而是以錢糧食來補工，故有些中農反映說往年雖然忙兩天，可是不化錢，变起工來，倒得吃虧，幹不起呀。这一問題必須立即教育糾正，并須規定不能馬

38

118

23

上要賬，應有經營副業或補工的机会，又如一般工價及牛工人工折價中的過高過低，也使貧農或富農吃虧，應當經過調查研究，醞釀，經過民主討論決定，不能畸輕畸重，并應進行調查和糾正。此外在生產互助中尚有不少隨時發生的問題：如吃飯、耕種先后，工伕太多，耕牛等等，均須深入群众，通過群众路線，及時進行糾正和解决。

第四，今年擁參後，各地抗屬大量增加，這一問題必須適當解决，要表揚模範抗屬、通過模範抗屬教育推動一般抗屬，提高抗屬的勞動積極性，糾正光等優待和幫助情吃情穿的現象，另一方面則教育群众耐心的幫助抗屬，最好把抗屬都編到互助小組裡去，這樣不但固定了幫助对象，而且也組織了抗屬的家庭勞動力參加生產。此外為了補救勞動力的不足，應將半勞動力婦女兒童儘量組織起來，更多的發揮半勞動力的作用。

第五：根據經驗過去變工互助組織的編組辦法，尚有不適當的地方，各地群众团体一般應以生產為中心，以户為单位編組，群众团体的小組與互助小組取得一致，以便於調濟勞動力。

第六，注意勞武結合，中心區民兵應以生產為主，有敌情的時候，掩护生產、边沿區的民兵則一面戰鬥，一面生產，在情況緊張時則應以掩护群众生產為主。

第七：減租以後農会的主要任務，是領導和推動生產，因此，農会應經常討論如何生產，所有村干的主要任務也是生產，并貫徹親自下手，必須參加互助組，成為生產的積極份子；此外，為照顧生產，區村中應減少会議，少開村民大会和委員大会，有些性質相同的会議

39

119

可各併開，以免影响生產。為了補救今天村政工作太忙、可以建立村政委員会輪流值日制度。（詳細意見見簡政問題）

第八接受去年經驗，凡空白區新開區以及減租而未徹底的地區，應仍以查減為主、不要一般的進行生產，在查減完成以後、應即入進生產。

二開展大生產運動中如何結合糾正偏向發動群众

(1)一般群众運動已經發動的地區、以開展大生產為中心，同時可個別的處理查減中的偏向錯誤，（亦須經區掌握，且須先找最易解決者開始處理）故分區大部份同志應領導生產。

(2)对於錯誤偏向較嚴重的影响生產不能開展的村子、應以一部干部由區的主要全志親自掌握先行認真解決偏向錯誤，團結群众，以提高群众生產情緒結合開展大生產，並即進行深入鞏固工作。

(3)為了早復被鬥爭者的復群活動（有些人的要求是合理的）并便於堅持边沿區对敵鬥爭，除認真領導生產，認真糾正某些問題較嚴重的村庄以外 对边沿區的問題應更早些解決、这对團結群众保衛參救有重大的意義。而在處理原則上應較內地寬大，其次內地村庄之容易解決者亦應早日處理，其不易解決者則由政府先行对他說明所候政府了解後逐漸處理之、对於被鬥者較活動的地方，則由政府分別召集被鬥者開会，說明他們过去对 群众不好、致

40

120

引起群众反对是必然的，其中個别不妥善處，政府自當代為設法，但如非法活動必将法辦，同時并進行分化，争取問題小的比較好的，对比較坏的教育他們認清時事所趋，確实回頭向善，政府與群众均能諒解；同時由群众团体各集会員進行教育，以免群众害怕。(六月底将偏向糾正完，以便開展民主運動)

(二)正確的糾正偏向，把群众運動納入正規。

一、对糾正錯誤的認識：

我們八個月的群众運動是有成績的，但也産生了不少偏向，及原則性的錯誤，但对錯誤的認識，尚有不同的偏差，如：——

第一種雖表面承認錯誤是嚴重的，但在思想上对这些錯誤却採取了『姑惜』『縫縫』的態度，強調了怕潑冷水，認為『錯了就算了』，如果即使要糾正的話，也最好能少退就少退一点，我們指出这種『姑惜』的想法是有害的，在实質上还是在存了『左比右好』的思想，發展下去不但不能解決問題，正確的使群众運動納入正規，相反的会使工作遭致損失；必須認識，正確的糾正錯誤，不但不会潑冷水，而正是為了提高群众的積極性，使基本群众团結一致并团結各階層，这是最好的一課階級教育及政策教育，也是群众運動更好的轉入鞏固的重要关鍵，經過这樣的過程，不但了解干部提高了干部，对整個工作也必然提高一步。

第二種是確实親身体驗了錯誤的嚴重及其惡果，於是感到痛心疾首，悲觀失望，甚至对今後工作也缺乏了信心，担心党的損害是應該的、正是党員对党的工作負責的態度，但如果失望甚至丧失了領導信心却是要不得的、这些錯誤是在工作中的偏向，在某種程度上說是免不了的所謂『不經一事不長一智』，問題在於我們如何來正確的認識錯誤和正確的糾正錯誤、如果只是消極的『洩氣』或『懊悔』下去，回頭可能再走上『右比左好』的道路，对工作採取縮手縮足消極應付，这樣对工作的損害將会更加嚴重。

第三種有些人認為自己沒有犯了这樣的錯誤，於是对待錯誤就採取『漠不关心』的態度、这種想法就不是嚴肅的虛心的學習經驗，作為自己的借鏡，而是『隔岸观火無关痛癢』，其結果就難免重覆錯誤再走湾路。

第四種，更有的認為幸虧自己对工作消極應付、不然也難免要犯錯誤的僥倖想法，这種『不求有功，但求無過』的右傾思想，我們應該指出是更加嚴重的錯誤。

第五種，雖然認識了錯誤是嚴重的，糾正也是應該的、但 有兩個問題想不通，首先是個人的面子問題，因為这些問題都是自己親自讓下面搞的，現在又錯了又要糾正、这樣对下面很難開口，顧慮到個人表面威信的得失，以為这樣对下面就不好領導了、其实在工作中犯錯誤是免不了的、問題在于能否認識錯誤糾正錯誤，只要能認識并糾正了錯誤、这不但对個人的威信無害，而且只有在進步當中，才会有真正的威信。

另一個想不通的問題、就是怕富農地主活動打反攻，担心这樣会使工作垮台、这種驚惕性

25

的提高是應該的，但必須認識地主的活動是不可免的。（因為有地主階級的存在），地主的反攻也可能使我們某些形式的組織垮台，但在現階段，我們同地主的鬥爭还是一個長期的鬥爭過程、（有非法的武裝鬥爭和各種形式的合法鬥爭）今天群众是有基礎有條件來同地主進行鬥爭的，問題在于如何運用政府運用法令，同地主進行合法鬥爭。這種鬥爭对群是有好處的，不但可以教育群众，而且也可使群众提高一步，因此我們不能消極害怕地主反攻，而應該積極的去正確糾正錯誤，只有這樣才能爭取廣大群众团結在自己的週圍，以分化孤立和打擊坏地主的陰謀活動。

二、糾正錯誤的基本精神，不是单純的為了糾正錯誤，而是為了以下目的：

（1）為了進一步的团結群众，鞏固群众組織，貫徹查減，深入群众運動。

1.危害到中農貧農的利益，影响了群众本身的团結，只有堅决糾正才能团結群众

2.因為發生了偏向，影响了党與群众，干部與群众的团結，只有糾正偏向才能密切党與群众、干部與群众的关係。

3.依据查減方針繼續發動群众。（不求有功但求無過的思想是有害的右傾思想。）

（2）為了联合地主团結各階層一致对敌、

43

123

1、過重的危害地主的利益，防碍了对敌闘爭，也危害了農民的远大利益。

2、在削弱封建勢力、發動基本群众中联合地主抗戰，同時教育農民進行合法闘爭。（不要認為是退，实際是進。）要通過群的自覺自願，以群众為主去团結地主富農抗戰，干部不應以猜官及說合人的態度代替包辦。

（3）為了開展大生産運動、

1、挖窮根算舊賬的实際行動與均産思想的影响，已使群众对發展生産的方向發生怀疑。

2、必須在糾正偏向與宣傳與指有方向中組織群众大生産。

（四）要改善領導轉变作風深入工作：

1、这是細緻的艰苦的工作、不能粗枝大葉急於求成、（不應怕麻煩）

2、必須打通思想走群众路線、不能強迫命令包辦代替。

3、帮助村干改善與群众关係，發揚民主教育村干，并發揮群众的積極性、既不姑息袒护村干失掉群众，我們要群众也要村干（本質不坏的）也不簡单的打擊村干。

大領導上强調自我批評，首先區干在支委村干中動員時要先進行自我批評。

三、處理的原則：

（1）情工問題：——

44

124

1.我們党的土地政策是廢止情工，而不是算情工的老賬，情工必須是減租減息的一部份，而不能单純來進行，只有特殊大地主、為群众所痛恨的個別对象才能算情工，如果我們一般强調了算情工，任何地主都会因此算光。如果我們再把算情工算到中貧農身上（互助性的）那麼必会影响团結，引起中農的不安和怀疑、对於給敌頑挖沟修炮楼的問題，與地主情工是有區別的、它是在敌頑統治下所造成的恶果，一般不能算、如果有個別的為群众所痛恨的、可以歸併在其他條款以內，凡已經給過錢的一般即不再算，有因挖沟致死或殘廢的、可以適當進行調解。

2.處理情工問題的几個原則：

第一、凡無中生有的一律退还。

第二、不合理類似無賴敲詐的（如利滚利、利上加利、一個工一百斤等）一律糾正。

第三、以上两個原則運用于各階層

3.对各階層的具体處理辦法：

第一、地主算者一般不退，但如有算的不合理、使地主無法維持生活者，則分別處理、問明地主應以調解方式退回一部。地主問題、必須經縣委討論決定後處理之。

第二富農勞動發家的、與中農同樣處理，有惡霸行為之富農則一般不退。

45

125

第三、中貧農，凡互助性的工夫，一律必須退還、有惡霸劣者可合理適當斟酌退回一部、維持其生活。

第四、抗屬烈屬榮譽軍人、一般必須退並由干部向其道歉反省。但有惡霸行為者可適當退回一部。

處理時先從抗屬烈屬榮譽軍人及中貧農着手。

4今後必須按八十訓令具体處理之。

(2)反貪污及罰款問題：——

1.反貪污是在執行土地政策中上下變動的東西、在減租減息以前、當中或以後，由于必須去掉群众頭上的重壓、然後廣大群众的積極性才会發動起來，是可以進行的，但絕不能成為運動。也不能離開党的政策。

任何群众的行動都可成為運動，但任何運動離開党的領導，便成為乱動，今天問題不是能不能成為運動，而是應不應成為運動。

為什麼不應成為運動呢？反貪污在執行土地政策當中只是在開始時起着啟導作用，在以後即應進入查減，否則即会離開党的方向離開党的土地政策，其次反貪污是各階層參加發動的，而是以中農為主，基本群众有的可以得到好處，有的則得不到好處，因此基本群众即不能成為運動當中的骨干。群众的骨干即不能形成，必須及時轉入減租，使基本群众得到利益、群众運動才有骨干、才能培植基本群众的优执力。

有人説：『群众是公道的』、但我們應該指示農民固然有其善良樸素的本質、但農民也有其落後自私的一面，因此单純説『群众公道』是有毛病的。

2.處理的几個具体原則：

第一、只有主要的個別的為群众所痛恨者，才可以進行反貪污、但不能成為運動，尤其不允許個人罰款、村裡不能處理。

第二、凡有貪污事实、有惡霸行為、如果不影响生活、一般不退、如影响其生活者，可適當調劑，照顧其生活。

第三、貪污有事实，但不是人所只憤的惡霸，并表現較好的，可按貪污数目來計算、超過者一律退、凡擴大事实者，亦以其真实数目計算，多者退回。

第四、無根据属於無賴敲詐行為的、無條件的退回。

第五、個人罰款凡有根据，但擴大事实者，可以調解方式處理之；無根据属於無賴敲詐行為者應退回、但已花用者、應慎重檢討，或酌量補償以劳力或錢款。

第六、新解放區必須慎重注意，以免重要錯誤。

（3）包槍派槍問題：——

1.包槍派槍是最易引起社会不安秩序動乱的一個問題、各地的教訓已不少、如

121　47

华中淮北區、濱海區之淮北過去都因包槍派槍而發生錯誤，工作上遭致極大損失，甚至至今尚未完全恢復影响，这是我們極應注意的一個問題，特別是新解放區，更應特別注意，今後一般嚴格禁止，

2、處理的具体原則：

第一、派槍或变象派槍，如所謂『自動』槍者，一律禁止，尚未買的一律停買，已買的如果是地主富農，可經過說明確定槍權私有公用，由縣政府發給执照，武委会辦理手續，如果是中貧農則一律退回。

第二、不是自覺自動，而是被迫交槍給敵頑者，原則確定不賠，已賠者地主富農不影响生活的可以不退，影响生活的可退一部，中農以下必須一律全退。

第三、凡公私槍已交我抗戰，但又被確定賠槍者，任何階層一律退回，凡根据地内槍枝買賣而被確定賠槍者一律退回。

第四、凡公私槍，自動交給敵頑，或替敵頑抽槍組織武裝者，如已包槍一律不退，但影响生活者可適當由政府救濟之，但必須对他進行教育。

第五槍枝原則上不准買賣，在處理時，可由公款墊出槍款，槍歸公有，或由武委会負責，有計劃的由中心區向边沿區調劑。

第六、民兵戰鬥丟槍，一律不賠，已賠者一律退回，必須注意这是最不利於我的辦法，

实際上是起反群民兵的作用、

第七、凡賣給敌頑區者、如當時法令未到、賣主又係中農以下、生活困難的即可不退、已退者應適當退回。

4.土地糾紛及負担問題：

第一、新解放區鄉莊長轉嫁負担給群众者、如果是地主有惡霸行為的可以不退、地主没有惡霸行為并对抗战有帮助者可以退一部，富農以下没有惡霸行為并对抗战表現好的、應全部退还。

第二、凡对敌頑坚决拒絕負担之户或係抗属而不对敌頑負担者、不論任何階層必須全退、但必須指出，不應提倡这種孤立突擊不負敌的作法

第三、凡参加偽頑不負担者不影响生活的可不退、中農以下影响生活的可由政府設法救濟，以後一律不算。

第四、乾折地或变霸佔者、則須一律退給原被霸佔者。

第五、保甲長轉嫁負担給群众者一律不算。已算者如係群众同意或中農以下者須退回、中農以上可算一部、但以後一律不算。

凡抗属家族借势轉嫁負担給群众者，富農以上不退，不合理的可退一部，中农以下生活困难者，可設法救濟、以后一律不算。

第六、庙地一般不動、以後一律不算、已算的一般不退、以後新解放區一律停止創神。

第七、黑地一般不處罰、按四二年政府頒佈之土地陳報條例處理之。

第八、怕鬪爭或不了解土地政策而被迫『自動』出土地者、不論任何階層一律退回。

(5)命案問題

第一、凡抗日民主政府法令頒佈以前之命案、除大地主大惡霸以外、一律不翻、已翻者交政府處理之。

第二、凡抗日民主政府法令頒佈以後、除大地主大惡霸以外 、如經群众鬪爭翻出,可撫卹賠償損失、并酌判徒刑,但須交政府處理之。

第三、群众運動中所發生的命案處理辦法:

①首先須了解保障人權的意義,(保障人權對汉奸除外)

②根据具体情形分别由政府予以撫卹

③但假公濟私者須交政府法辦、干部打人一般進行教育、在群众中進行反省、致死或殘廢者由政府撫卹之。

第四、今後群众運動一律不處理命案應交政府處理。

(6)減租減息問題:——

1、必須認識消滅息借关係是不對的,今天問題在于使基本群众如何能借到錢、我們應當設法帮助因此今後必須注意。

2、處理的具体原則:——

第一、債務关係已消滅者、不再算、按八十訓令處理之。

第二、債務关係消滅但已算者、各階層皆按分半減息、凡多餘之数目全部退还、（主要今是使雇大農民借不到錢否則則杜絕農民借貸之門）

第三、凡集中有生的一律無條件的退还。

3、此次處理只處理八個月群運時期中的問題、以前者不處理、以後要按照省行政会議土地組總結中关于借貸关係之內容執行。

（7）鬪爭果实處理問題：

1、鬪爭果实的處理是群众鬪爭中的一個主要問題、必須引起我們的重視、这一問題的處理是否恰當、直接影响到群众情緒。

2、几個具体原則：

第一、處理時一定要走群众路綫運用民主。

第二、公歸公、私歸私、公共的鬪爭果实必須澈底分給群众（土地在內）、但不應平均分配、主要是分給貧苦的群众。

第三、各庄未糾正錯誤以前鬪爭果实暫不處理、（以庄為单位）處理時先處理合作社以外的、然後再處理已入合作社的果实。

3、村干貪污的處理辦法：——

51

（13）

30

第一、能赔的全部赔还、不能赔的只赔还一半、全部赔不起的则须向群众悔过进行反省、全部赔或赔一半的亦须向群众悔过进行反省。

第二、個人浪费的以貪污處理，集体浪费的領導者須向群众悔過，并撤職、參如浪費者亦須向群众悔過、

4、土地處理錯了的、如原主係富農以下者、原則上應以調解方式合集双方開会解决、其辦法：

第一、已種土地者，将所用肥料種籽人工全都找回，但土地應交还原主。

第二、或以夥種地辦法處理之。

第三、如原主係地主、則確定地權，改為租佃关係。

5、鬥爭果实處理中合作社并須把所有錢款粮食分給群众，然後再自動入股、不以任何攤派强迫方式辦理，每月并須公佈賬目一次。

四、糾正偏向要注意的幾個問題：

(1)了解情况具体研究。

1、打破無問題的看法，深入調查。

2、通過群众進行多方面的調查

最好先從未鬥人也未被鬥的群众中調查、反映比較客觀。

52

132

其次对群众進行教育啟發敢于講出实際情况。最後不一定向被斗的了解材料、如必要政府干部出面不以農会去搞、以免混淆面目、引起群众不安。

3、在了解情况中不表示態度、以免助長地主威風、研究材料應具体分析以求准確不存成見也不過早肯定。

(2)深入動員打通思想：

1、區村干部應着重打通以下几点：

A、階級教育與政策教育。(对地主又要鬥爭又要團結的教育)群众翻身是應該的、

但以群众大家的力量讓倒地主後要以大家力量分化他們争取团結他們、以減少農会的「挡頭」以免地主投敌依頑。

B、發揚民主轉变作風的教育和「大家的事大家辦」、「凡事商量作」、干部與群众的关係和干部的責任、糾正偏向是為了群众不要怕面子難看。

2、教育中應當注意：

A、根据干部與群众的認識水平由淺而深逐步提高。

B、分區領導群众的檢討與对干部的教育及对群众的教育結合進行、初期

53

133

應以对干部教育為主、以免誤会不瑞。

2.由支委到小組、由党内到党外進行具体動員。

3.以群众歡迎什麼反对什麼為中心座談本庄的問題、搜集群众的反映、以此啟發村干認識本村問題、打下以後解决問題的思想基礎。

(5)處理問題應注意的事：

1.處理的步驟上應先解决党内問題，(如宗派自私)然後再處理群众团体的問題、再處理一般的問題、先在群众团体也取得一致、提到村民大会上解决(当然步驟也不能机械分割開)。

2.依貧農中農富農地主等次序處理、以便首先解决基本群众的問題、求得群众本身的团結、不能首先處理地主的問題；應先處理較容易解决的基本群众吃虧的問題、对鬧事中戴錯了或重了的政治帽子、如悪霸、坏蛋、破鞋等、應設法解釋、以免怨憤。

3.对力量的組織上應首先教育团結積極份子再改造較落後的份子(如新官僚)、最後清洗投机份子、如無群众基礎時即清洗投机份子、不能解决問題且可能遭到困难，还会影响这些人不敢動或採取過火行動。

4.对投机份子先在会内處理教育、然後在村民會上處理，只處理事情不是組織被鬧者向他開火。

5、要基本群众退出果实時，須同時照顧其生活、以免影响其情緒、对吃虧的貧農佃農、（如自己種的地被刨去，也未算賬，影响生活。）應当設法照顧。

（4）如何應付封建势力的反攻：

1、地主乘机反攻是難免的，对付地主的反攻主要的靠群众自己的合法鬥争。

2、地主的反攻的方式：

明目張胆的進攻造謡：如說『都錯了』，『四個月的鬥争两個月的反鬥争』，『中央軍上来了』等等。

陰謀策動組織反攻：如組織反鬥争会鬥村干，如策動被鬥的一擁齊上到政府請願告狀等等。

抓住弱点鑽空子：如擴大新官僚問題等。

3、我們的对策：

教育組織群众進行合法鬥争事先預防、屆時沉着應付，不要簡单化、要团結群众孤立壞地主、强調群众的事，团体自己辦，並尽早處理中貧農的問題。

分化封建势力、爭取一般的孤立最坏的、提出較好的事小的不要與坏的搁在一起。否則小事变大事、好辦的事难辦了，不要給坏人当槍使、要等着一条条的處理，他們往往不顧我村干而請我們一包大攬，我則强調庄辦、大家說鬧以後辦事和順了，还要說明一個巴掌

55

135

拍不响，無風不起浪，也要好好 检討自己。

切实防止區裡的簡單化，这是不能解决問題的。如：温河三區尚珂先期把活動的地主押起來、後又用苦肉計，鬧爭村干、这樣只有坏處沒有好處。

对地主散佈的謠言、應當從進行[illegible]盤的揭發、并仔細追究謠言的來源、仔細注意追蹤的奸細活動。

56

136

# （三）游击區游击根据地的群衆工作

## 一、游击區游击根据地群众工作的基本方針：

(1)一切為着对敌，一切為着中國人对敌鬥爭，游击區游击根据地的群众是必須發動與組織的，他們的負担之重與生活之苦是必須改善的，但發動群众與改善群众生活的重点與中心環節，主要是放在团結與集中一切中國人的力量來進行对敌斗爭，以坚决反对與減少敌人对于群众的燒殺掠奪來減輕人民負担，改善人民生活，為此，必須找尋敌人的弱点與空隙，利用敌人的矛盾來打击與削弱敌人对于群众的進攻，例如敌人对于群众的每一掠奪與榨取，都必須發動群众來对敌作各式各樣的鬥爭，只有這樣团結一切中國人的堅决对敌鬥爭方針，才能真正保衛群众利益與發動廣泛的群众的对敌鬥爭。

(2)在游击根据地與游击區中，雖然对敌鬥爭是主要的，一切群众鬥爭都應該服從于对敌，服從于抗日民主統一戰線，但這一正確的方針，並不等于可以放鬆对基本群众利益的照顧，事实上地主階級常利用敌我尖銳鬥爭的條件，保護與維持封建地主对于貧苦工農無限的剝削，或利用他們的統治优势，將一切對敌負担都完全轉嫁到農民身上，而且為着一致对敌，加强对敌鬥爭力量，不僅在某些少數基本區應該抓緊時机，实行減租減息與增加工資的法

57

137

33

58

令，就在廣大游擊區，用說服調解的方式來適當減輕基本群众負担，改善階級关係也是必要的，例如对敌負担必須採取公平負担的方式，地主在適當減租減息之后，農民在对敌鬥爭中更多給予地主以緩助等，這正是改善民生，加強階級团結的方針。

(3) 游擊根據地與游擊區既是敌我争奪最頻繁的地區，所以在敌人方面，採用了一切威脅利誘方法來爭取與影响地主，企圖建立他們的社會基礎，在敌人的威脅利誘下，是有部份地主由動搖而走向投靠敌人方面的，在我們這方面，為着逐步組織群众及争取群众力量的优勢，只有通過对敌鬥爭來堅决反对死心塌地的漢奸和投靠敌人的地主，反对敌人爪牙的破坏份子及特务份子的活動，反对地主階級的每一動搖和妥協傾向來發動群众鬥爭，以便促進地主階級內部的分化，和争取動搖者联合抗戰，沒有這些反对投降妥協的鬥爭，就不易削弱封建势力，改変社會階級力量的对比，使得統一戰線更加鞏固，及為將來打下更順利的反攻和建設基礎，這就是我們在游擊根據地和游擊區發動群众的基本方針。（大行區過去群众工作簡單面顧與今后的工作方針。）

二、游擊區游擊根據地群众工作內容：

(1) 首先是發動組織群众武裝鬥爭，反对敌之重点主義，抓丁、搶粮、燒殺、姦淫。

(2) 用一切辦法減輕对敌負担，侭可能求得負担公平合理。

(3) 反奸與防奸鬥爭，作到全庄沒有一個奸細，不讓一個奸細混入，全庄对敌保守秘密，、欺骗敌人。

(4)减租减息：

1.新开展之游击区，暂时不进行减租减息。

2.在游击区与根据地一般的第一步是发动群众武装斗争，反资敌反抓丁反特务的斗争，但必须指出，光进行这些工作还是不够的，为了树立群众优势，充分发动群众积极对敌斗争，还必须减租减息，只要环境较稳定，都应抓紧时间进行，满足于反资敌反特务斗争是不正确的。

3.只进行减租减息，对已往超经济剥削各种老账一概不算，只废除今后各种超经济剥削。

米五一减租或低于五一，增资也要此（根据地轻些）

(5)反贪污反恶霸不能一般的进行，只能个别调解处理，采取小规模算账或讲理方式，对贪污恶霸之东西可赔偿一部，新开辟游击区暂时不进行反贪污反恶霸。

(6)改造村政：

1.必须认识，不改造村政，建立革命两面派政权，就不能树立群众的优势成为革命两面派的村庄。

2.对旧村保长的撤换，不采取斗争会的方式，可由村干或积极份子动员他，说明他过去行为不好，大家不赞成他，动员他自动辞职或由区政权找他谈，说明他过去办的不好，群

59

B7

34

众不赞成他，要他自動辞职，政府对他宽大，對過去貪污的東西一般可不找。

3、要建立村政委員會，可找一人在村政委員會掩使下，應付敵人，对敵人說是村保長，因為他挨打挨罵，可由群众討論，每月給他一部份粮食，此種形式在臨城一、八區已有許多村庄開始運用了。

(7)游击區也要發動組織群众一面对敌鬥争，一面積極生産，使劳武密切結合起來。

三、游击區游擊根据地減租減息增資的鬥争方式：

(1)採取和平調解方式，只要是群众自覺自願的行動，就是一種鬥争，僅是方式不同而已。

(2)在減租減息之前應召開士紳地主座談會，宣傳党的政策與政府法令，動員開明地主自動減租，在村裡造成減租減息的輿論。

(3)由于採取和平調解的方式，很容易形成幹部包辦代替，必須使幹部明確了解減租減息的目的，是為了發動組織群众，將群众組織起來積極对敌鬥争，不要形成為減租而減租，因之在進行時不能要求過急，（像根据地減租一樣快）需要在農民中進行耐心的教育，啟發他們的階級覺悟，使他們自己行動起來，以小組為单位找地主要求減租，如不成功時，發動群众自己向政府請求，政府出面調解。

(4)進行減租當中或減租勝利以后，即應接着对群众進行進一步的教育，將群众組織起來。

(5)減租減息勝利后，可由群众团体召集地主開团結會，加强团結一致对敵鬥争。

60

140

四、游击區游击根据地群众組織形式：

(1) 根据形式之發展，在游击區游击根据地也應大量發動組織群众，只有把群众組織起來，才能樹立群众的优势

(2) 在新游击區可組織保粮會、運塩隊，青年可組織中秋社、讀書會等，在較有基礎的游击區則應將工農青妇分别組織起來，名義可由群众自己起，不要統一的名義。

(3) 上層不應单独成立組織，可建立定期的時事座談會。

(4) 群众組織除新開闢游击區及距据点過近之庄以外，可在本庄公開，只对外保守秘密。

(5) 群众团体應建立經常的會議，應多開小會以開大會。

五、边沿游击區領導上的幾個問題：

(1) 根据形势的發展及中央关于擴大解放區縮小敌佔區的指示，我們應以積極進攻的精神，開展边沿游击區的工作，把敌佔优势的游击根据地，逐漸变成根据地或我佔优势的游击區，反对退却保守，滿足于現状的右傾思想。

(2) 要明确劃分地區，一般的應分成以下几種地區：

A、根据地的边沿村庄（如臨枣公路兩側）兩边都是根据地，一面負担，建立了群众武装與各種組織；此類地區，可以進行二五減租，採取根据地群众組織的各種形式，但應與根据地有區别，强調团結各階層一致对敌，除对大恶霸大封建势力採取大會論理會外，一般應

61

141

多採取調解方式，反貪污處理上也應較根据地寬大些，强調群众武装鬥爭，但也不要過分刺激敌人，多如徵间活動，群众团体的各種會議及活動，可公開進行，但方式上不應過于暴露突出，（如開几千人的大會，在公路边白天扭秧歌）可多採取晚上活動的方式。

2、游击區游击根据地，一般的铁路兩側，山地十里路以内，平原十五里路以内，可劃分為游击根据地，（不是絕对的，也要依可能不資敌，在敵人壓力大時可少給）鬥爭方式與組织形式都應與根据地有明確的區別。

3、隱蔽游击區游击根据地，這是處于敌人据点包圍的狭小地區，各種工作應更加隱蔽，以免遭到敌人的破坏。

從以上三種地區都應以对敌鬥爭為主，一切服從对敌鬥爭。

(3)有小塊基本區的縣區，（如嶧縣、兗濟及一部边沿的分區。）領導上應把边沿區游击區工作放在第一位工作，边沿游击區佔相當面積的地委縣委，都應經常研究兩種地區（游击區游击根据地與根据地）的工作與情況，研究兩種地區的經驗佈置各種工作亦應分兩種地區來置佈。

(4)由于游击區游击根据地敌來我去，環境变化很快大很，因之佈置工作應根据工作基礎，特别是根据情况变化來決定，時間不能佈置過長，縣委可給分區委確定一時期的工作方針和几項主要工作，給分區以机動性，何時何地以那一項工作為中心，由分區根据具体情况

62

142

決定，如一個區在敵三角部隊不斷襲擊時，環境很動蕩，則即應以發動群众反敵三角部隊搶人燒殺姦淫為中心，積極開展群众武裝鬥爭，在敵大量搶糧食時，即應以反搶糧為中心，在環境比較穩定的時期，即可以群众工作為中心。

(5)游擊區根據地之分委區可成立群工小組、政府小組沒有助理員時，武工小組分別領導各種工作、武工小組即是在分委直接領導下的小武工隊，以几個幹部及一部优秀戰士組成，人數約一個班，專門向敵區活動，打擊敵特活動，有边沿游擊區又有基本區的分區也應建立這樣的小武工隊，積極向敵區與游擊區活動，打擊敵特奸細的活動。

## (四)發揚民主反對官僚主義轉變領導作風：

### 一、什末是民主精神與民主作風：

民主精神、就是人類的平等精神。也就是說一個人沒有权利压迫或剝削另一個人沒有权利去侮辱另一個人的人格，如果我能剝削你的勞動，而你就不能叫我作事，這就是不平等，也是沒有民主精神，我們看一看史大林的民主精神。有一次，史大林出席一個集体農莊突擊隊員大會。他　先沒有說話，大家要他講，史大林就發言說：『大家講話講的很中肯，很正确，我沒有甚么需要講的，但大家要我講，我很好服從，權利是屬於大家的。』這就叫做民主精神。史大林并不以為自己做了領袖、要講就講，要不講就不講。

63

143

36

今天在我們同志中間真正深刻的了解民主、具備民主精神、而真正在領導上工作中、以民主精神、对待仝志、对待群众的並不多，我們幹民主革命如果要站在人家頭上、那就不是革命的勝利，而就會革出大批的官僚来；因此，幹民主革命首先應該自己就具備民主精神，我們要真正的在政治上和組織上实行民主，絕不像國民党一樣口頭上玩弄民主，实質是專制独裁。

所謂在政治上與組織上实行民主、就是說在領導上要採取『大家商量做』的辦法，要大家都把自己的意見說出來、有不同的意見，還可展開爭論，求得在認識上達到一致、只有這樣才能集思廣益，把問題想的更周到，看的更全面，也只有這樣，才能使大家提高政治責任心，而且領導机关與領导者還要对下發揚民主讓群众檢查領導，監督領導，只有這樣才能使下情上達，達到上下一致；也只有這樣，才能改善領導，防止官僚主義，這就是政治上民主的一種表現。但在我們魯南這種民主精神，表現的就不大很够，所以才使的上下不通氣，以致在工作中發生了嚴重的錯誤，這是值得我們大家警惕的，特别是區村，這種現象更加嚴重，有的幹部反映說：『咱是磨道的驢听唱声』，而在村裡更普遍的現象，是說一不二，稍有反映就認為是破坏話，接鬥爭，罰磕頭等的危險，這種無尚的威权，也就使得村幹嚴重的脫離群众，变成官僚，這是非常嚴重的危机。

但是這不能完全責備村幹，主要還應該檢討我們領導上的缺乏民主精神，以致上行下效所造成的結果。

另一方面，只有政治上的民主，没有組織上的民主，也就是說，有了決定以后，如果不通過各系統，不發揮各系統的作用去研究討論，大事情也同樣不易辦好；所以，只有思想上政治上，組織上各方面的民主，才能真正發揚民主。

二、發揚民主走群众路線是深入群众的关鍵。

甲、具体了解群众情緒，和要求為群众興利除弊。

(1)幹部要及時具体的深入群众了解群众要求，徵求群众『喜欢什么反对什么』以作興利除弊的参攷，可在一些會議上，啟發徵求，開座談會，漫談會，個别談，領導机关要敏銳的掌握下層幹部及群众的思想情况。

(2)提高警覺，多用腦子，不放鬆問題，及時鑽研追究問題，認真解決，不能馬虎，对群众不負責任。(如發現嚴重問題不抓紧解决只作談笑的資料是不对的)

(3)各級党委要經常檢查工作，負責幹部要親自動手，或臨時組織机关幹部去檢查，着重好坏典型，不作一般檢查，不是只找毛病，還要發現幹部與群众的創造。(我們過去埋没了不了英雄，不少宝貴經驗未被發現介紹出來，是可惜的。)對錯誤偏向，不是消極批評，而是在具体檢查中帮助下級，指出問題的性質，危害程度及糾正的辦法；对好的不

65

37

只表揚、和作一般的介紹，要具体指出好在那裡，還有那些不够的地方。

(4)領導机关对下級幹部与群众，要發揚民主精神，及時徵求下面对領導上的意見、及時改善領導。

乙、任务工作必須对群众進行說服動員，不能強迫命令。

(1)任务工作不通過群众以自覺自願，是不會辦好的。

1、党的政策指示号召，只有與群众要求相接合，通過群众的自覺自願，才能形成一個力量，進入一個運動。（我們辦么都是好事，減租息、劳動互助、擁軍、民主、武裝……都是為了群众的，但有時辦不好，群众不積极，應追究其原因。）

2、群众因受政治文化水平的限制，不可能一開始就全完体會接受党的指示号名，（如弄不清誰养活誰，怕变天，而有的明減暗不減，擁參軍想不通，而不真心、怕死、恐慌、躲难；簡单組织变工互助，群众顧慮自己吃虧等。）

3、耐心說服動員提高群众的水平，才能使自覺的接受党的指示。比如：办的事群众了解、贊成，經動員可快辦；或群众一時不了解，不很贊成，就慢慢的動員，想通了再辦，如变工開始有顧慮，作一兩個組有好處后，再不斷的說明辦法及好處，如放足、新式婚礼、拆庙、本是好事、如不動員，群众不接受甚至就會不滿）。



146

(2)堅決反對　強迫命令。

1.作工作必須先將道理講清楚，辦法說明白，要群众自覺自願去辦。

2.糾正簡单化的命令式的動員，如『上面說的不作不行』『不許怎樣』『不要怎樣』『人家都要這樣辦』『上面說中心是參軍』『青年都去，不去不行』『打通思想去參軍，不通不行』等。

3.廢除村内单行辦法：

如不上學罰灯油、悞了崗罰槍葯，猪吃了莊稼打死，村幹民兵會餐，去了路条罰九佰元等村里自已規定的都須廢止。

4.不給群众乱戴帽子，乱加罪名，（如狗腿子、坏旦、拖粗腿、頑固、惡霸、漢奸、破鞋、扒灰頭、二流子、剥削份子、搗乱份子、破坏份子、投机份子……）

5.要在村幹與党員中，進行民主教育，予群众以敢說話的自由，區幹要虛心民主作榜樣。

（區村領導問題詳見第二部份）

67

147

## 中共鲁南区党委关于邳县、兰陵新收复地区工作致三地委的指示信

（1945年5月27日）

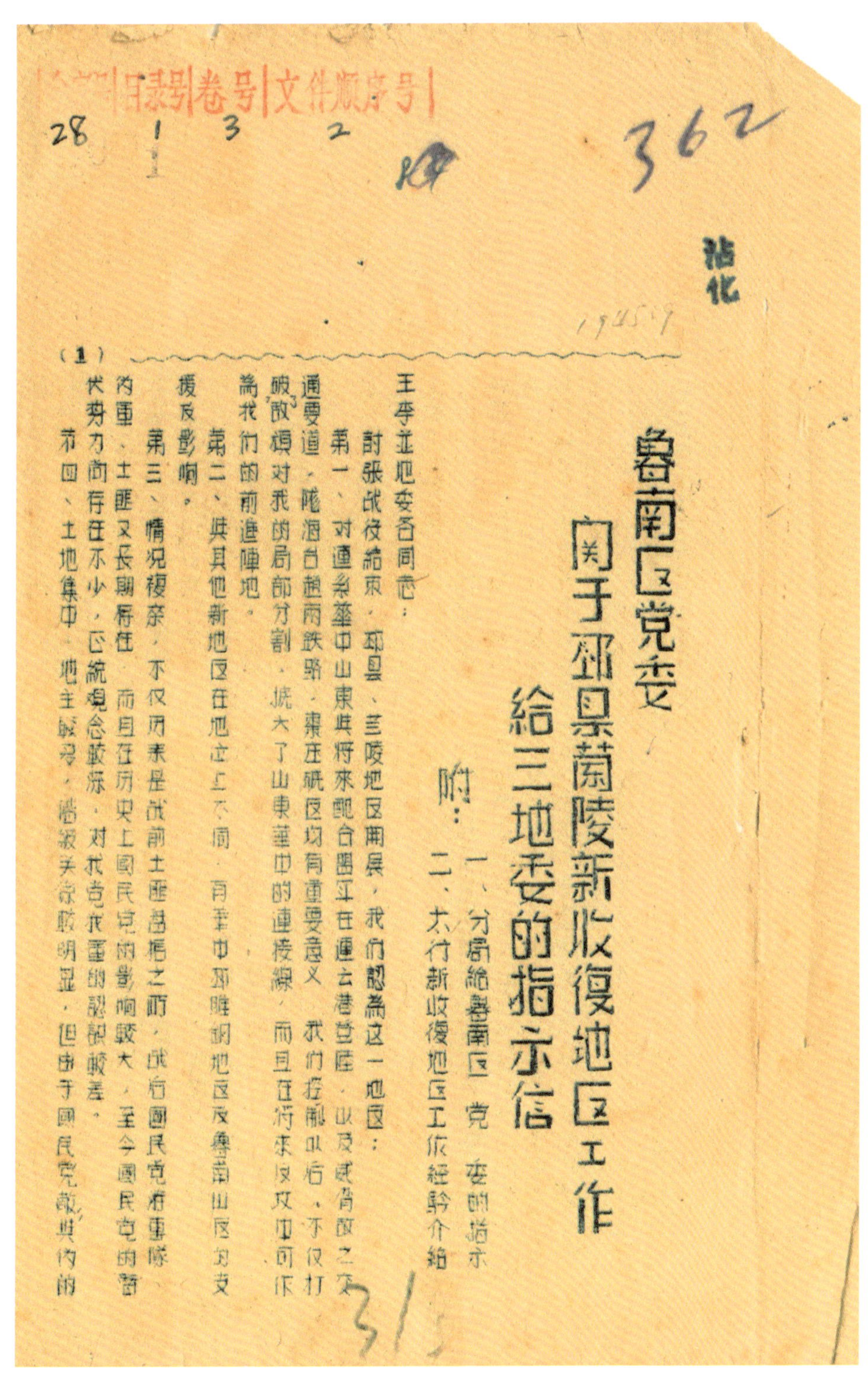

魯南区党委

関于邳県蘭陵新收復地区工作

給三地委的指示信

附：一、分局給魯南区党委的指示

二、太行新收復地区工作經驗介紹

（1）

王李並地委各同志：

討張战役結束，邳县、兰陵地区開展，我们認為这一地区：

第一、对連系華中山東與將來配合盟军在連云港登陸，以及威脅敌之交通要道，隴海台趙两鉄路，棗庄煤区均有重要意义。我们控制以后，不仅打破敌人对我的局部分割，擴大了山東華中的連接線，而且在將來反攻中可作為我们的前進陣地。

第二、與其他新地区在地位上不同，有華中邳睢銅地区及魯南山区为支援反影响。

第三、情况複杂，不仅历来是战前土匪盘据之所，战后國民党府重隊内重，土匪又長期存在，而且在历史上國民党的影响較大，至今國民党的潛伏势力尚存在不少，正統観念較深，对我党我軍的認識較差。

第四、土地集中，地主較多，階級关系較明显，但由于國民党敵與内的

（2）

长期统治压榨，除個别勾敌勾顽的大地主外，即一般地主亦受過極重，生活困难。

这些情况説明了这一地区是複杂的，开展工作自然有不少困难，但同时也説明了这一地区的重要，尤其对我将来反攻，有着重要的作用，因此，你们必須明確的認識，这一地区必須巩固，一方面要看到他的複杂與困难，但另一方面也要决心巩固，运用各种办法，好々掌握党的各种政策，争取時间发动群众，扩大自己，将这一地区迅速的变成巩固的根据地。

為此，对此地区目前工作特提出以下的意見：

（一）、首先是安定社會秩序，扩大宣传安撫流亡。

一、要肃清内顽残部及小股土匪武装，用各种方式（如佈告、开座談会，开群众大会等）各种关係、社会关係封建关係）説明我党我军的态度，对他们既往不究，指出他们的出路，这一工作必須好々進行，否则，其残部武装不被肃清，将是我们今后巩固工作的一大害。

二、扩大宣传，广泛的召开士绅各流座談会，着重的揭露国民党的腐敗無能，目前形势的变化，德義法西斯的死亡，全世界民主潮流的上涨，我党我軍的力量，我们的民主政治以及減租生産等政策，由于該地文化水平較山裡為高，亦可多利用文字宣传，多印小型宣传品，有計划的散發小册子，藉以开展社会統战工作，团結各階层的社会進步人士。

三、对参加伪顽的份子，並進行争取他们回家，除個別为群众所痛恨，且已為我严懲或法办者以外，一般不没收其财産，对其家族進行教育，設法建立关係，争取其靠近我们。

32

四、宣佈停征上忙田赋（但种子公粮必须征收，受害严重者，可适当豁免一部）。

五、澈底拆除该地区的一切围寨，尤其对某些围寨工事坚固的村寨，应速拆除，以免将来再为伪顽所盘据。

（二）改造政权发展武装：

一、进行急行式的改造政权，宣佈废除旧的统治及摊派制度，由政府下令撤消旧的乡保长，委任较好的人士，建立抗日民主政权，准备下令后发动群众基础。

二、抓紧时机，发展武装，扩大县大队，建立区中队，争取府间扩大我们的力量，但在发展武装中，应有计划有组织的慎重发展，切忌乱抓武装的现象，并注意审查，防止奸细份子的混入。

三、大量的发展民兵，特别在边沿区尤为重要，应取一部手榴弹发给民兵，奖励成立民兵，只有民兵发展了，才能使我们更好的坚持地区，但在群众未真正发动以前，民兵的发展多不是被群众真正掌握，或为上层所领把，或为投机份子所利用，这一点也必须注意，在群运中逐渐进行改造和掌握，但因此而忽视，甚至不敢发展也是不对的。

（三）发动群众开展群众工作：

一、这是巩固新开辟地区的基本工作，没有群众运动的深入发动，真正巩固新地区是不可能的，但由于新开区受伪顽摧残较重，因此，在执行土地政策上更要慎重和有适当的步骤，

二、首先应当广泛宣传我们的减租减息增资政策，尤其在基本群众

（4）

中，要进行深入的宣传教育，政府宣布实行减租减息借粮法令，在接收区中，新开区可进行减租，中心区或社会秩序稳定，我之力量较强之地区，可实行五一减租，对个别依敌依顽之大地主，可实行二五减租，边沿区或尚未稳定我之力量较弱之地区，可实行五一或少于五一之减租，但要收减租必须有重点有掌握的去进行，根据我们的主观力量和具体情况，能作多少即作多少，切忌单纯命令通过，代替包办，以免再走弯路。

三、增资可普遍进行（亦应采取慎重的实施——编者），工资标准可由地委根据情况讨论规定，但必须照顾富农的生产，不要重复一般国内的错误。

四、一律不实行退租、算旧账，减租减息完全以我法令能实行之时来算起。

五、对个别为群众所痛恨的坏地主恶霸，可进行反负污反恶霸斗争，但这必须是个别的，而且是有重点有掌握的去进行，不能成为一个运动。

（四）我对张胜利影响之下，敌伪顽必警惕动摇，我应抓紧有利情机，开展对敌伪顽的政治攻势，宣传目前形势及我党我军的力量，指出其没有前途，进行瓦解工作，并设法建立关系。

（五）本县过去参加抗战而受屈回家的干部，为数不少，甚至尚有不少数量的党员干部，对于这批人应好好进行教育，动员他重新回到抗战阵营里来并为革命服务，发挥他们的作用，有些参加内顽的可设法接上关系，仍叫他长期在内部埋伏，为我工作。

34

（六）利用知识份子教授，团结教育並改造他们，亦是新地区的一个重要工作，因此必须举办座谈会介绍……等，利用各种方式对他们进行教育，有关学习者，亦可送淮南中学学习。

（七）我们对土匪，基本上是消灭政策，並分别对象，进行争取瓦解分化，但由于新开区情况複杂，故你们在执行中，除个别罪大恶极为群众所痛恨者予以法办以外，一般进行分别争取瓦解分化工作。

（八）总之，一切工作必须从政策出发，尤其在新开区，对我党我军之认识尚不深刻，更应不能大小问题都须注意掌握政策，只有正确的掌握政策，才能不走弯路，才能使新开区迅速变成巩固的根据地。

（九）你们与华中和睢铜地委亦密切联系，求得直接的支援和配合。除地区划分，地委另有通知以外，特对目前工作提出以上意见，希你们好々讨论，制定具体工作计划，並由三专署根据这些意见，明令宣佈我们对新地区的政策，作为我民主政府的施政纲领，至有些新开区具体政策，及具体办法，可参考黎玉同志关于新开区工作的文章。

区委

一九四五年五月廿七日

# 附1：中共中央山东分局致鲁南区委的指示（1944年6月）

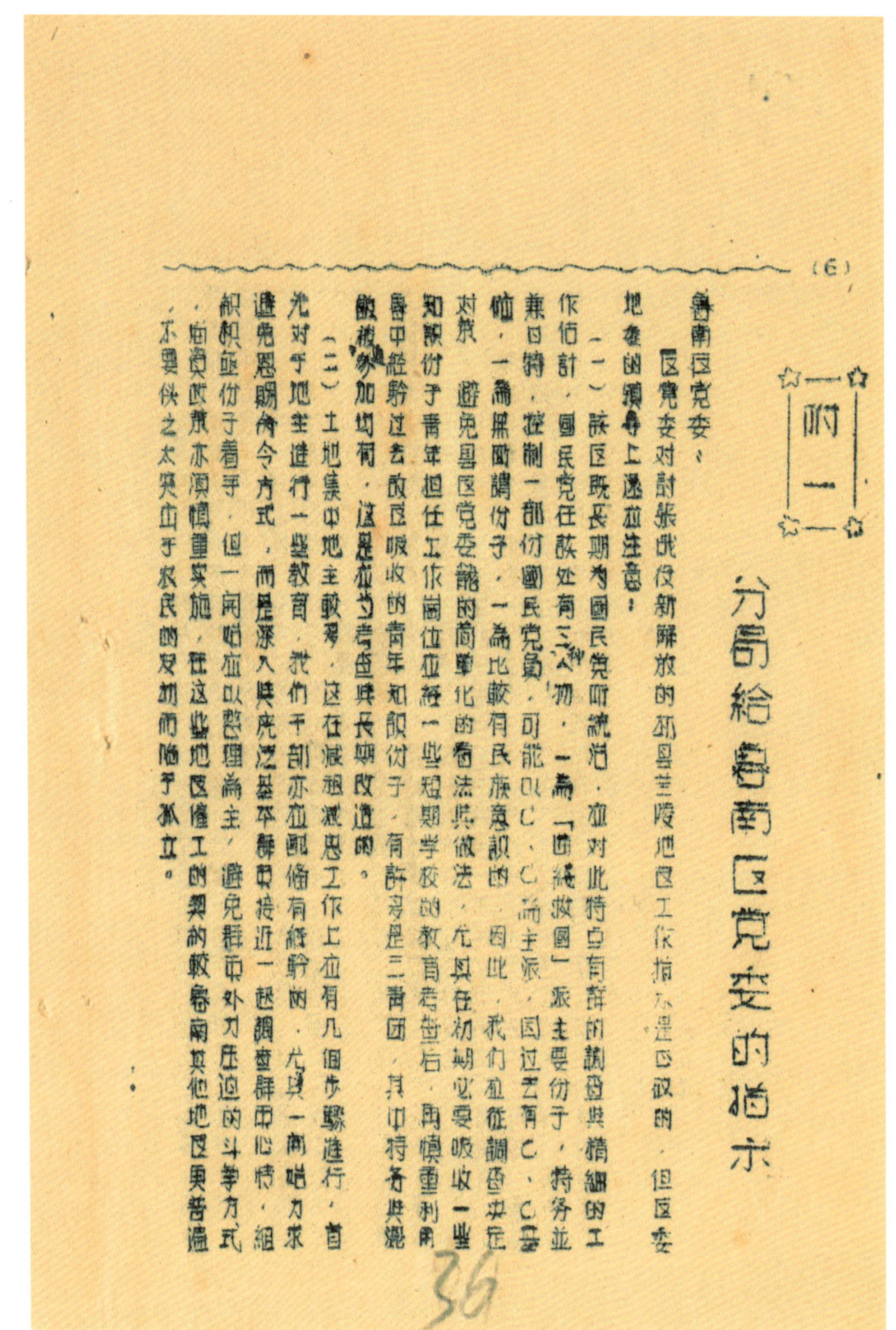

（6）

附一

分局給魯南区党委的指示

魯南区党委：

区党委对討張戰役新解放的邳县蘭陵地区工作指示是正確的，但区委地委的領导上還应注意：

（一）該区既長期为國民党所統治，应对此特点有詳的調查與精細的工作估計，國民党在該处有三种人物，一為「曲線救國」派主要份子，特务並兼日特，控制一部份國民党員，可能以C、C為主派，因过去有C、C密佈，一為無所謂份子，一為比較有民族意識的，因此，我们应從調查来定对策。

避免魯区党委能的简單化的看法與做法，尤其在初期必要吸收一些知識份子青年担任工作崗位应經一些短期学校的教育考查后，再慎重利用。魯中經驗过去敌區吸收的青年知識份子，有許多是三青团，其中特务與混騙被偽參加均有，這是应当考查與長期改造的。

（二）土地集中地主較多，这在減租減息工作上应有几個步驟進行，首先对于地主進行一些教育，我们干部亦应配備有經驗的，尤其一開始力求避免恩賜命令方式，而是深入與广泛基本群眾接近一起調查群眾中心特，組織积極份子着手，但一開始应以整理為主，避免群眾外力压迫的斗争方式，尚須此點亦須慎重实施，在这些地区僱工的契約較魯南其他地区更普遍，不要使之太突出于农民的发动而陷于孤立。

## 附2：太行新收复地区工作经验介绍

（三）召開士紳座談会，同時，亦应尽可能的动員一些中貧农及有正义的青年知識份子参加，不要採取过去一套士紳会的方式，以增加封建势力的統治，士紳应經調查不是惡霸可者参加，需要团結教育的可採取個別談話方式，

（四）肃清土匪及潁偽偵察小組地方細胞一定要快做，安定社会秩序，打下發动群众的基礎，撤换舊鄉長，应配合初步發动群众，做到逐漸撤换。

（五）干部在缺而弱的條件下，一開始尽可能配備核心，同時，加強工农成份以減少一些知識份子脫离群众的作風。

（六）爭取巩固这些地区，在軍事上除联系鄰睢铜地区外，還要在区委統一部署下爭得峰南反峰北联系。

你們应將这一年解放区各方面工作經驗具体介紹各地参考。

山東分局 六月

7

### 附二

### 太行新收復地区工作經驗介紹

（一）新收復城市据点前，应加強統一指揮，進城要有秩序，特别而是共同收復城市爭先進城，更应对敵人資材之沒收必須經过政府或政治部批准，不許軍人及民兵自由乱沒收，或任投机坏人進入商店及民宅肆行搜集

以致削弱我党軍在群众中的威信．

（二）新收復城市据点地区应採取的政策：

第一步的工作应是：

甲、安定人心宣佈寬大政策，不殺一人，建立抗日政权和秩序，号召过去当汗奸的人一律向政府登記悔过，人民有要报仇的須加說服，對待依照法令政策正当解决之，区長应选执行政策較好的委任之．

乙、宣傳時事政策、和我們的主張，制模新标語，召開士紳、商、教育、宗教，团体、各阶人士座談会及群众的勝利慶祝大会．

丙、慰问群众救灾安家，政府与經济局发給一些貸款貸粮，恢復和发展生產，根据地与收復区人民互助救济，这是应抓紧的迫切工作，必須使人民种下土地，才能保証今后有飯吃。

丁、宣佈工商方針，維持貿易秩序，公佈稅制，登記伪貨限期售完，內鈔由政府出佈告依市價定期兑換不讓人民吃虧，換回伪幣鈔按别处敌佔区購買必須品，打击伪鈔由經济局統一進行．

第二步：

發动群众反悪霸，解决土地糾紛，継續貫澈寬大政策，唯須在寬大中斗爭，按其罪恶大小和輕重，折衷才明向群众大会坦白，經群众討論公議恰当处理之，务須既不失寬大精神，又能教育群众及汗奸。

# 鲁南抗日根据地档案汇编

2

抗日战争档案汇编

山东省档案馆 编

清华大学出版社

# 中共鲁南区党委

鲁南温河、费县等几个农村党支部成分变化程度统计表

（1945年6月）

几个农村支部成份变化程度统计

| 项目 \ 数目 \ 地区 | | 温河 | | | | 赵镈县 | | | | | | 费县 | | 新县 | | | | 总计 | 成份百分比 |
|---|---|---|---|---|---|---|---|---|---|---|---|---|---|---|---|---|---|---|---|
| | | 大昭庄 | | 遗山头 | | 刁村 | | 房村 | | 杨庄 | | 巩家村 | | 冯家庄 | | | | | |
| | | 支委 | 党员 | 支委 | 党员 | 支委 | 党员 | 支委 | 党员 | 支委 | 党员 | 支委 | 党员 | 支委 | 党员 | | | | |
| 总数 | | 5 | 6 | 4 | 7 | 5 | 20 | 4 | 9 | 6 | 5 | 3 | 8 | 8 | 47 | | | 137 | |
| 入党时成份 | 工人 | | | | | | | | | | | | | 1 | 1 | | | 2 | 1.5 |
| | 无产 | | | | | 1 | | | | | | | 1 | | | | | 2 | 1.5 |
| | 贫农 | 5 | 6 | 2 | 5 | 2 | 18 | 2 | 1 | 2 | 3 | 2 | 5 | 4 | 27 | | | 84 | 61.3 |
| | 中农 | | | 2 | 2 | 2 | 2 | 1 | 8 | 3 | 2 | 1 | 1 | 3 | 19 | | | 46 | 33.6 |
| | 富农 | | | | | | | 1 | | 1 | | | 1 | | | | | 3 | 2.1 |
| | 商人 | | | | | | | | | | | | | | | | | | |
| 现在（一九四三年七月）成份 | 工人 | | | | | | | | | | | | | | 1 | | | 1 | .6 |
| | 贫农 | | | | 3 | 3 | 18 | | | 1 | 2 | 1 | 3 | 2 | 19 | | | 52 | 37.9 |
| | 中农 | 5 | 6 | 3 | 4 | 2 | 2 | 4 | 8 | 4 | 3 | 2 | 5 | 6 | 27 | | | 81 | 59.8 |
| | 富农 | | | 1 | | | | | 1 | 1 | | | | | | | | 3 | 2.1 |
| | 商人 | | | | | | | | | | | | | | | | | | |

# 鲁南群众团体会员、民兵队员中党员数目统计表（1945年6月）

45.6 [illegible]　P.36

群众团体会员中民兵队员中党员数目统计表

| 地区 | | 群众团体 工会 会员数 | 会员内党员数 | 党员占会员之百分比 | 农会 会员数 | 会员内党员数 | 党员占会员之百分比 | 青救 会员数 | 会员内党员数 | 党员占会员之百分比 | 妇救 会员数 | 会员内党员数 | 党员占会员之百分比 | 合计 会员数 | 会员内党员数 | 党员占会员之百分比 | 民兵 队员数 | 队员中之党员数 | 党员占队员之百分比 | 附注 |
|---|---|---|---|---|---|---|---|---|---|---|---|---|---|---|---|---|---|---|---|---|
| 一地委 | 邹县 | 4119 | 162 | 3.9% | 14917 | 1348 | 9% | 5478 | 305 | 3.6% | 20214 | 237 | 1.1% | 47728 | 2052 | 4.1% | 2773 | 409 | 14.7% | |
| | 费县 | 3233 | 187 | 5.8% | 21025 | 2007 | 9.5% | 7832 | 552 | 7% | 28733 | 376 | 1.3% | 60823 | 3122 | 5.1% | 5651 | 850 | 15% | |
| | 双山 | 1464 | 142 | 9.7% | 12458 | 849 | 6.8% | 3619 | 138 | 3.8% | 11258 | 138 | 1.2% | 28799 | 1267 | 4.4% | 3179 | 528 | 16.3% | |
| | 滨河 | 932 | 97 | 10.4% | 15956 | 1476 | 9.3% | 4982 | 279 | 6.2% | 17641 | 297 | 1.6% | 39211 | 2149 | 5.5% | 3743 | 437 | 11.4% | |
| | 赵镈 | | | | | | | | | | | | | | | | | | | |
| | 计 | 9748 | 588 | 6.% | 64356 | 5680 | 8.8% | 24411 | 1274 | 5.2% | 78046 | 1048 | 1.3% | 176561 | 8590 | 4.8% | 15346 | 2224 | 14.8% | |
| 二地委 | 滕县 | | | | | | | | | | | | | | | | | | | |
| | 临城 | 1126 | 31 | 2.8% | 11501 | 557 | 4.8% | 1110 | 102 | 9.2% | 4994 | 33 | .7% | 18731 | 723 | 3.8% | 2254 | 376 | 16.7% | |
| | 凫山 | 973 | 14 | 1.4% | 18206 | 376 | 2.1% | 2342 | 25 | 5.1% | 1107 | 35 | .3% | 32528 | 450 | 1.4% | 2296 | 266 | 10.2% | |
| | [illegible] | 483 | 9 | 1.9% | 3730 | 43 | 2.2% | 398 | [illegible] | .3% | 2528 | 17 | .7% | 7139 | 110 | 1.5% | 450 | 53 | 11.7% | |
| | 计 | 2582 | 54 | 2.1% | 33437 | 1016 | 3% | 3850 | [illegible] | 3.3% | [illegible] | 85 | .5% | 58398 | 1283 | 2.2% | 4910 | 695 | 14.2% | |
| 三地委 | 临沂 | 1998 | 98 | 5.% | 19566 | 1416 | 7.2% | 5132 | 137 | 2.7% | 26543 | 427 | 1.6% | 53239 | 2078 | 3.9% | 5664 | 924 | 10.7% | |
| | 郯县 | 550 | 19 | 3.4% | 4094 | 389 | 4.8% | 1035 | 26 | 2.5% | 4341 | 70 | .8% | 18020 | 504 | 13% | 1266 | 145 | 11.5% | |
| | 兰陵 | | | | 3159 | 299 | 9.5% | 912 | 25 | 2.7% | 3365 | 15 | .4% | 7436 | 339 | 4.6% | 816 | 152 | 18.6% | |
| | 运河 | | | | | | | | | | | | | | | | | | | |
| | 计 | 2548 | 117 | 4.6% | 30819 | 2104 | 6.8% | 7079 | 188 | 2.7% | 38249 | 512 | 1.3% | 78695 | 2921 | 3.7% | 10746 | 1221 | 11.4% | |
| 总 | 计 | 14474 | 759 | 5.1% | 128612 | 8800 | 6.8% | 35340 | 1590 | 4.5% | 134824 | 1645 | 1.2% | 313654 | 12794 | 4.1% | 31002 | 4140 | 13.4% | |

45

## 鲁南区一九四一年至一九四五年六月党的组织状况统计表（1945年7月）

1444

区委级各机关党员分布统计

| 数目 \ 部别 | | 区委 | 城二部 | 报社 | 公安局 | 邮局 | 专署 | 党校 | 中学 | 学校学员 党校 | 学校学员 中学 | 统计 |
|---|---|---|---|---|---|---|---|---|---|---|---|---|
| 党员 | 总数 | 28 | 11 | 28 | 10 | 31 | 38 | 11 | 8 | 89 | 187 | 441 |
| | 男 | 25 | 11 | 27 | 10 | 31 | 36 | 11 | 6 | 86 | 174 | 417 |
| | 女 | 3 | | 1 | | | 2 | | 2 | 3 | 13 | 24 |
| | 正式 | 28 | 11 | 28 | 10 | 30 | 38 | 11 | 7 | 89 | 166 | 438 |
| | 候补 | | | | | 1 | | | 1 | | 1 | 3 |
| 支部 | | | 1 | 1 | | 1 | 1 | 1 | 1 | | | 6 |
| 小组 | | 2 | 2 | 6 | 1 | 4 | 5 | 2 | 1 | | | 23 |
| 附註 | | | | | | | | | | | | |

60

# 區委級各部門干部配備統計表

區委級各機關共有干部 226人　　註 ● ←是非黨員干部

## 區委

| 部門 | 職務 | ● | 人數 |
|---|---|---|---|
| 書記 | 正 | | 1 |
| | 副 | | 1 |
| 組織部 | 部長 | | 1 |
| | 干事 | | 3 |
| 宣傳部 | 部長 | | 1 |
| | 干事 | | 1 |
| 調研組 | 組長 | | 1 |
| | 組員 | | 3 |
| 秘書處 | 科長 | | 1 |
| | 干事 | | 2 |
| 城工部 | 部長 | | 1 |
| | 科長 | | 1 |
| | 辦事處主任 | | 1 |
| | 干事 | | 2 |
| | 其他 | | 3 |
| 合計 | 黨員干部 | | 23 |
| | 非黨員干部 | | |
| | 合計 | | 23 |
| 佔所有干部總數 | | | 10.2% |

## 報社

| 部門 | 職務 | ● | 人數 |
|---|---|---|---|
| 社長 | 正 | | 1 |
| | 付 | | 1 |
| 編輯部 | 總編輯 | | 1 |
| | 編輯 | | 4 |
| 通聯科 | 付科長 | 1 | |
| | 干事 | 1 | 2 |
| | 記者 | | 2 |
| 電台 | 台長 | | 1 |
| | 報務員 | 3 | 1 |
| | 譯電員 | 3 | 1 |
| 秘書處 | 秘書 | | 1 |
| | 收描 | | 1 |
| | 管理股長 | | 1 |
| | 會計股長 | | 1 |
| 石印二廠 | 正廠長 | | 1 |
| | 付廠長 | | |
| | 裝訂組長 | 1 | |
| | 印刷組長 | | 1 |
| | [illegible] | 3 | 1 |
| | 保管 | 2 | |
| | 文化教員 | | 1 |
| | 事務員 | 1 | |
| 鉛印廠 | 廠長 | | 1 |
| | 排字組長 | | 1 |
| | 印刷組長 | | 1 |
| | 校對組長 | | 1 |
| | 裝訂組長 | | 1 |
| | 校對 | | 1 |
| | 會計 | | 1 |
| | 事務人員 | 1 | 2 |
| 合計 | 黨員干部 | | 31 |
| | 非黨員干部 | | 16 |
| | 合計 | | 47 |
| 佔所有干部總數 | | | 20.5% |

## 各救武委

| 部門 | 職務 | ● | 人數 |
|---|---|---|---|
| 各救 | 各救會長 | | 1 |
| 工會 | 副會長 | | 1 |
| 青聯 | 副會長 | | 1 |
| | 干事 | | 1 |
| 婦聯 | 代會長 | | 1 |
| | 干事 | | 1 |
| | 合計 | | 6 |
| 武委 | 副主任 | | 1 |
| | 參謀 | | 1 |
| | 干事 | | 1 |
| | 合計 | | 3 |
| 合計 | 黨員干部 | | 9 |
| | 非黨員干部 | | |
| | 合計 | | 9 |
| 佔所有干部總數 | | | 4% |

## 學校

| 部門 | 職務 | ● | 人數 |
|---|---|---|---|
| 區委黨校 | 主任 | | 1 |
| | 組織干事 | | 1 |
| | 特務長 | | 1 |
| | 管理員 | | 1 |
| | 會計 | | 1 |
| | 計 | | 5 |
| 魯南中學 | 副校長 | | 1 |
| 教導處 | 正主任 | | 1 |
| | 付主任 | | 1 |
| | 教務員 | | 1 |
| | 隊長 | | 1 |
| | 油印員 | 1 | |
| 事務股 | 股長 | | 1 |
| | 管理員 | 2 | |
| | 事務員 | 1 | 1 |
| | 會計 | 1 | |
| | 收發 | | 1 |
| | 組主員 | | 1 |
| | 計 | | 14 |
| 合計 | 黨員干部 | | 14 |
| | 非黨員干部 | | 5 |
| | 合計 | | 19 |
| 佔所有干部總數 | | | 8.4% |

## 郵局

| 部門 | 職務 | ● | 人數 |
|---|---|---|---|
| | 副局長 | | 1 |
| 發行科 | 科長 | | 1 |
| | 發行員 | 6 | 2 |
| | 會計 | 2 | |
| | 秘書 | | 1 |
| | 管理員 | 1 | 1 |
| | 交通員 | 2 | |
| 業務組 | 組長 | 1 | |
| | 組員 | 1 | 5 |
| | 收發 | 5 | 2 |
| 書店 | 經理 | | 1 |
| | 保管 | | 1 |
| | 會計 | 1 | |
| | 收發 | | |
| | 發行 | 2 | |
| 合計 | 黨員干部 | | 15 |
| | 非黨員干部 | | 21 |
| | 合計 | | 36 |
| 佔所有干部總數 | | | 16% |

## 公安局

| 職務 | 人數 |
|---|---|
| 副局長 | 1 |
| 股長 | 1 |
| 干事 | 6 |
| 工作組長 | 1 |
| 特派員 | 1 |
| 合計 黨員干部 | 10 |
| 非黨員干部 | |
| 合計 | 10 |
| 佔所有干部總數 | 4.4% |

## 工商管理局

| 部門 | 職務 | ● | 人數 |
|---|---|---|---|
| 局長 | 正 | | 1 |
| | 副 | 1 | 1 |
| 經營科 | 付科長 | | 1 |
| | 會計股長 | | 1 |
| | 出納股長 | | 1 |
| | 記賬員 | 3 | 1 |
| 稽征科 | 科長 | | 1 |
| | 出納 | | 1 |
| | 商標 | 1 | |
| | 會計 | 1 | 1 |
| | 票照 | 2 | |
| 秘書室 | 秘書 | | 1 |
| | 文書 | 1 | |
| | 收發 | 1 | |
| | 油印員 | 2 | |
| | 管理員 | 1 | |
| | 會計 | 3 | |
| 統調室 | 秘書 | | 1 |
| | 干事 | 3 | |
| 干部科 | 科長 | | 1 |
| | 干事 | | 1 |
| 研究科 | 干事 | | 1 |
| | 記賬員 | 1 | |
| 銀行 | 股長 | | 1 |
| | 付主 | 2 | 1 |
| | 調查員 | 10 | |
| | 股長 | | 1 |
| | 記賬員 | 1 | |
| 合計 | 黨員干部 | | 17 |
| | 非黨員干部 | | 33 |
| | 合計 | | 50 |
| 佔所有干部總數 | | | 22% |

## 專員公署

| 部門 | 職務 | ● | 人數 |
|---|---|---|---|
| | 專員 | | 1 |
| 一處 | 處長 | | 1 |
| | 干部科長 | | 1 |
| 秘書科 | 正科長 | | 1 |
| | 付科長 | | 1 |
| | 科員 | 1 | |
| | 收發 | 1 | |
| | 文書 | 5 | |
| | 事務股長 | 1 | |
| | 管理員 | 2 | |
| 二處 | 正處長 | | 1 |
| | 付處長 | | 1 |
| 文教科 | 科長 | | 1 |
| | 科員 | 1 | 1 |
| | 調審科長 | | |
| | 調審科員 | 3 | |
| 三處 | 付處長 | | 1 |
| 財糧科 | 科長 | | 1 |
| | 財政會計 | 1 | |
| | 糧食會計 | | 1 |
| | 金庫主任 | | 1 |
| | 金庫會計 | 2 | 1 |
| | 審計主任 | | |
| | 審計員 | 1 | |
| 合計 | 黨員干部 | | 14 |
| | 非黨員干部 | | 18 |
| | 合計 | | 32 |
| 佔所有干部總數 | | | 14.2% |

# 边区级各机关党员干部成份统计表

| 部别 | 项目 | 干部总数 | 党员干部总数 | 家庭成份：手工人 | 家庭成份：农民：贫农 | 家庭成份：农民：中农 | 家庭成份：农民：富农 | 家庭成份：农民：计 | 家庭成份：商人 | 家庭成份：城市小资产阶级 | 家庭成份：地主 | 家庭成份：合计 | 个人成份：工人：苦工 | 个人成份：工人：雇工 | 个人成份：工人：手工 | 个人成份：工人：店员 | 个人成份：工人：计 | 个人成份：农民：贫农 | 个人成份：农民：中农 | 个人成份：农民：富农 | 个人成份：农民：计 | 个人成份：学生 | 个人成份：知识分子 | 个人成份：自由职业 | 个人成份：行伍 | 个人成份：军佐 | 个人成份：合计 | 附注 |
|---|---|---|---|---|---|---|---|---|---|---|---|---|---|---|---|---|---|---|---|---|---|---|---|---|---|---|---|---|
| 党务 | 书记及部长 | 4 | 4 | | | 1 | 3 | 4 | | | | 4 | | | | | | | | | | 1 | 3 | | | | 4 | 小报社鉛印二廠的 |
| | 科级社长 | 6 | 6 | | 1 | | 1 | 2 | | 3 | 1 | 6 | | | | | | | | | | 2 | 4 | | | | 6 | |
| | 干事及其他 | 49 | 33 | | 7 | 4 | 7 | 23 | 2 | 1 | 7 | 33 | | 1 | | | 1 | | 1 | | 1 | 30 | | | 1 | | 33 | |
| | 合計 | 59 | 43 | | 8 | 10 | 11 | 29 | 2 | 4 | 8 | 43 | | 1 | | | 1 | | 1 | | 1 | 33 | 7 | | 1 | | 43 | |
| 政府 | 主席主任 | 1 | 1 | | 1 | | | 1 | | | | 1 | | | | | | | | | | | 1 | | | | 1 | |
| | 处长科长局长 | 15 | 15 | | 2 | 2 | 2 | 6 | | | 9 | 15 | | | 1 | | 1 | 1 | | 1 | 2 | 8 | 1 | 3 | | | 15 | |
| | 科员干事及其他 | 11[illegible] | 45 | 2 | 17 | 15 | 3 | 35 | 2 | 1 | 5 | 45 | 1 | 2 | | 2 | 5 | 9 | 5 | 1 | 15 | 19 | 2 | 3 | 1 | | 45 | |
| | 合計 | 128 | 61 | 2 | 20 | 17 | 5 | 42 | 2 | 1 | 14 | 61 | 1 | 2 | 1 | 2 | 6 | 10 | 5 | 2 | 17 | 27 | 4 | 6 | 1 | | 61 | |
| 各救武委会 | 各救会长 | 1 | 1 | | | 1 | | 1 | | | | 1 | | | | | | | 1 | | 1 | | | | | | 1 | |
| | 各团体会长武委主任 | 4 | 4 | | 1 | 1 | | 2 | | | 2 | 4 | | | | | | | | | | 4 | | | | | 4 | |
| | 干事及其他 | 4 | 4 | | 1 | 1 | | 2 | 1 | | 1 | 4 | | | | | | 1 | | | 1 | 2 | | | 1 | | 4 | |
| | 合計 | 9 | 9 | | 2 | 3 | | 5 | 1 | | 3 | 9 | | | | | | 1 | 1 | | 2 | 6 | | | 1 | | 9 | |
| 学校 | 校长（主任） | 4 | 4 | | | 2 | | 2 | 1 | | 1 | 4 | | | | | | | | | | 2 | | 2 | | | 4 | |
| | 干事及其他 | 15 | 10 | | 3 | 3 | 1 | 7 | | | 3 | 10 | | 1 | | | 1 | 1 | 2 | | 3 | 5 | | | | 1 | 10 | |
| | 合計 | 19 | 14 | | 3 | 5 | 1 | 9 | 1 | | 4 | 14 | | 1 | | | 1 | 1 | 2 | | 3 | 7 | | 2 | | 1 | 14 | |
| 總計 | | 215 | 127 | 2 | 33 | 35 | 17 | 85 | 6 | 5 | 29 | 127 | 1 | 4 | 1 | 2 | 8 | 12 | 9 | 2 | 23 | 73 | 1[illegible] | 8 | 3 | 1 | 127 | |
| 各佔党數百分比 | | 215 | 59% | 1.6 | 26. | 27.6 | 13.4 | 67. | 4.7 | 3.9 | 22.8 | 100. | .8 | 3.2 | .8 | 1.6 | 6.3 | 9.4 | 7.1 | 1.6 | 18.1 | 57.3 | 9.[illegible] | 6.3 | 2.4 | .8 | | |

17

区党委级各机关党员干部文·年·党·籍统计表

| 部别 | 项目 | 干部总数 | 党员干部总数 | 文化程度：文盲 | 粗通文字 | 初等 | 中等 | 高等 | 合计 | 年龄：十六—廿三 | 廿四—卅 | 卅一—四十 | 四一—五十 | 五一— | 合计 | 党：三七年以前 | 一九三八 | 三九 | 四〇 | 四一 | 四二 | 四三 | 四四 | 四五 | 合计 | 籍贯：本地干部 | 外来干部 | 附注 |
|---|---|---|---|---|---|---|---|---|---|---|---|---|---|---|---|---|---|---|---|---|---|---|---|---|---|---|---|---|
| 党务 | 书记及部长 | 4 | 4 |  |  |  |  | 4 | 4 |  | 1 | 3 |  |  | 4 | 4 |  |  |  |  |  |  |  |  | 4 |  | 4 |  |
|  | 科长及社长 | 6 | 6 |  |  |  | 4 | 2 | 6 |  | 3 | 3 |  |  | 6 | 1 | 5 |  |  |  |  |  |  |  | 6 | 2 | 4 |  |
|  | 干事与其他 | 49 | 33 |  | 2 | 18 | 13 |  | 33 | 9 | 19 | 5 |  |  | 33 |  | 9 | 9 | 7 | . | 2 | 2 | 2 | 2 | 33 | 20 | 13 |  |
|  | 合计 | 59 | 43 |  | 2 | 18 | 17 | 6 | 43 | 9 | 23 | 11 |  |  | 43 | 5 | 14 | 9 | 7 |  | 2 | 2 | 2 | 2 | 43 | 22 | 21 |  |
| 政府 | 主席主任 | 1 | 1 |  |  | 1 |  |  | 1 |  |  | 1 |  |  | 1 | 32.1 |  |  |  |  |  |  |  |  | 1 | 1 |  |  |
|  | 处长科长局长 | 16 | 15 |  |  | 5 | 9 | 1 | 15 |  | 5 | 8 | 2 |  | 15 | 37.4 33.1 | 4 | 4 | 。 |  | 1 | 2 |  | 1 | 15 | 5 | 10 |  |
|  | 科员干事及其他 | 111 | 45 | 2 | 6 | 34 | 3 |  | 45 | 11 | 23 | 7 | 4 |  | 45 | 36.1 | 7 | 10 | 15 |  | 4 | 1 | 5 | 2 | 45 | 22 | 23 |  |
|  | 合计 | 128 | 61 | 2 | 6 | 40 | 12 | 1 | 61 | 11 | 28 | 16 | 6 |  | 61 | 7 | 11 | 12 | 15 |  | 5 | 3 | 5 | 3 | 61 | 28 | 33 |  |
| 各救武委会 | 各救会长 | 1 | 1 |  |  | 1 |  |  | 1 |  |  |  |  | 1 | 1 | 32.1 |  |  |  |  |  |  |  |  | 1 | 1 |  |  |
|  | 各团体会长及武委会主任 | 4 | 4 |  |  | 2 | 2 |  | 4 |  | 4 |  |  |  | 4 | 37.1 | 2 | 1 |  |  |  |  |  |  | 4 |  | 4 |  |
|  | 干事及其他 | 4 | 4 |  |  | 3 | 1 |  | 4 | 2 |  | 2 |  |  | 4 |  | 1 | 1 |  |  |  |  | 2 |  | 4 | 2 | 2 |  |
|  | 合计 | 9 | 9 |  |  | 6 | 3 |  | 9 | 2 | 4 | 2 |  | 1 | 9 | 2 | 3 | 2 |  |  |  |  | 2 |  | 9 | 3 | 6 |  |
| 学校 | 校长（主任） | 4 | 4 |  |  | 2 | 1 | 1 | 4 |  | 1 | 3 |  |  | 4 | 35.1 | 1 | 2 |  |  |  |  |  |  | 4 |  | 4 |  |
|  | 干事及其他 | 15 | 10 |  | 2 | 6 | 2 |  | 10 | 1 | 4 | 5 |  |  | 10 | 32.1 | 4 |  | 1 | 1 | 1 | 1 | 1 |  | 10 | 7 | 3 |  |
|  | 合计 | 19 | 14 |  | 2 | 8 | 3 | 1 | 14 | 1 | 5 | 8 |  |  | 14 | 2 | 5 | 2 | 1 | 1 | 1 | 1 | 1 |  | 14 | 7 | 7 |  |
| 总计 |  | 215 | 127 | 2 | 10 | 72 | 35 | 8 | 127 | 23 | 60 | 37 | 6 | 1 | 127 | 16 | 33 | 25 | 23 | 1 | 8 | 6 | 10 | 5 | 127 | 60 | 67 |  |
| 各级党数百分比 |  | 215 | 59% | 1.6 | 8. | 56.5 | 27.6 | 6.3 | 100 | 18.1 | 47.2 | 29.2 | 4.7 | .8 | 100 | 12.6 | 26. | 19.6 | 18.1 | .8 | 6.3 | 4.7 | 8. | 3.9 | 100 | 47.2 | 52.8 |  |

13

# 全鲁南党员数量分布现状统计表

| 项目 | | | 区党委机关 | 各城市工委 | 一地委 | | | | | | | 二地委 | | | | | | 三地委 | | | | | | 总计 |
|---|---|---|---|---|---|---|---|---|---|---|---|---|---|---|---|---|---|---|---|---|---|---|---|---|
| | | | | | 地委机关 | 邹县 | 费县 | 双山 | 温河 | 赵镈 | 合计 | 地委机关 | 滕县 | 临城 | 凫山 | 兖济 | 合计 | 地委机关 | 临沂 | 郯县 | 兰陵 | 运河 | 合计 | |
| 党员 | 总数 | | 441 | 245 | 45 | 2856 | 3719 | 1756 | 2689 | 3594 | 14659 | 59 | 271 | 904 | 999 | 263 | 2496 | 44 | 3332 | 765 | 554 | 1157 | 5852 | 23743 |
| | 各占总数的百分比 | | 1.9 | 1. | .2 | 12. | 15.7 | 7.4 | 11.3 | 15.1 | 61.8 | .2 | 1.2 | 3.5 | 3.9 | 1.1 | 10.9% | .2 | 14.2 | 3.2 | 2.3 | 4.9 | 24.9 | |
| | 男 | | 417 | 239 | 42 | 2560 | 3277 | 1607 | 2391 | 3005 | 12882 | 58 | 261 | 859 | 940 | 242 | 2360 | 43 | 2930 | 682 | 467 | 1115 | 5237 | 21135 |
| | 女 | | 24 | 6 | 3 | 296 | 442 | 149 | 298 | 589 | 1777 | 1 | 10 | 45 | 59 | 21 | 136 | 1 | 452 | 83 | 87 | 42 | 665 | 2608 |
| | 正式 | | 438 | 241 | 45 | 2628 | 3571 | 1684 | 2576 | | 10504 | 57 | 253 | 704 | 730 | 179 | 1923 | 44 | 3232 | 673 | 537 | 1021 | 5507 | 18613 |
| | 候补 | | 3 | 4 | | 228 | 148 | 72 | 113 | | 561 | 2 | 18 | 200 | 269 | 84 | 573 | | 150 | 92 | 17 | 136 | 395 | 1536 |
| 党员分布村庄 | 根据地 | 党有村 | | | | 660 | 599 | 261 | 673 | 382 | 2575 | | 370 | 703 | 324 | 141 | 1538 | | 453 | 339 | 231 | 1034 | 2062 | 6175 |
| | | 党员分布村 | | | | 329 | 402 | 163 | 340 | 246 | 1480 | | 19 | 109 | 144 | 35 | 307 | | 269 | 81 | 64 | 333 | 747 | 2534 |
| | | 百分比 | | | | 49.8 | 67.1 | 62.5 | 50.5 | 64.4 | 57.5 | | 5.1 | 15.5 | 44.4 | 24.8 | 20. | | 59.3 | 23.6 | 27.7 | 32.1 | 36.2 | 41. |
| | 游击区 | 党有村 | | | | 136 | | 12 | 80 | 45 | 273 | | 112 | 55 | 267 | 54 | 488 | | 40 | 138 | 75 | | 253 | 1014 |
| | | 党员分布村 | | | | 13 | | 1 | 1 | 20 | 35 | | 22 | 3 | | | 25 | | 4 | | 3 | | 7 | 67 |
| | | 百分比 | | | | 9.5 | | 9. | 1.3 | 44.4 | 12.8 | | 20. | 5.5 | | | 5.1 | | 1. | | 4. | | 2.8 | 6.6 |
| | 敌占区 | 党有村 | | | | 106 | | 9 | 18 | 54 | 187 | | | | 29 | 86 | 115 | | | | | | | 302 |
| | | 党员分布村 | | | | 2 | | | 1 | 3 | 6 | | | | | | | | | | | | | 6 |
| | | 百分比 | | | | 1.9 | | | 5.5 | 5.6 | 3.2 | | | | | | | | | | | | | 2. |
| | 合计 | 党有村 | | | | 902 | 599 | 282 | 771 | 481 | 3035 | | 482 | 758 | 620 | 281 | 2141 | | 493 | 477 | 306 | 1039 | 2315 | 7491 |
| | | 党员分布村 | | | | 344 | 402 | 164 | 342 | 269 | 1521 | | 41 | 112 | 144 | 35 | 332 | | 278 | 81 | 67 | 333 | 754 | 2607 |
| | | 百分比 | | | | 38.1 | 67.1 | 58.1 | 44.4 | 55.9 | 50.1 | | 8.5 | 14.8 | 23.3 | 12.5 | 15.5 | | 55.4 | 17. | 22.1 | 32.1 | 32.6 | 34.8% |
| 地委 | | | | | 1 | | | | | | 1 | 1 | | | | | 1 | 1 | | | | | 1 | 3 |
| 县委 | | | | | | 1 | 1 | 1 | 1 | 1 | 5 | | 1 | 1 | 1 | 1 | 4 | | 1 | 1 | 1 | 1 | 4 | 13 |
| 工委 | | | | 4 | | ~~12~~ | | | | | | | | | | | | | | | | | | 4 |
| 分区委 | | | | 6 | | 12 | 9 | 7 | 9 | 9 | 46 | | 6 | 7 | 7 | 4 | 24 | | 8 | 5 | 5 | 13 | 31 | 107 |
| 小组 | | | | | | | | | | | | | | | | | | | | | | | | |
| 支部 | 机关支部 | | 6 | | | 16 | 13 | 12 | 13 | 14 | 68 | 2 | 9 | 10 | 10 | 4 | 35 | 2 | 16 | 9 | 8 | 33 | 47 | 156 |
| | 农村支部 | | | | | 299 | 360 | 123 | 240 | 207 | 1169 | | 26 | 72 | 111 | 16 | 225 | | 174 | 63 | 45 | 12 | 319 | 1713 |
| 附 | | | 赵镈县正在整理统计，分布村庄少两个区的（七、九区） | | | | | | | | | | | | | | | | | | | | | |
| 注 | | | | | | | | | | | | | | | | | | | | | | | | |

14

# 农村党员成份统计表

| 成份 \ 数目 \ 地区 | | 一地委 温河 | 一地委 双山 | 一地委 费县 | 一地委 邹县 | 一地委 赵鑄 | 二地委 滕县 | 二地委 临城 | 二地委 凫山 | 二地委 尧滨 | 三地委 临沂 | 三地委 郯县 | 三地委 兰陵 | 三地委 运河 | 枣庄工委 | 统计 | 各类成份占总数百分比 |
|---|---|---|---|---|---|---|---|---|---|---|---|---|---|---|---|---|---|
| 党员总数 | | 1795 | 1134 | 2515 | 1799 | | 135 | 578 | 700 | 182 | 2476 | 496 | 342 | 822 | 100 | 13254 | |
| 家庭成份 工人 | 产业工 | | | | | | | | | | | | | | | | |
| | 雇工 | | 10 | | | | 6 | 27 | 17 | 24 | 8 | 0 | 1 | | | 93 | .7 |
| | 手工 | | | | | | 4 | 3 | 7 | | | | 1 | 1 | | 16 | .1 |
| | 苦工 | | | | | | | | 1 | | | | | | | 1 | .0 |
| | 学徒 | | | | | | | | | | | | | | | | |
| | 计 | | 10 | | | | 10 | 30 | 25 | 24 | 8 | | 2 | 1 | | 110 | .8 |
| 家庭成份 农民 | 贫农 | 1403 | 800 | 1805 | 1107 | | 95 | 420 | 544 | 119 | 1883 | 338 | 221 | 814 | 54 | 9403 | 70.9 |
| | 中农 | 560 | 323 | 694 | 663 | | 29 | 122 | 117 | 35 | 555 | 127 | 118 | 185 | 38 | 3566 | 26.9 |
| | 富农 | 3 | [illegible] | 15 | 27 | | 1 | 4 | 5 | 2 | 28 | 5 | 1 | 21 | 3 | 116 | .9 |
| | 计 | 1966 | 1124 | 2514 | 1797 | | 125 | 546 | 566 | 156 | 2466 | 470 | 340 | 820 | 95 | 13085 | 98.7 |
| 知识分子 | | | | | | | | | | | | | | | | | |
| 城市小资产阶级 | | | | | | | | | | | | | | | | | |
| 地主 | | 1 | | | 2 | | | | 1 | | 2 | | | 1 | 1 | 8 | .1 |
| 商人 | | | | 1 | | | | 2 | 4 | 2 | | 1 | | | | 10 | .1 |
| 其他 | | 8 | | | | | | | 4 | | | 25 | | | 4 | 41 | .3 |
| 合计 | | 1975 | 1134 | 2515 | 1799 | | 135 | 578 | 700 | 182 | 2476 | 496 | 342 | 822 | 100 | 13254 | |
| 个人成份 工人 | 产业工 | | | | | | | 1 | | | | | | | | 1 | .0 |
| | 雇工 | 96 | 159 | 283 | 239 | | 19 | 40 | 67 | 29 | 202 | 55 | 47 | 49 | 5 | 1300 | 9.8 |
| | 手工 | | 46 | 69 | 62 | | 13 | 26 | 65 | 11 | 80 | 21 | 14 | 14 | 3 | 424 | 3.2 |
| | 苦工 | | | | | | | 9 | 1 | | | | | | | 10 | .1 |
| | 学徒 | | | | | | | | | | | | | | | | |
| | 计 | 96 | 205 | 352 | 301 | | 32 | 76 | 133 | 40 | 282 | 76 | 71 | 63 | 8 | 1735 | 13.2 |
| 个人成份 农民 | 贫农 | 1297 | 594 | 1533 | 803 | | 71 | 333 | 396 | 101 | | 272 | 141 | 542 | 46 | 6129 | 40.8 |
| | 中农 | 537 | 297 | 543 | 565 | | 14 | 47 | 82 | 32 | | 94 | 111 | 159 | 35 | 2566 | 19.4 |
| | 富农 | 6 | 2 | 22 | 33 | | | 3 | 5 | 2 | | 14 | | 19 | 4 | 110 | .8 |
| | 计 | 1840 | 893 | 2098 | 1401 | | 85 | 433 | 483 | 135 | 2080 | 380 | 252 | 720 | 85 | 10885 | 80.9 |
| 学生 | | | 7 | 28 | 43 | | 7 | 15 | 23 | [illegible] | 41 | 1 | 4 | 20 | 2 | 192 | 1.5 |
| 知识分子 | | | | | 2 | | 1 | 1 | 1 | | | | | | | 5 | .0 |
| 城市小资产阶级 | | | | | | | | | | | | | | | | | |
| 地主 | | | | 2 | 2 | | | | 1 | | | 1 | | | | 6 | .0 |
| 商人 | | 29 | 28 | 33 | 41 | | 10 | 29 | 49 | 5 | 70 | 30 | 14 | 15 | 1 | 354 | 2.8 |
| 其他 | | 10 | 1 | 2 | 9 | | 0 | 24 | 10 | 1 | 3 | 8 | [illegible] | 4 | 4 | 77 | .8 |
| 合计 | | 1975 | 1134 | 2515 | 1799 | | 135 | 578 | 700 | 182 | 2476 | 496 | 342 | 822 | 100 | | |
| 附註 | | | | | | | | | | | | | | | | | |

15

# 農村黨員黨文年統計表

| 項目＼數目＼地區 | 一地委 | | | | | 二地委 | | | | 三地委 | | | | 李毛二委 | 統計 | 各類佔總數百分比 |
|---|---|---|---|---|---|---|---|---|---|---|---|---|---|---|---|---|
| | 溫河 | 双山 | 費縣 | 鄒縣 | 趙鎛 | 滕縣 | 臨城 | 嶧山 | 兗濟 | 臨沂 | 郯縣 | 蘭陵 | 邑沂 | | | |
| 黨員總數 | 1975 | 1134 | 2515 | 1799 | | 135 | 528 | 700 | 182 | 2476 | 496 | 342 | 422 | 100 | 13254 | |
| 黨齡 戰前 一九二八 | | | | | | | 25—5<br>5 | | | | | | | | 10 | ·1 |
| 一九二九 | | | | | | | | | | | | | | | | |
| 一九三〇 | | | | | | | | | | | | | | | | |
| 一九三一 | | | | | | | | | | | | | | | | |
| 一九三二 | | | | | | | 13 | | | | | | | | 13 | ·1 |
| 一九三三 | | | | | | | 20 | | | | | | | | 20 | ·1 |
| 一九三四 | | | | | | | 2 | | | | | | | | 2 | ·0 |
| 一九三五 | 1 | | | | | | 1 | | | | | | | | 2 | ·0 |
| 一九三六 | | | | | | | | | | | | | | | | |
| 一九三七 | | | | | | | 3 | 3 | | 4 | | | | | 10 | ·1 |
| 計 | 1 | | | | | | 49 | 3 | | 4 | | | | | 57 | ·4 |
| 戰後 一九三八 | | | | 1 | | | 7 | 2 | | 21 | 1 | | 6 | 3 | 41 | ·3 |
| 一九三九 | 5 | 4 | 2 | 13 | | | 10 | 1 | | 112 | 3 | | 33 | 9 | 192 | 1·5 |
| 一九四〇 | 4 | 13 | 43 | 17 | | | 7 | 1 | | 139 | 13 | 2 | 15 | | 254 | 1·9 |
| 一九四一 | 4 | 10 | 27 | 33 | | | 7 | 4 | | 28 | 5 | 2 | 18 | 1 | 129 | 1· |
| 一九四二 | 8 | 43 | 80 | 39 | | 3 | 5 | 3 | | 9 | 2 | 5 | 30 | | 228 | 1·7 |
| 一九四三 | 65 | 19 | 146 | 112 | | 2 | 9 | 4 | | 25 | | 6 | 28 | | 416 | 3·1 |
| 一九四四 | 1592 | 660 | 1694 | 1211 | | 87 | 109 | 81 | 16 | 754 | 157 | 262 | 375 | 69 | 7067 | 52·3 |
| 一九四五 | 296 | 385 | 523 | 373 | | 43 | 385 | 601 | 166 | 1384 | 315 | 65 | 317 | 18 | 4871 | 36·8 |
| 合計 | 1974 | 1134 | 2515 | 1799 | | 135 | 529 | 697 | 182 | 2472 | 496 | 342 | 422 | 100 | 13197 | 99·6 |
| 文化程度 文盲 | 1878 | 1075 | 2300 | 1526 | | 105 | 466 | 512 | 123 | 2124 | 403 | 330 | 643 | 86 | 11571 | 87·3 |
| 粗通文字 | 68 | 38 | 153 | 237 | | 15 | 59 | 132 | | 136 | 52 | 2 | 60 | 12 | 964 | 7·3 |
| 初等 | 29 | 21 | 62 | 33 | | 14 | 52 | 52 | 51 | 201 | 41 | 10 | 104 | 2 | 672 | 5·1 |
| 中等 | | | | 3 | | 1 | 1 | 4 | 8 | 15 | | | 15 | | 49 | ·3 |
| 年齡 十八以前 | | 2 | 5 | 5 | | 1 | 1 | 3 | | | 1 | 4 | | | 22 | ·1 |
| 十八—廿三 | 352 | 211 | 662 | 385 | | 37 | 105 | 174 | 28 | 850 | 109 | 69 | 249 | 18 | 3299 | 24·9 |
| 廿四—卅 | 544 | 316 | 737 | 629 | | 50 | 108 | 134 | 32 | 820 | 156 | 102 | 256 | 44 | 3928 | 29·6 |
| 卅一—四十 | 736 | 443 | 809 | 542 | | 35 | 100 | 100 | 30 | 437 | 161 | 120 | 151 | 28 | 3692 | 28· |
| 四十一—五十 | 300 | 138 | 257 | 202 | | 12 | 178 | 216 | 59 | 288 | 61 | 44 | 109 | 10 | 1875 | 14·1 |
| 五十以上 | 43 | 28 | 45 | 36 | | | 85 | 73 | 33 | 81 | 8 | 3 | 7 | | 438 | 3·2 |
| 附註 | | | | | | | | | | | | | | | | |

16

各级党务干部配备统计表

| 级别 | 数目 | 党委 正书记 | 党委 副书记 | 党委 委员 | 组织部 部长 | 组织部 副部长 | 组织部 干事 | 宣传部 部长 | 宣传部 副部长 | 宣传部 干事 | 敌工部 部长 | 敌工部 副部长 | 敌工部 干事 | 敌工部 工作员 | 统战部 部长 | 统战部 副部长 | 统战部 干事 | 秘书处 秘书 | 秘书处 工作人员 | 秘书处 政交 | 附註 |
|---|---|---|---|---|---|---|---|---|---|---|---|---|---|---|---|---|---|---|---|---|---|
| 地委级 | 一地委 | 1 | | 2 | 1 | | 1 | | | 1 | | | | | | | | 1 | | 4 | |
| | 二地委 | 1 | 1 | 3 | 1 | | 1 | | | | | | | | | | | 1 | | | |
| | 三地委 | 1 | | 4 | | 1 | 1 | | 1 | 1 | | | | | | | | 1 | 1 | | |
| | 合計 | 3 | 1 | 9 | 2 | 1 | 3 | | 1 | 2 | | | | | | | | 3 | 1 | 4 | |
| 縣级 一地委 | 鄒縣 | 1 | | 5 | 1 | | 1 | 1 | | 1 | | | | | | | | 1 | | 4 | |
| | 費縣 | | 1 | 3 | 1 | | 1 | 1 | | 1 | | | | | | | | 1 | | 2 | |
| | 双山 | 1 | | 2 | 1 | | | | 1 | | | | | | | | | 1 | 1 | 2 | |
| | 温河 | 1 | | 3 | 1 | | 1 | 1 | | 1 | | | | | | | | 1 | 1 | 4 | |
| | 趙鎛 | 1 | | 3 | 1 | | 1 | | | 1 | | | | 3 | | | | 1 | 2 | 2 | |
| | 計 | 4 | 1 | 16 | 5 | | 4 | 3 | 1 | 4 | | | | 3 | | | | 5 | 4 | 14 | |
| 二地委 | 滕縣 | 1 | | 1 | | | 1 | | | | | | | | | | | 1 | | | |
| | 临城 | 1 | | 3 | | | 2 | | | 1 | | | | | | | | 1 | 1 | | |
| | 凫山 | | 1 | 1 | | | 1 | | | | | | | | | | | 1 | | | |
| | 兗濟 | 1 | | 3 | | | 1 | | | | | | | | | | | 1 | | | |
| | 計 | 3 | 1 | 5 | | | 5 | | | 1 | | | | | | | | 4 | 1 | | |
| 三地委 | 临沂 | 1 | | 4 | | 1 | 1 | | | 2 | 1 | | | | | | | 1 | 2 | | |
| | 邳縣 | 1 | | 3 | | | 1 | | | 1 | | | | | | | | 1 | 2 | | |
| | 兰陵 | 1 | | 4 | 1 | | 2 | | | | | | | | | | | 2 | 1 | | |
| | 运河 | 1 | 1 | 9 | 1 | | 2 | 1 | | 1 | 1 | | | | | | | 1 | 2 | | |
| | 計 | 4 | 1 | 20 | 2 | 1 | 6 | 1 | | 4 | 2 | | | | | | | 5 | 7 | | |
| 縣级 | 合計 | 11 | 3 | 44 | 7 | 1 | 15 | 4 | 1 | 9 | 2 | | | 3 | | | | 14 | 12 | 14 | |
| 分区级 一地委 | 鄒縣 | 12 | | 31 | 2 | | 18 | | | 17 | | | | | | | | | | | |
| | 費縣 | 9 | 1 | 26 | 3 | | 17 | 2 | | 16 | | | | | | | | | | | |
| | 双山 | 6 | 1 | 16 | 2 | | 10 | 2 | | 5 | | | | | | | | | | | |
| | 温河 | 9 | 2 | 24 | | | 20 | | | 8 | | | | | | | | | | | |
| | 趙鎛 | 8 | 2 | 17 | 4 | 2 | 12 | 2 | 2 | 11 | | | | | | | | | | | |
| | 計 | 44 | 6 | 114 | 11 | 2 | 77 | 6 | 2 | 57 | | | | | | | | | | | |
| 二地委 | 滕縣 | 6 | | 8 | 1 | | 1 | | | | | | | | | | | | | | |
| | 临城 | 7 | | 11 | 1 | | 9 | | | 2 | | | 2 | | | | | | | | |
| | 凫山 | 8 | | 16 | 2 | | 8 | 2 | | 1 | | | | | | | | | | | |
| | 兗濟 | 4 | | 4 | | | 1 | | | | | | | | | | | | | | |
| | 計 | 25 | | 39 | 4 | | 19 | 2 | | 3 | | | 2 | | | | | | | | |
| 三地委 | 临沂 | 8 | | 25 | 6 | | 14 | 4 | | 6 | | | | | | | | | | | |
| | 邳縣 | 3 | 3 | 11 | | | 3 | | | 2 | | | | | | | | | | | |
| | 兰陵 | 3 | 2 | 11 | 1 | 1 | 2 | | | 1 | | | | | | | | | | | |
| | 运河 | 12 | | 20 | | | 6 | | | 5 | | | | | | | | | | | |
| | 計 | 26 | 5 | 67 | 7 | 1 | 25 | 4 | | 14 | | | | | | | | | | | |
| 区级 | 合計 | 95 | 11 | 220 | 22 | 3 | 121 | 12 | 2 | 76 | | | 2 | | | | | | | | |
| 總計 | | 109 | 15 | 273 | 31 | 5 | 139 | 16 | 4 | 87 | 2 | | 2 | 3 | | | | 17 | 13 | 18 | |

17

# 各級政府干部配備統計表

| 級別 | 部別 數目 | 政 | | | | | | | | | | | | | | | 府 | 公 | 安 | 局 | | | | 郵 | | 局 | | | |
|---|---|---|---|---|---|---|---|---|---|---|---|---|---|---|---|---|---|---|---|---|---|---|---|---|---|---|---|---|---|
| | | 專員縣長 | 一科 | | | | 二科 | | | | | 三科 | | | | | 合計 | | | | | | | | | | | | |
| | | 專員縣長 | 科長 | 股長 | 干事 | 工作人員 | 科長 | 付科長 | 股長 | 干事 | 工作人員 | 科長 | 付科長 | 股長 | 干事 | 工作人員 | 合計 | 局長 | 付局長 | 股長 | 干事 | 工作人員 | 合計 | 局長 | 付局長 | 股長 | 干事 | 工作人員 | 合計 |
| 地委級 | 一地委 | | 1 | 1 | 1 | 2 | | | 2 | 2 | | 1 | | 2 | 3 | 3 | 18 | 1 | | | 2 | | 3 | | | | | | |
| 地委級 | 二地委 | 1 | | | 2 | 4 | | 1 | | 1 | | 1 | 1 | 9 | 8 | 8 | 30 | 1 | | 1 | 1 | | 3 | | | | | | |
| 地委級 | 三地委 | 1 | 1 | 2 | 1 | | 1 | | | 1 | | 1 | 1 | 1 | 1 | 2 | 13 | 1 | | | | | 1 | | | | | | |
| 地委級 | 合計 | 2 | 2 | 3 | 4 | 6 | 1 | 1 | 2 | 4 | | 3 | 2 | 6 | 12 | 13 | 61 | 3 | | 1 | 3 | | 7 | | | | | | |
| 縣委級 一地委 | 鄒縣 | 2 | 1 | 1 | 6 | 3 | 1 | | | 8 | 3 | 4 | 1 | 6 | 16 | 11 | 63 | 1 | | 2 | 2 | 8 | 19 | 1 | | 2 | 2 | 12 | 17 |
| 縣委級 一地委 | 費縣 | 1 | 1 | 1 | | 3 | 1 | 1 | 3 | 3 | 3 | 1 | | 2 | 2 | 29 | 51 | 1 | 1 | 2 | 5 | 1 | 10 | 1 | | 1 | 2 | 4 | 8 |
| 縣委級 一地委 | 双山 | 1 | 1 | | | 4 | 1 | | 2 | 4 | | 3 | | 4 | 15 | 23 | 58 | 1 | 1 | 2 | | 2 | 6 | 1 | | | 6 | 13 | 20 |
| 縣委級 一地委 | 温河 | 1 | 1 | | | 2 | 2 | 1 | | 2 | 5 | 1 | | 3 | 3 | 33 | 54 | 1 | | 1 | 1 | 2 | 5 | 1 | | | 1 | 4 | 6 |
| 縣委級 一地委 | 趙鎛 | 1 | 1 | 1 | | 2 | 1 | 1 | 2 | 6 | | 1 | | 1 | | 8 | 25 | 1 | | 3 | 2 | 2 | 8 | 1 | | 1 | 2 | 13 | 17 |
| 縣委級 一地委 | 計 | 6 | 5 | 3 | 6 | 14 | 6 | 3 | 7 | 23 | 11 | 10 | 1 | 16 | 36 | 104 | 251 | 5 | 2 | 10 | 10 | 15 | 42 | 5 | | 4 | 13 | 46 | 68 |
| 縣委級 二地委 | 滕縣 | 1 | 1 | | | 7 | 1 | | 2 | 4 | 1 | 1 | | | | 8 | 26 | 1 | | 3 | | 3 | 7 | 1 | | | 1 | 4 | 6 |
| 縣委級 二地委 | 臨城 | 1 | 1 | | 3 | 6 | | | | 2 | 1 | 1 | 1 | 1 | 5 | 13 | 35 | 1 | | 2 | 2 | 1 | 6 | 1 | | | 3 | 3 | 7 |
| 縣委級 二地委 | 鳧山 | 1 | | | 2 | 4 | | | | 1 | 1 | 1 | | 1 | | 13 | 24 | 1 | | | | 3 | 4 | | | | | | |
| 縣委級 二地委 | 兗濟 | 1 | | 1 | | 2 | 1 | | | | | 1 | | 1 | 2 | 15 | 24 | 1 | | 1 | 1 | | 3 | 1 | | 1 | 1 | | 3 |
| 縣委級 二地委 | 計 | 4 | 2 | 1 | 5 | 19 | 2 | | 2 | 7 | 3 | 4 | 1 | 3 | 7 | 49 | 109 | 4 | | 6 | 3 | 7 | 20 | 3 | | 1 | 5 | 7 | 16 |
| 縣委級 三地委 | 臨沂 | 1 | | | 1 | 3 | 2 | | 4 | 6 | | 2 | 1 | 3 | 4 | 12 | 39 | 1 | | 4 | 7 | | 12 | 1 | | | 5 | 23 | 29 |
| 縣委級 三地委 | 郯縣 | 1 | | | 1 | 4 | 1 | | | 3 | 8 | 1 | | | 6 | 15 | 40 | 1 | | 2 | 3 | | 6 | 1 | | 2 | | [illegible] | 14 |
| 縣委級 三地委 | 蘭陵 | 1 | | 1 | 5 | 1 | 1 | | 2 | 3 | 1 | 1 | | 4 | 6 | 3 | 29 | 1 | | | 2 | 10 | 13 | 1 | | | 2 | 8 | 11 |
| 縣委級 三地委 | 運河 | 1 | 1 | | | 4 | 1 | | 2 | 3 | 1 | 1 | | | | 4 | 18 | 1 | | 3 | | | 4 | 2 | | 1 | 2 | | 5 |
| 縣委級 三地委 | 計 | 4 | 1 | 1 | 7 | 12 | 5 | | 8 | 15 | 10 | 5 | 1 | 7 | 16 | 34 | 126 | 4 | | 9 | 12 | 10 | 35 | 5 | | 3 | 9 | 42 | 59 |
| 縣委級 | 合計 | 14 | 8 | 5 | 18 | 45 | 13 | 3 | 17 | 45 | 24 | 19 | 3 | 26 | 59 | 187 | 486 | 13 | 2 | 25 | 25 | 32 | 97 | 13 | | 8 | 27 | 95 | 143 |
| 區直級 一地委 | 鄒縣 | 11 | | | | 9 | 11 | | | 8 | 9 | 12 | | 17 | 22 | 46 | 145 | 4 | | | | | 4 | 10 | | | | 25 | 35 |
| 區直級 一地委 | 費縣 | 9 | 1 | | | 11 | 15 | 1 | | 6 | 2 | 19 | | 2 | 12 | 15 | 93 | 3 | | | | | 3 | 4 | 4 | 2 | | 1 | 11 |
| 區直級 一地委 | 双山 | 7 | 1 | | 1 | 9 | 10 | 1 | | 5 | 11 | 11 | 1 | | 5 | 1 | 52 | 5 | 2 | | | | 7 | 5 | | | | 7 | 12 |
| 區直級 一地委 | 温河 | 14 | 2 | | | | 8 | | | 8 | 8 | 5 | | | 15 | 9 | 69 | | | | | | | | | | | | |
| 區直級 一地委 | 趙鎛 | 9 | | | | 9 | 6 | | 4 | 6 | | 6 | | 2 | 5 | 5 | 32 | 9 | | | | | 9 | | | | | | |
| 區直級 一地委 | 計 | 50 | 4 | | 1 | 38 | 50 | 2 | 4 | 33 | 19 | 53 | 1 | 21 | 59 | 76 | 411 | 21 | 2 | | | | 29 | 19 | 4 | 2 | | 33 | 58 |
| 區直級 二地委 | 滕縣 | 8 | | | | 5 | | | | 3 | 1 | | | | 3 | 12 | 32 | 2 | | | | | 2 | | | | | | |
| 區直級 二地委 | 臨城 | 12 | 4 | | 4 | 9 | 2 | | | 3 | | 7 | | | 5 | 14 | 60 | 4 | | | 3 | | 7 | | | | | | |
| 區直級 二地委 | 鳧山 | 8 | 4 | | | 1 | 1 | 1 | | | 2 | | 5 | | | 8 | 7 | 37 | 5 | | | | | 5 | | | | | | |
| 區直級 二地委 | 兗濟 | 5 | | | | 3 | 1 | | | 1 | | 5 | 1 | | 9 | 3 | 28 | 3 | | | | | 3 | | | | | | |
| 區直級 二地委 | 計 | 33 | 8 | | 5 | 18 | 4 | | | 9 | 1 | 17 | 1 | | 25 | 36 | 157 | 14 | | | 3 | | 17 | | | | | | |
| 區直級 三地委 | 臨沂 | 9 | | | | 8 | | | 11 | 3 | | | | 12 | 21 | 26 | 90 | | | 4 | 2 | | 6 | | | 5 | 18 | 33 | 56 |
| 區直級 三地委 | 郯縣 | 10 | | | | | 1 | | | 4 | | 2 | | | 2 | 3 | 22 | | | | | | | | | | | 2 | 2 |
| 區直級 三地委 | 蘭陵 | 4 | | 2 | 2 | 2 | | | 3 | 2 | 2 | | | 3 | | | 20 | | | | 2 | | 2 | | | 1 | | 1 | 2 |
| 區直級 三地委 | 運河 | 15 | 5 | | 2 | | 2 | | | | 1 | 4 | | | 1 | 3 | 33 | | | | | | | 5 | | | | | 5 |
| 區直級 三地委 | 計 | 35 | 5 | 2 | 4 | 10 | 3 | | 14 | 9 | 3 | 6 | | 15 | 24 | 32 | 165 | | | 4 | 4 | | 8 | 5 | | 6 | 18 | 36 | 65 |
| 區直級 | 合計 | 121 | 17 | 2 | 10 | 66 | 57 | 2 | 18 | 51 | 23 | 76 | 2 | 36 | 108 | 144 | 733 | 35 | 2 | 4 | 7 | | 48 | 24 | 4 | 8 | 18 | 69 | 123 |
| 總計 | | 137 | 27 | 10 | 32 | 117 | 71 | 6 | 37 | 100 | 47 | 48 | 7 | 68 | 179 | 344 | 1280 | 51 | 4 | 31 | 35 | 32 | 152 | 37 | 4 | 16 | 45 | 164 | 266 |
| 附註 | 費縣·縣區政權干部統計不全。 | | | | | | | | | | | | | | | | | | | | | | | | | | | | |

18

各级群众团体干部配备统计表

| 级别 | 部别 | 各救会长 | 工会 |  |  | 农会 |  |  | 青救 |  |  | 妇救 |  |  | 武委会 |  |  |  | 附註 |
|---|---|---|---|---|---|---|---|---|---|---|---|---|---|---|---|---|---|---|---|
|  |  |  | 会长 | 干事 | 其他 | 会长 | 干事 | 其他 | 会长 | 干事 | 其他 | 会长 | 干事 | 其他 | 主任 | 委员 | 干事 | 其他 |  |
| 地委级 | 一地委 |  |  |  |  |  | 3 |  |  |  |  | 1 |  |  | 1 | 1 | 1 |  |  |
| 地委级 | 二地委 |  |  |  |  |  |  |  |  |  |  | 1 |  |  | 1 | 1 |  |  |  |
| 地委级 | 三地委 | 1 |  |  |  |  |  |  |  |  |  | 1 |  |  | 1 |  | 2 |  |  |
| 地委级 | 合計 | 1 |  |  |  |  | 3 |  |  |  |  | 3 |  |  | 3 | 2 | 3 |  |  |
| 县委级 一地委 | 邹县 | 1 | 1 |  |  | 1 | 3 |  | 1 | 1 |  | 1 | 1 |  | 2 |  | 2 | 2 |  |
| 县委级 一地委 | 费县 | 1 |  |  |  | 1 | 1 |  | 1 | 1 |  | 1 |  |  | 1 |  |  | 4 |  |
| 县委级 一地委 | 双山 | 1 | 1 |  |  | 1 | 1 |  | 1 |  |  | 1 | 1 |  | 1 |  | 1 | 1 |  |
| 县委级 一地委 | 温河 | 1 |  |  |  | 1 |  | 3 | 1 | 1 |  | 1 | 1 |  | 1 | 1 | 1 |  |  |
| 县委级 一地委 | 赵镈 | 1 | 1 |  |  | 1 |  | 1 | 2 | 1 |  | 1 |  |  | 2 |  |  | 2 |  |
| 县委级 一地委 | 計 | 5 | 3 |  |  | 5 | 5 | 4 | 6 | 4 |  | 5 | 3 |  | 7 | 1 | 4 | 9 |  |
| 县委级 二地委 | 滕县 |  |  |  |  |  |  |  |  |  |  | 1 |  |  | 1 |  |  |  |  |
| 县委级 二地委 | 临城 | 1 |  |  |  | 1 |  |  |  |  |  | 1 |  |  | 1 |  | 1 | 1 |  |
| 县委级 二地委 | 尼山 |  |  |  |  | 1 |  | 3 | 1 |  |  | 1 |  | 1 | 1 | 2 |  | 2 |  |
| 县委级 二地委 | 竟济 | 1 |  |  |  |  |  |  |  |  |  | 1 |  |  |  |  |  |  |  |
| 县委级 二地委 | 計 | 2 |  |  |  | 2 |  | 3 | 1 |  |  | 4 |  | 1 | 3 | 2 | 1 | 2 |  |
| 县委级 三地委 | 临沂 | 1 |  |  | 1 | 1 |  |  | 1 |  |  | 2 |  |  | 2 |  | 4 | 2 |  |
| 县委级 三地委 | 郯县 | 1 |  |  |  | 1 |  |  |  |  |  | 1 |  |  | 1 | 1 |  | 2 |  |
| 县委级 三地委 | 兰陵 | 1 |  |  |  | 1 |  |  | 1 |  |  | 1 |  |  | 1 |  |  |  |  |
| 县委级 三地委 | 运河 | 1 |  |  |  |  |  | 1 |  |  |  |  |  |  | 1 |  | 3 | 1 |  |
| 县委级 三地委 | 計 | 4 |  |  | 1 | 3 |  | 1 | 2 |  |  | 4 |  |  | 5 | 1 | 7 | 5 |  |
| 县委级 | 合計 | 11 | 3 |  | 1 | 10 | 5 | 8 | 9 | 4 |  | 13 | 3 | 1 | 15 | 4 | 12 | 16 |  |
| 分区委 一地委 | 邹县 | 12 | 8 | 5 |  | 9 | 18 | 21 | 7 | 16 |  | 9 | 12 | 1 | 9 |  | 14 | 2 |  |
| 分区委 一地委 | 费县 | 8 | 9 | 3 | 3 | 12 | 11 | 13 | 7 | 11 | 5 | 9 | 7 | 10 | 7 | 5 | 3 | 5 |  |
| 分区委 一地委 | 双山 | 6 | 7 | 5 |  | 7 | 10 | 14 | 4 | 9 |  | 5 | 12 | 1 | 7 | 9 | 3 |  |  |
| 分区委 一地委 | 温河 | 5 | 6 |  | 2 | 3 | 10 | 8 | 5 | 2 | 7 | 7 | 2 | 5 | 12 | 7 |  |  |  |
| 分区委 一地委 | 赵镈 | 7 | 9 | 2 | 1 | 12 | 11 | 8 | 10 | 13 |  | 12 | 15 |  | 9 | 12 | 1 | 2 |  |
| 分区委 一地委 | 計 | 38 | 36 | 15 | 6 | 43 | 60 | 64 | 33 | 51 | 12 | 42 | 48 | 17 | 44 | 33 | 21 | 9 |  |
| 分区委 二地委 | 滕县 | 1 | 1 |  | 1 | 2 |  | 39 |  |  |  | 1 |  | 10 | 2 | 1 |  | 2 |  |
| 分区委 二地委 | 临城县 | 3 | 1 |  | 3 | 3 |  | 81 | 1 |  |  | 2 |  | 11 | 3 | 5 |  | 4 |  |
| 分区委 二地委 | 尼山 | 2 | 2 | 4 | 2 | 9 | 3 | 44 | 4 | 4 |  | 5 | 6 | 1 | 3 | 5 |  | 2 |  |
| 分区委 二地委 | 竟济 | 3 |  | 3 |  | 1 | 13 |  | 1 | 1 |  | 1 | 3 |  | 1 | 1 |  |  |  |
| 分区委 二地委 | 計 | 9 | 4 | 7 | 6 | 15 | 16 | 164 | 6 | 5 |  | 9 | 9 | 22 | 9 | 12 |  | 8 |  |
| 分区委 三地委 | 临沂 | 8 | 8 | 4 |  | 11 | 12 |  | 8 | 4 |  | 9 | 12 |  | 10 | 10 |  | 2 |  |
| 分区委 三地委 | 郯县 | 4 | 1 |  |  | 4 | 2 |  | 2 | 1 |  | 3 | 4 |  | 3 | 4 |  |  |  |
| 分区委 三地委 | 兰陵 | 3 |  |  |  | 3 | 1 | 2 | 3 |  |  | 2 | 4 |  | 3 | 3 |  |  |  |
| 分区委 三地委 | 运河 |  | 3 |  | 9 | 4 |  | 3 | 1 |  | 1 |  |  |  | 3 |  |  | 8 |  |
| 分区委 三地委 | 計 | 15 | 12 | 4 | 9 | 22 | 15 | 5 | 14 | 5 | 1 | 14 | 20 |  | 19 | 17 |  | 10 |  |
| 分区委 | 合計 | 62 | 52 | 26 | 21 | 80 | 91 | 233 | 53 | 61 | 13 | 65 | 77 | 39 | 72 | 62 | 21 | 27 |  |
| 總計 |  | 74 | 55 | 26 | 22 | 90 | 99 | 241 | 62 | 65 | 13 | 81 | 80 | 40 | 90 | 68 | 36 | 43 |  |

19

# 各级党务干部成份统计表

| 项目 \ 数目 \ 级别 | | 地委级 | | | | 县委级 | | | | 分区级 | | | | 支委 | 总计 | 各类占总数百分比 | 附注 |
|---|---|---|---|---|---|---|---|---|---|---|---|---|---|---|---|---|---|
| | | 书记 | 部长 | 干事 | 其他 | 书记 | 委员 | 干事 | 其他 | 书记 | 委员 | 干事 | 其他 | | | | |
| 干部总数 | | 4 | 4 | 6 | 21 | 14 | 34 | 24 | 52<br>46 | 95 | 79 | 171 | 1 | 3759 | 4264 | 4264 | |
| 党员干部数目 | | 4 | 4 | 6 | 21 | 14 | 34 | 24 | 52<br>46 | 95 | 79 | 171 | 1 | 3759 | 4264 | 100. | |
| 家庭成份 工人 | 产业工人 | | | | | | | | | | | | | | | | |
| | 雇工 | | 1 | | | 1 | 1 | | | | | 2 | | 13 | 18 | .4 | |
| | 手工 | | | | | | 1 | | | | | | | 5 | 6 | .1 | |
| | 苦工 | | | | | | | | | | | | | 2 | 2 | | |
| | 学徒 | | | | | | | | | | | | | | | | |
| | 计 | | 1 | | | 1 | 2 | | | | | 2 | | 20 | 26 | .6 | |
| 农民 | 贫农 | | | | 4 | 2 | 8 | 7 | 32 | 29 | 45 | 91 | | 2654 | 2870 | 67.3 | |
| | 中农 | 1 | 1 | 3 | 9 | 7 | 14 | 13 | 17 | 37 | 25 | 67 | 1 | 1040 | 1235 | 28.9 | |
| | 富农 | 1 | 2 | 2 | 1 | 2 | 7 | 3 | 2 | 14 | 4 | 8 | | 23 | 69 | 1.6 | |
| | 计 | 2 | 3 | 5 | 14 | 11 | 29 | 29 | 51 | 78 | 74 | 166 | 1 | 3717 | 4174 | 97.8 | |
| | 知识分子 | | | 1 | | | | | | | | | | — | 1 | | |
| | 城市小资产阶级 | | | | | | | | | | | | | | | | |
| | 商业资本家 | 1 | | | | | | | | | | | | | 1 | | |
| | 地主 | 1 | | | 7 | 2 | 3 | 1 | 1 | 14 | 3 | 1 | | 7 | 40 | .9 | |
| | 商人 | | | | | | | | | 2 | 1 | 1 | | 7 | 11 | .3 | |
| | 其他 | | | | | | | | | 1 | 1 | 1 | | 8 | 11 | .3 | |
| | 合计 | 4 | 4 | 6 | 21 | 14 | 34 | 24 | 52 | 95 | 79 | 171 | 1 | 3759 | 4264 | | |
| 个人成份 工人 | 产业工人 | | | | | | | | | | | | | | | | |
| | 雇工 | | | | 3 | | | | 8 | 2 | 6 | 14 | | 498 | 531 | 12.5 | |
| | 手工 | | | | | | | | | | 7 | 9 | | 155 | 165 | 4. | |
| | 苦工 | | | | | | | | | 1 | | | | 2 | 3 | | |
| | 学徒 | | | | 1 | 1 | 1 | 1 | | | 1 | | | | 5 | .1 | |
| | 计 | | | | 4 | 1 | 1 | 1 | 8 | 3 | 14 | 18 | | 655 | 704 | 16.5 | |
| 农民 | 贫农 | | | | 2 | 1 | 4 | 2 | 14 | 13 | 25 | 67 | | 1935 | 2063 | 48.4 | |
| | 中农 | | | | 4 | | 4 | 1 | 10 | 12 | 12 | 40 | 1 | 934 | 1088 | 23.9 | |
| | 富农 | | | | | | 2 | | 3 | 3 | 4 | 8 | | 19 | 39 | .8 | |
| | 计 | | | | 6 | 1 | 10 | 3 | 27 | 28 | 41 | 115 | 1 | 2688 | 3120 | 73.1 | |
| | 学生 | 4 | 3 | 6 | 10 | 8 | 18 | 20 | 11 | 55 | 20 | 34 | | 48 | 237 | 5.5 | |
| | 知识分子 | | 1 | | | 4 | 5 | | 1 | 5 | | 1 | | 3 | 20 | .5 | |
| | 自由职业 | | | | | | | | | | | | | | | | |
| | 城市小资产阶级 | | | | | | | | | | | | | | | | |
| | 地主 | | | | | | | | | 1 | 1 | | | 5 | 7 | .1 | |
| | 商人 | | | | 1 | | | | 2 | | 2 | 4 | | 114 | 123 | 3. | |
| | 其他 | | | | | | | | 3 | 3 | 1 | | | 46 | 53 | 1.3 | |
| | 合计 | 4 | 4 | 6 | 21 | 14 | 34 | 24 | 52 | 95 | 79 | 171 | 1 | 3759 | 4264 | | |

20

各级党务干部党、文、年统计表

| 级别 数目 项目 | 地委级 | | | | 县委级 | | | | 分区级 | | | | 支委 | 统计 | 各数目占总数百分比 | 附註 |
|---|---|---|---|---|---|---|---|---|---|---|---|---|---|---|---|---|
| | 书记 | 部长 | 干事 | 其他 | 书记 | 委员 | 干事 | 其他 | 书记 | 委员 | 干事 | 其他 | | | | |
| 干部总数 | 4 | 4 | 6 | 21 | 14 | 34 | 24 | 52 | 95 | 79 | 171 | 1 | 3759 | 4264 | | |
| 党员干部数目 | 4 | 4 | 6 | 21 | 14 | 34 | 24 | 52 | 95 | 79 | 171 | 1 | 3759 | 4264 | | |
| 党龄 战前 1925 | | | | | | | | | | | | | | | | |
| 1926 | | | | | | | | | | | | | | | | |
| 1927 | | | | | | | | | | | | | | | | |
| 1928 | | | | | 1 | | | | | | | | 2 | 3 | .1 | |
| 1929 | | | | | | | | | 1 | | | | 1 | 2 | | |
| 1930 | 1 | | | | | | | | | | | | | 1 | | |
| 1931 | | | | | 1 | | | | | | | | 1 | 2 | | |
| 1932 | | | | | 1 | | | | | | | | 6 | 7 | .1 | |
| 1933 | | | | | | | | | | | | | 9 | 9 | .2 | |
| 1934 | | | | | 1 | | | | | 1 | | | | 2 | | |
| 1935 | | | | | | | | | 1 | | | | 3 | 4 | .1 | |
| 1936 | 2 | | | | 2 | 2 | | | 1 | | 1 | | 3 | 11 | .3 | |
| 1937 | | 1 | | | 2 | 4 | | 1 | 3 | 2 | | | 5 | 18 | .4 | |
| 前計 | 3 | 1 | | | 8 | 6 | | 1 | 6 | 3 | 1 | | 30 | 59 | 1.4 | |
| 战后 1938 | 1 | 2 | 1 | 4 | 5 | 13 | 1 | 4 | 23 | 9 | 3 | | 31 | 97 | 2.3 | |
| 1939 | | | 3 | 4 | 1 | 12 | 8 | 6 | 47 | 25 | 11 | | 135 | 252 | 5.9 | |
| 1940 | | 1 | 2 | 1 | | 1 | 4 | 6 | 13 | 18 | 26 | | 168 | 240 | 5.6 | |
| 1941 | | | | 4 | | | 2 | 2 | 3 | 6 | 17 | | 70 | 104 | 2.4 | |
| 1942 | | | | 4 | | 1 | 4 | 5 | 1 | 9 | 10 | | 263 | 223 | 5.2 | |
| 1943 | | | | 1 | | | 2 | 6 | 1 | 3 | 21 | | 189 | 297 | 6.9 | |
| 1944 | | | | 2 | | 1 | 2 | 20 | 1 | 5 | 74 | | 461 | 2517 | 59. | |
| 1945 | | | | 1 | | | 1 | 2 | | 7 | 8 | 1 | 2412 | 475 | 11.1 | |
| 全 总計 | 1 | 3 | 6 | 21 | 6 | 28 | 24 | 5[illegible] | 89 | 76 | 170 | 1 | 3729 | 4203 | 98.6 | |
| 文化程度 文盲 | | | | 4 | | | | 21 | 3 | 22 | 6[illegible] | 1 | 3098 | 3210 | 75.3 | |
| 稍识字 | | | | 4 | | 1 | 1 | 7 | 7 | 11 | 48 | | 417 | 496 | 11.6 | |
| 初等 | | | 6 | 7 | 1 | 3 | 20 | 18 | 47 | 34 | 59 69 | | 233 | 428 | 10.[illegible] | |
| 中等 | 2 | 4 | | 6 | 11 | 24 | 3 | 6 | 30 | 13 | 2 | | 10 | 110 | 2.5 | |
| 高等 | 2 | | | | 2 | 6 | | | 8 | | 1 | | 1 | 20 | .5 | |
| 合計 | 4 | 4 | 6 | 21 | 14 | 34 | 24 | 52 | 95 | 79 | 171 | 1 | 3759 | 4264 | | |
| 年龄 18以前 | | | | | | | 2 | | 1 | 2 | 8 | | 41 | 54 | 1.3 | |
| 18—23 | | | 4 | 4 | 2 | 5 | 14 | 14 | 26 | 23 | 58 | 1 | 574 | 724 | 17. | |
| 24—30<br>31—40 | 4 | 4 | 2 | 16 | 12 | 27 | 8 | 37 | 65 | 47 | 103 | | 2552 | 2877 | 67.5 | |
| 41—50 | | | | 1 | | 2 | | 1 | 3 | 7 | 3 | | 299 | 552 | 12.8 | |
| 50— | | | | | | | | | | | | | 57 | 57 | 1.4 | |
| 全 合計 | 4 | 4 | 6 | 21 | 14 | 34 | 24 | 52 | 95 | 79 | 171 | 1 | 3759 | 4264 | | |

21

# 各级政府干部中党员干部之成分统计表

| 项目 \ 数目 \ 级别 | 专署级 专员 | 专署级 科长(局长) | 专署级 股长 | 专署级 干事 | 专署级 工作人员 | 县府级 县长 | 县府级 科(局)长 | 县府级 股长 | 县府级 干事 | 县府级 工作人员 | 区公所级 区长 | 区公所级 助理员 | 区公所级 工作人员 | 总计 | 各数类占百分比 | 附注 |
|---|---|---|---|---|---|---|---|---|---|---|---|---|---|---|---|---|
| 干部总数 | 2 | 12 | 15 | 24 | 27 | 13 | 70 | 73 | 152 | 354 | 112 | 253 | 465 | 1572 | 1572 | |
| 党员干部数目 | 2 | 11 | 12 | 18 | 15 | 12 | 58 | 50 | 62 | 106 | 96 | 135 | 215 | 802 | 51.% | |
| 家庭成份 工人 雇工 | | | | | | | | | 1 | | | | | 1 | .1 | |
| 佣工 | | | - | | | | | 1 | | 1 | | 2 | | 4 | .5 | |
| 手工 | | | | | | | | | | | | | | | | |
| 苦工 | | | | | | | | | | | | | | | | |
| 学徒 | | | | | | | | | | | | | | | | |
| 工人计 | | | | | | | | 1 | 1 | 1 | | 2 | | 5 | .6 | |
| 农民 贫农 | | 1 | 1 | 6 | 7 | 2 | 9 | 26 | 24 | 62 | 31 | 60 | 44 | 323 | 40.3 | |
| 中农 | 1 | 5 | 5 | 5 | 6 | 3 | 21 | 17 | 24 | 41 | 42 | 63 | 103 | 336 | 41.9 | |
| 富农 | . | 1 | 2 | 4 | 1 | 6 | 10 | 3 | 8 | 9 | 13 | 9 | 15 | 81 | 10.1 | |
| 农民计 | 1 | 7 | 8 | 15 | 14 | 11 | 40 | 46 | 56 | 112 | 86 | 132 | 212 | 740 | 92.3 | |
| 知识分子 | | | | | | | | 1 | | | | | | 1 | .1 | |
| 城市小资产阶级 | | | | | | | | | | | | | | | | |
| 地主 | 1 | 2 | 4 | 3 | 1 | 1 | 17 | 2 | 4 | 2 | 7 | 1 | 2 | 47 | 5.9 | |
| 商人 | | 2 | | | | | 1 | — | 1 | 1 | 1 | | 1 | 7 | .9 | |
| 其他 | | | | | | | | | | | 2 | | | 2 | .2 | |
| 合计 | 2 | 11 | 12 | 18 | 15 | 12 | 58 | 50 | 62 | 116 | 96 | 135 | 215 | 802 | | |
| 个人成份 工人 雇工 | | | | | | | | | 1 | | | | | 1 | .1 | |
| 佣工 | | | | | | | | 3 | 3 | 7 | 3 | 7 | 4 | 27 | 3.4 | |
| 手工 | | | | | | | 2 | 4 | 3 | | 2 | 2 | 4 | 17 | 2.1 | |
| 苦工 | | | | | | | | | | | | | | | | |
| 学徒 | | | | | | | | 2 | | | | 1 | | 3 | .4 | |
| 工人计 | | | | | | | 2 | 9 | 7 | 7 | 5 | 10 | 8 | 48 | 6. | |
| 农民 贫农 | | | | 2 | 6 | | 2 | 10 | 14 | 40 | 24 | 45 | 88 | 231 | 28.8 | |
| 中农 | | 1 | 1 | 1 | 1 | | 7 | 10 | 13 | 27 | 22 | 40 | 72 | 195 | 24.3 | |
| 富农 | | 1 | | 1 | 1 | 1 | 1 | 1 | 2 | 5 | 6 | 1 | 4 | 24 | 3. | |
| 农民计 | | 2 | 1 | 4 | 8 | 1 | 10 | 21 | 29 | 72 | 52 | 86 | 164 | 450 | 56.1 | |
| 学生 | 2 | 7 | 4 | 11 | 6 | 5 | 32 | 17 | 22 | 28 | 29 | 30 | 33 | 224 | 27.9 | |
| 知识分子 | | 1 | 4 | 2 | | 6 | 6 | 1 | 2 | | 4 | 3 | 1 | 30 | 3.7 | |
| 城市小资产阶级 | | | | | | | [illegible] | | | | 2 | | | 2 | .2 | |
| 地主 | | | 1 | | | | 2 | | | | 1 | | 1 | 5 | .6 | |
| 商人 | | | 1 | | 1 | | 1 | 2 | 1 | 3 | 3 | 6 | 7 | 25 | 3.1 | |
| 其他 | | 1 | 1 | 1 | | | 5 | | 1 | 6 | 2 | | 1 | 18 | 2.2 | |
| 合计 | 2 | 11 | 12 | 18 | 15 | 12 | 58 | 50 | 62 | 116 | 96 | 153 | 215 | 802 | | |

各級政府干部中党員干部党、文、年統計表

| 項目 \ 數目 \ 級別 | | 專署級 專員 | 專署級 科(局)長 | 專署級 股長 | 專署級 干事 | 專署級 工作人員 | 縣府級 縣長 | 縣府級 科(局)長 | 縣府級 股長 | 縣府級 干事 | 縣府級 工作人員 | 區分所級 區長 | 區分所級 助理員 | 區分所級 工作人員 | 總計 | 各類數目佔總數百分比 | 附註 |
|---|---|---|---|---|---|---|---|---|---|---|---|---|---|---|---|---|---|
| 干部總數 | | 2 | 12 | 15 | 24 | 27 | 13 | 70 | 73 | 152 | 354 | 112 | 253 | 465 | 1572 | 1572 | |
| 党員干部數目 | | 2 | 11 | 12 | 18 | 15 | 12 | 58 | 50 | 62 | 116 | 96 | 135 | 215 | 802 | 51% | |
| 党龄 戰前 | 1928 | | | | | | | | | | | | | | | | |
| | 1929 | | | | | | | | | | | 1 | | | 1 | .1 | |
| | 1930 | | | | | | | | | | | | | | | | |
| | 1931 | | | | | | | | | | | | | | | | |
| | 1932 | | | | | | | | | | | | | | | | |
| | 1933 | | | | | | | | | | | | | | | | |
| | 1934 | | | | | | | | | | | 1 | | | 1 | .1 | |
| | 1935 | | | | | | | | | | | | | | | | |
| | 1936 | 1 | | 1 | | | | | 1 | | | | | | 3 | .4 | |
| | 1937 | | 1 | | | | | 2 | | | | | 1 | | 4 | .5 | |
| | 計 | 1 | 1 | 1 | | | | 2 | 1 | | | 2 | 1 | | 9 | 1.1 | |
| 戰後 | 1938 | | 5 | 3 | 1 | 3 | 7 | 17 | 10 | 4 | 5 | 12 | 9 | 3 | 79 | 9.9 | |
| | 1939 | | 3 | 2 | 9 | | 3 | 22 | 12 | 8 | 14 | 25 | 12 | 7 | 117 | 14.6 | |
| | 1940 | | | 2 | 2 | 2 | | 7 | 8 | 10 | 13 | 18 | 23 | 11 | 98 | 12. | |
| | 1941 | | | 2 | 1 | 3 | | 2 | 4 | 2 | 3 | 10 | 10 | 8 | 45 | 5.6 | |
| | 1942 | | 1 | 1 | 1 | 1 | 1 | 3 | 4 | 7 | 5 | 7 | 13 | 5 | 49 | 6.1 | |
| | 1943 | | 1 | 1 | 3 | | | 2 | | 6 | 3 | 5 | 12 | 16 | 49 | 6.1 | |
| | 1944 | 1 | | | 1 | 5 | [illegible] | 1 | 6 | 20 | 44 | 12 | 42 | 120 | 253 | 31.5 | |
| | 1945 | | | | | 1 | | 2 | 5 | 5 | 29 | 5 | 13 | 45 | 105 | 13.1 | |
| | 計 | 1 | 11 | 11 | 18 | 15 | 12 | 56 | 49 | 62 | 116 | 94 | 134 | 215 | 793 | 98.9 | |
| | 合計 | 2 | 11 | 12 | 18 | 15 | 12 | 58 | 50 | 62 | 116 | 96 | 135 | 215 | 802 | | |
| 文化程度 | 文盲 | | | | | 1 | | | 4 | 11 | 27 | 14 | 42 | 77 | 176 | 21.8 | |
| | 粗識字 | | | | 1 | 5 | | 3 | 15 | 8 | 28 | 19 | 26 | 51 | 156 | 19.5 | |
| | 初等 | | 3 | 5 | 10 | 6 | | 19 | 25 | 33 | 53 | 40 | 54 | 80 | 328 | 40.9 | |
| | 中等 | 1 | 8 | 7 | 7 | 3 | 11 | 34 | 6 | 10 | 8 | 21 | 13 | 7 | 136 | 17. | |
| | 高等 | 1 | | | | | 1 | 2 | | | | 2 | | | 6 | .5 | |
| | 合計 | 2 | 11 | 12 | 18 | 15 | 12 | 58 | 50 | 62 | 116 | 96 | 135 | 215 | 802 | | |
| 年龄 | 18以前 | | | | | | | | | | | | | | | | |
| | 18—23 | | | | 5 | 5 | | 4 | 9 | 17 | 35 | 31 | 23 | 53 | 185 | 23.1 | |
| | 24—30 | | 4 | 4 | 7 | 2 | 4 | 29 | 26 | 26 | 51 | 53 | 43 | 68 | 317 | 39.5 | |
| | 31—40 | 2 | 5 | 4 | 5 | 4 | 5 | 19 | [illegible] | 12 | 19 | 11 | 51 | 64 | 212 | 26.4 | |
| | 41—50 | | 1 | 4 | 1 | 1 | 2 | 4 | 4 | 6 | 9 | 1 | 14 | 36 | 73 | 9.1 | |
| | 50— | | 1 | | | | 1 | 2 | | 1 | 2 | | 4 | 4 | 15 | 1.9 | |
| | 合計 | 2 | 11 | 12 | 18 | 15 | 12 | 58 | 50 | 62 | 116 | 96 | 135 | 215 | 802 | | |

# 各级群众团体中党员干部成份统计表

| 项目 | | 地委级 会长 | 地委级 委员 | 地委级 干事 | 地委级 其他 | 县委级 会长 | 县委级 委员 | 县委级 干事 | 县委级 其他 | 分区级 会长 | 分区级 委员 | 分区级 干事 | 分区级 其他 | 统计 | 各数占总数百分比 | 附注 |
|---|---|---|---|---|---|---|---|---|---|---|---|---|---|---|---|---|
| 干部总数 | | 1 | 7 | 4 | 3 | 9 | 38 | 22 | 20 | 64 | 287 | 306 | 307 | 1068 | 1068 | |
| 党员干部数目 | | 1 | 7 | 4 | 3 | 9 | 38 | 21 | 19 | 64 | 258 | 247 | 238 | 909 | 86.1% | |
| 家庭成份 工人 | 产工 | | | | | | | | | | | | | | | |
| | 佣工 | | | | | | | | | 1 | 2 | | 2 | 5 | .6 | |
| | 手工 | | | | | 1 | | | | | | | | 1 | .1 | |
| | 苦工 | | | | | | | | | | | | | | | |
| | 学徒 | | | | | | | | | | | | | | | |
| | 工人计 | | | | | 1 | | | | 1 | 2 | | 2 | 6 | .7 | |
| 农民 | 贫农 | | | 1 | 1 | 1 | 12 | 5 | 11 | 36 | 163 | 154 | 140 | 524 | 57.6 | |
| | 中农 | | 4 | 4 | 2 | 2 | 14 | 11 | 5 | 23 | 79 | 79 | 75 | 298 | 32.8 | |
| | 富农 | 1 | | | | 2 | 4 | 2 | 1 | 3 | 6 | 12 | 10 | 41 | 4.5 | |
| | 农民计 | 1 | 4 | 4 | 3 | 5 | 30 | 18 | 17 | 62 | 248 | 245 | 225 | 862 | 94.9 | |
| 知识分子 | | | 1 | | | | | 0 | | | | | | 1 | .1 | |
| 城市小资产阶级 | | | | | | | | | | | | | | | | |
| 地主 | | | 1 | | | 3 | 8 | 3 | 2 | 1 | 8 | 2 | 6 | 34 | 3.8 | |
| 商人 | | | | | | | | | | | | | 2 | 2 | .2 | |
| 其他 | | | 1 | | | | | | | | | | 3 | 4 | .4 | |
| 总计 | | 1 | 7 | 4 | 3 | 9 | 38 | 21 | 19 | 64 | 258 | 247 | 238 | 909 | | |
| 个人成份 工人 | 产工 | | | | | | | | | | | 1 | | 1 | .1 | |
| | 佣工 | | 1 | | | | 1 | 1 | 1 | 4 | 46 | 26 | 29 | 109 | 12. | |
| | 手工 | | | | | | 1 | | 1 | 4 | 12 | 9 | 13 | 40 | 4.4 | |
| | 苦工 | | | | | | | | | | | | | | | |
| | 学徒 | | | 2 | | | | | | | | 1 | 2 | 5 | .6 | |
| | 工人计 | | 1 | 2 | | | 2 | 1 | 2 | 8 | 58 | 37 | 44 | 155 | 17.1 | |
| 农民 | 贫农 | | | | 1 | | 9 | 3 | 6 | 22 | 19 | 95 | 95 | 310 | 34. | |
| | 中农 | | | 1 | 2 | | 6 | 7 | 1 | 10 | 52 | 45 | 35 | 160 | 17.6 | |
| | 富农 | 1 | | | | 1 | 1 | 1 | | | 4 | 11 | 7 | 26 | 2.9 | |
| | 农民计 | 1 | | 1 | 3 | 1 | 16 | 11 | 7 | 39 | ~~183~~ 169 | 159 | 137 | 536 | 62.3 | 169? 187? |
| 学生 | | | 5 | | | 7 | 16 | 8 | 7 | 22 | 17 | 17 | 36 | 135 | 14.9 | |
| 知识分子 | | | | | | 1 | 2 | | | | 1 | | | 4 | .4 | |
| 自由职业 | | | | | | | | | | | | | | | | |
| 城市小资产阶级 | | | | | | | | | | | | | | | | |
| 地主 | | | | | | | 1 | 1 | 2 | | 3 | | 2 | 9 | 1. | |
| 商人 | | | | 1 | | | 1 | | 1 | 1 | 9 | 6 | 12 | 31 | 3.4 | |
| 其他 | | | 1 | | | | | | | | 1 | | 7 | 9 | 1. | |
| 总计 | | 1 | 7 | 4 | 3 | 9 | 38 | 21 | 19 | 64 | 258 | 247 | 238 | 909 | | |

各级群众团体中党员干部党、文、年统计表

| 项目 \ 数目 \ 级别 | 地委级 会长 | 地委级 委员 | 地委级 干事 | 地委级 其他 | 县委级 会长 | 县委级 委员 | 县委级 干事 | 县委级 其他 | 分区级 会长 | 分区级 委员 | 分区级 干事 | 分区级 其他 | 统计 | 各数委占总百分比 | 附注 |
|---|---|---|---|---|---|---|---|---|---|---|---|---|---|---|---|
| 干部总数 | 1 | 7 | 4 | 3 | 9 | 38 | 22 | 20 | 64 | 257 | 306 | 307 | 1068 | 1068 | |
| 党员干部数目 | 1 | 7 | 4 | 3 | 9 | 38 | 2[illegible] | [illegible]9 | 64 | 258 | 247 | 238 | 909 | 86.1% | |
| 党 战 1926 | | | | | | | | | | | | | | | |
| 1927 | | | | | | | | | | | | | | | |
| 1928 | | | | | | | | | | | | | | | |
| 1929 | | | | | | | | | | | | | | | |
| 1930 | | | | | | | | | 1 | | | | 1 | .1 | |
| 1931 | | | | | | | | | | | | | | | |
| 1932 | | | | | | | | | | | 2 | | 2 | .2 | |
| 1933 | | | | | | | | | | | | | | | |
| 1934 | | | | | | | | | | | | | | | |
| 1935 | | | 1 | | | | | | | | | | 1 | .1 | |
| 1936 | | | | | | | | | | | | | | | |
| 1937 | | | | | | 1 | | | | | 1 | | 2 | .2 | |
| 前 计 | | | 1 | | | 1 | | | 1 | | 3 | | 6 | .7 | |
| 战 1938 | 1 | 5 | | | 4 | 5 | 1 | 1 | 2 | 6 | 0 | 3 | 28 | 3.1 | |
| 1939 | | 1 | 2 | | 4 | 15 | 4 | 4 | 8 | 26 | 17 | 10 | 91 | 10 | |
| 1940 | | | | 2 | 1 | 6 | 2 | 1 | 18 | 19 | 19 | 13 | 81 | 8.9 | |
| 1941 | | 1 | | | | 3 | 1 | 5 | 4 | 14 | 7 | 3 | 38 | 4.2 | |
| 1942 | | | | | | 4 | 2 | 1 | 7 | 27 | 6 | 6 | 53 | 5.8 | |
| 1943 | | | | 1 | | 3 | 2 | 2 | 6 | 23 | 13 | 19 | 69 | 7.6 | |
| 1944 | | | 1 | | | 1 | 9 | 5 | 16 | 122 | 139 | 113 | 406 | 44.7 | |
| 1945 | | | | | | | | | 2 | 21 | 43 | 71 | 137 | 15.1 | |
| 后 计 | 1 | 7 | 3 | 3 | 9 | 37 | 21 | 19 | 63 | 258 | 244 | 238 | 903 | 99.3 | |
| 全 合计 | 1 | 7 | 4 | 3 | 9 | 38 | 21 | 19 | 64 | 258 | 247 | 238 | 909 | 50.4 | |
| 文化程度 文盲 | | 1 | | | | 4 | 2 | 6 | 27 | 153 | 156 | 109 | 458 | 26.3 | |
| 稍识字 | 1 | | 1 | | | 12 | 8 | 6 | 16 | 74 | 69 | 52 | 239 | | |
| 初等 | | 3 | 3 | 3 | 1 | 13 | 10 | 7 | 16 | 30 | 19 | 71 | 176 | 19.4 | |
| 中等 | | 3 | | | 8 | 9 | 1 | | 5 | 1 | .2 | 6 | 35 | 3.9 | |
| 高等 | | | | | | | | | | | 1 | | 1 | .1 | |
| 合计 | 1 | 7 | 4 | 3 | 9 | 38 | 21 | 19 | 64 | 258 | 247 | 238 | 909 | | |
| 年 18以前 | | | | | | | | | | | | 2 | 2 | .2 | |
| 18—23 | | | | 2 | 1 | 9 | 7 | 7 | 8 | 57 | 71 | 84 | 246 | 27.1 | |
| 24—30 | | 4 | 4 | 1 | 5 | 11 | 11 | 6 | 28 | 68 | 90 | 90 | 318 | 35. | |
| 31—40 | | | | | 3 | 15 | 2 | 6 | 19 | 92 | 65 | 46 | 248 | 27.3 | |
| 41—50 | 1 | 2 | | | | 2 | 1 | | 8 | 33 | 19 | 13 | 79 | 8.7 | |
| 50— | | 1 | | | | 1 | | | 1 | 8 | 2 | 3 | 16 | 1.7 | |
| 全 合计 | 1 | 7 | 4 | 3 | 9 | 38 | 21 | 19 | 64 | 258 | 247 | 238 | 909 | | |

25

群众团体会员中民兵队员中党员数目的统计

| 项目 \ 数目 \ 地区 | | 一地委 邹县 | 一地委 费县 | 一地委 双山 | 一地委 温河 | 一地委 赵镈 | 一地委 合计 | 二地委 滕县 | 二地委 临城 | 二地委 昆山 | 二地委 交流 | 二地委 合计 | 三地委 临沂 | 三地委 郯县 | 三地委 兰陵 | 三地委 运河 | 三地委 合计 | 总计 |
|---|---|---|---|---|---|---|---|---|---|---|---|---|---|---|---|---|---|---|
| 群众团体 工会 | 会员数 | 4119 | 3233 | 1464 | 932 | | 9748 | | 1126 | 973 | 483 | 2582 | 1998 | 550 | | | 2548 | 14878 |
| | 内中党员数 | 162 | 187 | 142 | 97 | | 588 | | 31 | 14 | 9 | 54 | 98 | 19 | | | 117 | 759 |
| | 党员数占会员数百分比 | 3.9% | 5.8% | 9.7% | 10.4% | | 6% | | 2.8% | 1.4% | 1.9% | 2.8% | 5% | 3.4% | | | 4.6% | 5.1% |
| 农会 | 会员数 | 14917 | 21025 | 12458 | 15956 | | 64356 | | 11501 | 18206 | 3730 | 33437 | 19566 | 8094 | 3159 | | 30819 | 128612 |
| | 内中党员数 | 1348 | 2007 | 849 | 1476 | | 5680 | | 557 | 376 | 83 | 1016 | 1416 | 389 | 299 | | 2104 | 8800 |
| | 党员数占会员数百分比 | 9% | 9.5% | 6.8% | 9.3% | | 8.8% | | 4.8% | 2.1% | 2.2% | 3% | 7.2% | 4.8% | 9.5% | | 6.8% | 6.8% |
| 青会 | 会员数 | 6478 | 7832 | 3619 | 4482 | | 24411 | | 1110 | 2342 | 398 | 3850 | 5132 | 1035 | 912 | | 7079 | 35340 |
| | 内中党员数 | 305 | 552 | 138 | 279 | | 1274 | | 102 | 25 | 1 | 128 | 137 | 26 | 25 | | 188 | 1590 |
| | 党员数占会员数百分比 | 3.6% | 7% | 3.8% | 6.2% | | 5.2% | | 9.2% | 1.1% | .3% | 3.3% | 2.7% | 2.5% | 2.7% | | 2.7% | 4.5% |
| 妇会 | 会员数 | 20214 | 28733 | 11258 | 17841 | | 78046 | | 4994 | 11007 | 2528 | 18529 | 26543 | 8341 | 3365 | | 38249 | 134824 |
| | 内中党员数 | 237 | 376 | 138 | 297 | | 1048 | | 33 | 35 | 17 | 85 | 428 | 70 | 15 | | 512 | 1645 |
| | 党员数占会员数百分比 | 1.1% | 1.3% | 1.2% | 1.6% | | 1.3% | | .7% | .3% | .7% | .5% | 1.6% | .8% | .4% | | 1.3% | 1.2% |
| 合计 | 会员数 | 47728 | 60823 | 28799 | 39211 | | 176561 | | 18731 | 32528 | 7139 | 58398 | 53239 | 18020 | 7436 | | 78695 | 313654 |
| | 内中党员数 | 2052 | 3122 | 1267 | 2149 | | 8590 | | 723 | 450 | 110 | 1283 | 2084 | 504 | 339 | | 2921 | 12794 |
| | 党员数占会员数百分比 | 4.1% | 5.1% | 4.4% | 5.5% | | 4.8% | | 3.8% | 1.4% | 1.5% | 2.2% | 3.9% | .3% | 4.6% | | 3.7% | 4.1% |
| 民兵 | 队员数 | 2773 | 5651 | 3179 | 3743 | | 15346 | | 2254 | 2206 | 450 | 4910 | 8664 | 1266 | 816 | | 10746 | 31002 |
| | 内中党员数 | 409 | 850 | 528 | 437 | | 2224 | | 376 | 266 | 53 | 695 | 924 | 145 | 152 | | 1221 | 4140 |
| | 党员数占队员数百分比 | 14.7% | 15% | 16.3% | 11.4% | | 14.8% | | 16.7% | 12% | 11.7% | 14.2% | 10.7% | 11.5% | 18.6% | | 11.4% | 13.4% |
| 说明 | | | | | | | | | | | | | | | | | | |

26 ~~25~~

几個农村支部中成份变化的统计

| 地区 | | 项目 | 总数 | 变化情形：入党时成份 工人 | 無産 | 貧农 | 中农 | 富农 | 商人 | 现在（1945年7月）成份 工人 | 貧农 | 中农 | 富农 | 商人 |
|---|---|---|---|---|---|---|---|---|---|---|---|---|---|---|
| 温河 | 大郚庄 | 支委 | 5 | | | 5 | | | | | | 5 | | |
| | | 党员 | 6 | | | 6 | | | | | | 6 | | |
| | 安山头 | 支委 | 4 | | | 2 | 2 | | | | | 3 | 1 | |
| | | 党员 | 7 | | | 5 | 2 | | | | 3 | 4 | | |
| | | | | | | | | | | | | | | |
| | | | | | | | | | | | | | | |
| 趙鎛 | 丁村 | 支委 | 5 | | 1 | 2 | 2 | | | | 3 | 2 | | |
| | | 党员 | 20 | | | 18 | 2 | | | | 18 | 2 | | |
| | 房村 | 支委 | 4 | | | 2 | 1 | 1 | | | | 4 | | |
| | | 党员 | 9 | | | 1 | 8 | | | | | 8 | 1 | |
| | 楊庄 | 支委 | 6 | | | 2 | 3 | 1 | | | 1 | 4 | 1 | |
| | | 党员 | 5 | | | 3 | 2 | | | | 2 | 3 | | |
| 費縣 | 巩家村 | 支委 | 3 | | | 2 | 1 | | | | 1 | 2 | | |
| | | 党员 | 8 | | 1 | 5 | 1 | 1 | | | 3 | 5 | | |
| 鄒縣 | 馮家庄 | 支委 | 8 | 1 | | 4 | 3 | | | | 2 | 6 | | |
| | | 党员 | 47 | 1 | | 27 | 19 | | | 1 | 19 | 27 | | |
| 总计 | | | 137 | 2 | 2 | 84 | 46 | 3 | | 1 | 52 | 81 | 3 | |
| 成份百分比 | | | | 1.5 | 1.5 | 61.3 | 33.6 | 2.1 | | .8 | 37.9 | 59.2 | 2.1 | |

附

註

城工干部及城市中敌区党员总数统计

| 项目 \ 数目 \ 地区 | 徐州工委 | 枣庄工委 | 二铁道工委 | 三铁道工委 | 薛城工作组 | 曲阜工作组 | 总计 |
|---|---|---|---|---|---|---|---|
| 党员总数 | 10 | 167 | 36 | 6 | 7 | 19 | 245 |
| 男 | 10 | 163 | 36 | 6 | 7 | 17 | 239 |
| 女 | | 4 | | | | 2 | 6 |
| 正式 | 10 | 163 | 36 | 6 | 7 | 19 | 241 |
| 候补 | | 4 | | | | | 4 |
| 干部党员 | 10 | 44 | 36 | 6 | 7 | 9 | 112 |
| 地方党员 | | 123 | | | | 10 | 133 |

城工干部配备统计表

| 地区 \ 数目 \ 部别 | 工委 | | | | 分区委 | | | 工作组 | | 总计 | 附注 |
|---|---|---|---|---|---|---|---|---|---|---|---|
| | 书记 | 委员 | 干事 | 交通 | 书记 | 委员 | 交通 | 组长 | 组员 | | |
| 徐州工委 | 1 | 1 | 6 | 10 | 2 | 5 | 5 | | 2 | 32 | |
| 枣庄工委 | 2 | 3 | 3 | 2 | 4 | 5 | 18 | | | 37 | |
| 二铁道工委 | 1 | 3 | 18 | 29 | | | | | | 51 | |
| 三铁道工委 | | 3 | 12 | | | | | | | 15 | |
| 薛城工作组 | | | | | | | | 1 | 7 | 8 | |
| 曲阜工作组 | | | | | | | | 1 | 8 | 9 | |
| 总计 | 4 | 10 | 39 | 41 | 6 | 10 | 23 | 2 | 17 | 152 | 28 |

4[illegible]年后区党委校各期训练简单统计

| 期数 | | 负责人 | 训练时间 | 学员数目 | | 教育情形 |
|---|---|---|---|---|---|---|
| | | | | 地方 | 部队 | |
| 五期 | | 燕遇明 | 41年 月至41年9月 | 100余 | | 主要进行业务教育未有开始整风只是进行了共产党员修养 论持久战等文件的教育并就文件进行了反省检讨 |
| 六期 | | 燕遇明 | 42年1月至42年5月 | 60余 | | 除进行业务教育外以整风文件为课读并在当改造时联系到个人的检讨 |
| 七期 | | 秦[illegible]瑛 | 42年7月至42年12月 | 70 | | 主要进行业务教育 另外学了几类整风文件 |
| 八期 | | 王韬 | 43年9月至43年12月 | 75 | | 除学习业务外并学习整风文件（如共产党的修养 四三决定 反对自由主义等）并进行片断的反省把反省的写成了书面材料 |
| 九期 | | 王韬 | 44年一月至44年八月 | 60 | 5 | 教育情形与八期同 |
| | | | | | | |
| 十期 | 一队 | 王韬 | 44年九月至45年一月 | 67 | 34 | 学文件进行历史清算重点反省 并写书面的反省材料 |
| | 二队 | 王韬 | 44年12月至45年5月 | 69 | 6 | 整风情形同一队 |

半年（45年1—6）发展统计

| 项目 / 数目 / 地区 | 总数 | 家庭成份：工人 | 贫农 | 中农 | 富农 | 商人 | 其他 | 合计 | 个人成份：工人 | 贫农 | 中农 | 富农 | 学生 | 商人 | 地主 | 其他 | 合计 |
|---|---|---|---|---|---|---|---|---|---|---|---|---|---|---|---|---|---|
| 一地委 | 1802 | 8 | 1251 | 526 | 16 | 1 | | 1802 | 226 | 1030 | 461 | 7 | 36 | 37 | | 5 | 1802 |
| 二地委 | 1468 | | | | | | | | | | | | | | | | |
| 三地委 | 2471 | 1 | 1878 | 561 | 13 | | 18 | 2471 | 260 | 562 | 174 | 21 | 16 | 68 | 1 | 9 | 1111 |
| 统计 | 5741 | 9 | 3129 | 1087 | 29 | 1 | 18 | 4273 | 486 | 1592 | 635 | 28 | 52 | 105 | 1 | 14 | 2913 |
| 占总数百分比 | | .2 | 73.2 | 25.4 | .7 | | .4 | | 16.7 | 54.7 | 21.7 | 1. | 1.8 | 3.6 | | .4 | |
| 附注 | 此统计缺赵腾一县部分。另三地委的个人成份统计中有1360个是党员但未写出什么成份，所以未统计，所以数字与总数不符。 | | | | | | | | | | | | | | | | |

半年（1—6）开除开革出党员统计

| 项目 / 数目 / 地区 | 总数 | 家庭成份：工人 | 贫农 | 中农 | 富农 | 商人 | 其他 | 合计 | 个人成份：工人 | 贫农 | 中农 | 富农 | 学生 | 商人 | 地主 | 其他 | 合计 |
|---|---|---|---|---|---|---|---|---|---|---|---|---|---|---|---|---|---|
| 一地委 | 535 | 36 | 341 | 149 | 8 | 1 | | 535 | 60 | 199 | 98 | | 4 | 2 | | | 363 |
| 三地委 | 74 | | 63 | 11 | | | | 74 | 8 | 53 | 10 | | 1 | 1 | | 1 | 74 |
| 总计 | 609 | 36 | 404 | 160 | 8 | 1 | | 609 | 68 | 252 | 108 | | 5 | 3 | | 1 | 437 |
| 附注 | 数目不确 一地委个人成份少… 7. 二地委 | | | | | | | | | | | | | | | | |

30

44年7月至45年6月縣級區级干部提拔統計.

| 級別 | 部別 | 項目數目 | 提拔總數 | 工農干部 | 知識份子干部 | 男 | 女 | 青年 | 壯年 | 老年 | 黨員干部 | 非黨員干部 | 附註 |
|---|---|---|---|---|---|---|---|---|---|---|---|---|---|
| | | | | 提拔干部的質量 | | | | | | | | | |
| 縣級 | 黨 | 主要干部 | 3 | | 3 | 3 | | 1 | 2 | | 3 | | 各部再不至可看一般同級 缺二地委 缺兹縣數 |
| | | 一般干部 | 8 | | 8 | 8 | | 3 | 5 | | 8 | | |
| | 政 | 主要干部 | 26 | 11 | 15 | 24 | 2 | 6 | 18 | 3 | 15 | 11 | |
| | | 一般干部 | 54 | 20 | 34 | 54 | | 13 | 37 | 4 | 33 | 21 | |
| | 民 | 主要干部 | 14 | 7 | 7 | 11 | 3 | 5 | 9 | | 14 | | |
| | | 一般干部 | 16 | 9 | 7 | 13 | 3 | 7 | 9 | | 15 | 1 | |
| | 合計 | 主要干部 | 43 | 18 | 25 | 38 | 5 | 12 | 28 | 3 | 32 | 11 | |
| | | 一般干部 | 78 | 29 | 49 | 75 | 3 | 23 | 51 | 4 | 56 | 22 | |
| 區級 | 黨 | 主要干部 | 36 | 23 | 13 | 35 | 1 | 11 | 23 | 2 | 36 | | |
| | | 一般干部 | 135 | 84 | 51 | 135 | | 39 | 86 | 10 | 135 | | |
| | 政 | 主要干部 | 59 | 31 | 28 | 59 | | 11 | 40 | 8 | 39 | 20 | |
| | | 一般干部 | 270 | 138 | 132 | 270 | | 78 | 153 | 39 | 146 | 124 | |
| | 民 | 主要干部 | 102 | 89 | 13 | 91 | 11 | 27 | 69 | 6 | 99 | 3 | |
| | | 一般干部 | 472 | 405 | 67 | 402 | 70 | 187 | 257 | 28 | 422 | 50 | |
| | 合計 | 主要干部 | 197 | 143 | 54 | 185 | 12 | 49 | 132 | 16 | 174 | 23 | |
| | | 一般干部 | 877 | 627 | 250 | 807 | 70 | 304 | 496 | 77 | 703 | 174 | |
| 總計 | 黨 | 主要干部 | 39 | 23 | 16 | 38 | 1 | 12 | 25 | 2 | 39 | | |
| | | 一般干部 | 143 | 84 | 59 | 143 | | 42 | 91 | | 143 | | |
| | 政 | 主要干部 | 85 | 42 | 43 | 83 | 2 | 17 | 57 | 11 | 54 | 31 | |
| | | 一般干部 | 324 | 158 | 166 | 324 | | 91 | 190 | 43 | 179 | 145 | |
| | 民 | 主要干部 | 116 | 96 | 20 | 102 | 14 | 32 | 78 | 6 | 113 | 3 | |
| | | 一般干部 | 488 | 414 | 74 | 415 | 73 | 194 | 266 | 28 | 437 | 51 | |
| | 合計 | 主要干部 | 240 | 161 | 79 | 223 | 17 | 61 | 160 | 19 | 206 | 34 | |
| | | 一般干部 | 955 | 656 | 299 | 882 | 73 | 307 | 547 | 81 | 759 | 196 | |

31

鲁南区一九四五年上半年升级参军中之党员统计表（1945年7月）

半年（45年1—6月份）升级参军中之党员统计

| 项目/数目/地区 | 总数 | 家庭成份 | | | | | | | 个人成份 | | | | | | | | | |
|---|---|---|---|---|---|---|---|---|---|---|---|---|---|---|---|---|---|---|
| | | 工人 | 雇农 | 中农 | 富农 | 商人 | 其他 | 合计 | 工人 | 雇农 | 中农 | 富农 | 学生 | 商人 | 军伍 | 地主 | 其他 | 合计 |
| 一地委 | 535 | 36 | 341 | 149 | 8 | 1 | | 535 | 60 | 199 | 98 | | 4 | 2 | | | | 363 |
| 三地委 | 74 | | 63 | 11 | | | | 74 | 5 | 53 | 10 | | 1 | 1 | | | 1 | 74 |
| 统计 | 609 | 36 | 404 | 160 | 8 | 1 | | 609 | 68 | 252 | 108 | | 5 | 3 | | | 1 | 437 |
| 附注 | 1. 此统计少二地委的，另一、三地委亦不全<br>2. 一地委的个人成份统计不全。 | | | | | | | | | | | | | | | | | |

37 33（甲）

# 鲁南区行政公署

沂南行署关于沂南合理负担的工作总结（1941年9月印）

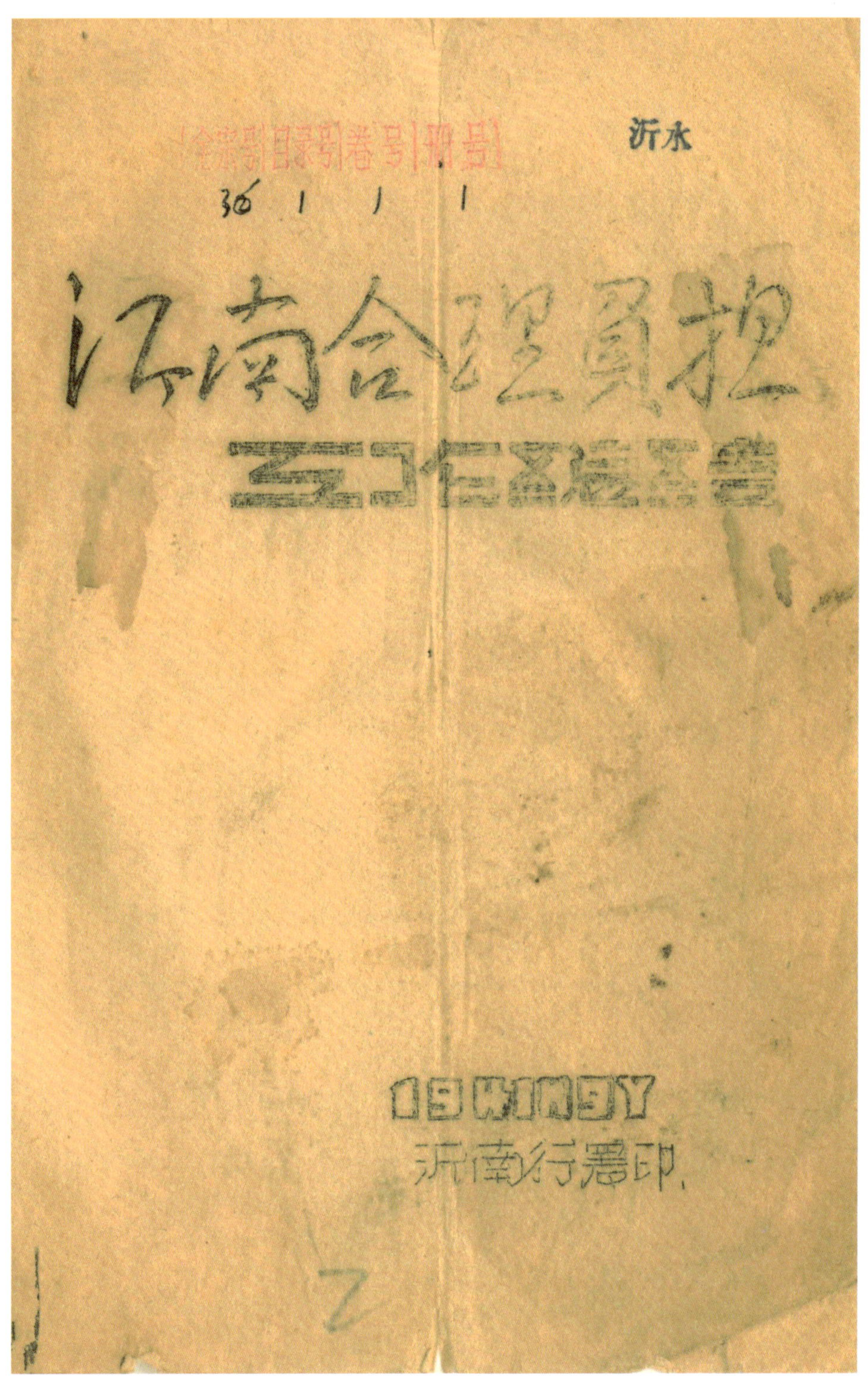

# 沂南合理负担工作总结

概述：

南沂蒙合理负担的推行，是在1939年九十月间南沂蒙办事处尚未成立时便开始了的。当时是由分局及山纵司令部派出的工作团，配合各区政权各自办理的。办法是采用类似现在战工会所颁发的田赋公平负担办法。最初实行不无结果，至本年11月底办事处成立后也参加了这个工作，但由于没有统一的领导机关，以及区政干部多系上层份子，不愿使合理负担付诸实现，而利用各种方法方式来拖延执行，致实行至1940年二月，才实行了岸堤区的几个村，以后便无形停顿了。

1940年三月底大改选，南沂蒙联防办事处改为沂南行署以后，根据上级的指示，行署于四月间即号召各级政权推行合理负担，由八支队工作团协助推行，当时推行的地区，计有现在的明堂区，文山区的一部，青山区，孙祖区，界湖区，张庄区，岸堤区，明生区的一部，办法极不一致，但基本精神与现在战工会所颁的田赋公平负担办法相一致，仅在等级的划分与多寡以及实行步骤上稍有不同而已。

由于当时行署刚改选后，干部尚待改换，对合理负担可能发生的影响估计不够，又加在组织领导上欠计划欠统一，致除表现极端紊乱以外，并一般形成了过左现象，如隐瞒过分估计地主地亩，地亩以外的动产不动产无原则的折合，造成了社会不必要地不安与恐怖，部分上层份子，制造反动事件；如南泉峪成据在蒙山附近之大刀会，黄圩会骚乱等以及地主要求献地，一般民众为减轻负担，而隐伏亩数、牲畜等现象至为普遍。

为了纠正这个严重现象，不让其继续存在与发展下去，行署便在同年六月明令各区暂停推行，而是定了暂行办法大纲施行，在实行过程中，曾根据具体情况修改了几次，这个办法执行在黄山区东南面北部、马山区的东部，一般都到此时。

1940年十月，为了有计划有组织的对南沂蒙的合理负担来一次彻底的整理，乃参照战工会颁布的已经公平负担办法，根据沂南具体环境，制定了整理合理负担办法大纲，进行这些工作。并为实施结果良好起见，曾先择工作基础较好的蚌埠区艾山乡，依区的望仁乡（东高庄都许部）作为实验乡。1940年11月为实验乡工作结束，即随后普遍推行，在1941年5月后，暂时完成整个工作始告完成，中间经过敌人二次的扫荡，除中心地区外，大部未因扫荡停止这工作。

I. 初步实施期

甲第一时期：

这个时期工作过程是它的主要特点，这个过程的特点，是随整个政权工作过程倾向而来的。

自南沂蒙联防办事处成立后的第二个月，即1940年1月间办事处即参加了，当时由分局及山东纵队的工作团，正在进行的合理负担实施工作，当时境内的政权作领区与新政权作领区互相割裂，只有大北区（即现在之蚌埠艾山区全部、马山区之西部，黄山区之西南部，及朱崖子青石的全部）比较完整，工作基础较好，所以根据这种情形，办事处仍在一月间指导该区及蚌埠各乡，对石崖子、朱崖子、许家四乡，成立各级合理负担实施委员会，来进行合理负担工作，办法是采用当时在战工会所颁布的甲级公平负担办法相类似：100亩地以上为特户，此项负担由区乡征收，3亩以下的不负担，在3亩以上100亩以下的为普通户，根据各乡具体情形分成十级。

根据办事处的指令，区乡级合理负担实施委员会劃組織區已先後成立起來，但這只是形式的，實際工作是談不到。另時又由於當時各種主觀客觀的原因的存在，致整個工作遲遲沒實行出結果，便中途流產了。至二月底三月初只實行了岈坨和墻子等幾個村莊。其他地區則不僅沒有絲毫成績，而且還鬧出不少的笑話，以後就無形停頓了。在今天檢查起來工作之所以失敗不外乎下列幾個原因：

（一）缺乏有計劃有組織的領導，縣區或鄉只是一紙公文，未能切實深入到下層協助各村進行幫助。就以辦事處本身來說，在整個工作過程中只幫助了駐地（駐墻子岈坨一帶）附近數村的工作。以致區鄉在發生困難以後就困難在解決，而辦事處也未能實際幫助他們解決而形成自流，甚至全部擱起來。

（二）幹部成份，因在當時統戰的緣故，多是地方上層份子，他們對自己有切身利害有關的善政，如合理負擔、減租減息，是不願使之兌諾實現的，他們常以難以實行，或辦法不妥來打敷衍拖延，區鄉長成天告急，或者因顧及私人感情親戚關係作了地主富農的尾巴，更甚的，有在訂定本戶的負擔分數時或稱自己是抗屬而私行降低，如墻子鄉長徐化傳稱自己是抗屬家庭，減低了自己的分數，為群眾所告發。

（三）地方舊的封建統治力量的阻撓，這是當時因為工作處在開闢的初期，地方上舊的統治勢力還是主要的力量，基本群眾力量還未抬頭，這些地方上的上層份子（主要的是地主富農）是不願很快地實行合理負擔，特別是他們這些有產份子怕合理負擔以后，而這點也證明很好的向他們開闢戰線，這一點恰恰是當時沒有足夠的注意到，所以引起他們一再的或暗或明的反對與阻撓，或在村中傳播合理負擔將不適的宣傳，或在定分數時堅持固執成見，或（與）機構區鄉公所隨意反映意見，从造成行不通的社会（輿）論和空氣，而又因為這些人在農村中還有傳統的威信，部份民衆也附和他們的見解，這一切都會造成当時推行工作上的最主要的障礙之一。

（四）主觀努力的不够，如当時对工作的認識和重視不够是異常的，一般人都認為合理負担易於推行，正因為存在這种觀点，就忽視了主觀的有計劃的有組織的領導，就忽視了对環境的估計，就忽視了宣傳動員工作。今天檢討起来当時客觀的困难（很）多，但是还不是不能克服的，工作之所以失敗最主要的原因还是主觀的努力还差得遠。

乙、第二時期

[illegible]合理負担工作展開着的[illegible]

[illegible]

這個時期的[illegible]工作[illegible]各級政權的大改選[illegible]在1940年一月召開政权工作[illegible]會議決定[illegible]。

這個時期的環境，顯然与第一時期不同，它与第一時期有些什么不同？有些什么特點呢？

首先是大改選後，各級政权幹部[illegible]純正了，許許多多的進步的工农份子被吸收到各級政权的領導机关中来，有些地區鄉村長選舉時據統計區鄉村長工农成份佔70%以上。

第二，旧政权自孙祖战斗后，已经在沂蒙完全溃败。当时除了靠近敌伪顽投据点和在敌伪顽控制下的蒙阴四区及二区一部，及山前（即现在之艾山、石崖子等区）顽投份子据據尚在伪部宅附近地区外，南沂蒙全境已趋于统一，成为一个整体。以前新旧政权割裂的形势就基本上改变了，造成了一切工作猛烈開展的前提。

第三，由于民主改选运动的发展，由于干部成份的改换，以及新旧政权割裂形势的不复存在，这种情形下，各种工作，特别是善政的推行，民众运动民主民生的斗争，正在如火如荼的不可阻止的猛烈開展着。由点线走向全面。

第四，由于干部成份的改换，而当时对于政策教育注意的太差，致一切工作一般都犯了过左，如锄奸方面的乱捕乱押，扩军方面的不顾方式，善政推行对统战注意太差等，致形成社会的不安与混乱。

大改选后南沂蒙改为沂南行署，为了普遍推行合理负担，曾于四月间成立了县区乡各级合理负担推行委员会，当时推行的地区，计有现在之艾山、岸堤，長山，黄山、孙祖等区全部，界湖，崖子，官莊、依汶、明生、时阳区的一部。有的地区是由八支工作团配合地方政权进行的，有的地区则只由地方政权单独进行。

办法的基本精神，与战工会颁布的甲种办法是一致的，不过在等级的划分稍不一致，有十等的，有廿等的，种々不一，但在地亩以外动产与不动产的处理，由于当时对办法的不熟悉，而致有的地区违反了战工会甲种公平负担办法的原则，按照办法是地亩以外之動產不动产按其收益每十四元折地一畝，而当時許多地区，在实际运用時則有按其価價十四元折地一畝的。

具体的实施办法要点，可分述如下：

第一、最初曾決定將村内根据地畝多寡分成十等，後因地畝多寡相差悬殊，分十等太不合适，而決定了，一百畝以上的算特戶，由區鄉議會決定负担数目，三畝以下的不列等（即不负担），其他則再根据地之多少分成十等，定出分數來负担，個別地區有分成廿等的。

第二、地畝以外的动產不动产，原規定是按其收益每十四元折地一畝，而由於当時規定的不明确，致有按其每価價十四元即折地一畝，如將建房屋、商店、作坊、羊、牛、驴、鸡、鸭子、樹行等，都折成了地畝來负担公粮。

由於辦法的不具体不明确，当時又缺乏有组织有計劃的领导、督促檢查，致發生了如下的缺點与錯誤：

第一、在進行负担公粮時，对特戶与一般之负担比例，随意規定，不符合实際情形，如当時大九區特戶佔地約佔全區地畝數的亏，而攤公粮時則按立给予攤算，致地主雖將全部收入之公粮交出，仍与应攤數相差悬殊；如大九區廣裕堂、慕賢堂等地主家，雖將全部收入公粮交出，尚不足應攤數三分之一，致普遍發生地主要求將地交出，听從支配。或要求將全部收入交出後，准不再向其要公粮等不良現象。

第二、对地主之献畝献款，以非强制的方式随意增加或提高，甚至有錯了要求更改而不允許者。

第三、由於地畝以外的动產不动產的錯誤折合，致民众为减轻负担，而大量宰杀牲畜，砍伐树行，明生区杨一老头，曾因气愤而在窗屋内，以放鞭炮惊吓鸽子，使其自碰墙壁而死，来求减轻负担，并表示其对合理负担之不满。其他诸如此类的怪现象，不胜枚举，民众之反映已极其不好。

第四，对合理负担执行不好之户，随意加以侮辱与不适当之惩处，最典型的例子，是蒙二区（即现在官庄区）马家庄花园庄地主马某，因对合理负担表示反对，而被戴上纸帽子游街，纸帽上写着马某破坏合理负担几个大字，沿途打锣宣传，释放后他便因愤恨而投到投降派，当了投降份子，专事反对我们。其他各区也间有发生这种现象。

由于办法的不完备及执行的方式太差，造成了各种各色的错误，致内奸乘机活动。除造谣说什么〃合理负担是共产的初步〃〃现在就没有有钱有地的过日子了〃来破坏合理负担外，更进行了各种反动的活动。又兼当时各种政策执行一般过左，更给以他们可乘的机会，蒙二区的反动势力的抬头，梁邱一带黄沙会，及南泉峪的大刀会的骚动等，都是内奸乘机活动的结果。

根据以上的情况，行署曾下决心来纠正政策执行的过左。正因为这样，假如当时不先对于民众利害关系最密切的合理负担，来一个彻底的整理，再让其发展下去，不仅想挽回社会的舆论，安定社会是困难的，而且可能招致更严重的恶果，因此行署便在全年的六月间明令各县停止实行而为应付征收救国公粮，不致耽误公粮征收，便临时根据前许家摊算公粮数目，拟订了沂南临时摊粮办法（附）在实行中曾根据实际情形更改了三次，第一次决定了地亩以外的动产不动产按收益折地亩，改正以价值折地亩的錯誤，第二次对地畝以外的动产不動產一律暫時停止折成地畝負担，而規定了另外的負担办法。第三次又改正了不按以前不正確的特户的負担比例和非特户的負担比例来推派公粮，而直接按实有畝数負担。

經過幾次改正後，民众反映很好，尤其是地主、富农。当時行署為進行解釋傳达这個新办法，曾数次派三主要幹部，亦赴各區召集特户会議来解决他们的負担问题，并利用這个机会来解釋动员，参加的特户異常踴躍，他们对办法一致認為雖然还重，但是实际上解决了他们的問題，從前地主刘匯吾之父在几次会議都装病，从拍子也是遠道参加，上次会議时曾有個別地主、因為表对办法認為雖然比過去輕了，但一經四人分組後，卻还是不够等，或仅說得的言论，而為立場一致故由，認為这实在是太不知足的兩個例子，即可說明当時特户对合理負担改正的要求是如何迫切，和对新办法表示如何的满意的了。

办法雖然改正了，但是当時由於整個党政軍民工作過左的观点仍然存在着，一般的幹部中间，对這個办法仍然被認為這是站不穩立场和是右的表现。

II.整理期：

甲環境與整理經過：刻不容緩的全样也应成为政府工作

1940年10月山東全省行政会議召開，及其各項決定，與山東分局关於政权工作新決定傳達以後，经過南沂蒙党政軍民各方面的努力与調整，南沂蒙各种工作都開始步入正規鞏固的初步階段，各种工作都開始提到政策的高度來注意与执行，初步实施期的過左傾向，一般克服，在這样的情況下，与民众利害关係最密切而又未能徹底解決的合理負担工作的整理，就不仅為民众所最迫切盼望解決的問題，在外部環境來說，当時正值九一八扫蕩結束之不久，秋粮工作亦已告竣，距离麦收期間尚遠，同時反動武装活动已大部被鎮压，如侍郎宅之攻陷，蒙二區投降派之侵蝕氣焰已被阻止。在時间上、空间上，都有利於合理負担整理工作的推行。

根据上述的環境与工作需要，行署便決定在10月底，開始整理南沂蒙的合理負担，并根据戰工会頒佈的乙种公平負担办法大綱進行清丈工作，原定計劃是在基本地區、先择工作最好的两個鄉，即东蒙鄉前的崖堤區文山鄉，依汶區之里仁鄉作為实驗鄉，根据实驗的经驗教訓、运用到繼續推行的地區裡去

九月底十月初，行署即發示各地普遍製作地牌，準备清丈之号召，并製定宣傳大綱，主要內容為：

(一)、新合理負担之意义以及新合理負担办法对民众的好处

(二) 新合理負担的公平与合理，並号召民众拥护新合理負担

(三) 揭露敌偽投降派頑固派之造謠污蔑

(四) 指示隱瞒对民众的利害关係，及隱瞒之必然失败。

由各級政府配合群众团体，根据宣傳綱要進行广泛的深入的宣傳动员。

十月底行署及各救机关团体，共同成立沂南合理負担整理委員会，各區鄉亦均先後成立區鄉合理負担整理委員会（前未實行過合理負担之地區，則成立合理負担實施委員会）

十一月初，為了實驗結果良好，不致發生不良現象，行署便分前後方，分別移駐艾山里仁兩鄉，前方負責里仁，後方負責艾山，主持幷派人參加領導督促，幷實際幫助該兩鄉的工作。同時在實驗期中，其他各區鄉仍繼續進行宣傳動員及督促各家製作地牌工作。

實驗鄉的工作，在十一月底即告結束，民众一般反映，在新旧合理負担的对比下，是異常擁护，認為這是真正的公平和合理的办法，尤以里仁鄉由於工作進行的徹底，直至最近為止据調查結果，無論在等級的評定上，地畝清丈上，都能达到真正的合理與確實。艾山鄉由於行署後方干部的注意稍忽，地畝虽已確實，但在等級的評定上則作了群众的尾巴，較諸規定的等級為低，最後才又提級重新整理的。

今年十二月起，開始普遍推行，由實驗鄉抽調幹部到其他地區去，1941年五月底全部工作完成，中间經過敵人的一次扫蕩，除中心地區外大部份都未停止工作。

在實行繼續推行期間，我们又決定能實行清丈的地區，即實行清丈，不能實行清丈之地區如靠近敵偽，工作基礎特差之地區，如坊莊西部，時陽區之良水鄉，永太區之北仟世和鄉大部，則只進行登記工作，因為我们認為雖然只是登記，總比其他办法為好，而且可以在工作發展時，繼續進行清丈。

在工作大部完竣時，曾因等級不够一致，我们曾派員巡視各區作整理等級的工作，但由于巡視糾正的不够普遍，致等級仍不够一致。

试验县艾山里仁两乡地亩整理统计表

| 乡别 数量 类别 | 里仁乡 | 艾山乡 | 备考 |
|---|---|---|---|
| 原有亩数 | 10816.7 | 6378.4 | 一、里仁乡之充公亩数系未折合之地亩 二、里仁乡之合耕数字系在一九四[illegible]年度年终结算[illegible] [illegible]计为三。 |
| 登记后实有亩数 | 12400.25 | 11570.95 | |
| 折合总亩数（中地） | 8963 | 5637.56 | |
| 免负担亩数 | 3537.5 | 2469.29 | |
| 进耕亩数 | 225.8 | 71.77 | |
| 充公亩数 | 50.5（未折合） | 未统计 | |
| 应负担亩数 | 5852.3 | 3237.48 | |

14

13

# 沂南各區地畝人口統計表

| 數量 區別 類別 | | 艾山區 | 蒙山區 | 依汶區 | 明生區 | 梁莊區 | 崖子區 | 孫祖區 |
|---|---|---|---|---|---|---|---|---|
| 季荷地畝數 | | 1022.6 | 16513.5 | 13239 | 34915 | 1483328 | | 6370 |
| 登記笑有地畝 | | 39279.52 | 86267.41 | 38570 | 118281.85 | 26142.5 | | 31999 |
| 折合總畝數 | | 22891.09 | 15653.245 | 22143 | 39510.0 | 11854.3 | 17515.36 | 15587.6 |
| 免負担畝數 | | 6313.5 | 7116.5 | 1016.6 | 28284.7 | 3425.5 | 8214.5 | 7782.5 |
| 進級畝數 | | 1584.1 | 106.537 | 588. | 9196.7 | 745 | | 99.13 |
| 充公畝數 | | 441.7 | 34.63 | 52 | | 33.3 | | 71.8 |
| 应負担畝數 | | 18161.61 | 8643.283 | 12565 | 600.82 | 9193.8 | 9360.86 | 11718.1 |
| 户口數 | 全村户數 | 2451 | 2566 | 3656 | 18105. | 2352 | | 2754 |
| 壯丁 | 脫離生產的 | 276 | 331 | 188 | 611 | 142 | 218 | 257 |
| 壯丁 | 不脫離生產的 | 2255. | 2298 | 3431 | 6686 | 1693 | 3281 | 2464 |
| 兒童 | 入校的 | 411 | 511 | 759 | 1049 | 51 | 195 | 630 |
| 兒童 | 未入校的 | 3576 | 3739 | 5521 | 13094 | 3515 | 3965, | 4380 |
| | 婦女 | 2972 | 3421 | 4404 | 10954 | 2572 | 4419 | 3514 |
| | 老年 | 3134 | 440 | 1432 | 4179 | 1169 | 1204 | 1440 |
| | 殘廢 | 35 | 31 | 48 | 77 | 24. | 74. | 32 |
| 三三批公糧標準數 | | 44836.5 | | | | | | |
| 三三批公糧數 | | 28706.35 | | | | | | |
| 比較數 | 長[illegible]數 | 43025 | | | | | | |
| 比較數 | 短[illegible]數 | 918 | | | | | | |

| 類別＼數量＼區別 | | 青石區 | 尼山區 | 永大區 | 時陽區 | 岸堤區 | 合計 |
|---|---|---|---|---|---|---|---|
| 原有地畝数 | | 1382.4 | 44765 | 47600 | 26117.1 | 12853 | [illegible] |
| 登記實有地畝 | | 7736.4 | 45887.5 | 51406 | 40599.3 | 33459 | [illegible] |
| 所得稅畝數 | | 2391.31 | 23879.6 | 47606.82 | 24637.5 | 29182 | [illegible] |
| 免負担畝数 | | 11217.4 | 9696.5 | 11118.632 | 10702 | 7458 | [illegible] |
| 進級畝数 | | 14.84 | 157.134 | 159.5 | 434.25 | 2863 | 2251.8 |
| 充公畝数 | | | 71.5 | | 24.802 | 52.0 | 319.902 |
| 應負担的畝数 | | 1284.41 | 15754.84 | 37789.28 | 14364.75 | 24089 | 22311.331 |
| 户口数 | 全村户数 | 546 | 3952 | 4926 | 4374 | 2811 | 48298 |
| | 壯丁 能参加生産抗日的 | 30 | 187 | 205 | 235 | 306 | 3016 |
| | 壯丁 不能参加生産的 | 446 | 3440 | 3272 | 1235 | 2751 | 33602 |
| | 兒童 入校的 | 17 | 647 | 512 | 597 | 405 | 5814 |
| | 兒童 未入校的 | 751 | 5304 | 5452 | 7574 | 1462 | 55738 |
| | 婦女 | 634 | 4749 | 10466 | 6653 | 5415 | 60706 |
| | 老年 | 154 | 1398 | 3468 | 3138 | 1308 | 23034 |
| | 殘廢 | 10 | 42 | 102 | 47 | 58 | 580 |
| 一二三批公糧應攤数 | | | | | | | |
| 一二三批公糧實攤数 | | | | | | | |
| 比較数 | 長攤 | | | | | | |
| | 短攤 | | | | [illegible] | | |

1941年五月底全南沂蒙合理負担已全部完成，計有經過清丈的有暉堤、艾山、長山、孫祖、黃山、崖子、依汶、明主（太區轄六鄉）全部、桑莊鄉2/3村莊、永太區三個鄉（原四鄉一為敵佔），其餘則只進行登記工作，計有時陽區一個鄉，永太區兩個鄉，桑莊鄉1/3村莊。結果

實行最好地畝最確實，等級最準確者，為黃山依汶等區，最差為明生、永太、時陽三區工作基礎薄弱，而又靠近敵佔區，幹部能力較差所致。

乙、辦法沿革：

1940年11月在明朗始進行實驗鄉的工作時期，曾一度採用三畝一進級的辦法，自頒發合理負担办法细則後，除根據該办法將三畝一進級，改為二畝一進外，并對該办法根据具体情况及民众之意見，作過如下的修改和補充。

㈠總則第九款按土地肥瘠改三等，（即上、中、下）為四等（上、中、下、劣）但在實行後第三天又因民眾反映標準級太少，不够合理，特別在山地，所以又改為四等八級，（即上上、上、中、下、下下、甲劣、乙劣、丙劣）并規定各級產量及其折合比例，与規定了負担完全以折合之中地計算。

㈡總則第五款，關於地畝以外動產不動產之負担原則之規定，因當時曾估計工作基礎尚差，實行恐發生困难太多，故規定暫時不予明確規定，俟地畝清丈完畢後，再行決定。

㈢總則第九款，關於除負担地的規定，我們明確規定了：

十六歲至五十五歲之壯丁一概不除負担地，五十五歲以上之老年，與現役抗日軍人、抗屬脫離生產之政府机关群众团体之工作人员，小学教员不能劳动之残废人员均每人除负担地中畝一畝，未入学之学令兒童，與八岁以下之小孩，以两人除負担地中畝一畝，入学之学令兒童，当并為表示奨励起見，特規定一人除負担地中畝一畝。

(四)補充了關于祀田林地等的担負規定，因為祀田林地之管理人，除在祭祀時供給一部份祭祀用品外，一般都不納租，所以規定了在進級時另一個人算，并不扣除免負担地，這樣一方面可對封建式的土地关係表示限制，同時又可增加公粮征收數目。

1941年11月4日战工会頒佈了乙种公平負担办法修正補充決定，及战工会对于南合理負担的指示，及战工会关于陳報土地人口之決定後，我們又根据該修正和補充，作了如下改正。

(一)根据战工会的指示，規定了定產量以兩年三季之收穫量來決定，將四等八級改為四等九級，即將上地增多上中一級，并各規定其產量為上地100斤——150斤，上中地151斤——220斤，上上221斤——300斤，但這個規定因急於征收秋季救國公粮，只有長山岈北文山改正了，其他仍旧為四等八級未予更動。

(二)根据乙种公平負担办法第五款修正決定，明確的補充規定了小麥與其他秋糧之折合比例，但對其能种花生地瓜之地，我們另外作了如下以地瓜及花生的產量規定等的規定。

(三)根据战工会陳報土地人口決定二款乙項，關於劣等地不負担之規定補充規定為通成年其粮食折合量如不及三十斤者不列入負担。

1941年6月5日，战工会又頒佈了關于陳報土地人口決定与乙种公平負担办法及其修正補充決定的幾個修正，因我們當時工作已全部完成，同時即要開始進行征糧和征收田賦的工作，故未及時根据該幾個修正重新改正，我們擬在征糧征收田賦等工作完成後，与在征收秋季公粮以前作一次整理，根据战工会歷次關於合理負担陳報土地之各种办法与決定，在可能在合理負担現有基礎上，尚有以下幾點需要在整理時改正的。

(一)战工会關於陳報土地人口与乙种公平負担办法及其補充修正決定的幾個修正中第四款第四項，將地了他们应有的处分。

高阳五村[illegible]几户丈量，利用[illegible]自己比较有利[illegible]破全村之隐瞒现象，为一个典型的例子。这个例子是[illegible]寨子区，寨子区有一个寨子山[illegible]，这个寨子是由八九个小山组成的，由于过去工作比较差，村级干部对工作不忠实，在进行登记时就发生有隐瞒之现象，经过多方发动斗争，就总得不到一些结果，当时工作团便决定请[illegible]干部，决定先行请丈全村级干部的全部土地，然后请丈全村，在请丈之先曾召集村级干部[illegible]自己的隐瞒[illegible]，先后承认全村大部份山地都有隐瞒，而自[illegible]，结果[illegible]。

（二）個別戶對於所有土地已一部（一般）[illegible]除免負担及折合後所剩下來[illegible]須負担的一部份，能否是以親戚或佃戶的，本應先取得雙方[illegible]互相承認[illegible]雙方和除免負担地折合後其須負担[illegible]負担，處理的辦法：除在個別新問調查，並利用[illegible]斗爭分子以調查外，可使親戚雙方對質，在[illegible]請丈前不自動[illegible]，即今後該地已為其親戚或佃戶的那一部份土地之所有权，並按其實報登記者予以處理，日後不再反悔，這樣一來便可以[illegible]隱瞞者。另在地形上可以[illegible]一部份土地。長山區[illegible]有一家在[illegible]把一部份[illegible]給[illegible]，[illegible]後雙方[illegible]自[illegible]。[illegible]家[illegible]地[illegible]佃戶[illegible]，[illegible]佃戶，[illegible]土地之[illegible]而[illegible]。

（三）[illegible]地[illegible]上有[illegible]大[illegible]地[illegible]級[illegible]在[illegible]一個[illegible]地[illegible]，[illegible]地[illegible]查，因請丈[illegible]請丈人[illegible]查地數，[illegible]

19

是否符合而不注意，检查地牌是否已被改换，这种现象各区都有，尤以[illegible]，其[illegible]一乡也[illegible]隐瞒方式所隐瞒的土地就达百余亩。

(四)在他村他乡他区之地既不登记不报告，处理办法除在登记时应注意并预先向群众说明外，其不登记与不报告之地亩应以隐瞒论处；这种现象在边区较普遍，因其离[illegible]远，[illegible]而他县大部均未实行合理负担，群众估计我政府不易发觉所致。

(五)不瞒亩数而瞒坵数，转移丈量目标，如果清丈人员偶尔疏忽，在丈一块或数块确实不虚时，即认为全部都确实，而不按全部检查，便可能被其瞒过。处理办法：除由清丈人员予以注意外，隐瞒之地亩予以充公。[illegible]区某村即曾以此种办法在丈地时瞒地近一顷余，后为工作团在登记时经访问个别群众不肯之户中发觉，经劝告后补行登记。

(六)以多报地亩的办法，来隐瞒少报的地亩。如检查不过丈量一部，因其比登记数多，即以为其他亦无问题，而中其诡计。处理办法除在丈量中予以注意外，隐瞒地亩即予充公。

(七)有贿赂或利用私人关系，勾结工作团工作人员或整理小组来附合其地亩转移或人口，处理办法除将其隐瞒地亩按规定予以充公外，对受贿及被利用之工作干部给予适当之处分，同时在配备干部时，注意洗刷此类坏份子，并加强工作团工作人员之教育。

(八)在丈量时整理小组为了达到隐瞒的目的，往往将丈量工具故意缩放(?)，来符合他们登记的地亩数。这种隐瞒现象，除我们在丈量时注意对证外，对[illegible]隐瞒之地亩按隐瞒论处。

(九)[illegible]人双方[illegible]相隐瞒不登记，处理办法是[illegible]地之[illegible]，[illegible]处分。

(一)多报人口，以多报者[illegible]

一般除對同前問題者及與农民斗爭予以揭露外、（处分辦法一般應原应扣除免负担地的則不予扣免）對屬鄉入学児童者，可根據学校各別处理，至於冒充老年人的，永太區曾利用召開老頭子会的方式，來处理的，在永太區某鄉曾有一個村子，在登記時全村人口老年人将近半數，当時工作团的同志非常聰明，便决定召開老頭子会，全体老頭子都要参加，当中冒充的都不敢來会，而自動自發改正了，就去的經判明是冒充以後，都說"新政权了不起，騙子都不管用、反正冒充不了、倒不如删去了吧！"崖子區利用這种方式，被發現冒充的老年就達一百四十多個，其中有些是替老婦登記，他们以為老年得到照顧，冒充老年人，經判明後都要求退出老年会，另外還有在登記人口時，把已過門之婦女或即將出生之人口登記在內、以及已分家的大家庭的老頭把他的大兒子把他們登記進去了，他的二兒子或三兒子也把他登記進去了，企圖一個老年當作幾個用，這些現象均先宜對其家說明，如說明後仍有故意者把他的即予处分。

巳．工作收穫及缺點與經驗教訓：

（一）收穫：

1.除政令不能達到之地區外（如家二區四區及某若區西部一部地區外）全部地畝已負擔其之數目使能真正合理的征收公粮有由據。

2.進行了清丈，除某些游擊區未複清丈大部（估計90%以上）之黑地一均被查出，增加了土地較比過去國民党時期報的畝多出達计三万餘畝，革除過去有地無粮有粮無地与地多粮少有地少粮多之積弊，達到有地有粮，地多粮多，地少粮少之合理的負担，改善了人民生活。

3.由于檢舉合理的征收公粮，一是貫徹了過去政府實行的合理負担政策，二來是打破了封建觀念，提高了新政府政权在民众中的威信。

21

4.试验了乙种合理负担办法，在试验中不断根据实际情形和经验来改进它，使之更趋合理完备。

5.在合理负担推行的过程中，由于合理负担和他们有切身的利害关系，大大的激发了农民对民主民生斗争的热情。

6.给互作团中培植了一部份地方干部，并在互作过程中锻练着试验了他们。

(二)优点：

1.办法能适合于具体环境，能顾及农民本身之生活，如普遍保留负担地亩规定，除个别地区[illegible]不均，[illegible]很公平很合理。

2.创造各种不同的方式方法[illegible]引起他们互相间的斗争，揭发达到了地亩彻底的确实。

3.在整个互作推行过程中，不断的解决了新的问题，发现了新的方式方法，如[illegible]破坏隐瞒者的阴谋的各种新办法等。

4.正确的使用了互作团，吸收地方的公正人士，及有丰富经验的老农参加互作团，有力的推动了互作的开展。

(三)缺点：

1.不能有计划的有组织的领导检查督促，时[illegible]时紧或时间一再延长，[illegible]（[illegible]完成[illegible]合理负担[illegible]）[illegible]的办法，[illegible]而急[illegible]进行[illegible]，发生了许多不良的现象，引起部份群众的不满与反感。

2.个别区如文山区明生区等，因检查帮助不够，[illegible]

3.对互作团[illegible]

因家庭問題而請假一月不回，隨意脫离岗位，或產化感情用事之現象發生。如明生區乂村數日內之招待費竟達數十元等，便是最顯著的例子，這种現象不僅延誤了工作，同時破坏了政权的政治影响。

4.與其他部门（如各救会）配合得太差，形成了政府單独進行，使工作受到不必要的阻碍。

5.宣傳動員工作么的不够深入普遍，致個別地區如時陽區在初開始清丈時，民众均以為除留一畝免負担地外，其他地畝之收入全部都得交出，使敌偽及境内奸眾机造謠，妨碍了工作的進行。又如落後區民众因对合理負担不了解，而引不起他们的斗争情緒，最明显的例子是該地區的民众，在階級方面最初不願斗争，到後来要舒給私時都要求改，并自悔以前不斗争，使工作事倍功半，影响了地畝丈量的準确性

（四）經驗教訓：

1.合理負担工作是一個極其繁複的長期的艰苦的工作，所以我們必須对工作的整個計劃、佈置、配合、等问题有長期慎密的打算，經常檢查、總結、改正才能達到预期的目的。

2.由於合理負担清丈土地的工作，对我们是一個陌生的工作，各种不同的地區環境，就必然会发生各式各樣的不同的问题，因此，先擇有实驗意义的地區試行，把实施所得的經驗教訓，再适用到其他地區裡去，但实驗區的选擇不应全是先進區，而应該同時选擇較落後的地區，因為愈是較落後的地區，這個工作愈是难作。

3.工作團的好坏直接决定了工作的好坏，所以，對工作团幹部的配备、批评制度的建立、等问题必须予以適当的解决，這是個最重要的最有决定的问题之一，处理不好這個问题，工作就没法作好。

4.宣傳工作的深入与否，對工作是有很大的影響的，尤其是落後地區。因為合理負担对民家有切身的利害関係，宣傳动员不深入，民家对之不了解就易於发生謠言，引不起民家的斗争情緒，這樣地畝人口就不能达到确实的要求。

5.正确的处理隐瞒者破坏者，不仅能使地畝人口更準确，而且又能節省時間及人力物力。

6.工作配合不好会使到工作受到不必要的限制。但配合必須具体确定配合的办法，配合的关係，才不致成為空談。

7.因為合理負担的办法非常复雜不易了解，因此每個实际工作幹部，特别是工作团的工作人员必须起碼要熟悉這些辦法，有如农人熟悉自己的农具一样，不然就無法作好。

8.在发现新问题，如無成规的，亦慎重放置，不立適予處理，不然過左過右的现象是很可能发生的。

9.調查工作因為地區遼闊，調查無論在時間上空間上都受到限制。為達到地畝的確實普遍的正確，離開了啓發民家斗争，利用民家的斗争，就沒有可能。

10.在工作不同地區或不同時期的一切或左或右的不良傾向，都可能直接影响到合理負担工作，所以在实施合理負担前应預先估計預防，在合理負担实施過程中，要特別注意与纠正某地區或某時期的不良傾向，对合理負担的進行是会有莫大的利益的。

庚.民家反映：

绝大多数的民家对此次合理負担的整理是異常满意的，他们一致認為这是最合理公平的办法，全縣他们对過去認為不可能实现的理想，而今天能為民主的政府所实现表示驚訝，特别是在解决新问题与揭破隐瞒现象上，他们都感到今天政府真了不起，什么办法都有，想隐瞒真是一件不容易的事情。

他们表示最合理的办法如下几点（民众反映的）

（一）"能按地的好坏評等級"

（二）"残废和妇女老年儿童除外的按地比十等划分数时好。"

（三）"地亩都不隐了，每一亩算一亩地的，比过去黑地时不为的公平得多"

（四）"地多的多算，地少的少算"（指累进）

其他的反映也是如此，特别以明生区东三乡的地主（界湖石门和邢三乡）为甚，这是由于过去这三個乡未实行过合理负担，大半都是按亩算，经过這次整理，地主黑地被查出来，同時还要累进，所以反映說："合理负担不合理"，但是一般小户反映则与他们的反映完全相反，這是从未办过合理负担的地区普遍的现象。

又如明生區界湖鄉，因区裡提級錯誤反映较坏，另外一般的嫌"等級太少，等級與等之间距离还太不夠合理""没壮丁找人种地的负担重""地主累進太利害"等等的反映。

## 四、第二次整理工作計劃與進度：

我們擬在今年麦季公粮征收後，根据战工会的修正辦法，及征收麦季公粮征收過程中对第一次合理负担整理結果的考驗与民众的反映，决定進行第二次整理，以便征收秋粮。

甲、第二整理的根据：

(一)考驗的結果与民[众]的反映：第一次整理有如下的缺点：

1、地畝等級还不够劃一，如峄県區分四等九級，等級亦較高，其他如明生區，因提級不适当，亦发生或高或低之現象。

2、個别户因辦理疏忽或有等級不够正确与畝数不够确实的，

(二)第一次整理結果，与布与战工会之和办法不符者，如全南沂蒙免担地畝數11万餘畝，负担地21万餘畝，即全境负担之地畝约佔全畝数2/3，不符合規負担地最大在80%以上的规則，又如人口畝数之規定亦略有出入，需要加以整理。

(三)以前地主与佃户之折合累進等步驟顚倒，以致地主或佃户负担太重，按以前南沂蒙的办法，係先將地主或佃户之所有之地（中地）先除免负担地累進後，再按五組或佃种土地之负担比例折合，進行负担，這樣就連在免负担之地及其应折合减少之土地也累進了，以致负担过重，在征收麦粮時曾发現了這個錯誤，因時間迫促，未及改正，故只將自耕农加征五斤，以補救這個缺点，在第二次整理，這是必须改正的。

第二次整理期間自八月初開始至秋粮征收前即须結束，除佈置傳达外，实际工作期只有一個月左

26

右，因此我们只能作部份的改正，先改正涉及原则性的缺点与错误，其他则留待秋粮征收完竣后，再行决定。

乙、第二次计划整理要改进的有如下几项：（附办法摘要）

(一)为划一全县土地等级，由县组织健全的工作团，专负责巡视评定全县等级，在行署共同研究找出各种地类上上、中上、上、中、下等的标准地，再分头赴各区根据具体情况找出各标准地，或由各乡找出区之标准地，再由区工作团根据县工作团所找出之标准地来进行普遍整理。

(二)此次整理不仅只对于等级加以整理，而且一切在第一次整理中所产生的缺点与错误，如少报的人口、家数、地亩数不确实等缺点与错误，均须加以整理改正。

(三)为符合战工会负担亩数占全亩数80%以上计，特根据新的人口土地比例，决定了过去各县每人口抽免每人负担地一亩，一律改为六分。

(四)壮丁年龄符合战工会统一规定，改正过去壮丁十六岁至五十五岁而改为十八岁至五十岁。

(五)改正过去地主与佃户的免除负担地办法，过去将地主租与佃户土地之负担比例折成负担亩数之不正确的步骤，改为地主与佃户之土地之比例折合后再除免负担地与其他步骤。

(六)凡种棉、种花生与地瓜之地一律以地瓜计算，并具体规定其产量，（参看办法摘要）

(七)除改除北山岸地分为上上、上、中上、上中、下、下下、山地、乙地、丙地，四等九级外，其他各区均分为上上、上、中、下、下下、甲地

4)过去土地人口登记表及合理负担折合表有如下之缺点：

(一)关于登记表的：

甲、土地所有各数同在一表内，项目太多，填写时只用一格，一方面费纸，同时所用之一格地位太小，对亩以下之分厘就只能用小数点表示之，与此同时所记位数又易不整齐，容易发生错误。

乙、土地人口混合在一起，遇有土地转移，人口变动，某款变动时，即影响全表。

丙、每块地没有折合中地栏，致遇地块变动（如典当等）或有错误即须全部重新折算，太费工夫。

丁、缺自种佃种出租栏，不完备。

戊、土地人口登记表因只有一个表，故只能存一个主管部门，对人口变动、土地过割、查询等就显得不便。

(二)关于折合表的：

甲、缺户类，如分别佃户、地主、自耕农得另外填写。

乙、折合亩数栏。

现在改用三种表（附后）即土地一种表，人口一种表，地折合一种表，不仅克服以上的缺点，而且在各方面亦较方便，特别是能分存有关的各部门，如人口表存一科，土地表与折合表存二科，在调查户口、摊派公粮及征收田赋均感方便。

行署已在八月五日召开了县工作团人员与区工作团负责人员联席会，并在行署驻地附近共同研讨找出各种标准地类，同时对整理办法及方式方法普遍进行研究讨论了四天，最后还作了简单的测验，会后由县工作团分组到各区，根据县标准地类到各区找出区标准地，以便作各区整理时之依据，第二次整理工作原定[illegible]十五号全部完成，现正在进行中。

附1：合理负担办法摘要

# 合理負担辦法摘要

1、地畝概以官畝為標準，即以二百四十弓為一畝，（每一弓相當于營造尺五尺）

2、地畝計算以現有數為標準，典當地則列入承典人。

3、實行合理負担地區出租、自种、佃种土地之負担比例為：出租一畝半當[illegible]畝，自种一畝當一畝，佃种二畝當一畝。

4、人口計算，以本家人為標準，女子出嫁者列夫家，傭工及長年寄居親友家者，均列入本家，不得列入傭家，或寄居親友家，雖常在敵区（如青島濟南等）居住之人口（短期來往列外）及外出三年以上而無音信者，亦不準列入計算。

5、實行公平負担每戶除按照免負担地之標準除去應免負担地數外，其餘所有地畝按照全家共有人口平均以累進法計算，免除負担地分類如下：

①滿五十歲以上之男子，滿十六歲以上之婦女，現役抗日軍人，經規定脫離生產之工作人員（政府群眾團体）抗日軍屬，不能勞动之殘廢人員，八歲至十六歲在学之兒童，每人除六分。

②八歲未滿之小孩，不入学八歲至十六歲学令兒童每人除三畝分。

③滿十六歲至五十歲未滿不脫離生產之壯丁不除負担地。

6、負担均按土地折合之耕种中地為標準

7、為使負担更正合理在全縣範围要做到人口土地80%以上均負担公平負担，不負担者不得超过20%

8、等級折合比例：

| 上上 | 中上 | 上 | 中 | 下 | 下下 | 甲等 | 乙等 | 丙等 |
|---|---|---|---|---|---|---|---|---|
| 221—300 | 151—200 | 101—150 | 71—100 | 51—70 | 30—50 | 190—220 | 160—190 | 120—160 |
| 以麦子計算兩年三季三除 | | | | | | 以地瓜計算兩年兩季三除。 | | |
| .4 | .5 | .7 | 1 | [illegible]5 | 2 | 2.5 | 3 | 3.5—4 |

9、8項所規定之产量的折合比例，係指通常地質之通常产量而言，不是最高的或單純以产量計算

10、所謂全年产量係以兩年三季之收穫折合而言。

11、糧食折合小麦十斤等於高粱十二斤，等於谷子十四斤、豆子十二斤，花生地以當時價折合。

12、折合量不滿麦子卅斤者不列負担。

13、園地，菜園小塊不以菜利為目的者，按普通地畝折合，大塊以賣利為目的則按其實際收入照糧食收成折合之比例折成中地負担

14、開荒之地五年以上按實際收入折成中地負担，新荒未滿三年者不列負担。

15、蓋渠開灘造田、因掘井開發水利改良地質增加之生产量一律待三年，三年內均按原地产量計算等級負担

16、累進法每二畝為一進級（折合中地）即二畝以下為第一級[illegible]，二畝一分——四畝為第二級，餘類推至十一級為止，（不足一分者不予計算）第一級不累進，其餘各級累進之差為一分至十一級止，十一級以後均作每畝計算。

17、祠堂廟产公地全部列入負担地按一人隨級

累進，学田不予負担，但学田庙户仍以一般佃户負担办法負担，庙產中有和尚尼姑者按負担办法豁除免負担地与一般户全。

18.每户負担額不得超过其全部收入之35%，出租土地不得超过35%——負担時計算

19.地主他去無人在[illegible]不論為何种原因均按一人累進計算負担。

20.折合步驟应先將[illegible]田、旱地、或何种三土地按第三項之折合比例折合後，再行免負担進級。

31

30

## 附2：二三批公粮摊筹暂行办法大纲

二三[illegible]

二三批公粮摊筹暂行办法大纲

A.筹集三批公粮办法：

1.区特户与非特户分别摊派。

2.非特户仍按合理负担办法摊筹。

3.区特户除良田地及地租外其他财产不论动产不动产一概不负担粮米，待其他负担时，再另摊派之。

4.区特户摊粮累进办法：

(一)特户中地亩最少者为最低限度之户，其负担即按普通应摊数摊之。

(二)增加三十亩者即增加其应摊总数十分之一。

(三)增加六十亩者即增加其应摊之数十分之二。(按照三十亩地为一级即增加其应摊总数十分之一，以此类推进行累进，但不得超过十分之五。)

(四)动产及其他产业而不按收益[illegible]元一亩的要算(例[illegible]元)可另行摊筹。

(五)前向特户所借公粮，可于三批公粮扣除。

B.未实行合理负担区应按第一批公粮摊筹办法累进摊筹。

1.摊公粮要普通特户平均摊筹。

2.已实行合理负担者对特户按合理负担办法摊派。

3.特户摊粮按其耕地亩数累进法摊筹，其他应摊数项可按[illegible]累进法按上次摊派公粮时办法累进之，其不够摊数者[illegible]公平负担之累进摊派，[illegible]

4.[illegible]：[illegible]报入数目，任何机关在区内[illegible]，不得隐匿。

5.征粮机关不得动支公粮。

6.二批公粮未筹齐者，应继续筹齐。

# 鲁南区行政专员公署关于开展拥参军运动的指示信（1944年1月）



## 魯南民擁參軍運動給各級政府的一封指示信

由於反攻形勢即將到來，不原擁軍而且要擴大擁參軍運動，達到擴大主力，鞏固我軍——八路軍是今春更大的任務。去年全也做了些擁軍優抗工作，但還未形成區運動。一年來魯南主力英勇戰鬥，使我根據地迅速擴大，在敵人鐵蹄下解放了百余萬的人民，各地直接間接參加並長了群眾運動，有的要求擁軍優抗，擴大和鞏固我軍工作之良好基礎。因此今春之擴也可能把擁軍參達成熱潮，成為党政軍民全体性的群众運動，是正確反攻實際的任務。

省政委會於字十七號指示所規定，任務和四項工作是適合魯南情況，對各地政府諒已收到，不知是否具体討論，打通思想。魯南全區擁參計划已達百軍分区專署合同行署統一佈置，這是根據地的中心工作之完全一致的進行專署因整風尚未結束，指示較遲。今後改進之處，就有指示精神所得一三行署工作佈置之書信、口述情況作更具体的指示：

(一)擁軍優抗，擴大和鞏固主力，是政權的基本任務之一，工作的好壞也是政权干部戰爭觀念強弱的标誌，因此這一工作不是政府配合而是執行之主動的配合全党軍民統一計劃步驟，聯系分工動員佈置，著手去做。在工作步驟上之明確擁參軍是全体政府的開展，是參軍運動的前提，兩者基礎是全一，而干部和群众戰爭觀念和擁軍思想的打通具体說明。普遍的是一工區擁軍觀念，參軍思想，參軍熱情培此是不能完成的。只要是部份干部、部份群众的工作，看指示的精神是兩論因今後各級部份於了解，凡個地区的佈置上還一錯誤和不正統一，要專度佈置之后政府本身缺系统全面的动员检讨或反省，不够讨论布置方面，所有人员不全面，任务动手去做还不够具体普遍，因情况还不够详细，不是抓紧某些地区这种只忙忽在生意，是否从有关数字上显自高或对揭发须是个详文件的包围认识还有偏差或对政府在此运动中所起作用尚有配合依赖的思想或对揭发信心不够，有不知怎么动手的部分人存在这些思想中，须反躬表现，从讨论达到改正过来。

(二)当普调开三届四次扩大干部扩张大打通战争观念刚里思想也成为一军见一刺头必须有重要的去打通区长、干部思想打通才能有力的打通村级干部的思想，也才能深入到群众思想打通了。详干部相当大部分不是一次，二次传达政府来意的态度，以作全面三届四次扩大精神下发现问题后求思想打通所方法去做自然一就通起的实质所得打通会有利于思想的打通是必要的。

据了解一三行署区所考量达成的正月十五前后三行署尚未见有政府干部宣下级觉实其余的思想先后建立一些了对中心工作之来原意在的打通思想因其一方面达地区更具体所以有此环境一般导机行署县市区一般所未在报告集扩大村包有工商部局一年级根据学校参加干部会谈进行，并常意督讨具体的布置也只所包括一般传达而圆可顺在正月十五以前结束里在两门成功的思想动员反省的意见与数当前有下一工作步骤之前刻网由专员决定机新年来当重民政工等在党政军民统一计划下导致的同有之打通所有政村长级村干部思想分给任务要团成团人因地因时去图完成这一中心的团部门讨论不全的政法最后费六区因村干头的提契工作有务实斗争果实政影响其军

2 78

工作的思想動員，這是改正的，要知凡是一個中心工作之要首動主要的大家一致去做的，經常工作之服從這一中心，而之先打通並干部的中心工作思想，再全面研究具体結合，并其之領到困難的去規定它究竟是再向部長并負一定人負責，對工作也可利用工作所信賴之人來工作的實際參加領導教育干部，對說來要說以精神所發用手段來處理斗爭來實工作之正斗爭后知之一切既已把握了問題真相處理中之進行戰爭調查思想的教育不够單一門，過去一批命令式指示下達不深，思想領導不通，思想去完成任務是種官僚文牍主義的作法，過去許多村夏反查改正干部倚靠村書的內容，因工作已進行一段，不深入頭腦，迷之依靠當前重要只要工作思想的商量討論，聯系首指示所四項等有內容反復進一指示所提進行分析細節思想到原正確提高認識在方法上主要本工作檢討思想反省其本質反身一些化的討論，使對不能觸思想須克服每是變任村的保是恐自民原免進回政策的認識到工作的病害上去，克首要村村直回人改進工作重要本的要民調查方些可來小組大會部門的結合進行上便在現有主義的干部到不能享主的村長村是直接領導干部在一般村干部的思想是要特別注意的村干部思想不適不易深入普通的村村里面的群衆思想。

村通群女思想方面，已成兩星參軍熱潮，因需參軍是回來已年在基干區委減弃新兩團區解放的群衆對我軍是樂意的，已也自覺自願的去參加的一對工作參事業更覺要來宣傳提高其認識，我各項政府之有計劃的召集群衆會議，打通思想建立起擁軍及參軍的思想參軍熱情去年演舞擁參軍的中以書

3

各到区村均普遍的召开了拥军大会，于偷垦三天群众大会到会群众就五万之余。滨海区受教育的群众不下五十万人，群众受到感动，有的当场报名参军。其次良心检讨会，这是回普遍均举办区运动，平均%以上的村子都进行了良心检讨，有的地主说：咱过的八路军的日子，并不知八路就是为咱自己的，如今检讨对不起八路是良心。他们在文娱活动中更反对利用军事借利省息费。第三，文娱活动配合拥军，主力观念在有普遍的表现，劳动主力已动员参军，动员的普遍深入，能完全建筑在群众自觉的基础上，做到凡一个人参军他去当劳动主力，三三两两的带动参军，劳动主力更向前进一步加强了军民团结。再如主力当向团结的宣传，回月，英民团来欢迎主力，而主力当自己的家也互相对群众更实际的教育。这些办法我们应学习来用，我们还要创造更多的办法出来。

这种特别指示的各级各部门要重视全面的有计划的分别召集参加者部的扩大的各地拥军大会，军民欢欢召开由自己的自我检讨，发展下级干部和群众的自我批评反省良心检讨，军民联欢会上共批评自己不批评对方，应提高军军化表参加更能加强军民团结，军民保卫军民的团结的目的。

每天快到各系统由各级委员会到村去小组的传达，反省更通向前走，之分一般注意了有组织的群众动员，今后扩大到些组织的群众动员，除前述拥军大会等方法外。

八、冬学开展一月余，已具体的进行拥参教育，表现良心检讨区表等普遍联合召开的教育政事会议，结束后在群众的精神方法各回代表回去复很好的开展参军合起来推动现有小学依据自己条件去做，真正是教育并政治任务结合

队员前参军一星期间要到生产内容

乙、提村政完整对手是支援军八公约负责营长及自觉自愿的提一面因有良心使对对象提出他自己提出自己意见（或也找人写）自己贴反对他意见并代书写四、参加代表一定要有一定明白个人则实行召开动员报名郑重自己宣布并交之大八公约标帖上务两家抗属可完全代劳动员一个自愿参加全力集体的分能系（宣灵发表意见）才不全组织（如妇青少儿队等）集体讨论决定

乙、抗属座谈会以区为单位抗属到会，荣誉军人代表群团代表负责区长学委各种模范英雄同明进步士绅小学代表（结婚明长等）吸收参加县派代表参加县区负责人（主要是）对有关问题作抗属讨论以宣表接待村干代表被荣誉表扬县长在抗属会上当面说抗属应大家的感动抗属有些人士座谈会上所提意见解答抗属问题减少群众对参军后家属的顾虑座谈会上教育启发应加强了代抗观念也加强了抗属的革命信念

十、新年文娱活动可与作的充实以拥军优抗新年群众等开展小学教员学生要紧张起来参加拥参军的活动在抗新年群民联欢迎区参军战士的送神活动

丁、主力慰问团至会同党团民众团组织（兼先通知主力准备欢迎招待以影响和启发了群众参加的心情）而获得的团结一致的欢迎回来庭前布置欢迎（一村或数村合全等行）会后拥军区之后队可前来区或全区范围的拥军大会之外设有讨论的问题一些（拥参党员）有所到之会，并由代表团作参观主任报告（及播报强调）主力的了解有全条致所会参军兴情况区全力观看团员有参军并集体是值得重视学习的及发动区内拥军大会上的号召

参军须事先布置带领的人，这是以觉悟的积极的参军分子影响带领一般的群众的参军，也不能放到宣号召也有关系。

（三）各级拥参委员会须已建立，村参军中对一些问题和经验专署已把滨海区参军工作总结寄发各县，有最好翻印发到每区一份，这里只提出下几个问题：

1.参军对象必须严格遵守两个口号：一是三不，不要瞒，不收买，不强迫；二是因地制宜，所选成份要好，年龄要轻，身体要强。

2.参军数目的多少，应以环境来决定，机动好，对突击要按分区的统一规定之。

3.在这个地区不但要有计划的完成参军数目，并且也须在解放中巩固立这巩固的拥军思想，只有这一思想的确立，才能达成扩军工作的保证。完成参军后，要回到新开辟地区，特别是边区的新扩大的地区，特别注意不要违背政策，影响了游击区，地方资本的坚持，在边沿区及游击区要注意分散的保护，对群众要配合斗争的要求，不断宣传，在武装的坚持的力量，参军的主要目标是中、大、青壮对象，不能任何强迫。

4.新战士的巩固工作是很重要的，假若不能作好这一工作，很难使参军战士们消极逃跑。

（1）各县区应设立招待所（各区立场宣告新战士后交区政府交县招待所），招待所不只是收容战士，而是通过招待所向新战士坐定战士情绪，使他家安抚，巩固新战士的家庭，因此招待所的人员都应一批有觉悟高的参军的积极分子，同时是进行一般情绪招待（招待所需要有家属参加）这一工作也须由政府，与部队民运部接近群众耐心而有办法的人员来担当，招待所希望新战士的家属之能善于教育和团结这些觉悟落后家属的拖后腿思想，使对家属作以关于入伍之事先充分准备说明后，待所内部之谈话消息，是留复那些一切均在减免新战士前离部并将家属已经见面参军情绪把持所有困难之解决。

②对新战士家属的优抚工作也是很重要的工作（如能在优待上做到全面照顾，使新战士一律予下给利益）工作后加强团结互助之群众进行对家属家庭的照顾，团结上照顾生人士获得利益自愿的进行各种方法的优抚工作，只有这样才能使新战士减少对家庭的顾虑。

③在村党组织支部中应根据参军对象之实行动员工作负责，不论形式应对象的大家所负责之不负责的情况，使参军对象形成家属不能造成流产参军的热情情绪，对于家属的新兵教育内容也应适当分工去做好保证工作，但保证不要脱离群众以防止参军失败。

6、实行拥军的发动工作

①要在创造拥参军模范村及拥参军模范家庭区等各区乡县村各村自己乡区个人的拥参军竞赛与模范来体由区县代表作见自己之

②从思想上做好群众拥参军快板，一面可以交流经验，另一面可以互相鼓舞鼓励，应发挥交流办法之向前进步。

③对已参军的新战士可以回写信向其家庭区进行模范表扬的方式，可采用过去单独元旦中革新式表扬其区之模范人员，区之通知村单行隆重的庆祝及团体打锣鼓欢送等方式（模范名单另统一印发）

837

少数县府区级仍须亲自动手领导群众斗争交互邮电用一般甘心四面县府应不相当合县中更较高层干部中的积极份子学习干部来群众工作并有参加一层基层骨干去表现群众中更多的积极份子区能真现领导与群众结合的方式是真村的组织去发现个别的典型村庄到全区以至支区全县全专员或典型村的人力帮助推动支援不立现身模范与例摩完成之后立刻用这一典型的已有条件动到生产并解决抗属的生产问题切忌减省执止

正有滨海总专署到县区干部七千部同志中在新年亲作抗属拜年前同志参军有家属参军者指挥当局可值得我们学习

同到县区干上去注意用掌握到群众中的面的要求在今年而普遍推增其下交领到公私的困难及可能帮民间的物资并军须负正连负在帮助守区的对负上附止机派意者事的办法（自能二点的物资慰劳并还是须要的这种二级八二私财力有须顾虑）

（四）重新群众性的拥军优抗工作优抗工作是拥军工作中的重要工作在拥军区并中立要取这一工作在拥军区并以后亦注意贯彻首长朝的群众性的工作只有群众性的优抗工作优抗是作不好的各级政府必须在领导上贯彻群众拥军优抗工作不但是一个时期的突击任务而是今后长年累月的任务不但是随时随地的能作到拥护军队爱护军队帮助军队打大胜仗而且是随时随地的爱护抗属帮助抗属帮助抗属生产解决抗属困难这是每一个人民的责任要做到每一个人民自觉自愿的担负起这一责任来只有这

經了兩次西軍參与下的討論和大量原始[illegible]研究完成
計[illegible]研究[illegible]書前後完成[illegible]中[illegible]手[illegible]
工作深入[illegible]結合[illegible]理論[illegible]實際[illegible]
人民公社討論中首先[illegible]了[illegible]

(四)利參加工作[illegible]
中的工作[illegible]
一大[illegible]

天在這一工作的[illegible]
體[illegible]強調[illegible]以下几点[illegible]

(A)[illegible]參加[illegible]中的工作一[illegible]民[illegible]其[illegible]
其[illegible]作用的[illegible]
的作用程度有多大?這一[illegible]結合上
藝術[illegible]對同[illegible]上[illegible]全上面[illegible]創造[illegible]
久辯論[illegible]結[illegible]

(B)[illegible]認真[illegible]一次[illegible]工作[illegible]典型
典型材料的[illegible]不[illegible]成績[illegible]的[illegible]
村工作中[illegible]參加工作[illegible]工作[illegible]
參加工作[illegible]典型[illegible]材料[illegible]結束

(C)有相当的統計調查工作才能[illegible]工作[illegible]了保障
這次总結的完整[illegible]參加工

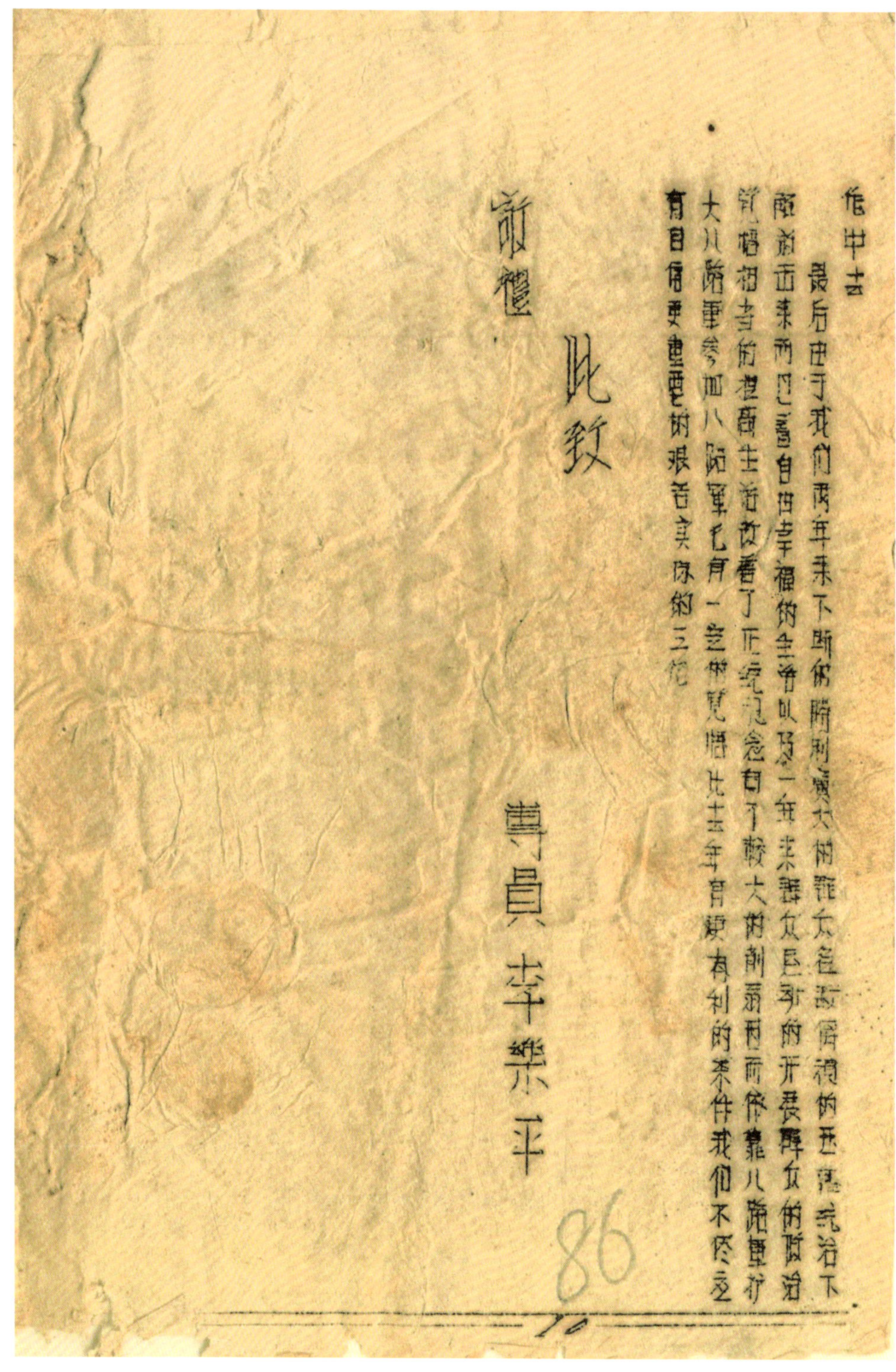

伍中去

最后由于我们两年来不断的时刻广大的群众在敌伪的西[illegible]治下解放出来而已营自由幸福的生活以及一年来群众斗争的开展群众的政治觉悟和幸的提高生活改善了正统观念有了较大的削弱而依靠八路军扩大八路军参加八路军也有一定的觉悟比去年有更有利的条件我们不仅要有自信更重要的根据实际的三他

此致

敬礼

专员　李乐平

86

10

鲁南区行政专员公署一九四四年的工作方案（1944年3月）

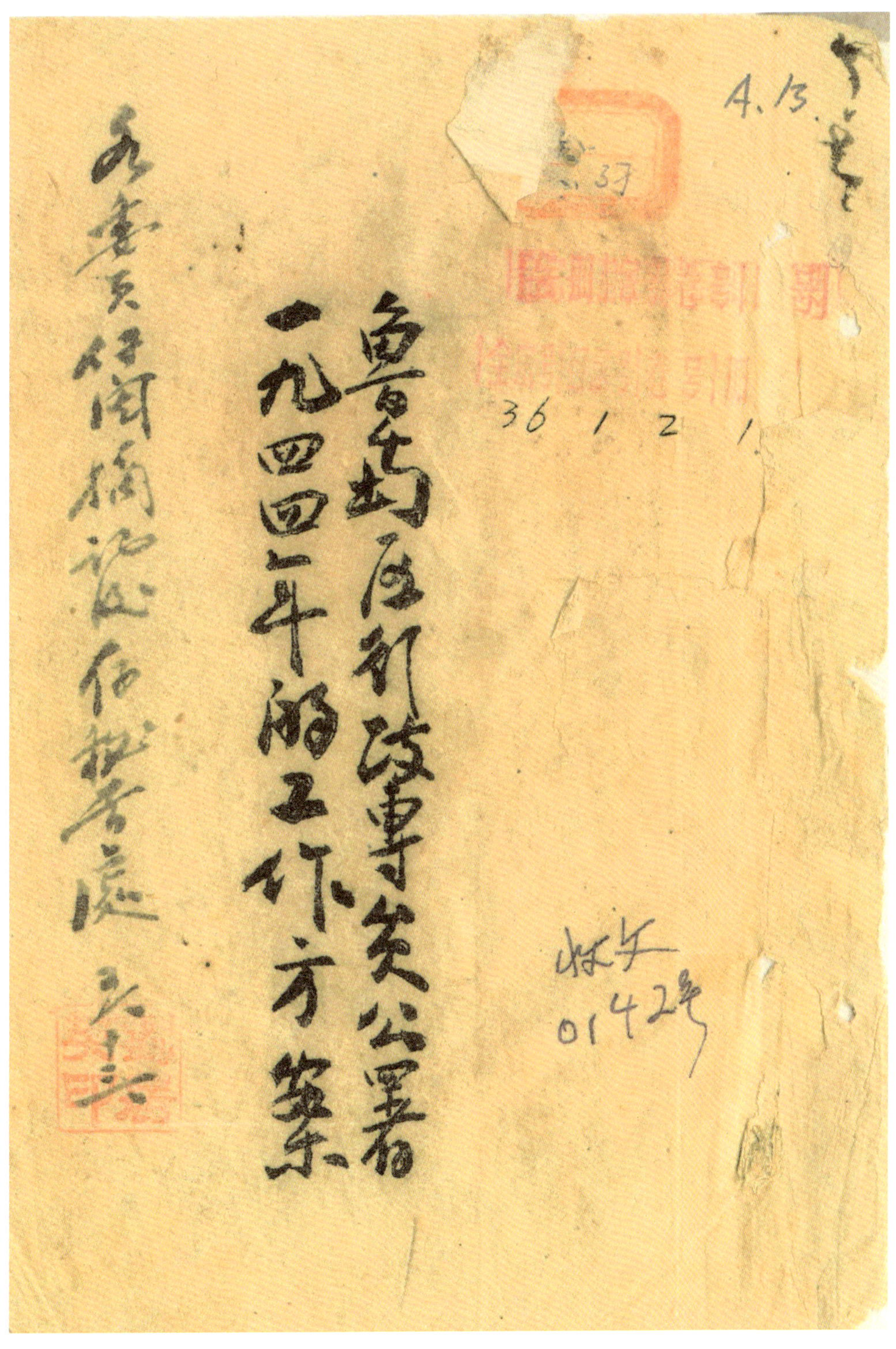

鲁南区行政专员公署一九四四年的工作方案

## （一）今后一年中總的方針任務：

我們總的方針是：發動群众确立民主優势，并團結各抗日階層奠定新民主主義政權基礎，粉碎敵人掃蕩蠶食統治清剿開展全面對敵斗爭，反對一切反民主的陰謀進行改造舊政權机構，切实簡政（做到統一、精簡、節約、效能、反官僚主義）提高行政效率建設魯南抗日民主根据地準備反攻。

为保証前述方針的实現我们總的任務是：

一、一切为了抗日民主的勝利，普遍实行減租減息增加工資的法令，以便動員参戰、生產、民主的基本力量（基本群众）加强各階層團結，故确实执行并貫徹減租法令、應成为今后全年的基本任務，

二、發展生產事業，首先在促進農業生產從組織并獎勵劳動做起，創辦發展日常用品的工業，應從廣泛民營部份公營着手首重纺紗织布织毛巾造紙造胰造火药等，生產组织上應從開展群众自家的合作運動做起。再即提倡机关

部隊的生産節约運動改善自己生活减輕人民負担切实管理貿易巩固本位幣制開展对敌经濟斗争改变被動地位力求我根据地軍民衣食用品的自给自足。

三、貫徹擁軍政令從思想上工作上愛護和壮大我民主根据地支柱魯南子弟兵八路軍，培養并大量發展地方武装及人民武装，開展爆炸運動反对敌人的掃蕩蠶食摧残破坏。

四、開展民主文化運動，实行三三制建立民主的机構制度加強民主精神樹立民主作風澈底改造村政实行人民代表制，一切文化活動均須為民主的经濟政治運動服務，大量設學，普及并提高人民政治文化水平。

五、巩固新開區支持边沿區，總结敌游區政府工作经験，加強游區政權工作及領導，除總的方針任務均全般適用於敌游區以外，争取偽政權成為抗日的两面政權（对敌應付对我忠誠）切实組织指導各階層对敌减輕負担（如粮出供）的活動，適當的反对貪污以改善廣大人民生活團结各抗日階層擴大民主政權威信，争取民主政權地位建立隱蔽的抗日根据地。

# （二）各种工作计划及敌游区政府工作

## 民政工作计划

由於我們還不了解民政方面的建設，是民主政治的基本面目，也由於我們還沒正確的了解我們今天还是處在敵後困难严重的戰爭环境，因之長期的对於民政工作部门的实无健全表現忽略，改善民生的政策法令很少推行，已推行的也没貫澈，民主机構的偏於形式，村政改造得很少，形式上尤其是内容上缺乏民主精神的体現，对於擁軍優屬战爭的鬆懈，糊塗的宗派观念克服的很少，致使我們严重的脫离群众脫离战爭，全部政权工作缺乏力量沒能起到应有的作用。

魯南形勢是抗战以来的第二個危机，無論為了最后的战勝日寇或反對破坏民主的陰謀勇逆行，我們必須迅速果断的確起立起群众观点，不仅支持群众，更要依靠群众認健全的民政工作部门与健全的民政工作，廣泛展开民主运动（一經濟的到政治的）使政权真正建築在廣大群众基础上，同時並須照顧各抗日階層利益，团结各抗日階層一致支持战爭，戰勝民族的民主的敵人，奠定戰後新民主主义的有力基礎。

今后一年的具体任務：

一、貫澈減租減息增資法令，

減租減息增資在那一個地區作得好，那個地區的群眾对於抗日民主的參加和支持就積極，那個地區根據地的建設才有可能鞏固，那個地區沒作這些工作或是作的不好，那個地區就不能成為根據地。省行政委員会对此早有號召，并製有法令，但由於我們群众觀念的模糊，对上級領導採取了自由態度，对下級領導傾向於極端放任，有的借口是群众的事，與政府無干，是個別部门的事，與本部门無干，這种惡本的態度，說明了我們对新民主主义與民主集中制的無知，也就必然陷我於孤軍作戰，陣线混乱。自滿於某些技術上的成就，另一方面不能自拔於事務瑣忙的泥坑，更不能形成一個有利的局面，為了正確組織群众經濟斗爭到政治斗爭，改善抗日民主的局面，要求各縣：

明確定減租減息增資為本年中心工作，減租工作又是其重

5

心必須有計劃的主动進行，不得借口貴部，（毫無例外），基本區各縣減租标準為二五減租，一般在夏收前為查減退租時間，夏收后為減租時間，秋收減租完畢后，再實行查減退租，反復進行，求得普遍貫澈新開闢地區的退租，以向前追溯一季為限，已實行過減租的基本區、因地主違抗法令而又翻案的，要按具体情形，慎審处理，但最多不得溯出法令頒佈的日期，政府土地不論新收或舊業，如没及時進行減租的，經群衆請求，也必須依法退租，以維護法令的尊严，退租以給粮為原則，個別業主借口無粮給地者，佃户或仲裁机关仍应动員其自己設法不能給地受地，形成拖延或不合法令的做法，為照顧貧苦抗属鰥寡孤独，以一般不動員其佃户要求減租或退租，如佃户自動要求，还要照減照退，另用代耕代鋤代种代收等辦法，分別加以救济、減租或退租后，必須動員督促進行換約，文約裡应註明業主佃户姓名，土地畝数座落租額租期（以五年為準）双方权利义務等，此种契约由双方自定，但政府应定期或隨時驗（查），以示慎重。敌區或敌佔優勢游擊區、為适当減租，不公枃況二五式及一并要採灵活隐蔽方式，选擇基点突破一点，積累經驗，逐漸推進的办法，退租換約大吹大擂，普遍造成，都不是适合具体环境的好方式。

增資的标準，首先改舊日貨幣工資制為新的粮食工資制，各縣具体情形虽不一致，可以伸縮变通，但為求得冀南全區的初步統一，暫定成年常工最低工資為全年粮食四百斤，童工女工最低，日工資為全年百五十斤，短工工資主要應求得工人能根據供求情形自己掌握，手工工人工資暫不規定，各縣应詳細具体總結材料與經驗以便專署研究參考。

減息工作、本年一般不要求大量開展，如個別地區減租增資工作已經結束，或雖未結束但仍有大量開展的条件，在不妨害減租工作条件下当然也不能放棄大量開展的工作。減息工作主要整理舊債务关係，有政策法令可循主要要求首先在干部中進行教育，充实未来大開展時的準備工作，在這一時期，如債务糾紛，应按照指頒条例：仲裁或处斷．為防止消極思想的毒害，各縣应注意信用合作社的提倡和抓[illegible]、以深入宣傳調查研究工作，首先是干部动员，必須普遍深入到村，纠正过去不抓村作為政府一級的現象、由檢过[illegible]去群众观点起至有关政策法令的解釋和認清責任為止。都要經过詳細的分析討論下級开会上級参加指导，并作报告，專署根據各縣聞报的材料，有关的法令、先進地區的經驗教訓，及有关的名著，編成小冊供各縣參攷，并在本年五月内重申前令（須佈省定法令）各縣區尤須抓紧督促村級干部（括包非政府干部）及同級非民政部門協同動作）採集体或個人懇談方式，宣傳到每個人民（上層的尤其是下層的）才能打開大量迅速順利展開工作的大門。兩協同部會組織力量，這些工作不但是民政工作的中心和重心，而也是整個权权工作的中心和重心，為此不但行政首長和民政部門多多負責，其他科處局也必須在不同崗位上了解情况協助工作，只有在群众鬥爭的勝利中，才能把推动自己部门工作的条件，才能打下进行部门工作的基礎。為此要求凡屬政府工作部門，每人都須置備調查手冊，登記各種勞資息借的調查統計材料，在全級民政部門定期召開的座談会上回报并提供意見，座談会一般區应每週一次，月终總結時，除政府工作人員必須參加外，并須邀請群运工作干部（農救会長參加，縣民政科按月將座談材料（包括區的）彙集并附意見報告專署以便專署研究通报各地，在力量運用上特別提出分配一定任务（宣傳調查）给村干部、各級政府和全級農救会，須建立定期的聯席会互通情报。交換調查材料，討論分工互相建議等，求得認識和步調的一致，当然还須注意保持各自的工作形式方法的不同。

丁、工作的重点和步驟：一九四四年民政工作的中心工作是貫徹減租減息增資法令，貫徹拥軍政策，改造政权机構，但三個中心工作的重点，是貫徹減租減息增資法令、貫徹減租減息增資法令的重点，又应該是普遍推行減租貫徹拥軍政策的重点，是优待抗属撫郵傷亡。尤其是組織抗属到属生產、建立家务，改造政权机構的重点是村政改造，三個中心工作应在全年中有計劃的逐步执行，并須根据具体情形（季節不同一個地區敵人的需要有時也不同）分別急緩先后互相合的展開。

代進行工作的態度应当是主动的，但也須通过群众斗争，這在基本區游擊區敵佔區都是無例外的。包办代替将使這一工作失掉或降低其意义，政府的主动应表現在積極宣傳（包括啟发下層說服上層），指导組織支持農民实现法令的要求，並善於掌握要求進行中法令适用中的具体性，這样是与包办代替是有别的

山最后是减租減息增資的一般原則问题，都已有政策法令可作参考，目前需要的更為具体的規程，有賴各縣區的具体材料及經驗的搜集与整理（如按地縣地等）因此要求各縣（區）保持經常的有关的档案工作密切上下聯系，經驗的总结与交流。

二、贯徹擁軍政策

我們完全贊同并擁护中共魯南區党委关于擁政愛民与擁軍的號召，誠然沒有魯南党政軍民的团结，就没有今天上昇局面的魯南，去年战勝敵人的严重扫蕩封鎖與分割患退反

共軍李仙洲部，消滅好賁匪刘桂棠等部，没有魯南子弟兵八[illegible]是不可能的。今天局面在上昇，出强大的敌人也还在环伺朔，豈容麻痺苟安，残酷斗爭，困难仍然存在朔，要求我們以高度警惕展開熱烈拥軍运动，備坚持和反攻的战力以迎接新形勢新勝利

去年一年的拥軍工作，虽然有成績，但成績是很大的首先在認識轉变上遲緩，局部，浮淺，不但不能抓緊战勝利的机会，有的县區以环境特殊表示猶預失掉机会，拖延了工作，在使用力量上也不能集中，領導工作的精力不够，不能及時解决問題，对於粮款消耗的代價認識不足。甚至对於一二荣誉軍人吃細粮問題，都没适当的解决。要求現上忽視了省行政委員会的法令；在对部隊关係上，要求多於幫助，瞒怨多於建議，以拥軍对拥政愛民講價錢，这就障碍任自我批評，是整風不澈底思想未打通的最好說明，内於思想認識上的不健全，自然也不爭取健全系统的組織領導，优抗撫邮組織不是沒建立，就是空架子，在工作上缺乏普遍正确的調查统計，並且不經常不澈底，在优抗

工作上重工屬輕抗屬，重地方輕主力，重生輕死，重近輕遠、滿足於消極救濟忽略組織其生產，幫助其建立家務，一年來慰勞工作，多半是受到部隊勝利的影響，我們自己努力程度還須克己的檢討、慰軍的攤派現象、應即廢除，參軍昇級，歸隊的形式，鋪張表面、無論數量質量都很差，撫卹工作紊亂不堪，以上工作有的未曾實惠過，有的實惠之后一了百了、未能認識使用部隊和擁軍工作的經常性，因而對於這一個艱苦的建設工作，就失去堅持的決心和經常的打算，根據以上的認識和檢討，要求各縣：

甲、首先是擁軍思想的建設，所有幹部和人民應清楚的体会到沒有了八路軍就沒有了初步的抗日民主生活和抗日民主的最后勝利，魯南八路軍是魯南的子弟兵，去年他們所給人民的從戰爭到部約上捐已經是非常偉大了，今后斗爭的殘酷、困難的严重，有賴於他們克服的地方正多，政府应代表人民，并領导人民認識、這一点也应当像愛護眼睛一樣的愛護他們，根據這种認識，实行思想和工作的大檢查，以自我批評的精神，揭露思想上工作上的缺点和錯誤，傾听部隊方

12

面的意見；不容向部隊方面吹求，消除希望用部隊打開局面，不認真擁軍工作的忽視保守落后观点，

乙、建立与健全縣區优救委員会，民政科切实負責領导推动，民政科一時不健全的，縣區行政首長或指定專人負責，抗屬多的縣份，根據需要得設一脫離生產人員參加优救委員会，為保証其健全有力吸收駐軍代表抗屬榮譽軍人及其他有威望的積極份子參加，區裡主要是推動各种群众团体協力進行。

丙、組織抗屬生產建立家務是工作的重点，但為了直接应急粮食优待仍須迅速整理進行，因此要求各縣區於五月前調查完畢，並发下优待証，一方縣优救委員会可根據調查結果造送全年預算，一方便於準確的发放粮款，茲將粮食优待办法及手續列下。

A、优待对象確定為貧農成份。（陣亡战士及一年的俘虜家屬例外中富農成份可享其他法定优待）中農成份有要求的，主要耐心說服。

B、調查工作，主要由區負責，有基礎的村，由村長申报。

13

調查表填三份（區縣署各一份）

C評定等級，確定是否優待，通過村民会為原則

D縣級進行覆審，查实后，發優待証（優待証由專署統一供給）

E行政村有优救委員会的，由該会負責保証劃分等級組織生産代耕等，無优救委員会由工農青妇組织优待小組進行

F等級規定（以户為發放單位以人口為計算單位）

主力：

甲等（無土地并無全勞动力者）每年每口一〇〇斤

乙等（土地全勞动力缺其一者）每年每口八〇斤

丙等（有土地無全勞动力仍不能生活者）每年每口六〇斤，

地方武裝和抗工属：

甲每年每口八〇斤

乙、每年每口六〇斤

丙、每年每口四〇斤

註：一、二歲以下小孩按半口計算，一年按三月三、六月六、年節，三季發放，烈士家属和主力全，鰥寡孤独者加倍，一家有兩個抗战的酌加二分之一，有三個以上者，酌加至

14

一倍，

G.优救粮随公粮带征，各县应将全年用粮数目，先期据实报告专署，由专署统一分配统一保管统一调济。各县于发粮季节，先期造送预算，再由专署批发。为各县意外需要（如招待外来抗属等优救委员有此责任）各县留机动粮千斤实报实销。

H.发粮由区负责，集中一时一地办理，并借机进行教育。

I.组织抗属烈属荣誉军人生产建立家务，是优待工作基本的环节，本年生产号召的影响已很高涨，因之须抓紧时机进行，调查工作全面）办完后，马上进行组织，本年组织对象为抗属，烈属，荣誉军人、抗工属流亡抗属等、安插对象为机关、学校、公营或私营企业、及农工商等职业。加需补助，各县可指拨公逆产或介绍向银行合作社贷款。但须进行专款的筹划并准备，从罚款中从适当募集中多方设法，才是长期打算，但组织管理以分散为原则，抗属有一定工作或职业后，可按生产性质组织一定形式的团体。不必再组织抗属救国会一类组织，以免重叠，本年组织生产的主要方向、男為送盐妇女儿童為紡紗、為此必須手工商會理局密切配合、農業生產当然也很重要、機公田以每人畝半為原則，許种不許賣並要按其實際情形酌予物資補助、限期使其自给。

戊、流亡抗屬也無例外的組織進生產中。在其初来時可按下列供給标準供給。（寡屬确無接濟的）：

供給只限粮食、大人每天一斤，小孩每天十二兩，主力三個月，地方抗工兩個月，滿期后有劳动力不願生產的，就按普通抗屬优待，不再接濟，但必須反对官僚主义，不作積極动員不解決问題，單执行限制办法，是錯誤也是罪惡，应該受到批評或懲罰的。

己、防止雇傭觀念的滋生，一般抗屬除依法享受減免的規定外、不另免負担，免支差问題，动員由村民公決。

庚、抗屬学生供給标準。

赤貧遺族（直系）供給給養書籍文具衣服。

赤貧抗屬供給或補助給养供給書籍文具。

一般貧苦抗屬，供給書籍文具。

証儘限学齡期间，年長者介紹職業，

并為了打破动員的困难，首先培养積極份子在一定的会議中适当的採用表揚或教育批評方式造成模範者，影响落后的

王优待情形除必須报告專署外，要就近通知部隊政治机关并徵求意見。

癸、关於撫卹工作，本年根据各縣調查結果重新撫卹証，發放撫卹金统以北幣為标準，各縣对置瞬撥不問題，应依前决定办理，保証供給，关於為荣誉軍人按家工作，应切实建立循俗举行集体掃墓（机关学校）建立烈士紀念建築各縣处应切实進行。

最后本年关於參軍歸隊工作应根据先進地區經驗進行，主要要求各縣具体總結經驗教訓报告專署完成大開展的準備工作，致於領导人民战爭提高軍人政治地位研究法令文件等，前发指示有关部份仍然有效可以採用。

三、民主的改造政权机構。

首先对於民意机关，魯南專本區各縣（包括臨沂臨西蘭陵等）未建立的速建立已建立的舉行縣議員大会，經縣議員討論

致選、組織法按照省頒各級參議会組織條例的規定。選舉法參考省頒縣各級參議会選舉條例，根據各區具体条件分別採用普選、团体選、聘請等办法、選舉單位無論按地區或团体劃分，選舉議員名額、聘請議員名額都要根據人口多少，并工作程度具体分配，惟須注意聘請議員要吸收接敵區人士，有基礎地區不用团体選，尽量爭取实行普選制，在這次選舉中更要切实注意三三制的实現，糾正不顧參議会作用與原則的遷就現象、地方主力不參加縣選，有軍區直屬隊共同參加專級選，地方主力如三团五团独立营等，得由其長駐縣選委会或參議会駐委会聘請，以便易於配合工作，共同負責，專級選以縣選之議員為初選代表，產生專級參議会，但不一定由縣議員中選出專級議員，如縣議員同時被選為專級駐会委員或行政委員時，那就是县議員出缺，須由該縣遞補或補選，專級議員總名額定為七十一人，后補二十二人，由各縣選出正式議員四十三人，后補十三人。由部隊選出正式議員二十八人，后補議員九人，分配到各縣具体數字如下：

郯縣正式七人，后補三人。滕費嶧正式四人、后補二人，費南正式七人，后補三人。温河縣正式三人，后補一人，边區縣正式八人，后補四人。郯西聘正式一人。滕縣聘正式二人运北，滕沛嶧，邳縣，臨沂，臨西，蘭陵聘請名額由魯南选委会決定后再行通知。

关於选举時間，除臨沂臨西蘭陵可以延至本年年底進行外，其他基本區各縣一律須於六月底完成，以便七〃底專級参議会二届一次議員大会得以召開。專級行政委員会由專級二届一次議員大会產生，為使脫離地區团体之党政工作人員得以参加选举起見，確定按具体情况分配到地方或团体進行之，具体分配由魯南區选委会行之，隨后通知有关地區或团体。

关於村政組織，以行政村為努力目標，村选工作要求按基本區游擊區、边沿區及敌佔區的不同，定不同計劃，採不同方式進行，但進行工作一律結合於群众經濟要求与斗爭，通过改选或改造組織群众提高群众認識[illegible]的封建壮、使村政確实為群衆所参加與掌握，才是有意义的、纠正為改选而改选與單純利用村组织完成上级所給任務之缺點現象，基本區村选一律採用普選制，劃分公民小組建立公民表会、堅決取消閭鄰制，群众已經發动的边沿游擊區得用撤換、或由政府提候選人，經公正積極份子同意方式（如撤換不易，可設法增設副職，逐漸打入，或用其他办法先求掌握，逐漸改造。、争取普选，不得已可用团体选，没有群众發动的地[illegible]

关於選挙办法有省發村选工作参考材料，作参考、各縣必須創造模範的村選工作，要有充分的準備時間，粗枝大葉村选不好、將使一縣以上的選举失掉意义、為確实免經济斗爭相結合、要求一次斗爭條件不成熟，继續通过另一斗爭充实條件、一直達到群衆深切感到不改选村政一切劳力永無保証為止，為準備村选條件，並要求今年通过小学冬学及一切文化活动進行公民教育、解釋公民資格公民权利等、省令虽有对於公民权的規定，但為激發人民对公民資格的重視、仍須發动展開討論，选举完畢，新村政必須建立新制度、如会議回报、集体領导，分工負責，村財政

十

但須準備普选條件該應一般採換之式

20

，支差等，並要充实村政内容，民政財粮经建文武，都有工作，改变过去完全為供应机关而不是政府一级的情形，村选完畢后縣區对村的領导更加重要了，而不是百事大吉了、除了帮助其建立制度計劃總結工作經常口授村政常識及時檢查密切联系外，在改造二十莊以上時逐期还要進行短期訓練。

最后在這一工作領导上，除要求各級行政首長及民政部门絕对負責外，还須及時成立选委会，（受民政部门領导，進行工作。為实現領导上一般与個別結合的精神，在村选工作上要求每縣要一個模範區，每區要有几個模範村。

四、大量培养提拔干部充实日益發展的行政与事業部门，解决干部不足困難，首先着重在戰干部的思想領导，業務教育、对干部問題强調從思想上解決，次為严肅政紀以徹底糾正違反政策，打群衆关牛欄、不团结鬧独立，甚至浪費，腐化，貪污等严重現象，因此严格督促学習整風至為重要，因為任務要完成要做好，首先決定於干部質量。今天我們各級干部思想上政治上鍛鍊均差。

21

几年来鲁南局面虽極緊張給了我們鍛練机会，但由於我們接觸思想，政治原則性是極低的；堅持精神虽有、堅持的目的，前途、办法，則缺乏明确的思想，表現在群众观念、根据地观点、民主思想与作風的淡漠鮮知、各級干部在思想問題上还是概念的，糢糊的，從片段的接近一点原則性，但与实践個人身体力行还是兩回事，虽然整風也做了將近一年多了（实則連文件还未讀到合乎要求的程度）我們的主观宗派形式及官僚主义还是严重的存在着，因為我們沒有把這些東西的本質弄得清楚，故我們在思想原則上不是唯物实事求是而是唯心從個人片面的想法出發，在個人与事業的关係上，还是常為個人主义所蒙蔽，缺乏整体观念進攻精神。因為各級干部，由於家庭社会教养不同，我們初步發現的不同思想有做好官的清官思想，有的地位观念权威思想，有的雇傭观点公務員的態度，我們最缺乏的是踏实的确立自己是一個人民的公僕，新民主主義的战士思想，自然在作風上就是官僚主义的脱离群众的，工作的責任心積極創造精神也就不能發揮与提高。

為此今后要求本民政文教兩科協同計劃加強各級各部门（從各科到工商管理局）的幹部教育，思想領导，並能於十二月底以前完成各級各部门干部的思想反省。

学習材料及組织領导附后。

其次大量發动提拔培养地方干部，要求，依省行政委員会編制逐步配齊，縣區部门干部外並应從付职中準備反攻每勝利后的工作干部，具体要求，六月底以前鄒，費，双山，温河，趙鎛，臨沂，臨西，蘭陵，滕县，各縣配齊民政文教財粮，司法，農林，各科所缺科長务必要科員，粮庫，金庫，会計，軍事代办，區級配備民政，財粮，文教等助理員及文書各一人，七八九三月内配齊，縣級各科所缺科員不及科員能力者配作幹事，區級配備一付區長，十、十一，十二月配齊，縣級各科付科長，各科編制之外均配趕付股長或干事一人，关於工商管理局干部六月底以前現有各縣县局長監委，商店經理，監委，總会計，事務所主任均能健全起来，雇員依需要由县局自行規定物色。為開展合作事業縣局設一妇女付股長，各區設一合作指导員。

取得农救妇救之配备或配合，至少七月底以前沂河区工商管理局各科及四個事務所三個商店經理能够配備起来，准備对敌經济全面斗争

关於幹部来源除認真由村干部中培养提拔外，尤应注意廣动各地（敌游区在内）青年知识份子，配為付戰或干事以带徒弟的办法從工作中培养，同則不断的廣动到專署干訓班学習（先登記按期派来）对紡織染色、丝帘、匯生、小学教員，邮局練習生，農業專家、商業經驗丰富者），煤金礦師鉄木匠之能製紡机，織机，紡毛机（旋匠）均可吸收。以上干部人材之收羅，均由民教科統一登記履歷、出身成份，了解其能力、要求、本身困難等項，介紹到專署，加以配備於本縣一定部门者，仍应具报以便統一了解

关於人事管理，要求各縣府，应重新研究省战工会三十年三月廿日頒佈之关於登記審查各級干部与調遣干部手續的決定、和三十一年四月一日关於重申調遣干部手續的訓令（均見山東省战時法規政令彙編第一輯第一分冊）具体要求者。縣政府於六月底以前將全縣區助理員以上之干

十二

十三

部（縣科員秘書科長在内）作一初步登記統計，由民政科整理彙报專署，十二月底以前全部審查一次，負責審查机关，行政首長系於專署民政科，縣秘書處民政科系於同級民政科、財粮，教育，司法，農林，工商管理局，公安局，郵局，系於主管各科，審查决定权即系於行政委員会或由行政委員会定出審查委員会。審查干部時應以審查工作為原則，為系統的了解干部，專署應了解區助理員以上的幹部，縣政府應了解區村县科員兩級干部。

為認真培养村級干部，縣政府應同各救团体經常办一短期輪訓班，每期以二十五人到三十人，時間一月為限，学習内容，大体可分：業務制度占五/10，時事作風（抗日民主廉潔奉公占三/10，政策以当前中心工作有关者教起）五/10時事上/10

區級以上各科干部之教育，不論在職干部之輪訓。或新干部之訓練，茲暫定區助理員，縣科員，付區長等干部，由專署干訓班，科長以上干部由專署統一計劃送行政委員会所办学校，除此以外各县对財粮，工商管理局，小学員義爭取征收，或一定工作空隙進行，一週到十天的業務角整風学習可自行規定，並須總結成績、經驗。

五、土地陳報人口登記：要抓緊工作，分別計劃逐步要求。对基本縣區陳報登記應求精確。新開地區應迅速調查，求得土地、人口之近似的統計数目。敌游區應做有約計数目、陳報登記方式，抓緊減租退租，雇工增資、公粮田賦分配、整理村財政反黑地田房契税組織勞動互助；訂立興家計劃等工作契机着手一户一村之調、記錄、点滴進行（縣民政科應推動區民政助理員抓緊這一工作）角爭取秋冬之農隙，佈置大量登記陳報從事全區全縣之突重。新開區之調查方式可盡量利用原有鄉保負担分攤錢索、取得底冊，角一户一村的親自調查并行、証驗，修正，求得其近似）做出統計，分成全縣總計、每區總計以敌游區須設法通过偽縣政中[illegible]、取得此类材料）並角户村点滴工作中求証驗。因此民政科对陳報登記工作，不能孤立或單純一個方式去進行、須角各科配合、各個中心工作相聯系，並能真实了解群众运动之發展、提出大量進行之建議角方案。一般要求能於本年内完成一個初步给明年工作佈置上一個有較科学的根拠，改变一切祇凭估計，約計，甚至数学游戲式的佈置工作，為此専著应系统的擬具一定表格一冊式分發各縣翻印应用，并逐立専縣區三級呈报存案等的一定制度，（前年滕費嶧土地陳报经驗仍可参攷）

大、改正统一縣區名称：目前除臨西、蘭陵、滕沛、甸一行署所屬之郯滕边办事处暫不改变外，运北改為嶧縣原办事处改為嶧縣縣政府，边聯縣改為赵鐸縣（可於縣参議会改选時正式公佈）費南改為費縣，滕東即称滕縣，費滕嶧边改為双山縣（於縣参議会选举時公佈）郯東即称郯縣，縣府与行署合一办公，以便領导郯滕边，反宵滋X西，XX，XX三地政工依，但关於各縣或各办事处所轄之区，应一律用一二三四等数字排列，去消地名山名的区名，以免暴露。

关於行署机構卒署之三四行署，或因地区改划，或因局面恶化早已去消。年前以应局面開展工作同一要求，在匪河沂河两区均建有行政委員会，以统一两区所轄縣之領导

一、行署因便於領导泗北泗南，湖东之恢復整理工作保留至今，自鄒滕边办事处建立后，其作用更見重要，但按省行政委員会新頒各級政府组织條例之規定。縣為工作需要，可設行署，縣以上除督察專員公署，行政公署，省行政委員会外，及行政区專員公署（等於行政公署）縣以上不設行署，因此專署擬照魯南目前及今后工作發展趋势估計呈報省行政委員会核准，批示后再作最决定，故一行署名義暫不更動，並仍应發揮其作用。一行署，运河沂河兩行政委員会在專署统一規划下，均須积極做建立督察專員公之署準備，首要的是干部的準備。

七、创設公立医院解决平民，地方工作人員之疾病治療，並指导發展社会衛生事宜。為人材及医療器材兩缺，年内先行筹設三处医院，分布在鄒費兩縣边界，赵博縣临河兩縣边界，（儲及双縣山）一沂河区對三处医院之建立，除有关縣份应財延行医生，医材，参与聘員关係，依地等之調查，收羅數若專署统一考虑外尋備外，其他各縣亦应尽力协助進行，关於各項章則統由專署逐步制定。如因人材短時难於收效可暂設中西合一的药店，聘較有經驗之中西医生主持，再求逐步扩大，对此計劃及所需經費由專署民財兩科会商提經会議通过。

八、整理健全保育工作及其制度，过去長期內对干部保健、脱离生產婦女干部生產及育嬰問題無適当解决，自省頒佈干部保健及產婦嬰兒保育兩文件后年來才依此建立了初步工作、但職責制度尚不明確，工作仍無條理，照顧不週勢所必然，今后要求各級保健委員会、通飭員須負責工作、發揮作用，关於干部保健証書、產婦，嬰兒供給証件均須認真印發，財糧部门並須按証調整供給，而有保健之干部中部亦应據規定經医生檢查診明，致經法定証明，声請办理、現以战爭环境托兒所勢难建立，但寻对人代养之嬰兒，应由其父母报知各縣民政科登記、除發給嬰兒供給証附由代养人按期持証向財糧部门領用外，各縣府可派人定期巡視，教以育嬰須知（医院建立后可委請医院兼理巡視工作

# 財糧工作計划

一、扩大財源整理正規收入

甲 開源方向主要應從改善稅收办法整理官產遺產学田義田經營公營企業整理土地清查黑地实行稅契尤其要從發展農業生產提倡農村副業中培植稅源。

乙 具体工作：

(1)田賦工作：a 各縣須於四月半結束春季田賦征收，四月底清理田賦及去年秋季公糧尾欠切实貫徹減免延决定及負担政策有過輕或過重者應配合群众团体实行多退少補，一家減租后個戶負担過重者根據不超其減租所得的三分之一处理之，未減租户應一律实行退租。B 秋季实行田賦公糧合征應於九月份完成以收政商民便之效。关於征收標準臨時另定之。C 根據今春財糧會議所決定之田賦標準切实檢查春季征收中缺点偏向存在的問題於五月半报專署以資改進回報中并着重敌游區及新開區的经驗總結。

(2)公糧工作：A 五月下半月到六月五号準備夏季公糧征收，準備内容：1 切实将村莊（分别基、敌游及新開村）區

十四

织、土地（以自然亩为标准，公项地亦折合成自然亩）人口、麥田產量作出統計（根据過去了解及新的調查）作征收之根据并将实行新办法、合理負担（甲乙种）舊地畝等不同負担办法村莊分區統計清楚報告并自留存卷．2準備征粮簿記单据秤儲存地点及應有手續．3準備征粮組织（征委會征粮小组征收處）征收干部并擬定步驟計划．4過去发生的困难问题及早考慮解決免再重複．5進行思想準備技術教育提高干部互作能力注意結合生產運動的具体办法（如運征調節運輸不違農時節省民力等）B、六月五号后開始進行動員宣傳；成立各种征粮組织；十号后普遍佈置下去并着手征收六月底完成。C、要求鄒費、双温边各縣基本區一律直接到户，游击區儘量到户或民主分配到村，臨沂臨西蘭陵郯縣應在可能的村直接到户，一般的村應民主的分配到户，滕縣嶧縣滕沛嶧邹滕边湖東應一律進行征收其方式可根据當地情形条件研究進行．D、公粮征收概以新办法為準其他办法都是作為過渡办法使用，兹要求实行新办法村数、边區作到二〇〇村，双山縣一五〇村、費南二五〇村、郯縣二八〇村，其他各縣可依力量自定但須侭量於麥季征收中完成一定数量之村数打下基礎吸取经驗。下、加強边沿區及敌游區互作研究新開區互作調查研究進行適當征收迅速查清新開區土地畝数負担輕重人民生活状况麥科好坏可能征收限度與應採方法．

边沿區應切实执行三种制度（执行回報批準）并逐漸向外開展．

在敌游區應切实掌握負担政策強調互作的群众性逐漸改到依靠群众運用舊鄉保長不是单纯的村長路线，依对偽軍偽組织只是在維護群众利益（減少貪污明瞭鄉保長乱攤派分清敌我負担等）的条件下爭取其為我協力並應改造爭取到抗戰一面來。

新開區主要是根据情况（人民条件敌人過去榨壓情形等）建立机構充实人員研究負担標準互作方式反对征的過重也反对強調困难不進行征收．下 改善征粮办法調整人民負担比例根据各階層負担能力與發展農業经濟要求由專署重新修正征粮新办法以求初步統一魯南負担標準，各县應将過去実行经驗迅速报署以資参攷。（5）夏季公粮負担標準数量（另有文件）征收中的一般组织領导等可参攷去年所发文件並充実以工作的经驗由各縣研究進行。（6）九月征收秋季公粮具体佈置另有文件。（7）、配合民政部门继續土地陳報清查黑地各縣除麦前進行一般的土地調查外麦后應即進行土地陳報秋后大量開展求得基本村普遍完成。

(3)税收工作：一、為对敌斗争保護我區生産发展貿易須重新審查税率規定税率應留有弹性以利攻守，对公营企業及合作社经营出口入口暫規定减輕税率的百分之廿以利其发展。二、整理地方各税廢除中间剥削，在根据地内除牲畜屠宰酒予出包外其他行佣一律取消，土産（棉花银花等）准征百分之五的手續费，在敌游區及新開地區如一時取消困难可暫行出包制但應限於土産斗佣牲畜屠宰等；其他可依具体条件規定取消遲速。三、協同工商局進行商人登記準備逐步推行营業税制要求本年度内先作到各种坐商纳税（詳细办法另訂）

(4)徹底整理公有款産教育款産及没收土地擴大政府收入，(1)重新登記審查各种款産加強管理，為加強這一工作縣區可成立專門委員會，財粮科應設專門科員在五月份定為突擊工作，以專責成，要求基本區各縣（鄒費及邊區也）於麥前查清租額，沂蓮兩區及新開地區尤應重視，並於秋季公粮前查清報署。B 麥收后徹底檢查租佃關係及租約規定，並在征粮中切實了解減租后之負担關係，以貫徹減租政令，在減租時各縣財粮科長要切實參加，不僅在保証貫徹政令，更須相机依靠群眾力量進行土地陳報，反对貪污，整理村財政制度。C 整理坚持各机関部隊团体租种公私土地交相規定，

(5)整理田房契税，实行普遍的税契換契補契查契工作，明确地權保障地权，為此基本區各縣可設立田房税契股由征收股領導之，內設股長收發員（任收發契約計算税率等工作）會計員（任銀款管理）契税員（任粘貼契尾填寫契約蓋印等事項）查驗員（任查契及檢查契約填寫等工作）a 田房契税系省税因歸定契紙由專署統一印发交各縣使用，契约由各縣自印（系地方税）使用。B 田房契税條例及工作細則另定之。C 基本區各縣契税工作於五月份着手進行，奠定初步基礎，吸取经驗，於五月底總結報署，十一月定為突擊月

十七

大量開展這一工作。D 游擊區及新開地區可於秋后開始，現在只作動員工作，建立人民的思想準備，

二、嚴格統一財粮制度，進一步開展節約運動

1、重新審查各种制度，釐訂供給標準，严格划清供給系統、供給单位。a 配合民政部门規定各級人員的等級待遇、供給標準。B 五月份分別召開金庫會計會議，研究各种簿記、預决算、財务行政及各种制度，製定出適合魯南具体情况的制度。C 深入檢查各開支单位，研究開支標準，各縣（特別是敌游區及新開區）應於五月上半月分別召開供給机関會議及初級會計會議各一次，以吸取意見，了解情况，並具体協助一二单位整理賬目，從中吸取經驗，於五月半報署。D 建立會計系統，確立三級三審的財粮業務制度，縣級以下党政軍民一切供給與報銷統一於縣財粮會計，編造總預决算為第二級，專級直屬单位由專署設專會計，統一編造預决算（亦為第二級），各二級所屬实际開支单位為第一級，專署財粮部门為第三級，各區中隊一切供給歸縣大隊統一編造預决算，送縣財粮科會計彙編。F 建立供給証制度，各縣（沂蒙兩區同）與麥前普遍印發供給証（由軍需代办章齊），目前即應着手登記冬衣，着手

保育已实行者應很好檢查将执行情形报署，

2 改善粮票制度：由專署统一計划改用飯卷為便利部隊活動实行臨時支粮証（其詳细办法另文下達）粮庫制度在新的環境下亦應改革统一縣設粮庫斟酌地形及各种條件在全縣設若干分庫直属縣庫領导以便利粮食開支糾正各自独立的傾向加強粮食管理的集中性．

3 為了粮食調济与運輸需要：a 夏季公粮将解粮与地方（縣级以下所属各单位縣大隊在内）用粮分開儲存；解粮由專署調度（憑支付書領取）地方粮由縣調度到專署报銷B 縣財粮科可試採合作社方式组织運輸隊轉運公粮其办法先将全縣縱横划成路线歸定轉運栈並確定站与站間之運費以后公粮由人民自送（如起即存當莊者至起粮時仍需送去但以不超五十里為原則）至於兼運輸各區縣調濟等皆僱用運輸隊以減少支差，最好的还是将公粮商品化由財粮科互商管理局依粮食調濟需要与市場粮食價格於贸易中運轉之

4 厲行節约号召密切節约生產制度三者的联系：a 減少经费開支，省定今年部隊從生產節約中解决百分之五十一

八十，机関百分之三十到五十，魯南生産商無基礎可另自各单位自已規定於五月底由縣負集报署。B 節約粮食要求全年部隊從生產節約中自給十天到半月的粮食，机関团体自給五天至十天約并於麥前统一節約出五天的（此粮即由五月份預算内扣除，節約办法首先是提倡自作自食（自磨煎餅或做高粮麪饃等）其次是严格火食制度提倡自己運粮自已生豆芽做豆腐馬料打掉高粮糠喂猪等。C 服装節約：主要切实保存棉衣節约单衣提倡縫補平格发新的收舊的提倡個人作節衣計划凡去年发過棉衣的今冬一律不再发。D 发動個人節約運動（節約應領一件物的運動）鼓发個人作節約計划，財粮科負责（部隊歸供給部门）收集该計划并发分别奖勵表揚詳細报告專署。

三、徹底整理村财政减輕人民額外負担：

1、基本原：已整理村於六月底普遍检查一次纠正偏向（亦公費作了津貼慰劳捐款等仍摊派等）建立制度，凡經檢查過之村作到能建立賬目按月公佈账目按时报告取消摊派，未整理村：配合民主運動普遍整理要求能整理一個巩固一但具体整理村財時間步驟由各縣自定。

2 游擊區：主要是進行宣傳教育使群众了解民主政府的財政制度，其次是选择基点村打下基礎，但在方式上應多注意根據敌我力量（政治軍事各方面）及村的具体情况群众要求等确定整理办法整理后只要求能作到建立公佈賬目制度減少村長中飽貪污分清敌我負担即可。

3 新開闢區（如滬河鄒滕泗睢沂等）根据群众運動發展情形進行整理，要求民主改选一村整理一村並在整理中教育群众認識新的財政制度使其整理后能掌握堅督。整理方式可通過清算賬目反貪污改选村政等，整理村数由各縣自定但要求作到整理一個鞏固一個。

4 整理村財政是長期堅苦的工作是與民主建設群众運動不可分離的，因之要從深入实际点滴作起反对形式的整理各縣應根据不同情况適當定出計划要求尺度报告專署並在工作進程中不惮点滴的反映偏向纠正经過及经验等與魯南時报專署財粮科。

四、建全机構調整與培养干部加强各级联系

十九

一、各縣區要根據專署今后一年机構编制與人事配備要求按期充实配備起來根据商政精神因事設人防止濫芋充数，由改正兼职誤职，盧南之各种制度不能巩固賬目紊乱缺乏系統工作主要是对財粮机構認識的商重所致。

（一）基本區各縣机構與分工：A 縣設正付科長各一人分管財粮工作現無付科長的縣份應即設法配備。會計二人以任財粮收支賬目負責統编縣級及所屬机関預决算兼負初步審核。金庫一人負責錢款出納與保管。粮庫一人干事一人負責公粮柴草發放保管調濟運輸掌握粮票制度，粮庫員十五至二十人（分任各區分庫）。征收處設主任一，征收隊三人至五人（根据各縣情况地區大小工作难易自定）管理田賦公粮柴草征收事項，干事一掌管公遺產等由租款調查整理與征收事宜（可参加公遺產委員會）田房契税股設股長一收發一會計一契税員一（工作於上叙）。專署限設股長一股員二負責縣會計單位之服装鞋襪發放單工器材購置保存棉衣保存掌握供給制度，並計划設立鞋工廠被服廠各一處以統一全縣被服鞋襪之縫製。乃區設財粮助理員一人干事一人（管記賬）負責本區財粮征收执行縣財粮科計划與土地产量調查各所屬負担統計及統一全區党政民預决算等事項在征收期間區可成立征收委員會領導全區征收工作。(乙)村設粮秣委員會管理全村財粮征收保存事項征收期間村設代征组以突擊方式完成征收任务。

(三)湖專區（如湖東峄縣滕沛峄邳縣等）可根据當地实际情況與精簡原則配備之但為加強財粮工作基本的机構（縣的科長金庫會計區的財助）要於十月前配備完全至臨沂師西蘭陵滕縣邹滕边等地區可依基本區编制減去因房契稅股及征收零干事僅需股只設軍需代办員一人即可。為加強活動性區粮庫直接受區領導。以上机構要求各縣陸續充实於十二月底配備齐全為使干部專门化確定以后財粮干部不得隨便調動，遇必要時須经兩级討論批准。

2 加強在職干部教育准備新局面到來的干部。

(1)專署開办干訓班專培養區財助縣科員一级的干部，各縣應大量吸收在職與新動員干部学習原則上畢業后仍回原地工作。

(2)縣在陰曆年前后五月下半月及八月下半月各办訓練班一次，以整訓教育區级在職干部。

⑶夏秋季公粮及每一中心工作（如田房契税村財政等）結束后以縣為單位召集總結會討論研究一個工作提高干部業務知能。

⑷關於掌握各項制度之干部（如金庫粮庫會計等）統由專署召集專門會議研究，時間另訂之。

⑸平時干部除進行一般学習外在業務上應以財粮政策財政問題经济問題征粮新办法各种簿記金庫制度粮庫工作細則等為主（后者材料由專署收集分發）。

3、加强上下級联系严格各种制度：

a 計划專署一年一次總的計划總結报告，半年作一次總的檢查總結中心工作隨時指示決定，科内一月一次計划總結與縣联系半月一次隨時信件三天内答覆重要事項提最近一次政務會討論回覆。縣每月一次計划半月一次檢查與區联系一週一次與專署十天一次信件來往事項決定與上同。区半月一次總的計划總結報告一週一次檢查中心工作依縣計劃隨時反映情况，解決村前的問題。

b. 汇報制度：区對縣一週一次，縣對專署半月一次，專署对省三月一次．

2）會議：縣科务會每週一次，臨時问题随時商談．

3）區分庫对縣庫收支对照五天一次縣庫对專署一月一次，金庫收支对照二天一次对專署半月一次，

下預决算粮票等制度同以前規定．

42

# 農林工作計劃

我魯南局面初開对生產運動普遍并举勢不可能，應抓緊中心環節推動全盤才能有效，因此為貫徹農業生產運動的指示我們應明确的以增產糧食棉花蔬菜注意為本年全年的生產目標，并為補充年前指示甚見特提出如下几点的具体任务和要求：

一、農業生产的目標和要求：

1、糧食增產：按照魯南需糧總数計算，本年各縣如果不能普遍增產，仍不能保証全年的軍民供給，因此要求各縣依照前指示山區每畝增產三斤至五斤平原每畝增產五斤至十斤的要求，詳密的訂立增產計划，各自明确的定出全縣全年的增產粮食總額作為各該縣努力的總目標。

2、棉花增產：每畝棉花產量平均山區以廿斤平原以五十斤計算，全魯南必須植棉四百頃以上方能足用，計各縣應植棉数為：臨沂三十頃、郯西二十頃、蘭陵二十頃、边區六十頃、沭河四十頃、費南六十頃，郯東八十頃、滕費嶧边五十頃、嶧縣二十頃、滕縣三十頃，以上植棉畝数可以棉代公粮并免纳今秋明春两季田赋，印发植棉証凭証免赋凭証统计亩数及产量，改良办法，各县应依前发脱字棉培法，择要先教以选种打顶打叉等方法以求棉花的增产及逐渐改良。

3、蔬菜增产：最底要求达到半数自给，机关部队学校到全部自给，但各县依实际情况有利条件下，提高种植方法，力求增产供给市场，并订立增产计划确定增产数额。机关部队学校（指训练班等）具体的规定自种菜计划。

4、增植树株：一般的造林植树各县应依照前发指示的要求及各县自已等名，严格检查，厉行保护（专署不久颁布森林保护办法）确立保証成活株数，同时应切实推广大量增植果树，并召集果树座谈会交流经验，对于品种的改良病虫的除治，要作深入的研究逐步的改良。

5、牲畜增产：为了保証生活的改善要求各县明确的规定肉类增产的数量，首要的是猪鸡羊的繁殖数目死亡率成活数目，必须详细调查统计，分别的定出一定增产的数目来，并希望各县逐渐走向发展畜牧的道路，为准备来年生产力的增大，并須計划耕牛的增加要求具体办法。

二、增産办法：

1 熟地要注重耕作技術要求深耕細作多耙多鋤加工加肥，仍按年前指示的要求切实推動。

2 熟荒要在今春普遍恢復种植（如沂河區及微湖水乾地區）應深入調查動員严格檢查督导统計恢復面積数目并实行分别奖励。

3 生荒要在今春普遍開墾种植，依照開荒办法宣傳動員组织奖励务在不讓一寸土地荒薄的口号下，加紧開荒運動並将開荒成績（劳力组织经驗已經墾种畝数等）及已開未開面積数等分别统計，以資規划利用一切農隙不断開荒。

4 水利：水利事項應按年前指示及参攷前農業會議，分别号召推動，凡有河流可資利用地區應按实际需要予以疏濬利用，如沂河、鳥河、洳河、燕子河、運河、不老河等，其他地區除利用山澗水內水池外應號召推動鑿井凡需要鑿井地區，各縣务必各自定出或代為定出開鑿井眼数目的要求並竭力帮助之。

5 積肥造肥：除依照年前指示办理外、関於薫土墻糞利用屋框動掃村内污土一年一次掃屋笆一年一次換鍋框等办法應即普遍宣傳動員採用。

三、組織勞動與獎勵勞動：

A 組織勞動．

甲群眾的：要求各縣將勞動力半勞動力組織到全人口的百分之十五，在群眾生活的水平上要求中農做到耕三餘一貧苦中農耕六餘一貧農自給，除農產主業外應兼營副業，家庭副業手工業等并很重利用勞力作生產運銷工商業等，在勞動組织上要求各縣根据群众不同的条件村要求分別採用或变通如下的方式方法：

1、訂立與家計劃應為組织勞動生产的主要道路可参照陝甘寧边區訂立按家計划经驗根据農户具備的生产条件（土地人口資力業务等经济条件）通过其家庭民主的決定訂立每户的與家計划，要求各縣具体討論規定全縣總数各區不同数目的要求與如何協同農會等团体分工進行办法．

2、廣泛競賽互助：競賽互助有鼓动勞动情绪提高生产热忱迅速完成互作計划的效能，要求各縣参照先進成例深入到村切实推动组织并将组织的队数社数村数人数提出明确的规定以发动革命的友爱的互助随时报导模范者鼓动竞赛热情提高生产力。

3变互组织（即换工）要求各县参照陕甘宁边区组织劳动经验一文中的组织原则在「平等互惠」「等价交换」「自愿结合」依具各地情况分别不同的组织形式组织起各式各样的变互队，不论男女老少、不论人力换人力畜力换畜力畜力换人力，以及個人的团体的只要能起着互助合作的作用凡能利用的力量都要组织起来，要求各县将所属区村的变互组织的队数组数社数模数人数百分比数提出具体的要求详密统计出明确的数目。

4扎互组织（即包工）要求各县在组织劳动中应注意到地少人多的贫苦农户的组织，凡不能採用「併地式」「拙牲口式」者应採用「雇傭式」组成扎互队，使其做完自己的包做人家的赚钱分用。

5合作社：亦应作为农业生产组织形式之一，因合作社形式比变互扎互组织形式更能适应各种经济的活动可以为变互扎互的发展，在春耕夏收秋收秋耕农桑生产各阶段的向隊，可進行運鹽運糧販出土产，并可分一部資金組织各社員妻女的纺纱织布，與统一購進日用品，廉價分給社員減去商人的剝削，除社員各自集股并可吸收富有者之投資以扩大合作社資力，加強农村群众经营的活動範围，富裕農村培植农業再生产的基礎。

乙 机関部隊的：

1.组织反換互：部隊生产组织反領导已有規定，各級政府群众团体可酌採生产隊隊下副分若干小組，选举組長，区中隊可以班為小組班長為組長，組長应以积極者担任，生产隊或小組在劳力配備上应科学的分別全劳力半劳力強壮疾病的不同討論換互依据互作对象是開荒种园運輸等計算劳力需要若干，各自约定对象组成小組一并实行小組間的換互互助，各机関於生产運动的动員與進行互助反覆精神的教育，生产中的先公后私思想集体观念，以便組织对傷病差假者之替互換互。

2.机関生产一般要求每人要開荒二分至三分，部隊每人要開荒三 分至五分，関於机关部隊生产品的要求应按照启边要求实践生產中的項目教量，具實完成任务，春耕启，除進行已開荒地，已種園地之加工細作外，争取時间，進行荒地開墾，與自因故致未能開墾者，亦可進換补開。

丙.优待抗属帮助抗属生产：关於抗属抗工属等的优待，应首先注重解决他们的生活，并予以可能的改善，故專書中規定從生中解决貧抗生活，但在組织他们参加生产上自应進行耐心深刻的教育，加强其劳動观念，使其認識到只有劳動只有生產才能保証解决自己生活，改善自己生活，改变以劳動為耻不好意思的想法，切实的為他们準備生產条件與体工作。

1.進行調查統計：按照抗属等的出身成份劳動力量集中或分散等，加以確切的調查統計分别組织，以不同的内容加强其劳動观念的教育并考慮其分散集中按置。

2.具体為其準備生產条件：如開荒則打算到土地种子工具粮食等事先準備，如缺乏劳力及無劳力者，应切实的具体打算代耕代收等。

3.組织方式，要求不要過於单調，只從家属上打圈子，应採用合作社利用合作方法組织紡纱運輸等种种的劳動生產。

丁、動員改造懶漢參加生產：对於鄉村懶漢街滑子的參加生產，各縣區应動員另各進行教育加以評另，对基本區群眾幾動較好的村莊对於這類人物要经過群众教育，保其覺悟提出改造減少消滅的不同要求，開始不应過份使人难堪。

B 創造獎励勞動英雄：

甲 勞動英雄条件：

1 自己勞動，多勞動有办法。

2 自己有計劃，能帮助別人計划。

3 會組织勞動，能推動全村造成勞動热潮。

4 公民模範。

5 多拖肥料，早种、多鋤、早收完成超過增產計划数量。

6 能使武裝與生產相结合，保護生產。

乙 獎励要求與办法：

1 要求：要求各縣所屬每區选定勞動英雄或模範勞動者的对象，於春耕春种夏收夏种秋收秋种三階段由各集举行模範勞動者大會各一次交換经驗創造予以工具或（縣）其他獎励，以帮助與提高生產热忱，指导其生產技術提高其組织能力，本署決定冬季十一月召開勞動英雄大會及生產展覧大會一次，評定劳動英雄給以大奖，各縣評展可依此規定早期準備选拔英雄集中产品参加十一月魯南全區生産展覧模範劳動联合大會。各地机関部隊亦应注意培养模範劳動者，創造劳動英雄，如開荒英雄种菜英雄等準備选送魯南全區的大會。

B 办法：

1 奖品規定：

甲 物質奖励：耕牛农具貸款优先权（机関部隊奖励酌時規定）

乙 名誉奖励：奖旗奖章奖状表揚（登报与口頭）提高政治地位（一般的）

2 奖励區分：

甲 凡具備英雄全部条件者，经評議确定得享受全部的奖励。

乙 凡不及劳動英雄条件而具備一、二、三、四者经評議确定得称為模範劳動者，应享受除耕牛以外之全部奖励。

丙 凡合於条件中之一、二、三、五、六者应给予除耕牛农具外之奖励。

丁 各縣春夏秋三季大會之模範劳動者應以農具名誉奖

鼓勵其生産热情，在冬季十月大會上評定劳動英雄大會，應按前列獎例給以耕牛一頭到二頭及其他獎品。

戊凡机関部隊之劳動英雄模範劳動者经魯南大會評定后，除全部給獎外，物质獎励隨時規定之。

3 獎励時期：

甲春耕春种完了后約在舊曆四月初各縣举行模範劳動大會一次，由縣獎励。

乙夏收夏种完后約在舊曆六月底各縣举行模範劳動者大會一次，由縣獎励。

丙秋收秋种完了后約在舊曆九月底（或十月初）举行模範劳動者大會一次由縣獎励。

丁農作物全部收獲后約在舊曆十月底各縣举行生产展覧大会及劳動英雄大會一次，由縣举行大獎。

戊舊曆十一月内，全魯南區举行生产展覧大會及劳動英雄大會一次，举行特獎。

四、農業生产技術：

1、注重宣傳教育，要求深入調查切实研究吸收经驗收集有關生产的材料編印有關生产技術的小冊子，或供給專區材料，由專區編印分发各縣區，並一面工作同志切实負責作深入的普遍的宣傳教育。

2 注重实际試驗，要求各縣認真成立有關生产的技術專家，建立各种实驗場所，如農場、苗圃、蚕絲試驗場、棉花試驗場、养鸡場、养蜂場、畜牧場、山菜場、紡織廠、糸綿業廠、製糖廠、石灰廠等凡可研究試驗達到我們发展生产目的的都可設場实驗。

丑、健全机構加强組织領导。

1 健全農林科，要求各縣將農林科健全或建立起來，已設農林科的縣份应力求健全，未設縣份应設法物色人材选拔干部迅速建立起來，切实的負起組织領导調查研究統一推動改進檢查宣傳教育等种种工作的任务，以求加强組织領导，開展廣大的大生产運動，以求充实力量推動生产。

2 健全生產委員會，要求各縣將生產委員會的組织予以健全起來，切实的負起組织領导調查研究統一推動改進檢查宣傳教育等等种种工作的任务，以求加强組织領导，開

二七

二七

是全民的大生產運動。

3. 轉變干部思想加強生产教育，是生產上有力的推動机，找魯南的干部檢討起來，曾多存着等待與被動的傾向，反以勞動為可恥，是等着，不正當的种种錯誤想法，這類想法完全將我們群众观念不強的弱点表现無遺，我们要糾正傾向改正錯誤，必須從首長領導起親自動手，開始，学習生產吸收经驗，知識份子並拿出參加高米競賽求類比賽爭取最后勝利的精神來，工農兵同志應拿出衝鋒般的決心與勇氣共同的重視勞動努力生产，才能打通思想轉變觀點，才能消除舊作風改造自己，然后才能使實際與理論結合，才能真正負起領导生产的責任來，因此特作如下的要求：

甲 要求加紧学習：要求各机関部隊团体学校每人都要加緊学習以下文件：1. 組織起來 2. 陝甘寧边區組織勞動經驗 3. 陝甘寧边區訂立按家計划经驗 4. 財政問題 5. 論合作社 6. 山東分局大生產指示 7. 魯南區委大生產指示 8. 更向前進一步。

乙 要求實践生產：机関部隊团体学校每人都要親自動手實践生产，每人要訂出全年的生產計划全年的節约計划。

机関团体学校每人全年最少要生产粮食五斤至十斤蔬菜一百斤至一百八十斤（全年每人需菜的半数）养鸡二只植树三棵，节约物品最少是一件。部队每人要生产粮食十斤至十五斤蔬菜一百八十斤至二百四十斤养鸡二只植树三棵最少节约物品一件。

4、实行检查制度、为了保証今年中心任务（生产）的完成、为了贯徹我们的生产指示我们应实行检查制度回报制度并严格的执行起来，关於主要检查事项特作如下之要求、

甲检查发动群众组织劳动增加生产（增粮增棉蔬菜肉類）的任务怎样布置怎样帮助是否完成或達到什么程度。

乙检查群众生活生情形及改善状况及是否因了生产而得到改善改善到怎样程度？

丙检查生产教育是否普遍深入通俗深刻群众接受程度有什么缺点。

丁检查春耕春种情形劳动互助合作状况如何组织及组织怎样？丸圃发展多少。

戊检查开荒多少？凿井打壩多少？植树多少？造林多少？放蚕多少？养猪鸡羊多少？

二八

55

已檢查积肥造肥多少？是否加三加肥多鋤多耙深耕細作？加三不同的收穫如何？

庚檢查植棉畝数种別時期方法与病虫害發育状態等各情形如何？

辛檢查农桑貸款出貸情形是否适當是否按時收回？

壬檢查各机関部隊団体学校是否親自動手实践生产生产情况如何？成績如何？進度如何？

六、机関生產：

1、生产目標在增加粮食蔬菜肉類的供给，使生产與節约相結合，以求得減輕人民負担，保証生活改善。

2、健全机構：加強各級生产委員會及各机関財经委員會的组织，力求健全充实，要求發生作用抓紧中心環節推動全盤發展。

3、訂立計划：在每人全年最少要生產粮食五斤至十斤蔬菜一百斤至一百八十斤养鸡二隻植樹三株節约物品一件的号召下訂出個人、团生產節约計划送交生委會或財经會，由生委會或財经會根據個人計划統計規定全盤的生产計划訂

二、總的要求數目並启接照總的計划具体分工平历督導执行檢查制度要徹底完成計划。

4、規定生产費：机関生产是一經常事業不能常借粮之工具須各自置備一些工具，决定前用於机关生產的資金全部移作今后牧条生產資金，作如下用途：

A農業上基本工具（鐝鋤梭犁子耩子园具等）的購置，第一年生产中所需各种品种的購買等。

B本年生產品應預先选出次年所需的种子，下年种子即不得用支生產費。

C其他生產獎金家畜購買等均須由盈餘或公積金内開支不得動支費生產費。

5、業餘生產分利法：茲一般提出机関部隊的業餘生产盈利的分配作参攷：

A公積金：以盈利的百分之五十為公積金，備補充修理購置等一切生產需費及擴大再生產之開支。

B生活改善費：以盈利的百分之卅為生活改善費作改善生活之用。

二八

㈢劳動提成：以盈利的百分之廿為劳動者的提成，分給劳動者。

以上計划希望各縣詳細討論，周密佈置，并將獎励条例佈告通知，鼓励宣傳要普遍深入，以期達到專署開展极系生產運動指示的完成。各項工作可根據本節分段佈置分段總结經驗。

# 工商管理局工作計划

(一)總的奋斗目标：

1、發展生產、积蓄物力，打下自给初步基础，改善群众生活，增强对敌斗爭物資力量，

A、發动和組织人民人力物力財力、開展手工業生產、貫徹農貸政策，扶助農業發展、

B、实行奨勵政策、着重民营啓發群众生產热忱，從經濟上組织起来，并实行分散發展、減少敌人的破坏。

2、發展商品經济管理与調剂物質交流，开展对敌斗爭增加人民收入。

A、实行食鹽專卖，發展群众性盐运事業，培植經济斗爭的主力，并实行食粮專卖，組织敌我区及我各縣区之间的調剂交流

B、組织工產輸出，暢通銷路爭取有利輸出超

3、停用法幣發行現國本幣以便統一幣制，阻止敌之傾銷掠奪，保護我之生產貿易。

A、停用法幣發行本幣，建立偽款匯兌，開展对偽款之直接

三十

斗爭、

B.恢復邊区与其他战略區之聯絡，（便於商業發展）

（二）全年工作步驟、

1.上半年以傳用法幣食糧運輸為中心，

2.下半年以發展生產（紡織及其他工業）為中心任務，并組织土產輸出，鞏固扩大本幣流通範围，

3.利用夏秋之交、及舊曆年关之空閒時間，總結工作經驗整訓在職干部、

（三）具体工作：

（1）發展手工業生產。

1.紡织事業、

A.將現有已經組织起來的紡車织机，都要继續轉变組成群众性的合作社，要切实做到由群众自己管理、政府低價供給原料，并要尽量吸收民資尽量吸收民資，可酌量補助少數貸款，0.3高价收買成品

B.今年應继續買棉尽量完成三二〇〇〇斤，及完成织布四五〇〇匹的任務，如棉不足時可酌買土[illegible]

60

C.現因棉价較去年高漲得很多，原定二斤棉一斤线的工資標準已不適用，应立即改為紅粮為标準。一般規定頭等紡十一斤，二等线九斤，三等线七斤。織布一匹十四斤到二十斤。各縣可按成品好坏及当地群众習慣斟酌具体規定，這种工資規定和發給应是合作社自身的事，不应包办代替、公营商店收買布匹價目应根据紡織成本工資，合作社应得利用三者規定一般应高於市價，

D.今春因棉產不足，春季羊毛下来時，可斟酌收買，（最好動員各合作社自行收買）以免紡織不久就要停頓，紡織毛线由公营商店定價收買，作為冬季軍政人員補充毛物之用。

E.今秋目标应首先全部解决部隊机关人員用布并在可能範围内部份解决群众用布应由公营商店及合作社收買棉花十八萬斤供给各合作社紡线織布四万匹，為此各合作社之紡車最低要發展到六千輛，織机五百架，彈花机三十三架，压花机二十架，各縣發展数目如下：

F、為了完成今春與今秋紡織生產任務，要立即整理鞏固現已組織的紡車織机，使真正的群眾性的合作社、各階層要提倡模範社及模範紡織者、獎勵織布五人以上，招收放綫每教会一人，政府獎給糧二百斤，教会一婦女獎二百五十斤、鼓勵婦女學習織布，並須立即佈置購買強壓棉机、打造織布机等，以便切實準備秋季的發展。

F、為了提倡推動紡織運動，魯南工商總局設一紡織廠，進行紡織布匹、毛巾、毛綫等，以便創造經驗、改良技術、

2.日用品生產、

A、造肥皂由總局設廠試造。

B、造紙總局設一造紙廠，製造印刷紙張，各縣局設一分紙廠，製造燒碱，

C、民間編織品手工業應予以定貸或貸款，以便扶助其發展，

3、今秋普遍發展群眾性打油合作社，主要是動員人民財力人力

| 類別<br>數目<br>縣別 | 紡車 | 織机 | 彈花机 | 压花机 | 籽棉數目 |
|---|---|---|---|---|---|
| 郯東 | 2500 | 170 | 12 | 8 | 7000斤 |
| 費南 | 1000 | 80 | 5 | 4 | 3000 |
| 費滕嶧 | 2000 | 150 | 10 | 6 | 6000 |
| 運河 | 500 | 50 | 3 | 1 | 15000 |
| 四区 | 500 | 50 | 3 | 1 | 1500 |

62

政府輔助小部貸款，并暢通销路争取大量有利出輸

(2)实行貿易管理：

1.实行食塩食粮專卖、发展群众性运塩运粮事業，（另有詳細單独办法）奠定貨幣斗争基礎，

2.組織有利的輸出輸入，一方面要保証必須需民品的輸入，另方面組織务奨勵土産出口，其办法逐漸減低、或免除出口税、团結敌區商人組織群众性的运輸暢通銷路，爭取有利出超，并規定生油、麻、豬鬃，羊毛、烟叶等，為特稅出口貨，登記外滙出口，土産山貨銀杏為普通出口貨，奨励輸出，食塩食粮為專卖品，以便分別管理組織輸出入，輸出方向是远处敌区城市及濱海苏北等处

3.切实認真的健全公營商店 发展商店业務，使成為对敌經濟斗爭的堅强堡壘，并必須对敌經濟斗爭、組織有利的輸出入中獲取利潤，四五六三月最少獲利須在本幣一五〇万至二〇〇万元，以支持政府開支減輕人民負担。

(3)開展貨幣斗爭：

人在我基本區內实行停用法幣，自四月一日起至四月十五

日止為停用法幣突出時间，四月十六日起在基本区内全部禁絶，（詳細办法另有単独計劃）

8、籌備建立鈔票印刷工廠年底發行二五〇〇一三〇〇〇〇万元，并決定暫以銅元代替輔幣，印刷廠建立后再行印刷輔幣。

9、建立即与健全各滙兌所，建立本幣与偽鈔之直接滙兌、并恢復与其他战略区之滙兌。

10、健全銀行業務，将各縣銀行办事処撤銷，魯南銀行归魯南工商総局統一領導，合併办公，但銀行投資貸款会計制度等，仍保持其独立系統，不能与工商局業務制度相混淆。

(13)整理稅收加强群众性緝私，減輕群众負担，保証政府收入。

(14)基本區集行一律停止包，一般收歸自辦，建立尹格制度，改变工作人員的成份，并加强檢查督促管理教育，内地個別集市試行自由交易，有經驗時再行推廣。

15.工產稅（生油金銀花梨棉并等）依發展營業（机关团体）商業（公營商店）整理正規稅收情形，分別的逐漸的減輕或豁免。

2、加强群众缉私，适当修正税率，减少偷漏，配合物价管理，保证税收。

(5)发展群众性合作事业，活跃农村经济，增加人民收入，繁荣根据地。

1、强调合作社是群众自己的经济组织，由群众自己管理，组织劳力与资金的结合，贯彻对合作社扶助与奖励政策，（投资贷款业务指导等）明确在合作社中树立基本群众的领导骨干与经济优势，反对政府的包办代替及少数坏份子的垄断操纵，关门主义，不吸收社会游资的现象。

2、目前主要是发展运盐合作社，整理巩固纺织合作社，转变去年秋冬的打油合作社改营运粮运盐业务，并与农业生产劳动互助相密切结合，引导合作社向综合性合作社发展、（生产运输消费）使之成全面组织农村经济的核心。

四、亦要防止与纠正

三三

615

# 教育工作計划

根据山東省国民教育实施方案及省政委会関於教育工作的指示，参照魯南环境形勢及实际需要，对魯南區四至十六月底之教育工作，作如下之佈置：

（一）

(一)工作方針——開展国民教育，大量設學，發動新啟蒙運動，掃除文盲，培养公民，

(二)中心任務：

1、發展与整理學校教育——增設整理初級小學，發展各縣完全小學，開辦魯南中學，訓練師資，印刷教材。

二、發展社会教育——開辦民校及農村俱樂部，開展冬學運，掃除文盲，培养公民。

三、展開對敌文化斗爭——調查敌區文化教育，打入敌人政治組織，掌握敌方文教動態，团結敌方教員，普遍散佈文化食粮

(三)具体工作

66

三四

甲、教育行政方面：

一、専署教育科——發動幹部、培養幹部、提拔幹部、充實組織机構。

二、各基本縣教育科依照省頒各縣政府工作人員編制表的規定、遴選幹部充実與頭，即屋縣要有教育科長一人科員二人，督學或視导員一人必要時並得設副科長一人。游擊區或敌佔區縣份，最少要有科長一人或科員一人、（六月以前充实到科長一人，（科員或督導）一人，九月前增一人，十二月前增一人。致區要於六月前設齊）

三、各區文科助理員，全数補充起来並注意用健強幹部、反對形式主義，不超領导作風（文教助理員得由中心小學校長兼任），但在認識上應确定是區公所幹部，應照顧全面，不要偏於一间中小學區）

四、嚴格各种制度，增加工作效率、如各种会議制度、檢查、回報制度、總結制度等。

五、專署於開全魯南區教育行政会議一次（時間仍應在秋假以前，各縣教育科長、中學校長専署教育科負責人員均須參加。討論问題及範围，会前通知。

六、各縣於本年内，应召開縣教育会議一次至二次，縣教育科員責人，各縣立小學及中心小學校長，各區文教助理員一律參加討論，開会時期由各縣自定，最好要在專署教育会議後要開一次。

以一年內專署教育科普遍視导全專區教育一次，並按工作需要隨時到各縣檢查幫助各縣教育科普遍視导全縣教育二次以上、視导時按照实际需要招開全縣或会區臨時会議，解決困难問題、區文教助理員應經常視导全區各校、按照規定開会日期，經常召開会議（如教聯会教學準備会等）

八、專署建立教材審查委員会，籌設教材印刷廠，翻印小學冬學課本，及創編教材与其他參考書刊物等，保証學生課本及幹部教員讀物之供給不致缺乏，

九、实行調查研究工作，製定各种統計表，在本年內將全專區的學齡兒童，就學与失學兒童，教育行政幹部，各級教員，潛伏師資与知識份子，各校概況，教育行政及敵政概況，敵區教育概況，及其他应行調查事項，逐項調查統計[illegible]戰、

十、各縣教育科会同財粮科繼續進行教育款產的調查整理，

三三

68

與新增公產逐產確實登記整理，以增加教育經費之收入。

十一、編擬與修正晉南單行教育條例辦法等，翻印有關教育法規，分發各縣各區。（其中晉南單行部份並交專區參議会討論決定。） 教育廳完成

（四）小學教育方面：

一、每縣爭取建立完全小學一處，學生要足法定人數，限於麥假前完成，（敵游區除外）

二、各縣要按照實際需要，及環境條件設立抗屬小學。

三、擴充與鞏固初級小學，每行政村必須有一個以上的初級小學，自然村二里以內的村莊，要聯合成立一個以上的初級小學，學生要足法定人數，新設學校應照顧到鞏固的方面，舊有小學注意鞏固健全，使其日趨正規化（秋假完成）

四、劃分學區，中心小學區，及小學區（參照學區劃分辦法）區中心小學區應設中心小學一處，要對同區各小學負起輔導作用，十個小學以上，即應分劃兩個中心小學區或多時类推劃分，全區不足十個小學者可只設中心小學（統

假秋假前完成）

五、各县视实际需要，酌设实验小学

六、各小学应具有必要之设备（参照省颁小学暂行规程）不得借口备战，草率从事，也不要过事铺张，不合战时环境

七、实行优待抗属学生及贫苦学生（参阅优待条例）

八、加强领导小学社会活动，使学校成为为人民服务的场所，也是推行政府法令的主要力量，时刻为民众生活着想，并予以实际帮助，如指导与帮助民众生产识字，代写书信契约，解决疑难问题……等，在推行政府法令上，应切实负中心任务联系，如减租、生产、拥军民主等可由教育讲述上述法令办法与学生听，由村民所组织学生作各式各样的宣传。对民众对学生家庭分别说明这些法令与办法的益处，并本身能切实执行，如在减租上能起模范作用，在拥军上能时时为抗属着想，如为年老抗属挑水拾柴，向出征军人及主力军人致敬。组织对参军的欢迎欢送等。在生产上如教育学生帮助家务、学习纺织、拾柴、拾粪等。在民主上教育学生向人解说公民资格权利义务等，其他一定时期

三六

70

的各縣中心工作，均应在學校社会活動中表現出来，必要時各縣教育科應將中心工作編為補充材料，教育學生。

九、提倡小學間的观摩競賽運動，舉行各种集会，如懇親会，展覽会及其他各种座談会等。

(丙)中學教育：

一、成立邕南中學籌備委員会。着手進行發動教員，動員學生、籌劃開辦學校一切應行之事務。

二、各縣應对發動中學教員及動員學生上尽最大努力去帮助，尤其敌游區縣份更应注意是項工作、

三、中學暫以辦理師範部為主（即師資速成班）动員學生或現任程度較低之教員入校，以造就优良師資，如发动敌區青年及基本區小學畢業生多時即開办中学班。

四、中学应於秋假前籌備完竣，於秋季開学。

五、訓練班内教育班，於收第二期学生時，严格測驗，提高程度作為中學師範班之基礎。

(丁)師資訓練：

一、專署特訓班教育部繼續办理並延長，間為三個月，稍調

各縣小学教員来班受訓（抽調時應有动員工作）及发动各地潛伏師資及知識份子来班受教員訓練，第一期結束前一個月，即发佈告招收二期。

二、各縣於秋假期間，集合全縣教員，作普遍的訓練，除訓練教学管理及有關小學教育的技能與政治知識外，同時得各学及社教工作加以研究與佈置，並大量發动知識份子參加受訓，以解決師資缺乏之困難。

三、訓練師資的工作，要由政府主持，與同級的党、軍、群眾團体密切配合工作，上級對下級办的訓練班，要派人參加指導訓練的方式及訓練的內容訓練的組織由專署規定。各縣於不同環境之实际需要選加補充教材。

四、在秋季集訓以前，為了加強小學教員的質量提高教学能力，由各縣教育科於各區視導員，集合一區或臨近數區的小學教員開短期的教学研究会，採用座談，報告，討論等方式，研究內容以新民主主义教育政策小学行政教學法，教員修養等生活指導社会活动為主，再於各地需要，補充研究材料。

五、各縣教育科應多方介紹參考書籍，教員讀物及報紙等、

三七

72

供教員研讀，並規定学習及測驗制度，严行檢查。

六、各縣及區文教助理員要严格執行縣教聯会会議及教学準備会的制度，促進教員進步。

七、各縣实行檢定教員，成立檢定教員委員会進行檢定工作。於麦假后办完第一次檢定，其因故未受檢定或新发动之教員於秋假后继续檢定之。

戊、社会教育：

一、上年冬學限於本年三月二十日以前一律結束。縣教育科於四月底總結与第一二階段的總結一併呈報專署。

三、冬學結束後学生不能入民校学校继續学習者，应將学生劃分学習小組不時温習，以免將所学知識与文字忘掉，各小組選舉正副組長各一人負責督促，有小学員的村庄小学教員应負督促檢查之責任，無小学教員之村庄由中心小學校長負責督促（或委鄰村小学教員負責）各小組長每月要將温習情形向負責人報告一次，再由負責人轉報區文教助理員，經區彙報上級查攷，各县教育科並可隨時擇取加以測驗。

二、各縣冬学结束時，应擇條件适合之村莊，改設農村俱樂部及民衆学校半日或间日学校。要求：1.每行政村要有俱樂部一處，至少每中心小学區要有一處，能多办者更佳。2.至少每區要有三處以上，3.自然村以三里以内之村庄合办。4.各种组織另行頒発办法

四、各縣及專署，应搜集与捐募新舊書籍，在机关团体中发動一本書運动，多訂报章雜誌等，設立本机关的圖書館，各小学中学也各設校内圖書館。

五、各縣籌募與購置大批新舊書籍，設立縣立圖書館一所。（组织法另定）

六、開展識字牌、代筆處、问事處等工作，努力克服形式主义，作到実事求是的程度，教民衆識字，及代民衆解决问题。

七、中小学教員学生有負責推动社会教育之义务（其办法另定之）

八、各縣在秋假集訓教員時，应将办理本年冬学教育工作、

列伸為主要訓練材料之一，並発动其参加运动之热忱。

冬学

九、専署於九月以前招開冬学座談会，檢討過去经驗，研究本年办法、得出結論、指示各縣，各縣於十月以前將冬学工作佈置完竣，保証於十一月開始各冬学一律開始授課。

十、本年開办冬学時，凡上半年（即去冬）曾上冬学之学生应加測驗，編入另一年級上課，並动員舊学生继续入学。

十一、専署印刷廠，預先準備，保証課本不致缺乏。各縣应於開学前搜集補充教材。以免臨時無處搜集致教材内容不充实。

十二、注意婦女認字运动，発動大批婦女認字班及婦女冬学，其数目至少要佔男子冬学的二分之一。

十三、实行工讀小组及農閒（晚間或陰天）教学的办法，教勞苦大衆再貧苦児童認字。

（巳）对敌文化斗爭：

一、専區建立对敌文化斗爭委員会

二、敌區及边缘區縣分組織对敌文化斗爭委員会（組織办法另定之）

75

三、爭取敌區小學受我方領导。

四、在边緣區游击區敌佔區創設灰色小学与私塾式的学校。

五、深入進行敌區文化教育各种調查

六、爭取敌區知識份子，参加我方文化工作。

七、發動敌區青年到我根据地求学。

八、配合报社寫作文化宣傳資料分散敌區

九、敌區學校爭取與管理的方法、文化教育調查事項，由專署教育科詳細擬訂交政務会議通過执行，限於六月初旬完成。

(四)工作重點：

一、小學教育的發展，着重在六月以前，一面發展，一面鞏固。

二、訓練師資着重在秋假的普遍集訓，以經常的分區研究会及抽調訓練輔助之。

三、中學師範班上半年籌備下半年完成。

四、社会教育着重在下半年冬学运动，以農村俱樂部民眾学校、工讀小組、小學社会活動等輔助之。

五、对敌文化斗爭係經常工作，並应抓緊時機配合党政軍民進

行实惠工作，

六、以上教育工作，应与其他工作密切配合，使学校及社会教育机关成为推行政策法令的基本力量。

77

# 司法工作計劃

一、司法部內常期沒有建立、建立的不健全，舊形式的破撤，新手續失之过簡，但別強調舊法条，強調司法独立的舊觀念，這些主要是由於不認識司法工作是新民主主義的民主建設之一角，過分強調技術的結果。

二、目前局面上升定安，訴訟增多，司法工作是必須加強，因不容以往的現象繼續存在，並且為打下今后新民主主义的司法基礎，我們的方針是必須健全机構，严格制度加強幹部教育提高幹部質量，在已有政策法規上，逐漸發現新的根据吸收新的經驗，創造新的办法，（包括民刑法及民刑訴訟法）

三、具体任務：

甲、在認識方面：首先应知我們目前是在革命过程中，而新民主主义又是我們一切建設的方向，过去与現在雖同是私有財產制度時期的法律，但对封建性的行為與封建关係却是應有完全不同的司法的態度，因之我們对待舊法律应是從

四一

削弱封建力量的新民主主義的現實來發揮批判的使用，对於省、領或專署所製定的法規必須遵循，根據中央政策及人民需要在理）有專既無明文，舊法条也不能引用的案件，創造好的判例）、对司法部门地位的認識，应是與其他部门工作一样同等同間級行政委員会的領導，最后是屬人民的，立法司法行政的分立是錯誤的，與公安局的关係則是公安局專门偵緝奸細盗賊（因為革命的戰爭的特點）司法科的職掌應是民刑訴訟案事項、推動組織區村調解委員会，但公安局对於奸細盗匪可單獨偵察逮捕預審正式判決及執行應屬司法部门，而司法科有特殊偵審緝捕事項，亦得託公安局办理，关於司法幹部配備標準，主要應須其政治条件堅定抗戰民主事業是基本的文化水平是重要的，司法常識是輔助的，拘泥於技術觀点是錯誤的，尤其在目前是不容許的，制度手續上的形式正規不是大衆所需要，必以批判創造精神製定新的科學的簡易的手續

乙、建立機構。（各县）

A、基本區須建立司法科，内暫設科長一人，記錄一人，另外因需要設警狀生一人，執達員二人，於穷[illegible]應配備完全建立翔寄

武装班長即正副看守長，此項武装的供給由縣政府秘書处
負責管理教育（非業務的）由縣公安局的武装干部負責，有
关司法業务的管理教育由司法科負責，此配備沒完成的時
期工作暫依旧办理。

B.提倡并普及依双方自願為原則的民间調解民事一般推行
調解，除漢奸反革命破壞罪一般刑事也得調解，為此各縣
应即成立調解委員会（區村各級的）关於調解委員会的組織有
須导須按以下幾項办理。

1、調解委員会之建立，或由政府商聘或於一定的選举会議
中產生，但其成份是热心抗战民主的，模範榮譽軍人模範
劳动者，群众代表則係（不一定負責人）公正士紳等，都
是商聘選举的对象，主任不一定為政府工作人員，但司法
科应隨時指导檢查。

(2)（區）縣調解委員会得按需要設脫离生產的調解委員一人，常
期駐会（辦公用品由司法科供給）。

(3)开会調解案件也委員伙食准实报实銷。

(4)無論区（村）縣調委会，調解的案件，須留筆錄備查，将調解

不成的案件将筆錄送县。

C.关於幹部的解决，須打破技術观点，各县自行配備并将詳明履歷报告專署，已配好的幹部，須立即制出学習本等業務，学習的内容，抗日根據地的基本政策，及省專两级法規，為主要材料，舊法律為補助材料，進度自定报署備查，筆記或討論結論，保留備查，政治学習仝同级机关学習不另規定。

丙建立制度严格执行：

(1)審级制度，县為初審，專级為二審，省级為三審，送省令於三级三審辦理。凡死刑判决無論當事人服否，一律須請求覆審，覆審制度（須送全部卷宗。）

(3)判决書制度，一定有判决書三份，二送当事人一存卷，文字要浅明準確，不拘泥舊形式。

(4)批答制度，当事人有所請求，面答不可時，必須製稿批示為此各区的中心集市酌設木牌以便張貼批示。

(5)关於當事人的傳喚拘提逮捕与覊押。

(1)非現行犯的，傳拘逮捕須有縣發的傳票，拘票逮捕証，此種文書，各縣自造。文內应註明該当事人姓名、性別、籍貫，職業，住址，案由，發票机关年月日，須註明是否可以搜索，及執達人司法警不得敲詐勒索字样。拘捕現行犯雖得無票，但須於法定時间內送交司法机关或公安机关，不得任何意羈押，区对於為行政事件的传唤，得自憑条施行不一定持傳票

(2)非因特殊事件不得羈押当事人，刑事案情，輕微者也可酌情交保，但須防止逃跑，如此以減少犯人的羈押，在押期间的犯人，体劳教並用办法，不得侮辱伙食隨机关一般禁要飯菜金（营理）下关於自由刑多採用緩刑解釋等辦法如必須執行徒刑的，須依省頒办法办理之，禁用任何刑訊及变象刑訊單憑口供威脅利誘等办法。

# 公安工作計劃.

一、改正公安工作的神秘化，应知公安工作是保衛人民利益保衛民主政府，八路軍，魯南抗日根拠地、反对敌特奸細的机关。但這也是各級政府每個抗日公民責任，不能麻木推諉以為是公安局自己的事，各公安工作人員須轉变神秘観点作風，在工作上樹起依靠人民的観念，争取在某些幹部会座談會，群众大会上進行鋤奸教育，普及对敌特奸細的認識及防奸与鋤奸的知識教育，动員人民自覺的進行反敌特奸細斗爭建立群众性的鋤奸工作。

二、加强偵察情报工作正确执行寬大与鎮压政策、严格鋤奸工作制度（偵察、逮捕、預審、判决歸司法、）保障人权、纠正縣以下仍有擅捕、乱押違犯政策的現象，对新開地區須認真执行専署新收復地區处理汉奸奸細特務悔过自新暫行办法。

三、健全机構，區一級公安員应於一九四四年内求得全部配齊，縣以上各縣科股可酌采付職，幹事、帯徒弟的办法，耐心培养。

四、公安司法處理权限於划分，两种机構、制度的建立，看押班分别编成，要求基本幾縣年内能够完成。

五、统一领导，区特派员即改为公安员，专署成立公安会議）由专员公安局長司法科長组成之，代表行政委员会，研「」具体「、策，正确处理案件纠纷。

# 人民武装工作計劃

一、切实执行自衛团條例、發揮普遍的人民武装自衛，巩固根据地，坚持边沿區斗爭、具体工作应協同武委会進行。現有人民武装的二期整訓，各級政府須了解二期整訓的中心任務，是保護春耕夏收，廣泛的組织劳力与武力的結合、积極生產、加強政治教育，爭取時间大量開闢新地區，恢復新收地區，普遍全面的開展群众武装自衛運動。因此各級政府在貫澈減租生產工作中商同農会武裝会組織民兵參加生產，如集体開荒、運鹽、（工商管理局亦農林科可在自愿互有利的條件下具体研究，給以指導性的意見、方一定的便利），使武裝的組織同時又是勞動互助的生產組織。加強民兵的勞動觀念，群众觀念的教育，糾正個別民兵脫離群众不願勞動的不良傾向、在中心區应鼓勵民兵的武器調劑邊沿區以武力，劳力（代耕搶種）支持边沿區並对裝備上、石雷、石炮器材的帮助，縣政府並应不斷了解边沿區情况变化（前進、后退，緊張，和緩，人民，武力條件等）直接指示，檢查边沿区公所对武装的领导，一面商同县武委会有计划的轮流抽调民兵到边沿区活动，封锁据点，打击出扰敌人，应注意民兵活动必须是分散的、小组活动，发挥地雷战，运动埋伏战，爆炸组（冷枪），民兵训练班（五天到七天）的民兵村轮训班，政府应注意予以物质（财粮等）的供给便利，对平常教育上文教部门（村中心及一般小学）可在校设学班对民进行尚武精神的教育编写教材，并选用人民武装业务教育的教材

六、县名奖励民兵在反扫荡中杀伤疲劳敌人，加强民兵边沿区民兵排，各县各依当地民兵组织程度与敌扫荡经验照名奖历，每天或过杀几个敌人，规定不同奖例，具体划定边沿区之山隘道口险要处，指导帮助民兵的活动方案，解决（其埋设石雷地雷之困难，规定其集合期间之生活问题，集合打敌）

三、解决民兵武器弹药，认真提倡原始武器纠正纲枪主义，平均负担弹药费，各县随田赋带征的民兵弹药费应随时划清、统一于鲁南区武委会统一支援，每县须迅速建立起土药制

造厰，供给爆炸需要、以負責执行奖励拥护民兵條例，培养民兵英雄，民兵英雄必須耐心培养的，是在實际斗爭中經过鍛鍊，有特殊表現，為民兵所信仰，群衆所拥護的，不能濫用民兵英雄的称號，可先從創造爆炸手、神槍手，手榴弹手，土炮手培养做起。

五，健全民兵組織，建立各級武委会，縣區作戰指揮部統一領號，於本年八月中旬召開魯南武代大会，正式選举武委会，在産生代表過程中，從下而上的民主建立村團部，區武委会，縣武委会，郯費，双山，溫河，趙鎛各縣須在七月半以前民主成立縣的正式武委会（可考慮参議会同時略分先后举行最好）選出魯南武代大会的代表。武委会系統建立之后，縣區作戰指揮部应立即成立起来，以便更好的統一堅持陣地的領導。

# 邮局工作計划

战邮工作是政府工作的一個部门、與政府其他各部门同受政府政委会的領导，它且是敌后抗日民主政府建設中的重要工作之一，它起着根據地輸血管和文化食粮供給處的作用，担负着党政軍民上下关係及各战略区之間的密切聯系和各种書报的發行任務，同時也兼办着邮務事業、為新民主主義新中国的邮務事業打下一個基礎：作好了這個工作对建設根據地的各項工作、即可順利的開展，因此應力求充実健全各級邮局的組織機構，打通干部思想，提高幹部質量，纠正对此工作輕視、認為單純的技術工作，無前途的不正確的思想，以提高工作效率；達到暢通交通、提高傳遞速度、發行要普遍深入到敌我区的廣大群众中去，以加強我之民主文化宣傳教育工作，同時加強營業工作。保証各種書报款的及時收交、以便各種書报的及時繼續再版。

具体任務：

人健全机構」魯南的郵局從建立到現在始終沒能充实健全起來。例如運河区三個縣郵局都是只有代理局長一人，其他幹部也沒有，根據內九個縣局長有六個是代理的，魯南專区郵局缺科長二、營業員二、巡視員三、边聯，溫河，費南都沒有巡視員、滕東沒有縣局長，各縣分局代辦員也缺以很多，有新開闢的地区 如臨西，蒼陵，鄒東，故山縣等地一個人也沒有，不但机構不健全而且幹部質量很差、能力不足，更由於業務的發展，实不能应付這個繁重的工作、因此首先应進行各級郵務干部的思想教育，和調整充实各級郵務幹部、尤其是分区代辦員，因代办員是郵局工作的基本組織，這層組織不健全則不能做到普通深入的开展發行工作和健立起發行網、將書報及時準確的傳送到讀者手中。

二、暢通交通：保証與四鄰战略區和本區縣與縣之間的經常通達聯系、要求全魯南七天（從五版日起）都能稍到大众日报，四天都能稍到魯南時報（鄒西除外），具体辦法如下(1)調整交通員，(2)实行晝夜傳遞不停的方法，(3)建立和健全武装交通員，保証有封鎖障礙地方的交通（如沂河运北沛滕边鄒西）並設立複线，武交隊在建制上可归縣大隊領导，或為縣大隊的一部份。（中隊或分隊）切实進行教育和領导，情报聯係軍事指揮等，在工作供給仍歸郵局直接領导和管理。

三、普遍深入开展群众性的發行工作，並加强營業澈底实行預定制，做到基本區的村莊都有報紙捐並完全預定，敌佔區要健立發行網把大批書報隱蔽的运送到敌區去，報紙的發展数目向大众日報二五〇〇份，魯南時報四〇〇〇份，努力不光發展而且要了解發行情况（如發給什么人起何作用）减少浪費，並且進行組織讀報会，以使報紙真正起到应有的宣傳組織作用，營業方面完成百分之八十的收款，保証書報繼續兩版，另外以現有的梁邱書店作為試驗，積累經驗，繼續建立鄒東費南边区縣之書店开展文化事業。

四、郵政方面：認真研究郵務技術，严格执行收發手續，一律使用郵袋，做到不丢失一封信，同時爭取舊郵局為我服務。

五、加强整風學習：

1、繼續整風、改造干部思想、克服对此工作不正确的認識及自由官僚宗派等思想、

2、加強業務和時事学習、提高郵務技術、為战后培养一批新的郵務幹部。

3、區局開辦小型訓練班、培养提拔幹部、一年内輪訓一次、（以代辦員政治交通員收發、為輪訓对象）

99

# 新開區敵游區政府工作計劃

一、新開區應即深入工作，糾正游擊習氣，大量發動群眾，廣泛進行抗战民主教育、揭發反共反民主的一切宣傳、活動，團結各階層，堅定抗战民主的勝利信心，發動發展地方武裝（縣区武裝）開展支持边沿區人民武裝尤应注意發揮法令作用首先建立起自衛隊的組織建立健全縣区兩級机構、立即推行政令，從改善負担办法號召生產，宣傳，減租、正确执行寬大鎮压政策認真办理偽組織人員自首、偽屌档案工作，受理民刑訟訴處斷貪污，敲詐，土地糾紛，到教育整理、準備條件、改造村政，規划建設、健全組織、訊固各種工作为財粮制度，

六、敌游区仍应继续隱蔽，积畜力量、等待時机、具体掌握如下工作：人，減輕人民的对敌負担，应以帮助，指導，做起，從財粮到正伕的減輕減少斗爭到村政的個別掌握、改造建立基点，組織应廣泛、基础力量应培養。

四、

2、一般村政須調查，從行政上掌握到政治的改造，掌握上須继续三種制度的执行，总結三種制度的利弊，改進工作方式、实际转变作風，明确民主立场，深入群衆，組织群衆，並依靠群衆改造村政，

3、縣城市鎮中偽政權、警備部隊、应分别其進步落后、中層决定对策，做到了解其情况，熟悉其机構制度，一定時间的反我計划与政策，進一步準備我力量之積蓄。

失物间基區、展開總攻勢，配合排逐法幣，食鹽專賣，暢銷土產，準備生產條件等、敌游區政府可依据情况通过一定关係，造成北幣在敌區黑市、运用舊鹽販土產商人輸出我區土貨，設立鹽槽，組织群众合作社（不采合作社名义，具備实际即可）勾通敌我區經濟往还，破坏敌人配备結，強制收粮買粮等政策，調查敌游區物價幣值变动，敌人对我政治攻勢，文化宣傳，特務活動等、研究对策，动員敌游區技術人材，青年学生到我區入学就業、掌握改造小学、了解人民負担状况，适当征取財粮支持战爭，优待、团結我軍抗屬工屬、巩固主力。

5、逐步建立机構，灵活規定制度，縣區以上主要干部可隨軍隊活動，文教財粮可酌依情況及需要分数，職業化，進行工作。工作学習制度根拟情況自定，財粮收支制度、須严格统一，注意付化，反对貪污。

6、專縣两級政府及各科局須应注意敌游區政府工作情況，定期總結經驗，研究办法，加强領导、反对关门建設，顧到近的放掉远的領导現象。七月前從縣到專署（由下而上）应將过去边沿區堅持，敌游區工作經驗總結起来。

## (三)切實建立民主集中的領導轉變思想轉變作風

關於思想的：在思想上去確立群眾觀念、根據地觀念、整体观念、清算環境好轉則太平麻痺興高采烈不深入不踏實，或環境惡劣時則悲观消沉甚至動搖腐化以及堅持中的僥倖等待心理的各种表現。這些都曾经或仍蛻化潛伏在我們的思想深處形成对革命的不同危害，如無長期打算的游擊化傾向，缺乏進攻精神的一得則喜自滿自足脫離群眾的官僚主義與狹隘宗派缺乏大公無私強調特殊不顧大体的分歧現象等。虽然鲁南是堅持過來了，不論山區平原大部份政權干部均有堅持苦斗尚能沉着的精神，但終以從上到下思想上政治上還是幼稚的緣故在較長時期內以游擊化代替依靠群眾的根據地建設思想以小生產者的思想使政府孤立的工作，缺乏整体观念、因此在總的一定的方針之下發揮各級政府独立負責積極創造精神不足（即有一定創造也缺乏明確的原則指導與体說不是在民主群眾原則下而是在恩賜或清官思想指導下進行的故沒有進攻精神積極建設思想）今天魯南局面是開朗了是抗戰以來第二個先机，總的任務在依靠群衆建設根據地，因為群衆是參戰生產民主的基本力量（基本群衆的含意在此）當然這一新而巨大的政治任务是不能离開斗爭的，並且這一斗爭是對客觀主觀兩方面的，當前首先應從轉变在上下各級的領導思想作風中來担承這一新的政治任务。自各級行政首長到各科局的負責干部須用反省檢查或集体批評的方式打通思想再進一步深入動員組織所有工作人員反省檢查以確立與鞏固群衆觀念陣地觀念整体觀念。由此明確的基本觀念上了解情况研究并規定總的大的小的工作方針方法在民主集中的思想領導下發揮各個人独立負責积極創造精神並養成及時反映問題具体提出意見負責交流經驗的优良作風使上下級真正團結一致而不是等因奉此。

關於組織領導的：要確立民主集中的組織領導，隨時掌握戰爭環境变化，不同地區與不同時間，應作不同的領導。一九四二年的領導是要求系統深入（祇到區未能深入村與群衆結合）；一九四三年因處於分割的環境是向下要求独立自主負責堅持；今后在有利情况與依靠群衆建設根據地的任务下要求政策法令之統一組織領導之統一（一元化）制度之统一及对上级負責之精神以貫徹個人服從組织下级服從上级少数服從多数之民主集中原則。因為戰争環境紧張的对一定地區向下发揚独立負責，祇求政治任务的统一（×西×西××等地）还是必要的，一般为发揮民主精神培养民主習慣，上级不要强調集中，下级不要强調民主，凡利用民主集中的名詞，为個人企圖服务，完全是錯誤的。為貫徹這一領导要求，具体規定如下：

一、政策法令決議指示是行动的指南要强調不多发指示尤其縣级政府）都應該能解決問題，故所有文件須從实际情况出发实事求是反对不調查不研究坐在机関裡討論決定下達，另一面要重視法令指示的研究討論貫徹反对强調特殊自以為是的輕視擱置不討論不傳達不执行或对法令有意見反自由散佈自己的观点標新立異不向上级反映完全反集中的傾向。今后一年應切实建立檔案制度立即收集過去上级与本縣所頒之单行法令等，從事審查研究書具理由分別提出交縣级与專區参議員大會討論修正或廢止。

二、為了建設事業向前一步各级的科局處所的部门建設是必要的，又因為敌后戰争仍是严重的，認真簡政也是不可忽

五一

視的，今後從專署到縣區（政府區另定）三級机構均須按省行政委員會規定編制逐步健全起來（編制表附后）在各部门（科局處所等）的建設上要明確并調整各机構間的關係，要求一元化領導，因此應加強整体觀念，劃清職权，審定業务，具体確定指導領導關係之內容；否則會妨害科学分工形成有事無人做有人無事做或互相牽制失掉相輔之效或至不關联各自為政的兩端。年來大家对業务範圍已大致熟悉（尚不科学）但对關係職權仍多問題，於此須弄清上級政府是垂直領導關係，上下級各科是指導關係；今天應加强這一指導關係，使政策法令與具体深入的貫徹下去，如对工作進度方式經驗研究等應不斷作具体的書面或口頭的指導，上級多到下級去，定期會議總結經驗；但有關原則制度干部調動等無論下行上達均須分别由县經過科务会議或政务會議（將來行政委會為主）通過及首長簽名主管科付署的手續。他如魯南工商管理總局在專級為領導關係，專署今天的政务會議（將來歸行委會）有討論決定該局方針任务計劃主要干部任免之職責，各縣政府对縣工商管理局區公所对事务所均為指導關係，應出席該縣局事务所會議提意見檢查督催其工作保証其任务的完成，這因爲工商管理局是一個经濟斗争的机构要求較高的統一與集中，即系統的一元化，如今天縣區政府也要決定縣局及事务所方針任务計劃就會妨害经濟戰斗戰術之灵活如意甚至造成指揮上的分割無力，失去对敌经濟斗争之效能；但要知這一規定不致妨害地方性一元化的形成，因縣政府區公所都須根据總局方針指示提出意見檢查工作，如对總局縣局指示做法有不同意見，还應逐級反映到專署解決之，但如縣局事务所强調系統不請縣區政府出席會議或總局縣局任务計劃下達后不求得縣區保証完成是拒絕指導的表現應受到批評或責備。另如郵局行政建制上歸政府行政委員會領導，一切供給向題業务发展向題，以及條令公佈幹部加委均由政府決定，郵局應定期向同級政府回报接受政府指示但政府須顧到戰時郵局工作的統一規定領導的垂直関係。再以武委會在执行任务上接受政府的指导执行政府法令但政府不應以人民武装捕人催交錢粮等事武委會主要負責人可由政府行政委員兼任，同級政府府應及時解決向盡执行與德撫卹条例，政府行政首長可參加武委會會議以便解決其問題，區武委會正式成立后區公所取消武装助理員名義，縣武委會正式成立后縣政府取消武装科名義，在武装科與武装助理員取消后應成立縣區作戰指揮部，依照上級政府與軍區命令縣區武委會即兼縣區指揮部縣區長兼指揮武委會主任兼副指揮（政委由軍區委任之）各救主任兼后勤主任，統一指揮民兵縣區武装。更如公安局是政府的一個部門受政府的領导，在行政管理生活供給上均由政府負責，但因有其本身垂直領导關係故不同於政府各科的關係。今后司法科建立后，公安司法處理權限划分是奸細盗賊由公安局負責，偵察預審起訴由司法庭訊判決执行，地方民刑訴訟則完全由司法科傳拘提審依法判處。部門建設另一面是關心干部的政治思想学習生活的各方面予以適當的待遇，防止或糾正等級观念，单纯上下級關係缺乏友愛的精神；也要糾正干部的不守職責自高自大不学習傾向，使工作学習生活日趋整飭。

五、為工作系統經常今后應坚持以几种工作制度：

（1）計劃制度：縣政府三月一次計劃決定中心工作規定各

科工作重点，各科局对中心工作保証之内容及方法使部门不僅明确本位工作並确能担負中心任务之一部纠正過去老喊配合实多各自為政。區公所一月一次計划規定总的重点（或称中心）討論分工規定各助理員本位与配合的内容及方法（並應計划各种委員會的工作要求但應遵重各种委員會的自動性的发揚）纠正不发揮區助理員的能動性區長包办命令一切的現象。

(2)檢查制度：過去檢查工作是最差的，今后着重檢查中心工作或工作重点的执行，在地區上應分別強弱使用力量帮助弱的联系強的吸收经驗推動全盤平衡工作并從工作政策偏向上檢查干部思想領導作風，及時教育正面批評奨懲对下檢查工作的組织可依各自情况會議規定。檢查應着重听群眾反映及工作結果。

(3)总结制度：縣政府三月一小结半年一总结（報專署）區公所一月一总结半月一小总结，指出偏向提供改造办法坚持下去。总结要求上除成績不要抹煞外着重经驗的总结，内容上應着重一個具体工作一個中心或重点一個部门工作的总结，尤其部门應按工作起止一定有总结工作過程中每一小经驗小偏向或錯誤均應立即傳達到其他區反映到魯南時報上，全程總结后一定報專级主管科，全面工作總结縣可在半年一次外三月一次的總结中以中心重点為主經驗報上级載時報糾正不言不語不交流經驗的現象（區公所全面總结與縣同）

(4) 會議制度：除依計劃總结集會外縣政务會議可半月一次，科务會議半月一次使兩會先后衔接起来，區公所除半月一次會議外為分散深入村裡工作應加強接頭或書信便条的联系。

(5) 報告制度：各縣政府每月書面回報中心工作一次，三個月報告工作概况一次，着重介绍經驗。縣各科應向上级主管科半月一次郵寄信件，報告大小經驗問題及提出意見等縣區間可自定之，沂河運河兩區各縣府仍按時書送該區行政委會閱后原信轉寄專署。

(6) 机関工作制度各地依情况自定之。

四、今后各级行政委員會建立之后集体領导統一於行政委員會，目前政务會議應成為集体領導的必要形式，各科都應对政务會議負責，紏政祗代表本科参加會議，関係本科則发言否則亦採旁听的態度及对政务會議所討論的決議規定指示不負責的想法做法，這些都是缺乏整体观念的具体表現，而應代之以積極参加各方面考慮問題大胆提供意見與檢討对決議指示視為自巳行動工作的指針，到下面不僅檢查本科工作的問題并應檢查全般指示各种法令的执行情形以証驗指示决定的正确性反对宗派祗有個人没有整体的言行與工作。

関於作風的：要確定抗日民主廉潔奉公深入実際樸素勤労首長負責結合群衆新的深刻的作風。為此首先應從檢查揭发官僚主義傾向貫澈反官僚主義斗争着手，我們的官僚主義表現在：高高在上不関心勞動人民生活；工作上以為群衆团体應在下面解决問題政府應在上面解决問題；政府祗在团结各階層裡面的上層，群衆团体才是团结下層；不了解三三制的民主意義，政府的机構组织規章政令是包含着上下各階層的并照顧各階層的利益的；坐机関寫指示寫計劃文件很深不通俗習於文牘主義的工作及領导，有的是深入了但仍是走馬观花不能深入到工作、村政、群衆、干部思想的檢查。对下级干部尤其村政干部與群衆要求無知有的有權威观念論地位有的留戀舊的学士紳間散清高不願群衆化勞動化有的喜形式敷衍了事不守職責，最主要的是不檢查不總結經驗不学習，对干部不关心只要成熟的能寫能做的干部（當然是要的）忘記耐心培养教育，循循誘導的責任。

反对的办法：應從思想檢查反省治病救人，不可救藥者罷免撤職，大胆提拔抗日积極份子最主要的还是多下去調查巡視經常保持與下级密切联系，就能減少以至克服官僚主義，特別應強調的是檢查指示決定的貫徹执行程度。

为能更好的克服官僚主義确立起新的作風我们必須深入調查研究学習運用中共中央領導方法的決定养成親自動手的潑刺習慣。

調查研究是方針政策方法步驟決定的根据，過去我们無調查是瞎子摸魚主观主義的工作，对調查研究老在等待建立机構缺乏親自動手的想法做法，如再這樣下去是很危險的，今后要求每一政府工作者对本身業務作一個至三個的系统調查，在机構未配備之前專縣區三級行政首長應負責每月召集一次調查研究會議，各科依据条齐調查區報統計整理總結经驗規定深入要求茲一般規定調查事項如下：村政權分別上中下作一個至三個的調查（要典型的）；公粮負担調查，如各階層負担之百分比数，去年前年敌我複區比較；幾個莊的土地產量關係減租增資执行情形（分別几种典型地區分山區平原结果的好壞）各查二村；農業生產中的增產情形，農民各階層的升降情形，并比較現時與敵前時不同之点；纺织合作社物價幣值变動主要输出入物質（种類数量價格）的調查；年龄兒童入学兒童教師学生程度成份課程成績的調查；目前應着重於減租劳動組級到縣負抗荣譽軍人之調查。对以上要求應分工負責集体（會議）檢查，最近半年來新開地區之村莊土地人口應於公粮征前進行一個初步調查以利負担規定與征收，在公粮征收中能獲得初步調查之修正（基本地區尤應做好）

实行一般号召與個別指导相结合，領导與群眾相结合的領导方式，我们全年總的方針任务是確定了，我们基本任务是貫徹減租法令但我们还有僕展的相輸的任务，如生産拥軍民主文化的建設任务，因而一般号召是貫徹全年的，在調查研究基礎上隨時作深入的号召，應注意時間上與地區上的不同，如某縣或某區減租基本任务到達一定完成階段，在具体的指导上應深入一步提出村政改选或参軍等任务的号召，當地停留在号召或注意了深入号召的一般原理上不作個别指导工作也就是論空話教条官僚主義的領导，我们應反对這种領导，因為個别指导就是具体的指导，也就近乎深入实际工作的指导了，也祇有這种領导才能正確的发現深入号召的時机為一步一步深入工作提高工作的質量，逐步達到不同地區的平衡发展，關於領导與群眾的相結合不僅是具体的組织工作力量與执行任务的關鍵新的創造发現也祇有這一結合才可能，目前我们各級各科局还未認真研究這一領导方式更談不上運用了，今后我们應很好的研究学習這一方法，各科工作均能運用這一方法，要求專署應確定一個縣縣確定某個區區確定某個村的個别指导，特别用於对中心工作上在一定具体地區指导上，各科的個别指导也可的量集中在同一地區上，各地可依[illegible]具体变動創造经驗，總之在实际工作中及每次總结工作中時刻不應忘記與中央領导方法決定相结合。

轉变官僚主義作風确立新的作風，我们不應以為老生常談，而應把抗日民主在廉潔奉公四個術語的精神含義作深入的檢查。看我们所有干部工作人員是否都能真懂了、都能身体力行了。従工作上生活上思想上去檢查，並提倡[illegible]忍奮厲 古人尚有劝善規過聞過則喜的美德，我们要勇於揭現自己的缺点，也要勇於帮助別人改正缺点，我们是新民主主義的戰士人民公樸我们还應深入实际樸素勤劳親自動手形成一种風氣，人人要能参加與領导生產学會一套生產的本領，我们还要真正了解村政問題，村長的困难能力及是否能接近群眾。经常檢查所頒佈法令群眾能否接受懂得與拥护。我们的文告應更通俗簡明具体。

附录

# 魯南區各级政權机関幹部整風学習実施綱要

(一)学習方針：徹底整頓三風增進業務知識提高政治文化水平克服官僚主義與主観主義以改造思想改造工作。

(二)実施办法：

一、組織領導方面：

A建立学習委員會

1、區级以上各级政权机関均建立学習委員會，在机関首長領導之下負責計划指督促干部学習事項。

村级干部的学習由區级学委會負責領導。

2各级学習委員會委員名額：

①專署五人至七人。

②縣级五人至七人。

③區级三人至五人。

五七

108

附註：以上人数可按照实际需要酌量增減．

3 学委会委員人选：

⑴專署縣級学委会由民政教育两科及工商管理局各一人及其他適當人选（如学習积極份子等）組织之。

⑵區級学委会由區長（或指导員）文教民政助理員及其他適當人选組织之。

⑶各縣區之黨政軍民机关团体联合学習者，其学委会委員人选由各机关团体共同推选之。

B机关行政首長加強領導——督責検查，尤其着重对干部思想的領導．

二、学習編制．

1 学習編組依照伙食单位及各科處便於配合的条件下划分為若干小組．

2 学習小組人数為便於集中和深刻討論起見，一般以不超過十人為原則，其有特殊情形，者可酌量增加．

三、学習材料和進度：

甲学習材料：

A 專署和縣級．

109

1 八一施政綱領
2 省政委員會今后工作方案。
3 土地政策．
4 中共十大政策
5 組織起來（毛主席）
6 財政問題并經济問題（毛主席）
7 边府林主席一年工作總结
8 边府李副主席简政總结
9 毛主席在延安文藝座談會上的报告（即文藝政策）
10 論民主精神并官僚主義（刘少奇）
11 論民主教育（彭德怀）
12 刘少奇等同志在提草参議會的演講．
13 毛主席在边區参議會的演講。
14 專署一年工作方案．
15 整風学習的决定
16 各机関自选学習材料如报紙上的重要社論時事消息
参考資料及上級的工作指示及本地區重要工作事項等．
17 大衆日报魯南時报為各級干部經常必讀的材料。

110

B 區級

1 土地政策
2 減租法令
3 村政工作
4 論民主教育（彭）
5 組织起来（毛）
6 專署一年工作方案
7 自选学習材料——見上節

C 村級

1 村政工作
2 減租法令
3 讀报或听人讀报
4 識字課——識五〇〇至一〇〇〇字

乙 学習進度：

1 每一文件要由精細閱讀徹底討論深刻反省作到研究執行学習時间不妨稍長最少者亦要学習到两週以上。

2 自选的学習材料要注意時间性抓紧時间列入学習進

程以期与实际工作联合·

3附进度表式各机关可按照实际情形灵活变动不必拘泥·

四、学習方法、

1区级以上机关学習阅読、討論反省三者并重，小组討論与反省后，用作集体的討論·

2必要時採取报告或上大課的方式·

3政府區可用分散学習的方式

4村级干部对法令与工作的学習，由區级工作人員負責教授，可定期集体用上課方式進行，文化課要求一年内都能認字五百個至一千個，由區级干部各救抗方工作人員小学教員及小先生等負責教授，主要的要鼓励超其自修学習的热忱·

5專縣縣级區级干部应将报纸雜誌作為经常读物，以瞭解情况與吸收经驗，在村级要实行定期讀报由上項教文化課的人員負責执行

五、学習制度、

1 二小時学習制度—春冬兩季及秋末行之，一般以在早晨学習最適宜．

2 四小時学習制度—看抄帳結后行之，除早晨学習外按工作情形擇便利之時間行之。

3 檢查制度：檢查工作時同時檢查学習，集体学習時突行点名以缺席多少作為批評根據之一．

4 請假制度：因事缺席必須按学習組織逐級請假否則以無故缺席論。

5 筆記制度：

6 測驗制度（每一階段或兩個文件結束之后）

7 轉校学習關係制度

8 獎懲制度（獎給学習用品及批評）

9 学習日制度（五日或七日）

10 回报制度：学習回报必須列為工作回报內容之一，時間也隨工作回报時間不另定。

## 鲁南区行政专员公署关于划分主力抗属、地方武装抗属及抗工属标准的训令（1945年3月29日）

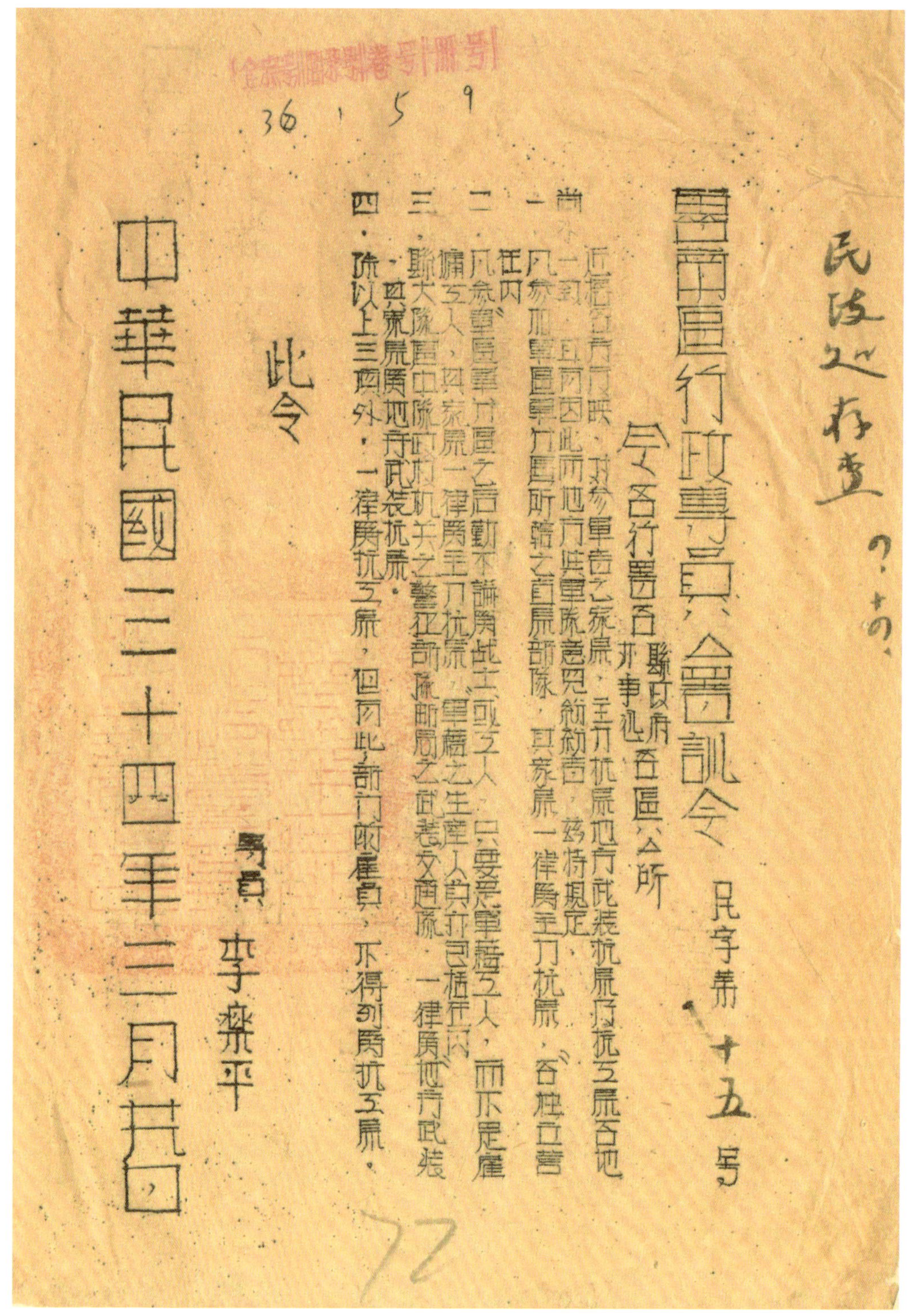

魯南區行政專員公署訓令 民字第十五号

令各行署、各縣政府并轉飭各區公所

近據各方反映，對參軍者之家屬，主力抗屬、地方武裝抗屬及抗工屬各地不一致，且因此而地方兵團隊意見紛紛云，茲特規定：

一、凡參加軍區軍分區所轄之直屬部隊，其家屬一律為主力抗屬，各獨立營在內。

二、凡為軍區軍分區之后勤，不論為戰士或工人，只要是軍籍工人，而不是雇傭工人，其家屬一律為主力抗屬，軍籍之生產人員亦包括在內。

三、縣大隊、區中隊、政府機關之警衛部隊、郵局之武裝交通隊，一律為地方武裝，其家屬為地方武裝抗屬。

四、除以上三項外，一律為抗工屬，但所此新行雇員，不得列為抗工屬。

此令

專員 李樂平

中華民國三十四年三月廿九日

鲁南区行政公署五次简政实施决定（1945年4月）

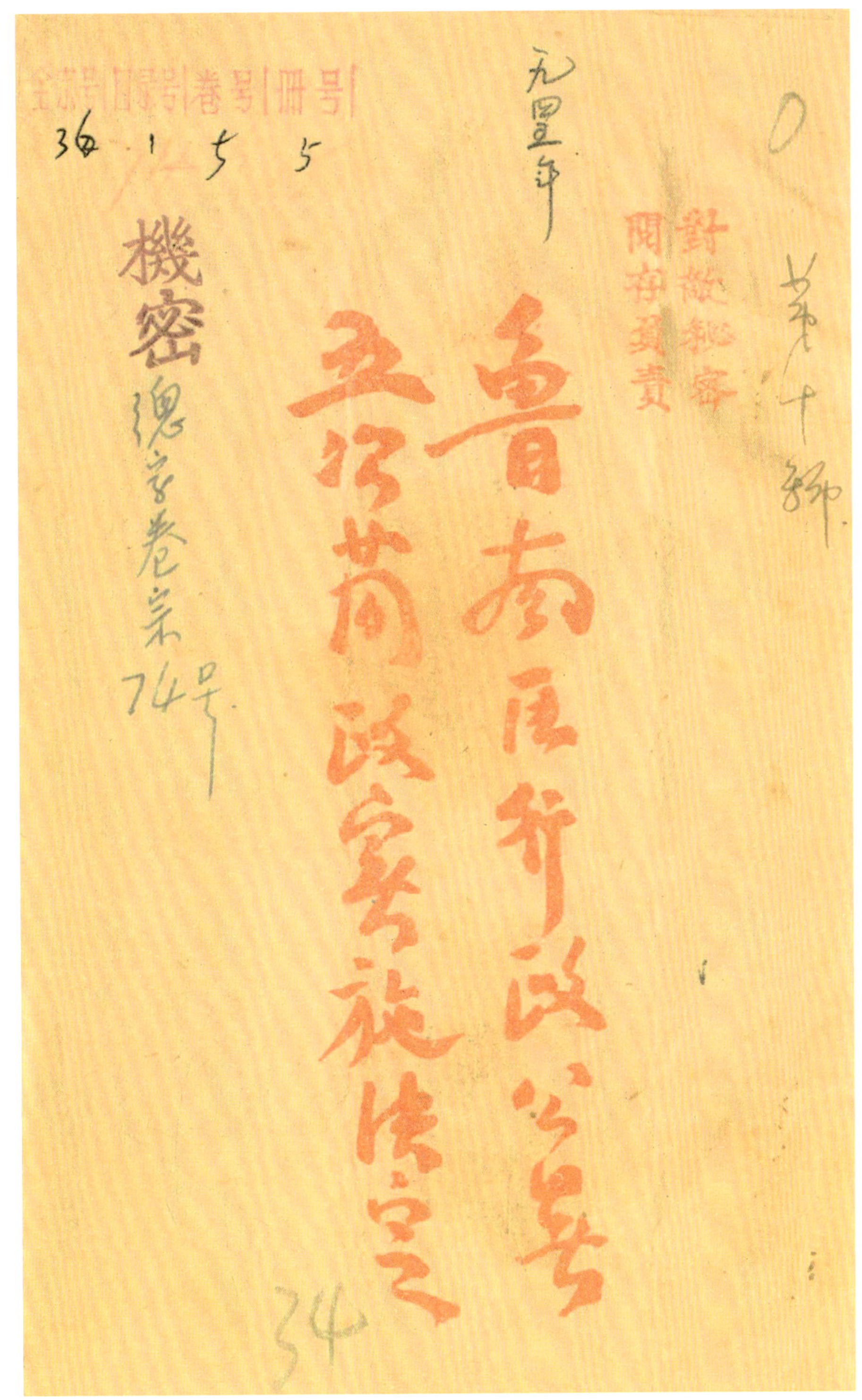

全宗号 目录号 卷号 册号

36 1 5 5

九四五年

封緘秘密
閲存負責

鲁南区行政公署
五次简政实施决定

機密
總字卷宗
74号

34

# 五次簡政实施决定

三十四年四月鲁南區行政專員公署通過

## 〈一〉五次簡政的目的意義與方針

五次簡政的目的，是要求使政权工作達到精簡、統一、效能、節約、與反官僚主義。從魯南政权工作歷史上來看，不可否任的在為戰爭服務為人民服务上是作了一些努力，以前的四次精兵簡政工作，也起了推動政权工作的進步，及適應困难環境提高了為戰爭服務為人民服務的收獲，如減少了勤襍人員，充实了下级结構，部份的改变了頭重脚輕的弊病，調整縣區幹部使能独立坚持，加强了对敵鬥爭的思想教育與堅持边沿深入敵區的工作佈署，打擊了敵人分割封鎖蚕食偽化的陰謀。

但是還存在着許多缺点，尚須迅速的轉变與克服，這些缺点是甚麼呢？首先是在領導上不够统一，分工上不够科學，相同性质相同任務的部門缺乏一元化的領導，形成鼎足而立，如民教司法工作同是隨着群運的開展而加强部門工作，但由于領導上不統一，分工上的机械，所以產生了在一定時期的群運之先，不能集中力量發動與組織群众，在一定時期的群運之后，又不能跟上群運的發展及群众的要求，及時的分别先后建立起群众政治的文化的經濟的各種工作，在財经工作上，也往々因领导上不統一，而發生取之于民與扶助群众發展生產的

35

矛盾，這就是領導上分工上分散精力，各自為政的缺点，所產生的現象，其次在職权與任務上下過去從行署專署到縣區村各級政府各個部門，有職权不清任務不明的現象，所以在工作上有時上下不問有時上下互推，有時　互相包辦代替，再次為在結構上還存在着騈枝重疊的現象，產生了浪費幹部，浪費人力財力的缺点，更次為領導思想與領導作風還沒有認真的樹立起來，對政策的掌握研究不够，对民主集中制的貫徹不够，事务主義官僚主義的偏向，還在束縛着我們，最后是上下通氣不够靈活，下情不能及時上達，指示決議不能及時下達。

所有這些缺点，都必須迅速加以清算和改正，所有這些問題都須給以迅速的解決，才能有效的实現提高一步的精簡政策，提高政权工作，有效的達到精簡統一、效能、節約、和反官僚主義的目的。

此次簡政與今后工作方針是：①行政部門與業務部門分開，如銀行礦山等與系統領导分開、②應合併者即合併之，應緊縮者即緊縮之，③調查研究統計不能與業务分開，應成為各處科的主要業務之一、④有些業務應移交下級的即移交下級。

## （二）合併機構健全組織劃清職权明確任務

甲、合併机構健全組織：合併性質相同任务相同的部門，使領導上統一起來，組織上健全起來，因此決定縣以上各級政府下設三個部門，以一二三名之，第一部門統一掌管原有之秘書處及幹部部政工作，第二部門統一掌管民政、文教、司法、衛生工作，第三部門統一掌管財粮、工商、農業合作、金融工作，各級政府之編制表另定之。

乙、划清職权明確任務：各級政府及各級部門的職权與任務依據民主集中制，及精简政策重新規定為：

①行政公署是行政委員會領導下魯南戰略區政权的首腦部，它應該是以掌握政策掌握二部，組織和領導政策之執行與貫徹，并指導實踐為自己的基本任務，為達此任務，究的权力在于推動負責貫徹行政委員會的領導精神，決定魯南區應興應革的事宜，為了指導實踐，它又必須組織、實驗、檢查政策，傳達經驗，頒佈適合于魯南區的政策、法令、指示辦法。

各處是行政公署的各個工作部門，在行政首長及行政委員會的統一意志、統一方針和統一領導下，各分掌一部份業務，同樣以掌握政策貫徹政策為首要任务，為了指導實踐，它必須在行政首長的直接領導下，各處的統一配合下分掌本處之工作範围的組織、實驗、檢查政策，總結經驗指導工作。

②行政專員公署不是一級正式的政权（表現在沒有民意机关），但由于各專署區各有其政治上、經濟上、軍事上、文化上不同的特点，加以敵偽所給予我們交通上的困难，行政公署直接領導各縣殊為不便，故應改變其單純的督察性質，而确定其為行政公署的代表机关，專署在

行署的領導下應負責領导所屬各縣政权，把省與行署的政策法令和指示，運用到當地的具体環境具体工作中去，同時對于帶地方性的應興應革事宜，應熟悉和掌握各縣情況，有負責計劃與處理的权力，以領導各縣行政工作，若須頒佈法令辦法，須呈准行政公署頒發執行，對于行署駐在該专署區的各附屬机关，有監督指導的权力。

㈢縣政府是政权工作的樞紐，是执行法令具体領導工作的結構，各種政策與法令能否貫澈從群众中來到群众中去，並普遍推廣起來，完全決定于縣政府工作的是否深入統一與加強。

過去縣政府工作的缺点，在於其权力是不集中的，部門太多，且各科多各自秉承上級政府或上級部門辦公，而失去統一領導的有力作用，遂在于過分的依賴區公所，而減低了深入实際的效能，在于單純的完成任務，忽略教育動員面向村政推動組织，因而形成了分散無力，以上代下（區代村）

今后必須使縣長和縣行政委員會（政務會議不能代替行政委員會，政務會議只是各部門联席會議，解決工作問題，縣長有最后決定权）有統一領導本縣各部政权工作的权力，在不抵觸上級政府一般政策和一般法令的条件下，有處理地方上應與應革之权，并對駐在該縣的行署专署各附屬机关有監督之权，縣長對上級政府負責縣級各科必須嚴格在縣長及縣行政委員會的領導下，掌管本部門的業務，上級政府的指示決定，不能越過縣長，上級政府各部門的指導，不能代替了縣長的領導，為了糾正這種偏向，必須從民主集中制的領導原則上互相檢查，找出上級的越級領導，縣長的放棄領導，縣各科的不服從領導來互相教育糾正，還必須使縣掌握運用，區的助理性能面向村，建設與加強村政，才能深入的貫徹政策和法令，現在區級幹部工農成份增加（這是好的），縣對區領導上，應該是口頭傳達佈置工作要多，文件指示要少，文字通俗。

④區公署是縣政府的助理机关，為縣政府派出之工作組織，區公所的幹部在思想上工作上須密切與縣府之联系，改變過去類似一級政权的形式，同時區又是分掌一定地區負責执行縣府所給的指示與任務的机構應主動反映情況，積極建議，并密切联系村政权，必須注意克服以上代下的工作方式，帮助建立與確立村政权的工作能力，過去多是不注意帮助建立村政，在工作上多是代替村政权，這一作風不迅速改變，將永不會有健全的與堅強的村政。

區公所的基本業务在於，㈠了解村庄情況（人口、土地、生產負担、群众組織、階層关係，備戰治安、文化衛生等）及村政情況，（村政幹部、村政組織、民主生活制度、村政與群众关係等）㈡傳達縣府指示任務給村政权，并依据各村情況之了解，分別給予不同之任務，才能使縣政府的指示任務，具体貫澈到村。㈢帮助村政权建立健全自己的工作，並定區各助理員不絕對分工，便於力量統一進行中心工作，但前一中心工作未了，或下一個中心工作的準備工作，以及不容變動的一定技術工作，是属於經常工作範圍的，則須指定專人負責，

5　39

以免大家負責，实則無人負責的現象。為及時了解，照顧全區各村，並可灵活規定，依各村概况划分類型，或依民兵的联防區划，輪流分派助理員下去，但不能是分工攝口，各占一方，妨碍領導的集中，茲大体規定，每一助理員須照顧十二至五個自然村的村政工作，实行在區長的領導下定期的分散與集中，以利於檢查指示提高各助理員对村政工作的帮助能力，凡村政不能處理之問題；如人民糾紛村政無力調解，或民兵自衛联防、生產合作、文化衛生等須数村合力举辦等問題，區公署應根據縣府指示、任務，或更上級的法令政策，依靠通過群衆民主意見處理，不得以感想代政策，輕意决定，其経過與困难或経驗，應用口頭或書面報告縣府，臨時發生之突然迫切及法令指示辦法以外的問題，可一面报告縣府，一面本愛護人民利益之精神負責机動處理，如敵情疫病發生，及其他迫切問題等，對上級派駐本區之附屬机关有協助與監督之权，不能解决者應負責反映。

边沿區游擊區之區公署除一般系照前述基本業務外，須本對敵鬥爭愛護人民利益精神，了解村政改造村政，指導群众，团結各階層，對敌鬥爭，減輕對敵負担，並適当進行減租減息增資工作，組織領導區中隊，民兵联防，游擊、打擊敵偽小股部隊，審查清剿敵人特務活動，保護生產與政治軍事結合，以達敵進我進方針，堅持边沿鬥爭，開展游擊區擴大根据地，對边沿経濟封鎖帶之緝私組織（緝私隊民兵查私等）應檢查其對政策法令態度進行監督，對該區情況及縣府指示任務，政策執行情形及困难疑問，應経常報告縣府，縣府亦應加强對边沿區區公署之領導，目前應切实遵守边沿區對敵鬥爭指示與寬大政策決定，根据政策辦事。

新開區之區公署，首在安定社會秩序，再根据縣府指示任務，逐步实現基本業務的要求。

區長為貫澈助理縣府了解、帮助、提高村政权工作能力，建立民主作風，必須統一各助理員之領導，建立區政會議，嚴格執行工作学習生活制度（由專署縣府規定）為集中使用力量，進行定期的中心工作，助理員除文書記賬員外，其餘助理員只分工整理保管文教財粮農林合作調解優救等各種專門材料及中心工作前后的有关的經常工作，在討論工作時發表業務工作的主要意見，在工作上不絕對分工，只分別地區，輪流全面照顧一体執行，克服過去分工而無相輔，人力分散，独當門户的毛病，並使于培養所有助理員全面工作的知識和能力。

⑤村政权是政权的基層組織，是人民民主生活的直接場所與实現民权的直接机構，其職能是受全体村民的付託與在縣政府區公署的領導下，組織团結動員全村人民自衛及改善人民經濟文化生活，其权力不得超過村民的付託與上級政府的法令指示決定範圍，是反映群众意見以便使工作從群众中來又領導村民執行政府法令及各種工作，作到到群众中去的紐帶與執行者，如果在執行中民意與上級政府指示有抵觸時應服從民主集中制，一面貫澈執行，同時報告區署、縣府，其任務基本上是（一）根据上級法令指行縣區所給的任務。（二）發展全村生產領導愛護帮助軍隊。（三）進行抗戰動員。（四）維持全村秩序（由村長及村行政委員會領導村公安員及通過村团部实行指揮民兵負責）（五）实行人民自衛。（六）貫澈民主制度。（七）發展村学教

育。八調解村民糾紛，举辦公益事業。村民大會為村政最高权力机关是目標，在目前群众政治文化水平未提高以前，公民代表會可成為村政最高权力机关，其組織形式基本是執行行政村制，但由于群众運動的不平衡，不應形式主義的建立行政村，今天一般仍應從群众運動实現経濟民主（減租減息增資变工合作）政治民主（選举、参政等）中，首先使自然村政权真正成為民主的村政組織，再联係各村，正式民選建立行政村，已建立行政村者不是取消，應帮助民主生活的充实。

為提高村幹文化水平，提高工作能力，並解决當前村幹不識字的工作困难，可由村学教員兼任村政文書。

為解决縣區對自然村領導的困难，在行政村未普遍建立之地區，為佈置工作，與領導帮助村干進行工作之便利，可採類型划分，召集類型村幹傳達佈置工作，縣區下去之幹部應有重点的，有計划的，分别先后，檢查帮助村政工作，或依類型村或為臨時的联合村（自然村臨時联合）以便了解几個村情况，與傳達佈置任務，但領導上，應在思想上工作上克服把联合村或類型划法作為政权一級，發展了官僚主義，不深入村政工作的毛病。

有些縣區划分联防區，應純為武委會領導下的武裝組織的划分，不應有兼顧村政工作或代替區公署工作的現象，不然仍变成政权的一級組織，而形成架床疊屋，防害工作的深入。

在平原新開地區村庄很大，群众運動又無一定開展，縣區領導上應注意舊村政的改選，

8

42

縣了解情况后，必要時採取飛行政選辦法，以利群運的開展，對新地區工作，在精力與時間上，除對敵鬥爭外，應着重群運的開展，為建立新村政準備基礎。

目前村政工作的另一現象，即不但會議太多紊乱而且形成工作堆積繁重，縣區應深入研究，總結經驗，製定村関政辦法，以加强村政工作的統一與效能。

⑥市鎮工作：舊有市鎮為一定地區經濟文化甚至政治中心，常影响周圍各村，並成為敵偽我爭奪的地方，內部社會成份複雜，職業繁多，為加强管理，推行政令，实現民主生活，發展工商業，並為準備反攻后管理收復城市，準備經驗及幹部，必須從思想上工作上轉変過去怕市鎮、大庄、太複雜，放棄或忽視市鎮工作的偏向，如有會以為公營商店集坊設在市鎮不好，這是一種消極保守思想，是不對的。

對市鎮性質，應分別是純為人口衆多農業集中的大庄，或為工商業聚集之市鎮，决定不同的工作方針，一般應以農業為主的大庄仍視為農村，將工商業聚集人口衆多之市鎮，分別其作用與商業繁简，由專署決定歸專署直接領導或歸縣府領導並配備較强幹部去負責。

鎮公署之組織形式，可分別新收復市鎮或已有群众組織的市鎮之不同，定為民選委員會或直接由上級派强的幹部去負責鎮長及付鎮長，并得設助理人員分工辦事。

市鎮內之群衆組織，可以手工業、商業、農民等組織起來实現民主教育生活，市鎮公署並須依照上級發展工商業、農業、生產、勞動、社會、文化等政策，根据具体情况提出方針辦法报經上級考慮核准執行。

关于市鎮大小之標準，領導系於那一級，由專署責成縣詳細調查研究情况决定之。

我們魯南現有之平邑、大中村、重坊、南陽、魯橋、良城、井塚、楊家屯、大屯等市鎮工作自解放以來的設施，工作經過、成績、缺点、經驗，應由該管專署總結报告行政公署，以便研究經驗製定管理規章，這是一個新的工作，各專、縣今后應繼續研究創造經驗。

⑦明確各部門工作任務，確定几個具体工作的特殊权限。

1.各級政府之第一處科的工作任務是①協助行政首長了解全般情况（如法令執行戰争变化，各系統各部門間的相輔关係）督導中心工作（如今年仍是以查减為中心，當前着為調解群众糾紛，開展大生產運動，了解領導邊沿區鬥爭等）。②管理幹部會同各部門設計幹部教育整風培养提拔調整提供幹部配備意見並根据會議決定，執行幹部奖懲規定。③召集并代表行政首長主持定期會議（各部門联係會）處理日常政務。④領導并管理机关生活、管理與組織机关生產。

2.各級政府之第二處科的工作任務是：①依靠群众運動貫徹民主政策，如選舉、土地、户籍、婚姻登記、礼俗、人民团体登記等，這必須是發動與組織群众貫徹查减方針、並隨着群運的發展及時改造舊村政建設民主的新村政。②調解社會糾紛，如勞資、業佃爭議等，安定社會秩序教育社會各階層，達到团結對敵的目的。③配合群众運動及在群運的基礎上提高群众與幹部的文化與政治水平，舉辦村學訓練幹部。④開展社會衛生及保育，社會救濟等。⑤加強擁軍思想，開展群众性擁軍优抗運動。⑥关于戰爭動員及組織參戰等。

對調解案判工作為適應戰爭環境根据省行政委員會决定实行三級三審制，縣為一審，專署為二審，行署為三審，除死刑案件由專署審判报經行署審查批准外，对一般民事案件專署有权負責領導處理。但不服者仍有上訴行署之权，對于一般案件的判定，行、專、縣可不經政務會議的討論由各級行政首長直接領導第二科負責行之。但對于死刑案件除有特殊原因者外應經公安會議討論通過决定，再為了司法與除奸工作的結合及交流經驗、慎重處理重大案件起見，從行署到縣各級政府應建立公安會議，由各級首長、公安局長、第二處科長組成，負責掌握司法除奸政策法令制度，處理與司法有关係之奸細案件及刑事中之死刑案件，但對死刑案件，公安會議討論决定后，仍應报經行署批准。

3、各級政府之第三處科的工作任務是：①掌握對敵經濟鬥爭政策，執行對敵經濟鬥爭業務排擠偽幣侵入，掌握物資管理貿易。②設計並組織根据地以農業為主的群众生產，建立推動工營、私營、合作社經營的工業、手工業以發展農村經濟。③執行財粮收支，掌握制度，以保証抗戰供給。

為專門負責对敵經濟鬥爭的領導，第三處科下仍專設工商局的總局、分局、縣局 机構，各級工商局受各級政府行政上的領導，業務上仍由總局或分局直接領導，以便步調的一致、

45

因工商部門掌握巨大的資金，并有相當數量的幹部及工作人員，并為總結經驗準備戰后建設的開展，非有專門机構負責，則多困难，但各級工商局之幹部科股即行撤消，工作可與一處科之幹部工作合併進行，惟為對敵鬥爭方向集中使用人力，與魯南工商幹部缺之勢难每縣設局，在縣局一級不一定與行政區划一致，但為利於工作之協合，凡兼二縣或三縣之縣局與縣府关係，隨后另有制度規定。

財粮制度專署第三科之職权，為正式一級，前已有决定不另述。

4、統一幹部管理，調動、調整、培養、教育、提拔幹部，首先應建立幹部工作部門是保証政权机構充实有力，與貫澈簡政的关鍵，自一九四三年秋隨着環境與工作開展，湧進了大批的新生幹部，固然這是好的現象，但由于成份的複雜，缺乏革命的鍛鍊，政治的提高，甚至個別的是投机份子，破坏份子，表現各種思想，各種態度，各種作風，若不予以很好的管理，將不能提高政权工作，今后幹部工作的方針是：

(1)、使政权工作中獲得新鮮血液。

(2)、大量提拔工農幹部，改造政权成份，并使工農幹部在學習上獲得幫助。

(3)、使知識份子及新參青年幹部，多在下層鍛鍊，獲得实際經驗，因此各級行政首長必須重視并商得幫助，及早建立起來。

幹部科股的任務在於：①了解幹部配備及思想情况，②管理幹部档案，③糾正幹部傾向、推動幹部整風。④配合文教部門進行幹部教育。⑤提供調整配備意見。⑥幫助解决幹部生活問題。

統一政府幹部工作的範圍，是將政权系統各個部門及邮局所有幹部統一于幹部科股管理，（應随幹部工作机構建立去實現）

幹部管理制度仍尊省前頒兩級制的規定，縣科長專署股長以上之幹部，由行署調動調整、配備，或專署呈報行署批准任免，區長、區助理員、縣科員幹事、專署幹事，由專署調動調整配備，或由縣呈報專署批准任免，專署並应向行署呈報備案，村幹部由縣政府調動調整配備任免。

目前幹部缺数太大，應従認真培养、提高村幹區助理員，科員幹事等，求得充实。對新幹部的吸收，應以抗日民主的政治条件，為主要標準，業務能力從適當的分配工作中培養起來，新開區游擊區人材之吸收應経過一定的改造，再分配一定工作（关于幹部的訓練整風另討之）。

目前幹部缺数尚不易一時配備充实，應根据不同工作的緩急，不同地區群众運動的發展、對敵鬥爭的重要，分別先后充实主要部門，不要一般化平均分散力量。

5.邮局工作：各級邮局是為各級政府組織的一部份，歸各級政府第一科領導，能具体負責領導密切联系須從思想上加強領導与自覺的結合反對放棄領導，也反對以為特殊

13

、领導的具体表現為：

①及時了解郵局業務發展情況隨鬥爭形勢發展，指示郵務發展方向、如交通發行之推廣。

郵局業务本身俱有專門技術性質，與上下級垂直系統領導仍須存在，凡关此種性質問題，應尊重其系統領導，但應監督檢查，郵局亦應定期向第一科回報工作並送報業务工作之總結，第一科應研究或提政务會議討論給予指示和領導，在郵務工作處於發展過程的今天，其机構配備基本應依首戰郵總局之規定。

②為統一對敵，今后各級政府对上工作報告中應有郵局工作之報告為鬥爭與根據地建設工作之統一領導，政府應根據定期中心工作之確定，給郵局以任务並檢查總結其工作去年以來証明在对敵鬥爭上郵局發行工作之協同，有利於对新開區游擊區直到敵佔區文化報刊之推行，是加強着对敵鬥爭文化作用的，在大生產運動上，區郵局以上机关，能够也必須種園開荒參加生產，通訊員來往及我游擊區從事商業之可能，对改善郵务人員生活是可以的，但政府應給以貿易政策法令之教育郵局應檢查，免與政府貿易稅收法令抵觸，在住村工作發動群众組織冬學教育，改造村政，幫助村學，調解村民糾紛，是獲有經驗的，因此政府有責給予郵局中心任務的工作與可能，郵局應接受政府具体工作之分配，各級政府第一科應根據各級會議之決定，及時傳達任务與郵局，郵局負責人應出席政府一定中心工作傳達佈

置搃結會議，政府也有責任給郵局以此種政治之待遇，各級政府之法令指示等應給郵局一份。

③郵局幹部管理基本上今后應統一於政府第一處科之幹部科股。

④对郵局供給問題，郵局歸第一處科領导之后，郵局干部之生活待遇標准，仍本原規定不変，政府干部亦應改变不大妥当的想法，有的对郵务人員中待遇較高之規定不能堅決及時執行的平均主義思想是由于不知郵务通訊人員的艰苦與体會上級規定的优待精神，今后各級政府均應堅决执行上級对郵务人員供給標準的决定。

6、公安局工作：各級公安局是各級政府的一個部門而且是為戰爭服务的保証抗日民主勝利的一個重要工作，糾正对公安工作的放棄領导也反对以為特殊。

公安工作帶有一定的秘密性與特殊性，行政首長應尊重其這一工作的特点，对公安工作的領導表現

①加强公安局及公安幹部的政策教育，監督檢查公安局对政策执行的情形（如廢除肉刑，争取政策寬大政策等）

②除有关秘密問題外公安局应定期向行政首長作工作報告，行政首長应根据工作給予指導。

③对中心工作及有关工作之討論應召集公安局負責干部參加，並對中心工作或有关工作的佈置傳達時應給公安局以任务並檢查其工作（如群众運動駐村工作等）

④公安局干部是比較帶有專門性的，基本上統一于幹部科股管理，但調動調整配備，基本上服從于公安局的意見，由各級政府根據兩級制的規定行令任免。

⑤各級政府的指示決定等，應給公安局一份，以培養公安幹部對政权工作的全面性，及对各種工作的配合作用。

⑥負責对公安局公安人員之經費武装彈药的供給。

⑦預審完畢之案件，重要者提交公安會議討論決定，不重要之嫌疑犯及現行犯可由公安局長與行政首長商同處理之。

乙、武委會是人民自己的武装組織，其領導上有垂直系統，為根據地的堅持鞏固、政府應切實幫助武委會，執行省政委會發佈撫卹条例並須明确政府與武委會的关係。

依照上級及山東軍區命令縣區武委會即兼縣區指揮部縣區長兼指揮，武委會主任兼付指揮，（政委由軍區委任之）各救主任兼后勤主任統一指揮民兵縣區武装。

丙、划分縣區等級其意義在于：

①分別縣區特点、不同情況，分別确定該縣區工作方針、及工作任务。

②根據不同情況，分別佈置工作，使工作要求與佈置更具体，克服過去的一般化。

③根據工作的發展，在配備幹部上有增減有急緩，及幹部不同的特点與特長作適當地區的配備，如某縣何种工作重要，就應充實與加强該縣該部門干部的配備。

分等的標準是：

1、甲等縣群众運動已初步發動或相當開展，並有了一定的整理，基本區佔全面積的四分之三，一面負担之村庄在四百以上。

2、乙等縣群众運動已有初步的發展，而會相當開展和一定整理，基本區佔全面積四分之三以下，二分之一以上，一面負担村庄在四百以下一百五十村以上。

3、丙等縣群众運動只点滴開展，或未開展，基本區佔全面積二分之一以下，一面負担村庄不及一百五十村者。

各縣分等暫定為：鄒縣、費縣、双山、温河、趙鎛、臨沂為甲等縣，滕縣、息山、臨城、為乙等縣，邳縣、蘭陵、嶧縣、克濟為丙等縣，以后隨環境與工作的發展，隨時改變各縣等級。

（三）今后的領導和作風，首先在抓緊思想領導，熟習政策法令，創造典型推動一般，在組織領導上，應民主的建立工作制度，有領導的堅持和改進，為此，特着重指出如下各点：

甲、貫徹領導作風，是完成政治任務工作方針的鑰匙，改造領導作風，應是各級行政首長及各處科貫徹精商的首要任務，沒有正確的領導作風，一切都會落空，改進領導作風的標準，黎主任委員在全省行政會議上已經作了十個方針的指示（民主思想，民主政策，民主作風）各級政府應該由行政首長領导學習詳細鑽研深刻体會並舒着這一尺度來深刻的檢查過去我們的作風問題，並即運用到工作中去，這是提高政权工作的法宝，絕不應絲毫忽略或輕視。

乙、嚴格執行新的工作制度

一、提高工作效率樹立工作研究風氣須嚴格作息時間建立請假制度，相當集体辦公，（但不妨碍深入）作息時間應以季節及時規定，各部負責人認真督导遵守，集体辦公應適應戰爭環境，（机关不固定，村庄有大小）以部門為单位，工作與卧室分開，（個別談話在卧室）大庄大房大集体，小莊小房小集体，特殊部門例外（如幹部科股，金庫）以達到隨時交換意見、材料，與相互督催，研究工作之目的，具体計划由各該部門規定，因環境變通堅持此種精神。

二、上下級問題擬答處理，應分別領導，指导之範圍，凡关指導範围之問題可由部門會議或部門負責人於收到文件之日起三天內答覆，須經政務會議（部門聯席會）討論之問題可於政務例會討論后答覆之，臨時緊急問題由行政首長裁决答覆之，凡帶有决定制度性質之事件應經行委會，（目前政务會）討論首長簽署用正式公文行之，行政公署对專署緊急問題之處理可借用電報，電話联系，下級重大緊急問題須由上級解决者，專員、縣長，區長應不分星夜向上面報。

三、住村工作是实現具体指导充实脩正一般号召的办法，因村的工作是全面的，對各部門業务的檢查、改進、实驗、实現幹部與群众結合，以加强群众观念與全面工作知識能力之增進，均有直接帮助，因此，對住村工作在思想上應打通机关所有人員（幹部勤襍）的愛民思想，在組織執行住村工作與領導上，由首長負責建立專門組織——住村工作委員會。

1、首長負責在於動員組織机关的人力指出中心，檢查推動住村工作委員會進行住村工作。

2、住村工作委員會，三人至五人，應有較强幹部一二人負責，分任主任付主任，統一領導各小組，（各部門的幹部分組）推動進出宣傳，（房東等）了解情況，抓緊主力組以机关較固定，能力較强之幹部組成，（委員會委員可參加）個别深入全面了解研究情況，處理工作問題，委員會主任付主任應密切村幹部（村幹農工青婦）之关係。

3、住村工作不是走馬观花，做一村應有一村的成就，故應培养村中骨幹，（村幹的提高，群众積極份子之發現和培养）并經常联系帮助其進步，机关轉移前后委員會應負責總結工作交區公所使能堅持下去。

4、為利於住村工作，並改造整個机关人員的思想，加强群众观念，民主思想，第一科須加强勤襍人員之愛民與群众紀律教育，机关轉移后並應派專人召集村干座談會，檢查机关群众纪律。

5、住村工作委員會須知住村為區管理下之一單位，須联系區公所交換情况、意見、以免矛盾。

四、嚴格工作制度实行定期的會議、纠正只有個別商量委託任务、不用會議作到思想的打通取得意見的一致，也反對参加會議不負責任的態度，形成會議無準備、浪費時間难决問題。今后应把會議重視起來事先有交談、醞釀、會中有討論有研究、解决問題才有效與有力、過去部門分立机关人員多寡不一，合併之后業务繁巨、人員集合，一定的工作會議是需要的，不但在總的領導上要定期的召開政务會議，（即各部門联席會）各處科股亦應嚴格建立部門會議，政務會議距离的時間要長点，部門會議時間要短些，可以在部門會議上解决的即在部門會議上解决，以免于政務會議瑣碎事務，形成拖拉應了解會議是為研究問題，解决問題，脫离实際的會議應少開，把問政要求也貫澈于此。

嚴格定期計划與定期工作總結制度，以提高工作的緊張性，并提高干部政治质量與工作能力，對工作總結，應有中心，抓緊典型，反对流水賬的敘述、平鋪直敘，否則是不會總結经驗，不會加强領導與指導，也不會指導全盤的，实行檢查制度應特別抓緊中心工作及典型的檢查，反對只有佈置而無檢查的官僚主義。

五、建立統計工作制度，應該將領導上工作上與統計工作結合起來不能分開，作一件工作、就應有一件工作的統計，关于統計工作的分工負責、应根据本署為執行省行政委員会三十四年三月四日秘字二一号关于加强統計工作决定的指示執行。

六上下行文件，决定今后統一採用下行者有訓令、指令、通令、密令、指示、决定六種，上行者為報告一種，（此種報告是指非總結工作的報告，而是報告某一問題或請示某一事由或案件）用時對上下行之文件，應力求鄭重，不應以反對文牘主義，而了草從事。

## （四）從思想上組織上貫澈簡政

從以上各項看來，這次簡政工作的要求比較艰巨，涉及的範圍比較廣而內容也比較多，如改變組織机構，明确职权分清任务，改進領導作風，严格工作制度，以保証政权工作的提高，但這些都是目前所迫切要求实現的，缺一不可，缺一就對簡政工作沒所張本，也就沒法推動政权工作的提高，因此完成這一重大而艰巨的任務，必須從兩方面下手才能作到，第一要打通思想，認識這次簡政的意義，了解這次簡政的目的，加強對簡政工作的信心與責任心。第二是這次簡政工作並不是單純的合併机構，更重要是將今后工作，作到領導健全，發揮效能，因此簡政工作，並不是一時的突擊工作，而是長期的建設工作，不但從思想上打下基礎，還要長期的從組織上貫澈，如果將簡政工作看成這是一時之急，而不認識到這是建設强有力的政权工作的要訣，放鬆今后不斷的組織領導，將很難貫澈簡政政策，在目前五次簡政開始

十一

21

的時候，首先應解决以下的思想問題與組織問題。

甲、這一新的組織机構，是一個新的大变更，對這一結構可能為過去舊的組織結構所束縛而產生不習慣，怀疑與感覺這樣改变任務繁重，搞不來的現象，對這一点應該回顧一下過去部門分工的枝節所產生的思想不一致，配合不密切所給予工作的損害，実行新的机構，可能一時順不過來，但對這一点應本發揚优点克服缺点的精神解决之，合併部門，的确對某些同志的任務是加重了，也可能有些同志感覺能力不及，但对这一点應該是迅速的從學習上工作上，提高自己，發揮革命工作者的艰苦性，來担當起來。

乙、新的組织机構，就是要求領導更加统一，過去領導一個部門工作的，今天要求領導兩個或三個部門的工作，因此，幹部的思想與能力必須要求更加全面，同時對領導與被領導的关係，要求澈底，糾正以上代下，以下代上以指導代領導的现象，因此要求所有幹部特别是各級各部門的領導幹部，必須迅速從片面的圈子裡走出來，從主观牢籠裡解放出來，反對某些幹部只顧原来工作崗位的工作，而不大負責新增加的工作任務，或者還有的因為結構的改变，在思想上未联系到反官僚主義，必然會發展官僚主義，如果不與片面主观宗派官僚主義作鬥爭將無法貫澈簡政掌握政策深入工作，提高效能。

丙、隨着組织的調整，必須很好的調整幹部，對這一問題，各級領導者應堅决本着因事設人，絕不能因人就事，從政治上工作能力上調整每一個幹部的工作崗位，作到真正的人事相称，全体干部都应在思想上树立起工作为重的观念，甚至個别幹部是降级使用，應從思想上打通，克服等级观念，爱面子不好意思等不良的思想残餘，各级领導幹部不但要掌握這一精神，並且應作深入的動員來解决這些簡政中的障碍。

丁、在執行此次簡政時，如專、縣應及時报告執行情况工作困难，反映幹部意見，在簡政工作初步告一段落后，應迅速總结报告行署。

鲁南区征收公粮暂行办法（1945年5月鲁南区行政公署修正）

魯南區行政公署修正

徵收公粮暫行办法

一九四五年五月第五次修正

運河縣縣政府翻印

第一条：根据山东省征收公粮条例之基本原则，乃鲁南之实际情形与四修正征粮新办法之经验，特制定本办法。

第二条：本办法只规定土地之负担，土地以外之负担办法另定之。

第三条：本办法系以鲁南专署一九四五年颁布土地陈报办法先将土地折合成负担粮亩为标准，计算全年产量廿斤为一分粮，次按加至三百斤为一亩，惟因精耕细作而增加产量，不得提高地级加重负担，因耕作怠惰而减少产量者，不得要求降低地级减轻负担。

第四条：依本办法全年负担每亩之总额，由行政公署呈准省政委员会规定之，由县府布告征收，征收数额各级政府不得任意增减。

第五条：凡以精确实行土地陈报人口登记之村庄，即可按县府布告之每亩负担数，直接向政府交纳之公粮，不再按区村摊派负担。如土地陈报不精确，可以本办法之累进率为准，计算各户负担，计算办法附后。

第六条：敌伪区接敌伪区或新开辟之区域，因敌伪榨取过重，其负担得由该县政府斟酌具体情形，呈准行政公署减轻或豁免之。其减轻比例：

(1)敌伪占地比根据地减轻三分之一到三分之二

(2)接敌区游击区比根据地减轻三分之一到二分之一

25　2

③新開闢區（指已是对我一面負担之地區）比根據地減輕四分之一到三分之一

第七条：各地因天灾人禍致人踐跡對負担力減低時得呈請縣政府轉專署批准后減輕或豁免之

第八条：人民向政府交納公粮田賦后政府須給以正式收據在下期公粮田賦前非經縣以上政府批准任何人不得再向人民索取粮款物品等

第九条：公粮征收概以户為征收單位以人口為計算單位其征收之累進如下：

①每人平均有負担粮（畝）不足二分者免予征收

②每人平均有負担粮（畝）二分以上者每增一分其負担率增進百分之一至百分之三十五不再增進具体比例如下表

| 級别 | 每人平均有負担粮(畝)数 | 征收的比 |
|---|---|---|
| 一級 | 每人平均二分居 | 2% |
| 二〃 | 2.1分——3分 | 3% |
| 三〃 | 3.1〃 4〃 | 4% |
| 四〃 | 4.1〃 5〃 | 5% |
| 五〃 | 5.1〃 6〃 | 6% |
| 六〃 | 6.1〃 7〃 | 7% |
| 七〃 | 7.1〃 8〃 | 8% |
| 八〃 | 8.1〃 9〃 | 9% |
| 九〃 | 9.1〃 10〃 | 10% |
| 十〃 | 10.1〃 11〃 | 11% |
| 十一〃 | 11.1〃 12〃 | 12% |
| 十二〃 | 12.1〃 13〃 | 13% |
| 十三〃 | 13.1〃 14〃 | 14% |
| 十四〃 | 14.1〃 15〃 | 15% |
| 十五〃 | 15.1〃 16〃 | 16% |
| 十六〃 | 16.1〃 17〃 | 17% |
| 十七〃 | 17.1〃 18〃 | 18% |
| 十八〃 | 18.1〃 19〃 | 19% |
| 十九〃 | 19.1〃 20〃 | 20% |
| 二十〃 | 20.1〃 21〃 | 21% |
| 廿一〃 | 21.1〃 22〃 | 22% |
| 廿二〃 | 22.1〃 23〃 | 23% |
| 廿三〃 | 23.1〃 24〃 | 24% |
| 廿四〃 | 24.1〃 25〃 | 25% |
| 廿五〃 | 25.1〃 26〃 | 26% |
| 廿六〃 | 26.1〃 27〃 | 27% |

27 4

| 廿七級 | 27、1 分 | 28 分 | 27% |
|---|---|---|---|
| 廿八 〃 | 28、1 〃 | 29 〃 | 28% |
| 廿九 〃 | 29 1 〃 | 30 〃 | 29% |
| 三十 〃 | 30、1 〃 | 31 〃 | 30% |
| 卅一 〃 | 31、1 〃 | 32 〃 | 31% |
| 卅二 〃 | 32、1 〃 | 33 〃 | 32% |
| 卅三 〃 | 33、1 〃 | 34 〃 | 33% |
| 卅四 〃 | 34、1 〃 | 35 〃 | 34% |
| 35級以上者概按35%計不再累進 | | | |

惟我區土地陳报大部未做有的等級評議还不確切完全依此标準征收往々區与區村与村户与户之間負担很不均衡（凡陳报確实評議公平之村越吃虧）為糾正這种不合理負担現象致發反黑地斗爭便于群众工作之配合真正做到負担公平特拟定两种累進土地的办法以便各县在适于这种情况的村子採取何派新推情採用之

| 級别 | 每人平均有負担粮(石)数 | | 每分粮(石)累進数 |
|---|---|---|---|
| 一 級 | 每人平均二分者 | | 不累 |
| 二 〃 | 2、1 分 | 3 分 | 0、1 分 |
| 三 〃 | 3、1 〃 | 4 〃 | 0、2 〃 |
| 四 〃 | 4、1 〃 | 5 〃 | 0、3 〃 |
| 五 〃 | 5、1 〃 | 6 〃 | 0、4 〃 |
| 六 〃 | 6、1 〃 | 7 〃 | 0、5 〃 |
| 七 〃 | 7、1 〃 | 8 〃 | 0、6 〃 |

28

| | | | | | | |
|---|---|---|---|---|---|---|
| 八级 | | | | | 0.7 | 分 |
| 九 〃 | 8.1 | 分 | 9 | 分 | 0.8 | 〃 |
| 十 〃 | 9.1 | 〃 | 10 | 〃 | 0.9 | 〃 |
| 十一 〃 | 10.1 | 〃 | 11 | 〃 | 10. | 〃 |
| 十二 〃 | 11.1 | 〃 | 12 | 〃 | 11. | 〃 |
| 十三 〃 | 12.1 | 〃 | 13 | 〃 | 12. | 〃 |
| 十四 〃 | 13.1 | 〃 | 14 | 〃 | 13. | 〃 |
| 十五 〃 | 14.1 | 〃 | 15 | 〃 | 14. | 〃 |
| 十六 〃 | 15.1 | 〃 | 16 | 〃 | 15. | 〃 |
| 十七 〃 | 16.1 | 〃 | 17 | 〃 | 16. | 〃 |
| 十八 〃 | 17.1 | 〃 | 18 | 〃 | 17. | 〃 |
| 十九 〃 | 18.1 | 〃 | 19 | 〃 | 18. | 〃 |
| 二十 〃 | 19.1 | 〃 | 20 | 〃 | 19. | 〃 |
| 廿一 〃 | 20.1 | 〃 | 21 | 〃 | 20. | 〃 |
| 廿二 〃 | 21.1 | 〃 | 22 | 〃 | 21. | 〃 |
| 廿三 〃 | 22.1 | 〃 | 23 | 〃 | 22. | 〃 |
| 廿四 〃 | 23.1 | 〃 | 24 | 〃 | 23. | 〃 |
| 廿五 〃 | 24.1 | 〃 | 25 | 〃 | 24. | 〃 |
| 廿六 〃 | 25.1 | 〃 | 26 | 〃 | 25. | 〃 |
| 廿七 〃 | 26.1 | 〃 | 27 | 〃 | 26. | 〃 |
| 廿八 〃 | 27.1 | 〃 | 28 | 〃 | 27. | 〃 |
| 廿九 〃 | 28.1 | 〃 | 29 | 〃 | 28. | 〃 |
| 三十 〃 | 29.1 | 〃 | 30 | 〃 | 29. | 〃 |
| 卅一 〃 | 30.1 | 〃 | 31 | 〃 | 30. | 〃 |
| 卅二 〃 | 31.1 | 〃 | 32 | 〃 | 31. | 〃 |
| 卅三 〃 | 32.1 | 〃 | 33 | 〃 | 32. | 〃 |
| 卅四 〃 | 33.1 | 〃 | 34 | 〃 | 33. | 〃 |
| | 34.1 | 〃 | 35 | 〃 | | |

29-6

# 算法舉例

某村共八五户共有負担粮8013斤共有人口廿一口其分配為張大四口人有負担粮八分李二五口人有負担粮四斤半王三元口人有負担粮九斤趙四七人有負担粮廿一畝刘五九口人有負担粮四十五畝因土地陳至村賬否隱瞞至今年夏季公粮這裡共分給他村公粮九仟斤以上法計后其各户負担如次

某村負担累進計算表

| 姓名 | 人口 | 共負担畝數 | 平均每人有負担畝數 | 負担級數及斤數 | | 全負担数 | 備考 |
|---|---|---|---|---|---|---|---|
| 張大 | 4 | 0.8畝 | 2分 | 1 | 6斤 | 4.8斤 | 4.8斤 |
| 李二 | 5 | 4.5 | 9 | 8 | 27 | 94.5 | 81.5 |
| 王三 | 6 | 9 | 15 | 14 | 45 | 297 | 405.0 |
| 趙四 | 7 | 21 | 3.0 | 27 | 90 | 1323 | 1890.0 |
| 劉詳 | 9 | 45 | 5.0 | 35 | 150 | 4570 | 4725.0 |
| 合計 | 31 | 80.3 | | | | 6309.3 | 7106.3 |

假如某村派6500斤那么張王李赵各应摊多少？应該是用7106.3除6500斤乘張王等。按新法計算負担之数如張姓应負担实数為6500斤÷7106.3×4.8斤＝4.32斤為实西料数余类推

假如該村摊9000斤張姓实摊数則為9000÷7106.3×4.8斤＝6079.2余类推。

31 8

## 第二例

每人平均有負担粮(畝)二斗、者在計算負担時每畝折成二斗計算之二斗一厘以上至三分者每畝折成三分計算之三斗以上至四斗者每畝折成四斗計算之以此类推直至每人有負担粮(畝)卅四分一厘以上至卅五分者計算負担時每畝折成三畝半計算之在某些沒实行土地陳報或只陳報未評議或在仍用公項畝之村庄如实行累進征收時也採用這一例

## 說明

㈠此两種累進辦法之累進率与上法同在回派新攤村為便於計算可採用之但須向群众解釋不是加地只是為了便於計算負担

㈡第一例辦内之每分累進数計算公粮時須加其原有一分即每人平均三分者每斗作一分一厘計算平均四分者作一分二厘計算至平均三十五分者一分作四分三厘計算余以类推

㈢累進后以全村之総畝数除全村所攤公粮総数得出每畝地負担数去乘各戶累進后之畝数便得出該戶应攤公粮数

第十条、、租佃土地之負担如規定如下、、

甲、租佃种土地、、

㈠租額在百分三十八以下者統以二畝折一畝計算負担㈡、租額在一百分四十五以下者每五畝折二畝計算負担㈢、未減租或減租后

第五頁

租額仍在百分四十五以上者三斗折一斗計算負担(四)佃戶負担因累進关係超过其減租所得時其佃种之土地(本身所有土地不在內)得減輕交納之減輕标準為佃戶全部收入(其自己土地收入在內)每人全年平均在一百五十斤以下者其負担不得超过其減租收入所得的三分之一為原則每人全年收入平均在二百五十斤以下者其負担不得超过其減租收入所得三分之二為原則收入在二百五十斤以上者不再減

乙、已減租土地：

一、租額在百分三十八以下者每二斗折一斗計算負担

二、租額在百分四十五以下者每三斗折二斗計算負担

三、租額在百分四十五以上者每一斗按一斗計算負担

丙、新开闢地區只實行了減租未實行土地陳報者土主佃戶之依二斗折一斗計算負担其佃戶負担超过減租收入所得者得以上办法酌量減輕之其未減租者應實行減租

第十一条：直接佃工生產並由地主供給火食在十個月以上者得列入地主家作一口人計算五個月以上者地主佃工家各作半口人計算不足五個月者不得列入地主家中非生產之佃工(如管家的婢女等)不論多少不得列入地主家計算人口未實行增資者概不得列入地主家計算人口牧童(如生產工同)得列入佃工家作半口人計算三家以上否佃者不得列入

第十二条：赤貧戶得免除負担寡孤貧民抗屬因無生產力或因生產

力降低确实负担能力者得经县以上政府批准适当减征或豁免其减
免数额或征期须根据其具体生活状况确定之
第十三条：抗日战士及政工人员者得列入其本家作一口人计标参
加反抗战反民主团体者不得列入
第十四条：孤儿残废无生产力长年寄于亲友家者得列入其亲友
家作一口人计标常年给养之童养媳同由公家供给伙食之学生不得
列入其家中计标负担
第十五条：长年逃亡在外者其人口无论多少概按一口人计标其负
担由其土地代管人交纳但为敌利用者例外临时逃荒不超过一年者
不得在此例
第十六条：人在我区地在敌伪区者其负担以地随人为原则处理但
政府应尽量根据敌敌区之负担原则予以减轻之地在敌伪区人在敌
伪区者其负担以逃亡户原则处理之人地都在敌伪区而在两伪区人
或是得以地随人为原则
第十七条：庙地按僧道数目计标其出租出佃或租种佃种庙地者得
依第九条规定办理之无僧道者按一口人计标义田社田均按一口人
计标
第十八条：义田学田公田公林为政府之直接收入免征公粮田赋但
租佃种种之土地者佃户须依第十条之规定交纳负担

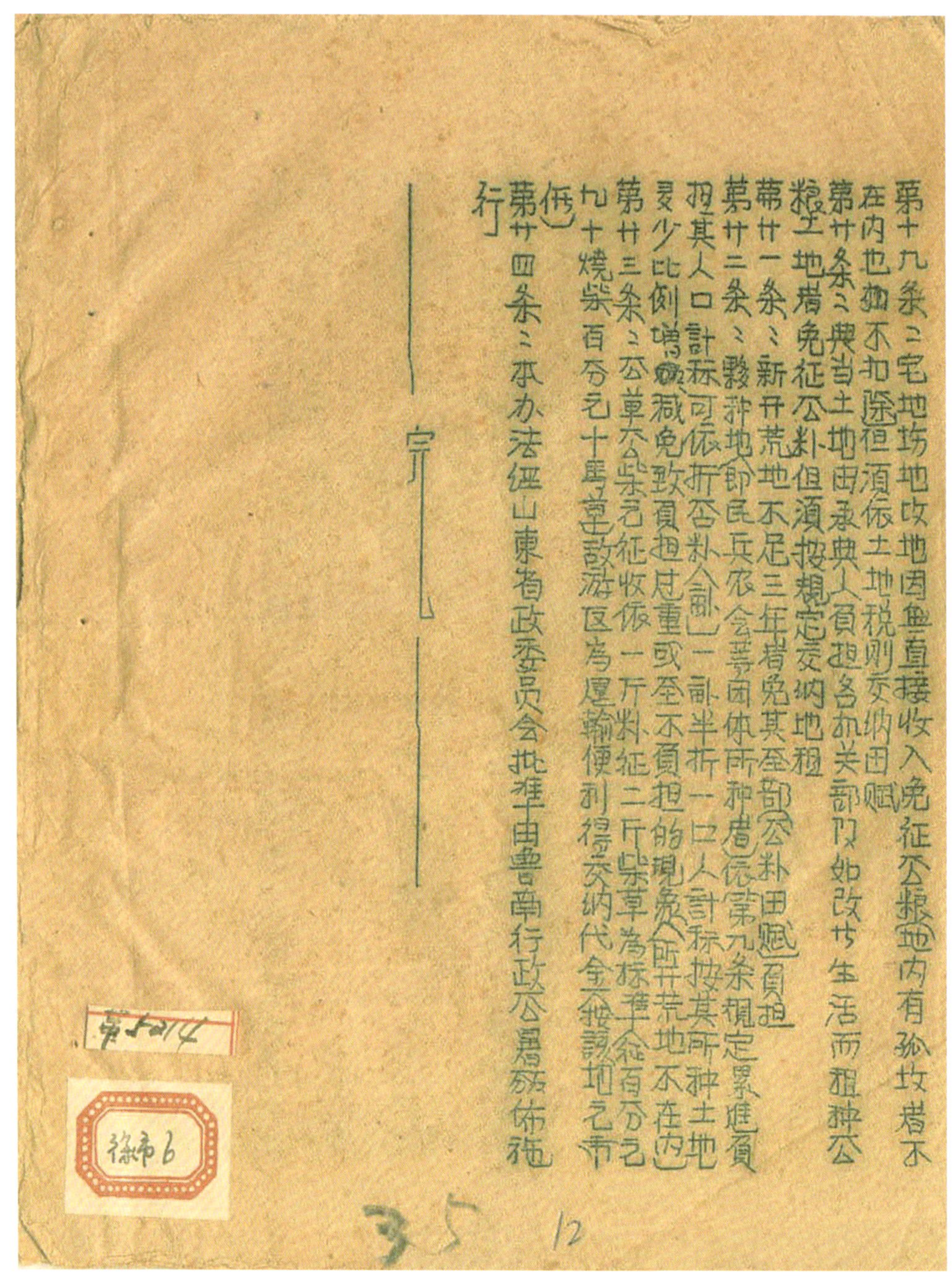

第十九条：宅地坟地改地因無直接收入免征公粮（地内有孤坟者不在内也加）不扣除，但須依土地税则交纳田赋

第廿条：典当土地由承典人負担，各机关部队如改善生活而租种公粮土地者免征公粮，但須按规定交纳地租

第廿一条：新开荒地不足三年者免其全部公粮田赋負担

第廿二条：义务耕地（即民兵农会等团体所种者）依第九条规定累进負担，其人口計标可依折合料（合部）一部半折一口人計标，按其所种土地多少比例增减，免致負担过重或全不負担的现象（所开荒地不在内）

第廿三条：公草公柴之征收依一斤料征二斤柴草为标准（按百分之九十）烧柴百分之十，属敌游区为运输便利得交纳代金（按該地之市价）

第廿四条：本办法經山東省政委员会批准，由鲁南行政公署颁布施行

完

# 鲁南区行政公署关于开展节约防害反抢粮运动的决定

（1945年7月22日）

自給自足的困難，特別是近幾年所消耗無法補償，但敵人所至之搶掠，是下到老百姓，土地也已荒廢，或去代價的貨幣高價收買及搶奪我區民糧食，或難決他最大的困難，因而他亂不走所要求另於兩地區，他將大肆破壞，或製造我們的困難。

3、今年蝗虫已為害非淺，同時蝗虫滋生區已在個別地區开始表現，若不加捕滅，在我們豐富將成虫害中之惡害，這首先是因為微山西湖向為主產蝗虫的地方，其次今年夏秋我各區都普遍遭過蝗害，所留卵子相當普遍，如有為害意義實屬重大。

根據以上年景歉收，敵偽掠奪破壞，生產等情形，將來可能發生的情況必然是糧食恐慌，不足，糧價高貴，無力購買，甚至荒歉等甚至隨地之該河北區大批流入難民是目前應認真開展節約、救災、生產、發動群眾、實是要求很嚴肅、最困難、爭取抗戰勝利的一個最嚴重而又最艱苦最重要的城市的緊急工作。各級政府必須配合黨軍民迅速進行宣傳教育組織，真正造成黨政軍上下一致全体人民的快要到了的春耕生產運動。

二、要求：

1、節約：

⑴、关于机关部队的节约：

⑵、奖励個人及单位的節約，一切节约归公者提成百分之十作奖励。

⑶、發展自作自食減少群眾負擔，並可准許到本

单位所补食节约要求在质量上掌握每日节约补食二一两，节约之数，归本单位自行保管，以作本单位渡荒之用。

（三）、发扬执行新兵纪律标准之规定，凡不合规定及违反规定者，一律不准报销。

（四）、关于嗜好性的节约，要合教育群众对社会应酬，尽可能的反对招待或招待两者之，又要不食之一切消耗品，但须从大处防止在动员中节约迫命令式责群众保集一切可以食用之东西等，移到补食中食用，对菜蔬、菜叶、野菜、补食一律节约主要的在于保管节藏以免冻坏，以及损坏，特别地以换一顶，衣一套，被服方面特别动员群众全部不切济酒、吃食用，这是每个家家都有的一大宗食品，要挖菜、蔬菜等以动员群众，是宣讲酿造

15

积极认识在现在开始节约，不要等到秋食吃光了后再节约就晚了。

2、防害：

①、各地蚜虫害虫的已经发生了，但仍不应坐视，应动员说服群众用过去及报上已经介绍的办法加紧除治，早治一天，多治一点，就是一分收成。

②涝地特别是平地区，应即动员组织群众迅速挖沟疏水，不但是为了抢救秋禾，同时也可以抢种麦田。

③各县应立即普遍重视蝗害，并普查发现后应迅速组织群众集中力量就地捕灭，捕灭办法可运用去年经验，同时应学习海区剿灭蝗害的方法，必要时与邻县密切联系，特别是一二专署之各县更

被敌由胡崖海空人所金数万亩清减（如肩剃崖逐
骑奇袭大，以致有李在四月九日第六次袭击个
月及九月十九日东西两之消息被寻，及其他如
太行各地之被寻及各骑个月等）
3、抢救秋收：
①配合战争形势教育加强战争观念之动员说服群众
采取空舍清野，不论地沿边或基本地区，都要
作到将粮食存藏，公私粮食及一切物资集中
掩藏，使敌之政权可能安全可保存掩藏办法，
应由各级政府随时指导检查。
②是要秋收粮食应境加紧管理之，具体办法另有之规定
并要严密封锁之
③对区人民有遭受敌寇掠夺损其秋食资财
者，根据地遭难者，政府应予保护救济资助若予
之，政府机关应协助人民及资救济争取抢收，办

17

不負責辦法　建立各級縣區村戰時指揮部

④加強民兵與地方武裝的領導，實行戰斗上一配合，並就要合要認識到有力的以抗擊，就是保衛了根據地，就是爭取勝利的重要因素。

⑤要與前展開政治攻勢相結合，利用一切辦法向偽軍偽組織進行喊話，寫信號召十大紀律，在村敵人，不幫助敵人破壞抗擊根據地。

三、如何進行運動

①由各級公署印發布告陳述意義作文件之動員

②各級須負責召到本年一定后之前專述討論，首先打通干部思想，然后在各種干部的群眾的坐談會上及大、小會討論，貫徹進行教育動員，一而再的打通群眾思想。

18　7

③在組織工作上，首先在与真正需要的各劳动互助變工隊，在變工隊中之积极份子商量並討論，把計划（增加到原有之生產計划中，並及時的按照分組他們執行情形，並督促實現之，推动全盘其次在分別組織負責机关管理人員及有干及時推动并檢查全盘執行，再次在互合組織落實（如個人的單位的）

④打破干部群众的靠天思想及等待主义，如天旱了等着下雨，天涝等着晴天，如对荒年及可能的抗擦，認為还不到眼前，还怀疑不見得會如此，如有的存着天無絕人之路的思想，這些都是开展這一運动的障礙，並且是這些开展教育說服的工作。

(四)及時的揭露打击破坏者的謠言，要拿事实开展群众性反謠言的斗争，并追求钱索教育打击造謠者。

主任李樂平

20

9

# 鲁南区行政公署关于开展八年战争损失调查统计的指示

（1945年9月18日）

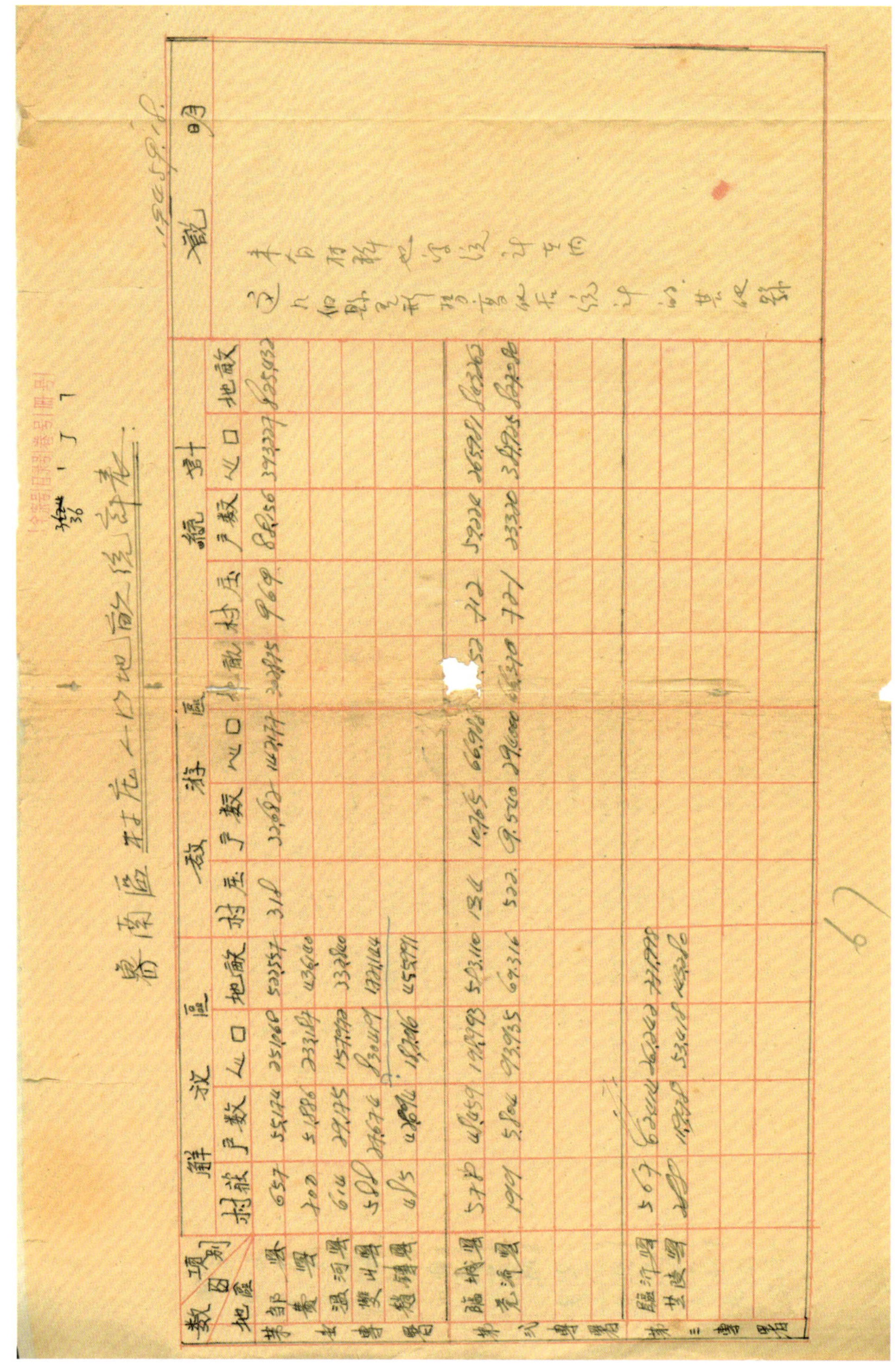



鲁南区村庄人口地亩统计表

1945.9.18.

| 数目 项别 地区 | | 解放区村庄 | 解放区户数 | 解放区人口 | 解放区地亩 | 敌游区村庄 | 敌游区户数 | 敌游区人口 | 敌游区地亩 | 统计村庄 | 统计户数 | 统计人口 | 统计地亩 |
|---|---|---|---|---|---|---|---|---|---|---|---|---|---|
| 第一专署 | 邹县 | 657 | 55,174 | 251,068 | 522,557 | 318 | 32,682 | 142,177 | 302,875 | 969 | 88,156 | 393,227 | 825,432 |
| | 费县 | 300 | 51,886 | 233,187 | 436,180 | | | | | | | | |
| | 温河县 | 614 | 29,175 | 157,972 | 332,840 | | | | | | | | |
| | 双山县 | 588 | 27,676 | 830,419 | 1221,124 | | | | | | | | |
| | 赵镈县 | 485 | 42,694 | 187,016 | 455,991 | | | | | | | | |
| 第二专署 | 临城县 | 578 | 48,459 | 198,993 | 523,110 | 134 | 10,765 | 66,986 | [illegible]52 | 712 | 59,224 | 265,981 | 843,262 |
| | 苍滕县 | 199 | 5,804 | 93,935 | 64,316 | 522. | 9,540 | 29,400 | 66,370 | 721 | 23,320 | 389,725 | 827,080 |
| 第三专署 | 临沂县 | 567 | 62,414 | 262,242 | 371,998 | | | | | | | | |
| | 兰陵县 | 288 | 11,938 | 53,418 | 143,280 | | | | | | | | |

说明：本台村庄也没统计在内
这几个县[illegible]统计的[illegible]

67

# 冀南区村庄人口地亩统计表

| 地区 | 区 | 基本区 村庄 | 基本区 户数 | 基本区 人口 | 基本区 地亩 | 游击区 村庄 | 游击区 户数 | 游击区 人口 | 游击区 地亩 | 敌占区 村庄 | 敌占区 户数 | 敌占区 人口 | 敌占区 地亩 | 统计 村庄 | 统计 户数 | 统计 人口 | 统计 地亩 | 说明 |
|---|---|---|---|---|---|---|---|---|---|---|---|---|---|---|---|---|---|---|
| 第一专署 | 邱县 | 632 | 49,867 | 230,287 | 491,078 | 126 | 10108 | 43069 | 66568 | 100 | [illegible] | 44,784 | 81,385 | 860 | 64,890 | 318,140 | 639,031 | 1.此表是于45年5月的材料,各县无该区材料根据 |
| | 黄县 | 720 | 51,886 | 233,187 | 436,140 | | | | | | | | | 702 | 51,886 | 233,187 | 436,140 | 去年统计的 |
| | 温河 | 492 | 23,501 | 134,596 | 285,200 | 77 | 3,634 | 14,794 | 30,170 | 45 | [illegible] | 8,582 | 17,468 | 614 | 29,175 | 157,972 | 332,849 | 2.此不包括新划入[illegible] |
| | 冀山 | 401 | 20,527 | 90,600 | 183,183 | 55 | 2,180 | 8,486 | 24,792 | 112 | [illegible] | 80,854 | 51,866 | 588 | 27,674 | 119,940 | 259,872 | 河县 |
| | 合计 | 2247 | 145,801 | 688,670 | 1,395,601 | 258 | 15,862 | 66,349 | 121,530 | 259 | [illegible] | 134,420 | 150,719 | 2764 | 185,820 | 830,440 | 1,721,944 | |
| 第二专署 | 临城 | 285 | 24,918 | 146,133 | 255,150 | 210 | 15,964 | 113,349 | 24,998 | 168 | [illegible] | 116,202 | 128,617 | 666 | 68,222 | 375,674 | 732,685 | |
| | 冀北 | 298 | 29,474 | 179,591 | 357,068 | 128 | 13,382 | 70,151 | 140,000 | 184 | [illegible] | 60,560 | 170,017 | 610 | 65,737 | 310,302 | 671,067 | |
| | 宁济 | 92 | 9,999 | 47,258 | 103,908 | 33 | 3,394 | 36,307 | 38,914 | 40 | [illegible] | 10,110 | 25,333 | 165 | 15,413 | 73,675 | 168,250 | |
| | 滕县 | 164 | 11,175 | 61,071 | 109,219 | 126 | 6,200 | 46,000 | 72,501 | 170 | [illegible] | 54,179 | 72,010 | 460 | 24,859 | 163,250 | 253,730 | |
| | 邱县 | 127 | 5,710 | 28,000 | 44,550 | 140 | 7,885 | 25,720 | 60,000 | 155 | [illegible] | 48,970 | 70,050 | 422 | 22,795 | 101,890 | 176,600 | |
| | 合计 | 966 | 91,304 | 462,033 | 871,925 | 637 | 46,825 | 283,527 | 563,335 | 719 | [illegible] | 289,221 | 466,409 | 2325 | 179,031 | 1,045,396 | 1,897,680 | |
| 第三专署 | 临沂 | 410 | 55,069 | 228,696 | 585,668 | 96 | 5,664 | 20,764 | 101,250 | 61 | [illegible] | 7,580 | 85,090 | 567 | 60,414 | 261,240 | 771,998 | |
| | 邢县 | 106 | 13,663 | 54,580 | 151,099 | 24 | 1,400 | 6,390 | 13,100 | | | | | 130 | 15,083 | 60,970 | 164,249 | |
| | 曲陵 | 161 | 9,369 | 44,153 | 106,635 | 30 | 1,190 | 8,576 | 19,316 | 37 | [illegible] | 6,709 | 17,129 | 228 | 11,978 | 59,448 | 143,080 | |
| | 故镇 | 330 | 27,777 | 117,936 | 289,910 | 90 | 8,888 | 40,707 | 100,735 | 61 | [illegible] | 28,203 | 69,196 | 485 | 42,694 | 187,046 | 459,841 | |
| | 合计 | 1007 | 105,868 | 449,365 | 1,133,454 | 224 | 17,164 | 77,577 | 234,401 | 159 | [illegible] | 42,754 | 171,513 | 1390 | 132,173 | 560,646 | 1,539,368 | |
| 总计 | | 4220<br>34,292 | 34593<br>159,308 | 159308<br>3,400,980 | 3,400,980 | 1119 | 79,851 | 427,453 | 949,368 | 1137 | [illegible] | 466,195 | 788,059 | 6479 | 505,024 | 2,437,144 | 5,128,607 | |

# 鲁南区行政公署关于开展八年战争损失调查统计的指示
（1945年12月24日）

鲁南区行政公署对执行省民字第一号第十三号两指示的指示。

总字第二号
三十四年十二月二十四日

民字第 号

省指示调查八年战争损失，正是当我进军反攻敌寇、我各级政府都忙于参军、收复城市等工作，为不紊乱一定时期的工作中心起见，故本署未予时下达，现为了要敌人清算赔偿、贯彻我解放区所遭受的残害损失，时间已不能再为推延，并进行这一工作时，首先党政民各级干部必须在思想上弄通：这一工作的切实与否，是群众思念与否的具体表现之一，虽然我们已在反内战斗争前线，任务繁重紧迫，也必需用各种方法完成它，不应强调困难。这是配合时事教育，提高群众民族民主觉悟，提高群众斗争热情，加强反对国民党制造内战有力的实际教育，对此工作认识不够进行不力者，就会使群众八年的损失无法弥补、

为了使群众性地诉苦对损失求得普遍调查，各级政府应于同级党民各机关共同研究共同进行外：要求普遍的深入村统计起来，由区於两个年一月。

二十五以前統計交專，並於一月二十八日以前統計交專署，專署於一月三十一日前彙集交行署，以便轉报省政府，廣大人民争取國际救济物資之分配，各级政府必須按期彙集，保証按期上报，不得有丁推延。

四、目前我們任務繁重，必須用各种方法，结合一定工作来完成這一統計工作，并希根再以下办法作為參考，并希各级根据具体情况，創造更多的办法：

一、新解放區及老地區至各村，凡是在一月廿五日前發動群衆運動未的，必須在運動開展以后并告一段落時，由領導同志召開農讀把群運的同志會宣領導統計，

在老地區一般的可通过村政村，及村各村会的領導召開村民大会及用冬學婦女會和群的村民大會等進行統計，

三、凡新解放區未開展群運的村莊，可召開新村長理、就原消傳保甲長，實行了施行的建初村長公正人士座談会，進行動員，并責成他負責統計。

四、由於本交後我军已分大部南安、可由此須上

綜合專區各十部，以教育前線服務各部原有不統計，統計表格即按製定之試辦填寫調查表兩種統一印發各縣填用，並在政府負主動完成完民主要同各的會議，經常而且統計總結，

附發各民字第一號第十三號指示，並許可備案執行切實是盼

主任 李樂平

52

## 一九三九年至一九四六年鲁南地区形势变化说明书（1946年）

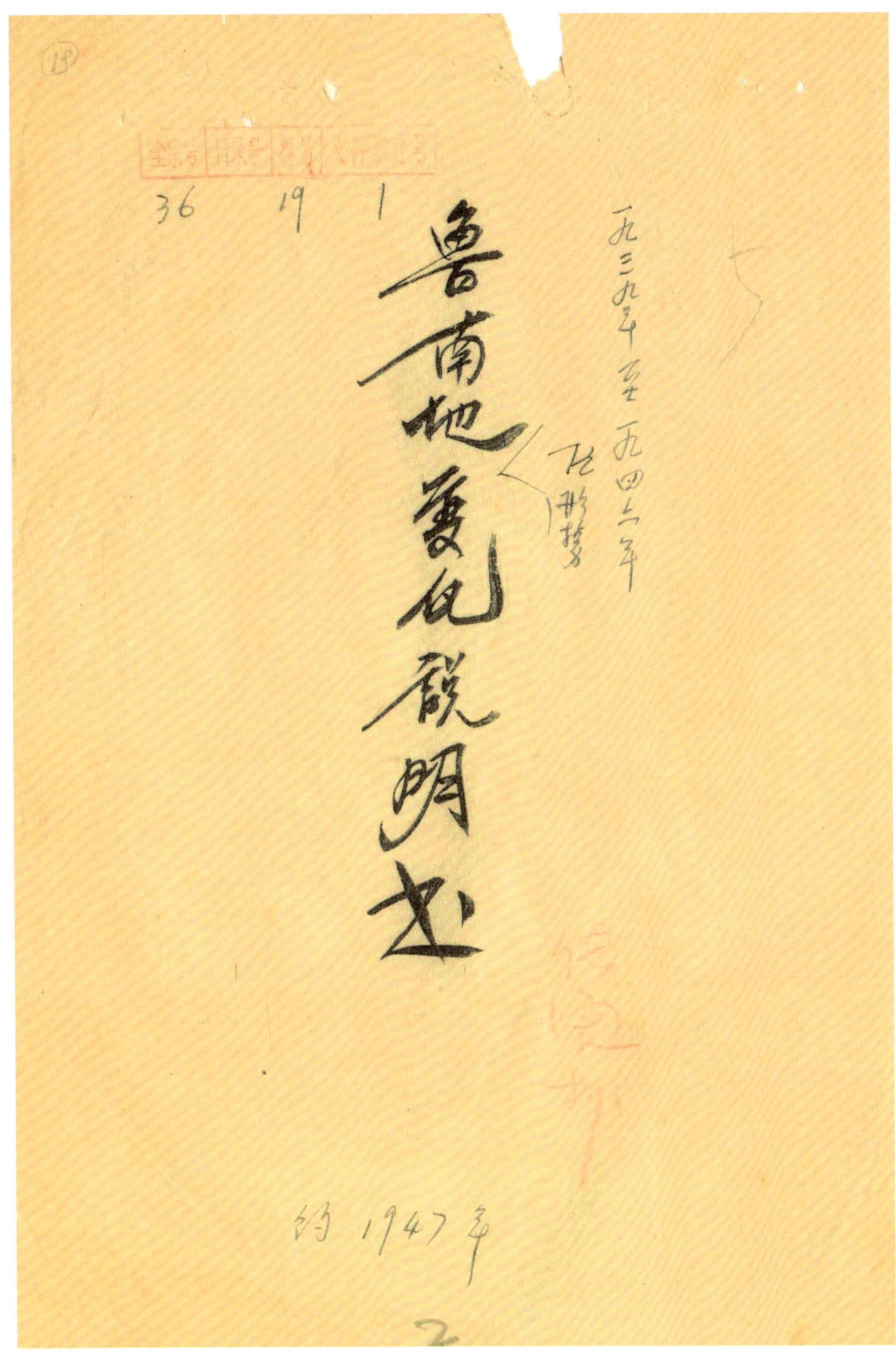

36 19 1

鲁南地区形势变化说明书

一九三九年至一九四六年

约1947年

八年来鲁南地区的形势变化：

一、概述：八年来鲁中地区的形势变化，很明显的规律是从无到有，从小到大，从大到小，从小被分割再分割又从被敌人的分割下连成一片，从连成一片还断的，反攻来更猛烈的向外扩大以至到停战时止，内地除临城枣庄兖州三个孤点据点及运南津浦路两侧有顽军盘据约百分之九十三以上的面积已于去年解放。

二、演变：三九年夏一一五师开入鲁南配合地方武装（即苏中杂部），开展以抱犊崮为中心的根据地经过努力至是年终先后开辟了临费峄滕边区沂河区运河南北地区邹西泗南等五块根据地，总面积达四千七百六十余平方华里，四〇年是下降的一年，继五月间四十天大扫荡后滕东山亭南部地区增设据点通过伪化夏季敌寇大队进攻临沂山区，临西地区随被东北军占去，十月间峄南扫荡后运河南北武装被迫撤退，因此整个邹西地区扫荡，接设了邹西据点，失掉了峄城县地区，敌寇以力开辟了白彦及天宝山地区，总面积仍缩小了四分之一，四一年敌人蚕食政策开始实施，年来除逐渐的占去一些边沿地区外，又五月间申现五联因有地方顽军李去来占邹西地区，十四间沂河区扫荡后演泉庄地区随告失守，敌寇增设了邹东地区及封逆巢两次大战役搅扰了四二五年度及刘桂堂进占天宝山区的严重变局，地区仍缩小了一倍，“东西一线牵”就是形容这时根据地的狭状。四二年春以后掌握了敌顽之间的矛盾，不失时机向敌顽伪区展开扩大了一些地区，最三月间邹北扫荡后被伪化，四月间被迫退出微山湖，根据地的面积上是扩大了不少，四三年是极大变化的一年，上半年是极度严重的时期，八月间大扫荡（普遍拉网）后敌伪展开了猛烈的蚕食分割攻势，随即增修据点，先后打通了峄城（前）梁（邱）平（邑）峄城（前）前（岩）枣庄（大）临（沂）梁（邱）枣庄（大）梁（邱）蒙山路，八月底已把我根据地分割成边东边西费南邹东滕山费边五个小块，至三月中旬我九十二军一四二师进入鲁南又将滕峄费边大部占去，此时鲁南形據已知說從前危急的時候，地區面積縮小到四千三百八十平方华里，此后我们在「敵進我進」的战术指导下由渐变而突变，到年终有很大的开展，如四月间攻克峄县刘桂堂北窜沂蒙，基扩大了黄山福山两個區，四月份歼灭顽匪梁钟亭部，扩大了由君山大山两個區，五月间了[?]葉子幅刻口後公開控制起義後的[?]山區高山至為重要。九月间九十二军会同刘桂堂进攻费南地区被我击溃而退後转兵南下驱逐梁钟亭残部歼灭刘佳华，收复了滕费峄边地区。十一月间结束了战斗歼灭了刘桂堂並乘胜攻克据点十三处，开展临费边地区，后来更趁敌实行重点配备，收缩兵力之际，猛力扩大战果，至十二月突破分割费县以北的各条公路，使各块根据地连系起来，这时普唱之谓「从邹东都边联连成一大片」「早从前说过这回打得可够起劲的啦」，四一年更在有计划的几次大战役组织下越向外扩大了。二三月间两次滕东反扫荡战役歼灭了滕东剿共司令兼警备大队长周侗勝部（第二到黑七），开展了石口[?]提堤上[?]西集代地区。六月间李（子赓）及夏季邹北反扫荡战役，开辟了邹北地区，使滕陵[?]县東西两地区连成一片。五月间讨荣（子恒）战役歼灭了伪二师驱逐了伪一师全部，收复当口山區。七月间滕西反扫荡战役打击驱逐了周同、冯子固、李光汴、申现玉等部，开辟了津浦路西南起韩庄北至泗河面积一万二千六百平方华里的地区，成立了六个分區。同时我们铁道大队趁青纱帐期间以有力一部插入临枣铁路以南，秘被活动开辟了运北地区，成立了峰县々政权。到年底根据地面积扩大到四六千四百分之卅[?]。四三年继续有计划的组织了泗北城战役，收复了泗南曲东地区。二月份二次讨荣（振刚）战役开辟了邹东地区。四月间两次讨王（洪九）战役，扫清临（沂）西所有据点，开展临西地区。五月间讨张（里元）战役全部院全打击驱逐此部于境的最高战斗目的，收复了费加邹北地区（峄东）。八月间津浦路西讨申（现玉）战役，歼灭伪二师外之残部逃入滕城，滕西闫村地区遂为我收复，接着四区长荣伟的投降部队集中全力向徐州进军后改变为取中小城市方针，迫进台儿庄（一部投降），攻克峄县赵曹铁路随告拆断，迫李和邹县並沿铁路向

24

甲12

向猛烈扩张此战果直迫滕城津浦路又九十余里为我控制，後野战军继续奋战，地区形势更显然急速扩大的情况下，至年终被解放面积百分之九十以上，战斗胜利更继续发展，直到四六年一月十三号为止，解放面积六〇三二一平方华里，估总面积百分之九十三点八

三、历年来地区变化损伤数字详见下表

35

| 次别 \ 数目 \ 年次 | | | 1939 现有数 | 1939 估总数% | 1940 现有数 | 1940 估总数% | 1941 现有数 | 1941 估总数% | 1942 现有数 | 1942 估总数% | 1943 现有数 | 1943 估总数% | 1944 现有数 | 1944 估总数% | | | 1945 现有数 | 1945 估总数% | 1946 现有数 | 1946 估总数% |
|---|---|---|---|---|---|---|---|---|---|---|---|---|---|---|---|---|---|---|---|---|
| 总面积 | 五〇九一六平方公里 | 根据地 | 14726 | 28.9% | 11048 | 21.7% | 5536 | 10.2% | 6260 | 30.6% | 12723 | 48.5% | 24291 | 68.5% | — | | 58214 | 90.6% | 60321 | 93.8% |
| | | 游击区 | | | | | | | 9215 | | 12015 | | 10630 | | | | | | | |
| | | 敌占区 | 26416 | 51.6% | 29316 | 57.6% | 30320 | 50.6% | 22633 | 44.2% | 17363 | 32.1% | 12275 | 24.1% | | | 6107 | 9.4% | 4000 | 6.2% |
| | | 顽占区 | 9774 | 19.2% | 10552 | 20.7% | 15060 | 29.6% | 12808 | 25.2% | 8815 | 17.3% | 3720 | 7.3% | | | | | | |
| 总村庄 | 八八二一个 | 根据地 | 2775 | 31.5% | 1975 | 22.4% | 1178 | 13.4% | 844 | 21.5% | 1703 | 35.1% | 4187 | 62% | — | | 9565 | 87.4% | 10278 | 93.9% |
| | | 游击区 | | | | | | | 1046 | | 1363 | | 1286 | | | | | | | |
| | | 敌占区 | 4031 | 45.7% | 4852 | 54% | 5126 | 58.1% | 4975 | 56.4% | 4186 | 47.2% | 2779 | 31.5% | | | 1378 | 12.5% | 665 | 6.1% |
| | | 顽占区 | 2015 | 22.8% | 1994 | 24% | 2517 | 28.5% | 1952 | 22.1% | 1569 | 17.7% | 569 | 6.5% | | | | | | |
| 总人口 | 三三四四五〇八人 | 根据地 | 1054500 | 31.5% | 750500 | 22.4% | 447640 | 13.4% | 185440 | 21.5% | 414620 | 35.1% | 1412700 | 62% | — | | 3634700 | 87.5% | 3738945 | 89.2% |
| | | 游击区 | | | | | | | 287000 | | 452340 | | 518818 | | | | | | | |
| | | 敌占区 | 1524308 | 45.7% | 1836288 | 54% | 1940508 | 58.1% | 2130308 | 56.4% | 1583208 | 47.2% | 1185390 | 31.5% | | | 523640 | 12.5% | 419395 | 10.8% |
| | | 顽占区 | 765700 | 22.8% | 757720 | 24% | 951360 | 28.5% | 741760 | 22.1% | 596220 | 17.7% | 227600 | 6.5% | | | | | | |

附　　记

一、面积是以军用地图比例尺为准计算得来，村庄是从五万分一的地图上一一加以统计的数目来的，人口，按山地平原平均每村七十户每户五口人计算的。

二、粮食现有数量指年终实存数而说。

三、四五年是按新划界计算的，总面积为六四三六八平方华里，村庄一〇九四三个，人口四八五八三四〇口，四六年八月十三日省府按此数计算。

四、此数与政权统计不一致，因他们的数目，未作正确统计加以修改。

五、四三年四月是鲁南最危急的时候，面积为四三八〇平方华里，村庄六■二二个，人口二三三二五〇，未计入表内。